소셜미디어의 이해와 활용

임순범 · 신은주 지음

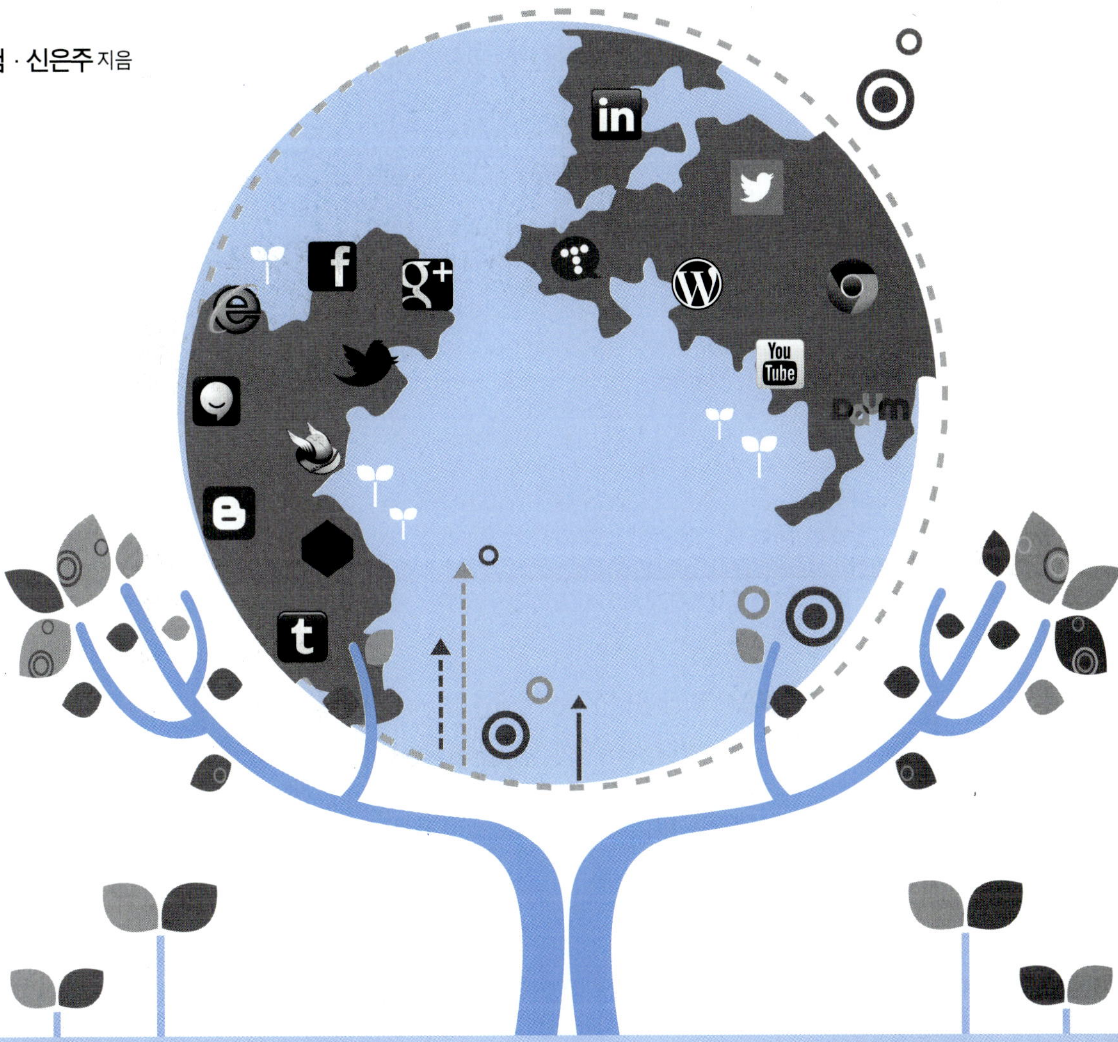

생능출판사
www.booksr.co.kr Life & Power Press

국립중앙도서관 출판시도서목록(CIP)

소셜미디어의 이해와 활용 / 임순범, 신은주 지음.
-- [파주] : 생능출판사, 2013
p. ; cm

ISBN 978-89-7050-745-3 93000 : ₩21000

사회 변동[社會變動]
인터넷 매체[--媒體]

331.541-KDC5
302.23-DDC21 CIP2013015876

머리말

우리의 생활에서 소셜미디어는 이미 일상의 한 부분으로 자리를 잡고 있습니다. 친구들과 카카오톡으로 대화하고, 자신의 일상생활을 페이스북에 올리며, 돌아다니면서 그때 그때의 생각이나 소식을 트위터 혹은 미투데이에 올려서 남들과 소통하고 있습니다. 또한 자신의 관심사를 블로그로 출판하거나 동영상 및 오디오를 게시하여 여러 사람이 공유하는 등 본격적인 소셜미디어 시대에 살고 있습니다. 이러한 소셜미디어는 소소한 일상생활에만 사용되는 것이 아니라 마케팅이나 교육 등 공유와 협업이 필요한 분야에서 유용하게 활용될 수 있습니다. 특히 대학교에서 같이 수업을 받거나 같은 모임의 친구들과 교류를 하는 데에도 소셜미디어를 이용하면 의사소통에 더욱 효과를 얻을 수 있습니다.

이미 다수의 학생들이 특별히 배우지 않아도 일부 소셜미디어를 능숙하게 사용하고 있습니다. 그러나 다양한 종류의 소셜미디어를 모두 능숙하게 사용하는 경우는 적으며, 특히 그 원리를 이해하며 제대로 활용하려면 상당한 지식을 필요로 합니다. 따라서 이 책에서는 학교나 사회생활에 필요한 다양한 소셜미디어를 사용하는 방법을 실습위주로 배울 수 있도록 하였습니다. 특히 소셜미디어의 개념과 작동원리를 이해하여 제대로 활용하도록 하였고, 또한 활용방안을 살펴보도록 하였습니다. 소셜미디어가 단순한 대화도구가 아니라 업무나 학습에 유용한 도구로 활용될 수 있도록 하는 것이 이 책의 목적입니다.

이 책의 구성은 유형별로 대표적인 소셜미디어 도구들을 선정하여 작동원리를 소개한 후 따라하기 형태로 배울 수 있도록 하였습니다. 먼저 인터넷과 소셜미디어에 대한 개념을 소개하고, 첫 번째 소셜미디어 도구로서 블로그에 실제 글을 올려보고 블로그에 올릴 이미지 편집 과정도 실습해 보도록 하였습니다. 두 번째로는 RSS 기술을 이용한 대표적인 소셜미디어인 팟캐스트의 실습과 실제 오디오 제작 실습을 하도록 하였습니다. 세 번째, 미디어 공유 서비스로는 유튜브, 위키, 플리커의 사용법을 배우고 실제 동영상을 편집하여 유튜브에 올리는 실습도 포함하였습니다. 네 번째 유형인 소셜네트워크서비스로는 트위터와 페이스북의 사용법을 배우도록 하였으며, 그 외에 미투데이, 구글플러스, 링크드인, 카카오스토리에 대해서도 소개하였습니다. 그리고 마지막으로 소셜미디어의 대표적인 활용 분야로 소셜커머스, 소셜미디어 마케팅, 소셜게임을 소개하였습니다.

이 책은 소셜미디어에 대한 이해와 활용법을 익히기 위한 교양과목의 교재로 저작되었습니다. 이공계열, 인문사회계열, 예체능계열 등 모든 분야의 학생들이 소셜미디어를 제대로 이해하고 활용하는데 좋은 지침서가 되리라 판단합니다. 또한 대학교재 뿐만 아니라 일반인들도 소셜미디어를 이해하고 사용법을 익히는데 도움이 될 것입니다. 그동안 이 책이 완성되기까지 많은 수고를 해준 숙명여자대학교 미디어인터페이스 연구실의 김소영, 최자령, 박주현, 이희진, 조윤아, 황정수 연구원에게 고마움을 표합니다. 또한 이 책의 출판을 위하여 적극적으로 후원해주신 생능출판사 김승기 사장님과 직원여러분께 감사를 드립니다.

2013년 8월

저자일동

차례

CHAPTER 01 인터넷의 기본개념

CHAPTER 02 인터넷과 소셜미디어의 발전

CHAPTER 05 블로그를 위한 이미지 실습

CHAPTER 06 RSS와 팟캐스트

SOCIAL MEDIA

01 CHAPTER

인터넷의 기본개념

CHAPTER

01 인터넷의 기본개념

인터넷이란 단어는 우리의 일상생활에서 매우 낯익은 단어가 되었다. ITU (International Telecommunication Union)의 보고서에 따르면 전세계 모든 국가들이 연결된 인터넷 사용 인구가 2005년도에 10억 명이 넘어서고 2010년에는 20억 명이 넘어섰다고 한다. 웹(WWW, World Wide Web)이 보급된 지 채 20년이 지나지도 않았는데 이렇듯 널리 사용되며 우리의 일상생활에 큰 영향을 주고 있다. 최근에는 전세계를 유기적으로 연결할 수 있는 소셜미디어까지 지원하는 등 그 사용영역이 끊임없이 진화하고 있다. 이 시대에 인터넷이 미치는 영향력은 컴퓨터 네트워크를 넘어 전세계를 이어주는 가장 크고 강력한 매체이며 다양한 서비스로의 가능성이 잠재된 인프라로 평가되고 있다.

이 장에서는 이러한 인터넷의 특징과 구조체계에 대해 알아보고, 웹의 작동원리를 살펴봄으로써 우리가 매일 접하고 있는 인터넷의 이해를 높이고자 한다.

1.1 인터넷이란?

인터넷을 배제하고는 정상적인 일상을 보낼 수 없을 정도로 인터넷은 우리 생활 깊숙이 자리 잡았다. 이 절에서는 이러한 인터넷의 특징에 대해 알아본다.

1.1.1 인터넷의 특징

인터넷은 1950년대 말 미국의 국방성이 군사정보의 공유를 목적으로 구축한 아르파넷(ARPANET)에서 시작된 전 세계 최대의 컴퓨터 통신망(network)이다. 인터넷이란 용어는 전 세계 컴퓨터들을 하나로 연결한다는 의미의 인터-네트워크(inter-network)라는 단어에서 유래되었다. 컴퓨터 기기 간에는 TCP/IP 표준 프로토콜로 연결된 여러 네트워크들이 결합하여 이루어진 '네트워크의 네트워크'라고 할 수 있다. 따라서 인터넷은 전 세계의 네트워크를 연결하는 하나의 거대한 네트워크라고 말할 수 있으며, 이러한 네트워크 연결 위에서 웹(WWW), 이메일, 인스턴트메세징 등 다양한 인터넷 서비스를 제공하고 있다.

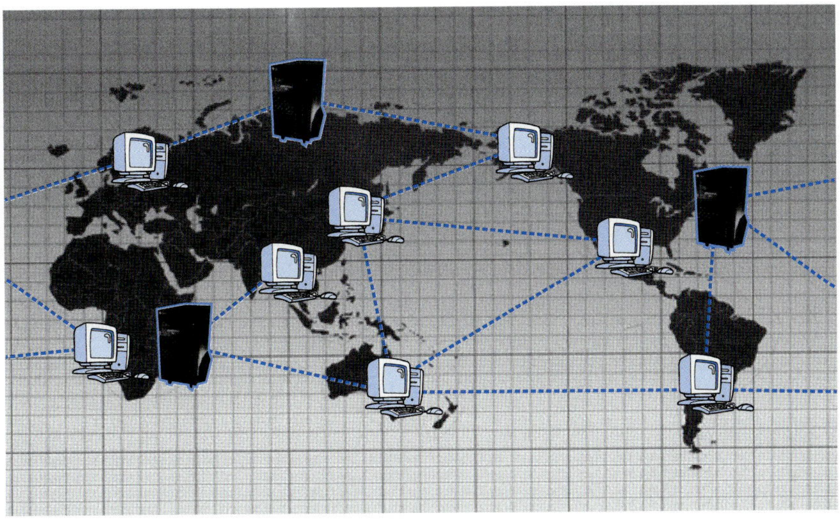

[그림 1-1] 전세계 컴퓨터 통신망의 연결

인터넷은 클라이언트-서버(client-server) 시스템을 기반으로 하는 실시간, 쌍방향의 멀티미디어 네트워크로 시간과 공간의 제약 없이 원하는 정보를 제공받을 수 있다. 서버란 제공하고자 하는 서비스에 적합한 정보들을 자신의 하드디스크에 보관하고 이를 외부에 제공해주는 컴퓨터를 지칭하며, 사용자가 서버에서 제공하는 정보를 얻기 위한 컴퓨터를 클라이언트라고 한다. 일반적으로 인터넷에서는 여러 가지 정보들을 서버에서 관리하고, 일반 사람들은 자신의 컴퓨터를 이용하여 서버에서 제공되는 여러 가지 정보들을 이용하게 된다. 인터넷을 총괄적으로 관리하는 중앙통제기구는 없지만 인터넷 상의 어떤 컴퓨터 또는 통신망에 이상이 발생하더라도 통신망 전체에 영향을 주지 않도록 관리와 접속이 세계 각지에서 분산적으로 실행되도록 설계되어 있다.

인터넷은 개방적인 네트워크로 전 세계 누구나 정보를 쉽고 빠르게 교환할 수 있으며 소유자나 운영자가 따로 없는 자유로운 네트워크이다. 이러한 개방성은 때로는 무분별한 여론몰이나 불법적인 정보의 유통이라는 부작용을 지니기도 하지만, 자유로운 소통과 차별 없는 다양성의 존중을 가능하게 하는 큰 특징을 지니기도 한다.

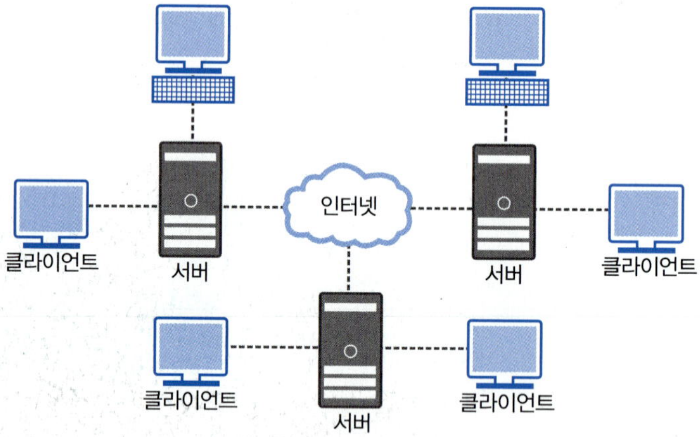

[그림 1-2] 클라이언트 서버 모델

1.1.2 인터넷의 확산

인터넷은 빠르게 증식하고 있는 생명체처럼 전 세계에서 대다수의 컴퓨터가 인터넷에 연결되어 있으며 인터넷을 사용하는 사람이 꾸준히 늘어가고 있다. 인터넷에 연결되어 있는 호스트 컴퓨터의 수는 1969년 아르파넷(ARPANET)의 4대에서 시작하여 1996년 1천만대, 2001년 1억대를 넘어서 2008년에는 5억대를 돌파하는 놀라운 성장세를 보이고 있다. ITU World Telecommunication의 자료에 의하면 1996년 1600만 명이던 인터넷 사용 인구는 1998년 1억, 2005년 10억 명을 넘고 2010년에는 20억 명을 넘었으며, 2011년 현재 전 세계 약 32.5%의 인구가 인터넷을 사용하고 있는 것으로 조사되고 있다.

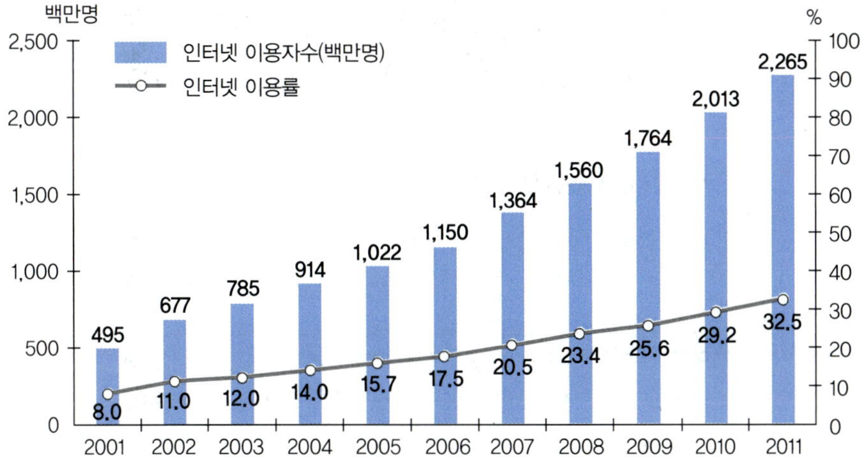

[그림 1-3] 전 세계 인터넷 이용 현황(출처: ITU World Telecommunication.)

국내의 경우 한국인터넷진흥원의 자료에 따르면 인터넷 사용 인구가 1999년도에 1000만 명, 2004년에는 3000만 명을 돌파하고 2011년 현재 약 3720만 명이 인터넷을 사용하며 인터넷 이용률이 78%를 넘는 것으로 집계되어 전 세계에서 최고 수준의 인터넷 보급률을 보이고 있다.

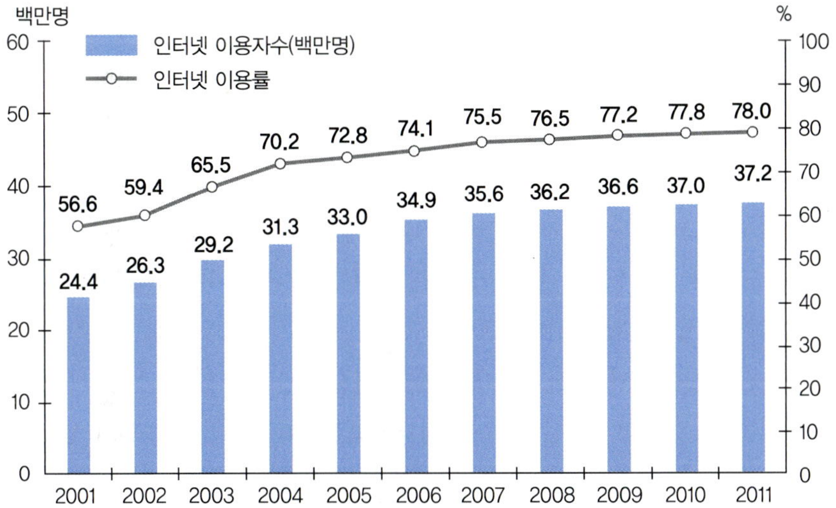

[그림 1-4] 국내 인터넷 이용현황(출처: 한국인터넷진흥원.)

1.2 인터넷 전송방식과 주소체계

이 절에서는 인터넷의 전송방식과 주소체계를 알아보고, 이를 통해 인터넷의 구조적 특징과 작동원리에 대해 이해해본다.

1.2.1 TCP/IP 프로토콜

프로토콜(protocol)이란 컴퓨터 간에 정보를 주고받는 통신방법에 대한 규칙과 약속이다. 일반적으로 다른 기종의 컴퓨터들은 통신규약도 다르기 때문에 통신이 불가능하다. 따라서 하나의 네트워크로 원활한 통신을 위해선 표준 프로토콜을 채택하여 통신망을 구축하는 것이 중요하다. 인터넷 역시 TCP/IP라는 표준 프로토콜을 통해 통신이 가능하게 되어 있다.

1) TCP 프로토콜

TCP/IP는 인터넷 프로토콜 중 가장 중요한 역할을 하는 TCP(Transmission Control Protocol)와 IP(Internet Protocol)의 합성어로 인터넷 동작의 중심이 되는 통신규약이다. TCP/IP는 개방형 프로토콜로 특정 하드웨어나 OS(Operating System)에 상관없이 독립적으로 사용이 가능하다. TCP는 데이터가 잘 전송될 수 있도록 데이터의 흐름을 조절하고 성공적으로 전체 데이터가 상대편 컴퓨터에 도착할 수 있도록 보장해주는 역할을 하며, IP는 서로 다른 컴퓨터 간에 데이터를 정확하게 이동시키도록 목적지를 지정하는 역할을 한다. TCP의 주된 기능은 데이터를 여러 개의 작은 조각으로 나누어 패킷(packet)이라는 정보단위를 생성하고 각 패킷이 제대로 전송되는지 확인하는 것이다. 각 패킷들이 원하는 주소에 도착하면 TCP에서 패킷들을 원래의 순서대로 복원시킨다. [그림 1-5]에서와 같이 인터넷을 도로에 비교해보자. 물리적인 네트워크 망은 도로에 해당한다. 도로의 신호등이나 표지판 등 교통규칙에 해당하는 것이 통신 프로토콜이고, TCP/IP 프로토콜에 따라 데이터를 패킷 단위의 자동차에 실어서 원하는 목적지로 보내는 것이다.

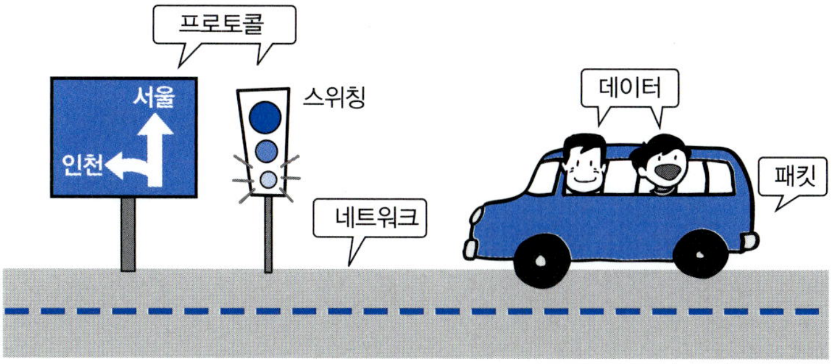

[그림 1-5] 인터넷에서 프로토콜과 패킷의 개념

2) IP주소

IP주소란 인터넷에 연결된 모든 컴퓨터에 부여되는 고유의 식별 주소를 뜻한다. 기본적으로 인터넷에 연결된 모든 컴퓨터 또는 네트워크 기기는 중복되지 않는 IP주소를 가지고 있어야 한다. 그래야 상호 충돌 없이 네트워크의 연결 및 통신이 가능하기 때문이다. 따라서 IP주소는 인터넷 내에서 컴퓨터끼리 서로 통신하기 위한 전화번호와 같은 것이다. 현재 사용하고 있는 IP주소는 버전 4.0으로 보통 IPv4로 호칭되며, 4마디로 구분된 숫자인 옥텟(octet)으로 이루어져 있다. 구분되어 있는 각 옥텟의 필드는 8bit로 이루어져 있어서 0에서부터 255까지의 숫자로 표현된다. 따라서 IPv4는 총 32bit이므로 약 42억(2^{32}) 개의 주소를 사용할 수 있다.

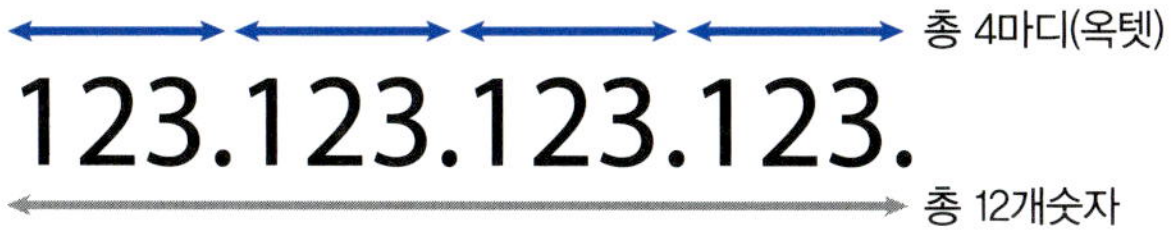

[그림 1-6] IPv4의 주소형태 예

최근 인터넷이 발전하면서 전 세계 인구가 32bit 주소 체계를 사용하기에는 점차 IP 주소의 고갈 현상이 나타나고 있다. 이를 해결하기 위해 제안된 새로운 주소체계가 IPv6이다. IPv6는 IPv4의 한계를 극복하고, 실시간으로 멀티미디어를 처리할 수 있는 기술을 제공하기 위해 개발된 128bit 주소체계로서 차세대 인터넷 프로토콜이다. 다만, 현재 사용하는 IPv4 체계를 IPv6 체계로 완전히 전환하기 위해서는 상당한 시간이 필요할 것으로 예상된다.

1.2.2 주소체계

인터넷에서 서로를 식별하기 위해 사용하는 IP주소는 숫자의 형태로 되어 있기 때문에 사람이 이를 기억하고 관리하기는 매우 어렵다. 이러한 문제를 해결하기 위해 도메인 네임(domain name)을 이용한 도메인 네임 시스템(DNS)을 사용한다.

1) 도메인 네임

도메인 네임은 특정 도메인의 위치를 나타내기 위한 경로를 의미한다. 즉 호스트를 구별하기 위한 숫자로 된 IP주소를 사람이 이해하기 쉬운 문자의 형태로 이름을 부여한 것이다. 국내의 대표적인 포털사이트인 네이버의 경우 호스트 컴퓨터에 부여된 IP주소는 202.131.30.12이며, 도메인 네임은 www.naver.com이다. 웹브라우저에서 네이버의 호스트 컴퓨터에 접속하려면 http://www.naver.com 혹은 http://202.131.20.12이라고 입력하면 된다.

도메인 네임은 호스트 컴퓨터들의 주소 정보를 체계적으로 관리할 수 있도록 소속된 기관과 국가에 따라 주소 정보가 계층 구조로 이루어져 있다. 도메인 네임의 구조는 '소속기관.단체성격.소속국가'의 3단계 형태 혹은 국가구분이 제외된 2단계 형태를 사용하고 있다. www.naver.co.kr의 경우 우리나라(kr)에 있는 네이버(naver)라는 회사(co)가 보유하고 있는 www라는 호스트 컴퓨터를 가리키고 있다. 3단계의 국가별 도메인이 아닌 2단계 형태의 일반 도메인은 '소속기관.단체성격'으로 구성되며, www.naver.com에서와 같이 최상위 도메인이 소속국가가 아니라 단체 성격인 com이 된다.

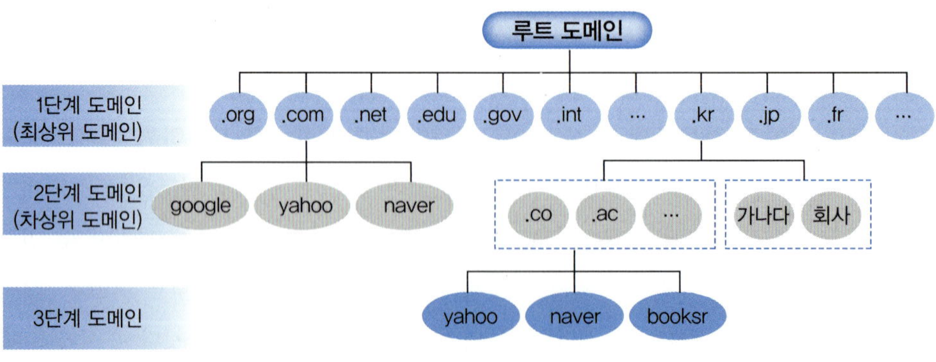

[그림 1-7] 도메인 네임의 계층 구조

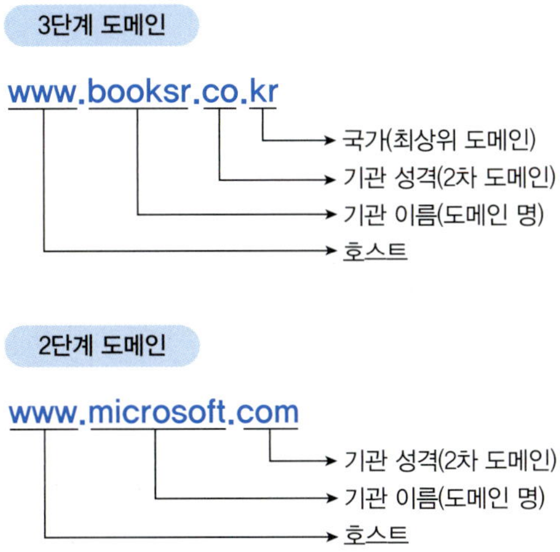

[그림 1-8] 도메인 네임의 구성

IP 주소와 도메인 네임은 도메인 선정 원칙에 따라 중복되지 않는 고유한 주소로 정해진다. 이들 IP주소의 등록 및 관리는 NIC(Network Information Center)라는 기구에서 관장하고 있으며, 각 대륙별로 산하기관이 있고 다시 각 국가별로 관리기관을 두어 국가 내의 주소를 관리하고 있다. 우리나라의 경우 한국인터넷진흥원(KISA)에서 그 역할을 맡고 있으며, kr 도메인은 한국인터넷진흥원에서 운영하는 WHOIS 데이터베이스 사이트에 접속하면 등록이 완료된 이름과 IP주소, AS번호, 한글 도메인 등으로 구분하여 검색이 가능하다(http://whois.nic.or.kr).

[그림 1-9] 도메인 검색 사이트(http://whois.nic.or.kr)

2) DNS

DNS는 도메인 네임 시스템(Domain Name System) 또는 도메인 네임 서버(Domain Name Server)의 약자로 인터넷상에서 숫자로 된 IP주소를 문자로 된 도메인 네임으로 상호변환(mapping)해주는 시스템 또는 서버를 말한다. 인터넷을 연결하기 위해서 반드시 IP주소가 필요하듯이 우리가 브라우저에서 쉽게 도메인 네임을 통해 웹사이트에 접속하기 위해서는 반드시 도메인 네임을 IP주소로 변환해 주는 DNS 서버 설정을 필요로 한다. DNS 서버는 각 사이트의 도메인 정보와 IP정보를 데이터베이스에 보관하고 있다가 해당 사이트 접속을 원하는 도메인 주소가 오면 이를 번역하여 해당 IP를 가진 사이트에 연결시켜 준다.

3) URL

URL은 Uniform Resource Locator의 약자로 웹에서 각종 서비스를 제공하는 서버들에 있는 자원들의 주소를 말한다. 즉, 홈페이지뿐만 아니라 이미지, 동영상, 오디오 등 웹상에 존재하는 모든 자료가 갖는 유일한 주소이다. 일반적으로 웹브라우저는 인터넷에서 제공하는 다양한 서비스들을 지원하는 도구로 HTTP, FTP, usenet, e-mail, telnet등을 지원한다. 이러한 다양한 서비스들을 제공하기 위해서는 각 서비스들을 지원하는 서버들에서 자원들의 위치를 표시하는 주소 체계를 필요로 하는데, 이를 위한 표준으로 URL를 사용한다. URL은 일반적으로 '프로토콜://컴퓨터주소/파일경로'의 형태를 가지며, 파일경로는 '해당폴더/파일명'으로 구성된다.

프로토콜://컴퓨터주소("포트번호")/파일경로

❶ ❷ ❸

❶ http://, ftp://, mailto: 등의 프로토콜 이름
❷ 자료가 있는 컴퓨터의 주소 (예, www.naver.com:80)이며, 포트번호는 일반적으로 생략한다.
❸ 자료가 있는 폴더와 파일 이름 (예, /folder/file.html)

[그림 1-10] URL의 구성

1.3 웹(WWW)

인터넷과 동의어로 여겨질 정도로 웹은 인터넷에서 가장 영향력이 있는 서비스이다. 이 절에서는 웹의 개념을 이해하고 웹사이트를 구축하기 위해 필요로 하는 프로그램 언어들에 대해 알아본다.

1.3.1 웹이란?

월드와이드웹(World Wide Web, WWW, W3)은 인터넷으로 연결된 컴퓨터들을 통해 정보를 쉽게 공유할 수 있도록 하이퍼텍스트와 하이퍼미디어 기반으로 표현된 전 세계적인 정보의 공간을 의미한다. 간단히 웹(web)이라고 부르며 인터넷 서비스 중에서 절대적인 위치를 차지하고 있다.

1) 웹의 개념

웹은 하이퍼텍스트(hypertext)와 하이퍼미디어(hypermedia)를 이용하여 표현된 정보를 전세계 컴퓨터에서 HTTP(HyperText Transfer Protocol) 프로토콜을 통해 효과적으로 검색하거나 전달해 줄 수 있는 클라이언트-서버 구조의 분산형 정보검색 시스템이다. 1989년 유럽핵입자물리연구소(CERN)에서 팀 버너스리(Tim Berners-Lee)가 제안하여 시작된 프로젝트로 인터넷의 다양한 서비스(FTP, telnet, e-mail, news, gopher 등)들을 통합하여 하나의 인터넷 서비스로 이용할 수 있게 한 기술이다.

웹은 인터넷 서비스 중의 한 가지 방법으로서 하이퍼링크 개념과, 그래픽 환경의 GUI(Graphic User Interface)를 제공하고, 멀티미디어 정보를 다룰 수 있다는 점이 가장 큰 특징이다. 팀 버너스리는 하이퍼링크 개념을 웹에서 가장 핵심적인 기술로 적용하여 몇 가지 표준 기술을 개발하였다. 인터넷 상의 정보를 표현하는 언어로 HTML(HyperText Markup Language)을 개발하였고, 웹페이지 정보를 사용자 컴퓨터에 전송하기 위한 HTTP 프로토콜을 개발하였다.

이러한 기술을 이용하여 컴퓨터 화면에서 웹 정보를 볼 수 있도록 만든 프로그램이 웹브라우저이다. 1993년 모자익(Mosaic)이라는 웹브라우저가 개발된 이후 편리한 사용성 때문에 인터넷 사용자가 폭발적으로 증가하게 되었다. 기존의 이메일과 웹 방식이 오늘날의 인터넷을 전세계적으로 널리 사용되게 한 결정적인 기술인 것이다. 웹의 사용은 웹브라우저 프로그램을 실행함으로써 가능하며, 웹브라우저는 URL로 지정된 정보를 찾아 해당 서버에서 문서를 가져온다. URL 형식에 따라 특정 문서나 파일의 위치를 찾아갈 수 있는 하이퍼링크를 따라 이동하는 행위를 흔히 웹 서핑(web surfing) 또는 웹 브라우징이라 한다.

우리가 보통 말하는 사이트라는 것은 대개 웹사이트(website)를 줄여서 부르는 것으로 관련된 웹페이지들의 묶음을 말한다. 하나의 웹사이트는 하나의 웹페이지로도 구성될 수 있지만 대개는 하이퍼링크로 연결된 여러 개의 웹페이지로 구성한다. 대부분의 회사나 학교, 기관들은 URL주소를 가지는 웹사이트를 운영하고 있으며 흔히 홈페이지라고도 부른다. 대개 회사나 기관에서는 이를 홍보나 서비스의 수단으로 활용하고 있다. 홈페이지(homepage)는 특정 도메인이나 웹사이트에서 특별히 대표성을 가지는 웹페이지를 말하며, 원하는 도메인이나 웹사이트에 접속했을 때 맨 처음 나타나는 페이지이다. 홈페이지를 방문하면 링크로 연결된 웹사이트의 모든 페이지를 접속하여 볼 수 있다.

2) 웹의 구성과 작동원리

웹은 정보를 요구하는 클라이언트와 해당정보를 제공하는 서버로 구성된다. 웹에 있어서의 클라이언트는 웹브라우저라고 불리는 프로그램으로 사용자의 컴퓨터에 설치되어서 HTTP 전송규약을 통해 웹서버와 접속한다. 웹브라우저는 사용자가 입력한 URL를 해석하여 해당 정보를 제공하는 서버에 접속해 원하는 데이터를 이용할 수 있도록 하는 프로그램이다. 서버는 사용자의 클라이언트 프로그램인 웹브라우저가 요청한 데이터를 클라이언트에게 전송해주며, 일반적으로 전송하는 데이터의 형태는 HTML 형태의 문서나 이미지이다.

웹의 작동원리는 클라이언트 입장에서 링크로 연결된 호스트의 서버를 DNS를 통해 IP주소를 찾아 접속하는 것에서 시작된다. 접속이 이루어지면 서버에게 HTTP 프로토콜을 통해 정보를 요청하고 서버는 해당 문서를 보내기 시작한다. 문서를 수신하는 동안에 해당 문서에 포함된 멀티미디어 자료가 있다면 서버에게 추가적으로 해당 자료를 요청해 추가로 전송받게 된다. 클라이언트는 문서를 전송받는 동시에 웹브라우저에 전송된 페이지의 내용을 보여준 후 HTTP 접속을 종료한다.

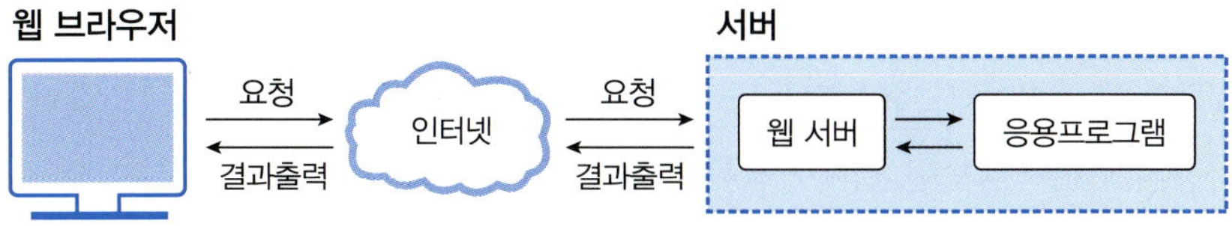

[그림 1-11] 웹의 작동원리

1.3.2 웹사이트 구축

웹사이트를 제공하는 웹서비스를 구축하기 위해서는 클라이언트나 서버측의 프로그램들을 필요로 한다. 이러한 프로그램들은 관련 프로그램 언어를 통해 만들어지며 클라이언트측 언어라 함은 클라이언트 즉 웹브라우저에서 실행되는 프로그램 언어들을 말하며, 서버측 언어는 서버에서 실행되는 프로그램 언어들을 지칭한다.

1) 클라이언트측 언어

웹 구축에 자주 사용되는 클라이언트측 언어로는 대표적으로 HTML, CSS, JavaScript, XML 등이 있다.

① HTML(HyperText Markup Language): HTML은 웹페이지를 제작하기 위한 기본적인 프로그램 언어이다. 인터넷에서 웹을 통해 접근되는 대부분의 웹페이지들은 HTML로 작성된다. 이 언어는 웹문서의 표준으로 개발되었으며, 웹브라우저에서 바로 실행되고 손쉽게 작성할 수 있기 때문에 널리 사용되고 있다. 웹페이지를 표현하기 위해 일종의 예약어인 태그(tag)들을 사용하여 HTML문서를 작성한다.

② CSS(Cascading Style Sheet): CSS는 운영체제나 웹브라우저에 관계없이 웹페이지의 스타일이나 레이아웃을 효과적으로 표현할 수 있는 프로그램이다. 웹문서의 전반적인 스타일을 미리 정의해 놓은 후 문서 전체에 일관성 있게 적용할 수 있어 통일성 있는 웹페이지 제작이 가능하다는 점이 특징이다. CSS로 만들어진 문서는 사용자들의 브라우저 환경에 따라 웹페이지가 다르게 나타나지 않고 어느 환경에서나 동일한 문서의 형태를 제공할 수 있다는 이점도 있다.

③ Javascript: 넷스케이프사에서 웹브라우저에서 실행하도록 개발한 스크립트 형식의 프로그래밍 언어이다. 선마이크로시스템사가 개발하던 자바(Java)와는 직접적인 관련은 없지만 이름이나 문법 등에서 유사한 점이 있다. 자바스크립트는 HTML에 추가하기 쉬우면서도 일반 프로그램의 기능을 발휘할 수 있어 다양한 기능의 인터랙티브한 웹페이지를 만들 수 있다.

④ XML(eXtensible Markup Language): XML은 1996년 W3C에서 제안한 것으로 기존의 HTML과 SGML이 갖는 단점을 보완하여 웹 상에서 구조화된 문서를 제작하기 위해 설계된 마크업 언어이다. 새로운 태그나 속성을 정의할 수 있는 확장성을 가지고 있으며, 사용자 환경에 맞는 다양한 형식의 문서를 만들 수 있다. 웹문서나 정보를 공유하고 교환할 필요가 있을 때 널리 사용된다.

2) 서버측 언어

서버측 기술 및 언어는 대표적으로 CGI, PHP, ASP, JSP 등이 있다.

① CGI(Common Gateway Interface): CGI는 웹브라우저와 웹서버 그리고 응용프로그램간의 인터페이스로 웹문서 교환 방식의 하나이다. 사용자가 웹브라우저를 통해 입력한 정보가 웹서버를 거쳐 응용 프로그램으로 전달되고 이 정보는 가공되어 다시 사용자의 웹브라우저로 전달되기까지의 인터페이스를 말한다. HTML 태그들은 정보를 사용자에게 일방적으로 제공하는 역할만 할 수 있었지만, CGI를 활용하게 되면 정보의 제공뿐 아니라 방문자의 의견을 받거나 원하는 정보만을 선택적으로 보여줄 수 있다. 대표적인 형태로 웹 문서의 검색서비스나 혹은 등록 신청 등이 있으며, 게시판이나 방명록 같이 사용자가 정보를 입력하는 형태의 서비스들은 CGI를 통해 이루어진다.

② PHP(Professional Hypertext Preprocessor): PHP는 사용자가 웹페이지를 인터랙티브하게 사용할 수 있도록 고안된 스크립트 언어이다. 그러나 CGI와 달리 HTML문서 안에 스크립트를 넣어 사용하며 이는 서버에서 처리되어 결과물인 HTML태그만을 클라이언트에 보여주게 된다. PHP는 Windows 환경 또는 UNIX 및 Linux 환경에서 Apache 서버를 설치하여 사용할 수 있다.

③ ASP(Active Server Page): ASP는 PHP와 마찬가지로 서버측 스크립트 언어이다. ASP는 MS Windows 기반의 웹서버인 IIS(Internet Information Server) 3.0버

전부터 지원되었으며, CGI에 비하여 작성하기 쉽고 서버의 부담을 훨씬 경감시켜 준다는 장점이 있다.

④ JSP(Java Server Pages): JSP는 ASP와 매우 유사한 점이 많은 서버측의 스크립트 언어이다. JSWDK(Java Server Web Development Kit)라는 자바서버를 설치하여 사용하기 때문에 플랫폼에 구애받지 않고 사용이 가능하다는 장점이 있다.

1.4 웹브라우저와 정보검색

인터넷과 동의어로 여겨질 정도로 인터넷에 있어서의 웹은 그 영역이 확대되었으며 가장 영향력 있는 서비스로 자리잡았다. 이 절에서는 웹브라우저의 역할을 이해하고 웹을 구축하기 위해 필요로 하는 프로그램 언어들에 대해 알아본다.

1.4.1 웹브라우저

앞 절에서 웹서비스의 클라이언트 프로그램에 해당하는 것이 웹브라우저임을 언급하였다. 이 절에서는 이러한 웹브라우저와 플러그인 프로그램에 대해서 알아본다.

1) 웹브라우저란?

웹브라우저란 웹서버에 정보를 요청해서 하이퍼텍스트 문서를 전송 받아 사용자가 볼 수 있도록 화면에 보여주는 프로그램을 말한다. 웹브라우저는 웹의 특성상 하이퍼텍스트 문서를 처리해야 하므로 하이퍼링크에 의한 내비게이션 역할도 함께 지닌다. 웹브라우저는 웹서비스뿐만 아니라 e-mail, FTP, usenet, telnet 등의 서비스들도 함께 제공한다. 동시에 여러 개의 웹브라우저에서 데이터 검색 및 다운로드가 가능하다.

현재 우리가 사용하고 있는 웹브라우저의 형태는 그래픽 기반으로 되어 있으며, 최초의 그래픽 기반의 웹브라우저는 모자익(Mosaic) 이었다. 이후 1994년 최초로 상용화된 넷스케이프 내비게이터(Netscape Navigator)가 인기를 끌었으나, 마이크로소프트사의 인터넷 익스플로러(Internet Explorer)와의 경쟁에서 밀려난 후 사라졌다. 이후 인터넷 익스플로러의 독주가 한동안 계속되었지만 구글이 내놓은 신흥 강자 '크롬(Chrome)', 넷스케이프의 후계자인 공개 소프트웨어 '파이어폭스(Firefox)', 애플 고유의 웹브라우저 '사파리(Safari)' 등 경쟁자들이 시장에서 치열한 경쟁을 하고 있다.

[그림 1-12] 다양한 웹브라우저 프로그램들

2) 플러그인 프로그램

플러그인 프로그램이란 웹브라우저가 자체적으로 실행하지 못하는 파일의 형식들을 지원하기 위해서 자동 설치되어 웹브라우저의 기능을 확장해 주는 외부 보조 프로그램을 뜻한다. 이러한 플러그인 프로그램들은 웹브라우저 내에서 실행되기도 하고, 때론 단독으로 실행되기도 한다. 플러그인 프로그램은 다양한 형식의 멀티미디어 요소들을 문제없이 활용할 수 있게 해줄 뿐만 아니라 파일 관리나 원격 제어와 같은 유틸리티의 역할을 하기도 한다. 보통 플러그인 프로그램은 필요할 때 자동 설치되도록 연결되어 있거나, 특정 사이트나 공개 자료실에서 쉽게 다운로드 할 수 있다. 대표적인 플러그인 프로그램으로는 Windows Media Player, ShockWave Flash, Acrobat Reader, Quicktime, Real Player, GOM Player 등이 있다.

〈표 1-1〉 플러그인 프로그램의 종류

확장자	플러그인 프로그램 종류
ASF	Windows Media Player
SWF	ShockWave Flash
MOV	Quicktime
PDF	Acrobat Reader
RA(RAM)	Real Player
HWP	한글

1.4.2 인터넷 검색엔진

인터넷을 통해 가장 많이 활용되고 있는 서비스는 정보 검색이다. 이러한 정보 검색은 대부분 검색사이트의 검색 엔진에 의해 이루어지므로 검색 엔진의 이해와 활용은 중요하다.

1) 검색엔진의 개요

검색엔진이란 인터넷에 있는 다양한 정보들을 데이터베이스로 보유하고 있다가 특정 정보에 대한 요청이 들어오면 해당 정보를 사용자가 쉽게 접근할 수 있도록 도와주는 안내자 역할을 한다. 대상으로 하는 정보들은 웹페이지, 이미지, 영상, 다른 파일 형식의 정보 등을 포함한다. 따라서 검색엔진은 데이터베이스가 많을수록 좋으며, 주기적인 업데이트를 통해 신뢰성을 제공해야 한다.

검색엔진은 웹크롤링(web crawling), 인덱싱(indexing), 추출(searching)의 세 단계의 순서로 작동한다. 웹크롤링은 웹 상에 있는 각종 정보들을 주기적으로 방문하여 수집하는 로봇(robot) 프로그램 등에 의해 이루어지며, 수집된 정보들은 이후 정확하고 빠른 검색이 이루어지도록 색인기(indexer)에 의해 데이터베이스화 되는 인덱싱 과정을 거친다. 마지막 추출과정은 사용자가 요구하는 검색어에 따라 관련 정보를 추출하는 과정을 말한다. 이때 사용하는 검색어에 따라 얼마나 관련성 있는 데이터를 제공해 줄 수 있는지가 검색엔진의 능력으로 평가되기도 한다. 국내 검색엔진으로는 네이버(Naver), 다음(Daum), 네이트(Nate) 등이 있으며, 전 세계적으로는 구글(Google), 야후(Yahoo), 빙(Bing) 등이 많이 사용되고 있다.

[그림 1-13] 다양한 검색엔진들

2) 검색엔진의 활용

검색엔진은 검색방식에 따라 결과의 제공방식이 달라진다. 따라서 이를 이해하고 검색엔진을 활용한다면 보다 효율적으로 정보를 검색할 수 있다. 검색방식에 따른 검색엔진의 종류는 크게 4가지로 주제별 검색엔진, 단어별 검색엔진, 메타 검색엔진, 하이브리드 검색엔진으로 나뉜다.

주제별(디렉토리) 검색엔진은 매뉴얼 인덱스 방식으로 사용자가 직접 입력한 정보들을 해당 검색 사이트의 전문 서퍼들이 확인하고 정보를 수집 요약해서 '대분류–중분류–소분류–사이트' 목록 순서로 분류해 놓은 카테고리(category)로 저장해 두고 이를 디렉토리로 검색할 수 있게 해주는 방식이다. 즉, 사용자가 원하는 정보를 단계별로 찾아가게끔 디렉토리 목록을 제공하고 사용자는 분류를 따라가다 보면 해당 정보를 찾게 되는 방식이다. 이러한 방식은 정보의 내용이 카테고리 체계로 명확히 구분될 수 있는 정보 검색에 유리하며, 사람이 직접 정보를 입력하고 분류한 것으로 정보의 질은 우수하지만 데이터베이스의 양은 적을 수밖에 없다. 또한 검색 중간에 검색 단계를 잘못 입력하면 정보를 전혀 찾을 수 없다는 단점이 있다. 야후의 초창기 검색방식이 대표적인 사례이다.

단어별 검색엔진은 데이터베이스를 구축하여 검색어가 입력되면 해당 검색어를 포함하고 있는 웹사이트의 정보를 제공해주는 방식이다. 현재 대부분의 검색 사이트에서 가장 우선시 제공되는 검색 방식이며, 가장 많이 사용하는 검색 방식이기도 하다. 주제별 검색엔진에 비해 정보의 양은 많으나, 정보의 질은 낮거나 내용을 보장할 수 없다는 단점이 있다. 또한 검색어를 선정한 것에 따라 검색 결과의 차이가 커서 검색어 선정이 애매할 경우 검색이 어렵게 된다.

메타 검색엔진은 자체적으로 데이터베이스를 구축하지 않고 입력된 검색어를 가지고 여러 검색엔진을 동시에 검색해 그 결과만을 화면에 보여주는 방식이다. 지능형 검색엔진 또는 멀티스레드(multi–thread) 검색엔진이라고도 한다. 한 번의 검색어로 여러 개의 검색엔진을 동시에 검색할 수 있고 특정 검색엔진만 사용했을 때 발생할 수 있는 누락을 줄일 수 있다는 장점이 있다.

마지막으로 하이브리드 검색엔진은 주제별 검색방식과 키워드 검색방식을 모두 제공하는 검색엔진을 말한다. 사실상 현재 대부분의 검색 사이트들은 이러한 하이브리드 검색엔진으로 다양한 검색 서비스를 제공하고 있다. 검색결과 제공방식에서 주제별 검색엔진의 결과는 디렉토리나 웹사이트라는 이름으로 제공되고, 단어별 검색엔진의 결과는 웹 페이지 또는 웹 문서라는 이름으로 제공되기도 한다.

1.4.3 포털사이트

1990년대 중반 야후(Yahoo)에서 웹사이트에 대한 검색서비스를 제공한 이래 검색기능의 발전과 함께 e-메일, 뉴스, 커뮤니티 제공 등 종합적인 서비스를 제공하는 포털사이트(portal site)의 형태로 발전하였다. 포털(portal)의 사전적인 의미가 '현관' 또는 '관문'을 뜻하듯이 포털사이트란 사용자가 인터넷에 접속할 때 현관처럼 반드시 거쳐야 하는 사이트를 말한다. 일반적으로 인터넷에 접속하면 웹브라우저에 포털사이트가 처음 나타나도록 설정하므로 사용자가 필요로 하는 다양한 서비스를 모아 놓는다. 정보검색이나, 뉴스, 카페, 블로그와 같이 정기적으로 이용하는 서비스를 제공하여 많은 수의 고정 방문객을 확보하게 되면 포털사이트 입장에서는 광고수익이나 사용자 정보를 이용한 마케팅 수입이 증가하게 된다.

1990년대 초반 야후, 심마니, 까치네 등의 검색엔진으로 시작하여 2000년대 초 라이코스(Lycos), 알타비스타(Altavista)가 나오면서 검색엔진 사이트가 포털의 형태로 발전하기 시작하였다. 2010년 11월 한국인터넷진흥원 자료에 따르면 국내에서 많은 방문자를 확보하고 있는 포털사이트는 네이버, 다음, 네이트, 야후, 구글의 순이며, 해외에서는 구글(Google), 야후(Yahoo), 바이두(Baidu), 빙(Bing) 등이 강세를 보이고 있다.

[그림 1-14] 포털사이트 실행화면

연습문제

■ **다음 괄호 안에 올바른 단어를 기입하시오.**

1. DNS는 도메인 네임 시스템(Domain Name System) 또는 도메인 네임 서버(Domain Name Server)의 약자로 ( )를 문자로 된 도메인 네임으로 상호변환 해주는 시스템 또는 서버를 말한다.

2. IP주소란 인터넷에 연결된 모든 컴퓨터에 부여되는 고유의 식별 주소를 뜻한다. 현재 사용되는 IPv4는 4마디로 구분된 숫자인 옥텟으로 이루어져있다. 총 ( )bit이므로 약 42억 개의 주소를 사용할 수 있다.

3. 도메인 네임의 구조는 ( )의 3단계 형태 혹은 ( )의 2단계 형태를 사용하고 있다.

4. ( )는 특정 도메인이나 웹사이트에서 특별히 대표성을 가지는 웹페이지를 말하며, 원하는 도메인이나 웹사이트에 접속했을 때 맨 처음 나타나는 페이지이다.

5. 사용자가 컴퓨터 화면에서 웹 정보를 볼 수 있도록 만든 프로그램은 ( )이다.

6. 웹 사이트 구축에 자주 사용되는 클라이언트측 언어로는 대표적으로 HTML, ( ), ( ), XML 등이 있다.

7. 사용자가 웹페이지를 인터랙티브하게 사용할 수 있도록 고안된 스크립트 언어인 ( )는 다양한 데이터베이스 시스템을 지원하며 데이터베이스 서버에 대해 쉬운 인터페이스를 제공한다는 장점을 지니고 있다.

9. ( )이란 웹브라우저가 자체적으로 실행하지 못하는 파일의 형식들을 지원하기 위해서 자동 설치되어 웹브라우저의 기능을 확장해 주는 외부 보조 프로그램이다.

10. 검색엔진은 웹에 있는 각종 정보들을 주기적으로 방문하여 수집하는 ( ), 수집된 정보들은 이후 정확하고 빠른 검색이 이루어지도록 색인기(indexer)에 의해 데이터베이스화 되는 (인덱싱), 사용자가 요구하는 검색어에 따라 관련 정보를 추출하는 세 단계의 순서로 작동한다.

■ **다음 질문에 대하여 간단히 서술하시오.**

1. 인터넷은 전 세계 컴퓨터들을 하나로 연결한다는 의미의 인터-네트워크라는 단어에서 유래되었다. 인터넷은 클라이언트-서버 시스템을 기반으로 하는데, 클라이언트와 서버에 대하여 간단히 설명하라.

2. 웹의 작동원리는 클라이언트 입장에서 링크로 연결된 호스트의 서버를 DNS를 통해 IP주소를 찾아 접속하는 것에서 시작된다. 원리를 그림을 통하여 웹의 작동 원리에 대해 설명하라.

3. TCP/IP는 인터넷 프로토콜 중 가장 중요한 역할을 하는 TCP와 IP의 합성어이다. TCP와 IP의 역할에 대하여 간단히 설명하라.

4. 인터넷을 연결하기 위해서 반드시 IP주소가 필요하듯이 브라우저에서 쉽게 도메인 네임을 통해 웹사이트에 접속하기 위해서는 반드시 도메인 네임을 IP주소로 변환해 수는 이것이 필요하다. 이것은 무엇인가?

5. 검색엔진은 검색 방식에 따라 검색 결과의 제공 방식이 달라진다. 검색방식에 따른 검색엔진의 종류는 무엇인가? (크게 4가지로 나뉜다.)

02 CHAPTER

인터넷과 소셜미디어의 발전

CHAPTER

02 인터넷과 소셜미디어의 발전

웹이 보급되고 10년이 지난 이후인 웹 2.0 시대에는 참여, 공유, 개방이라는 특징으로 대변되는 각종 인터넷 어플리케이션 및 소셜미디어가 일상생활에서 널리 사용되고 있다. 블로그에서 시작된 소셜미디어의 형태는 통신기술의 발전과 모바일 기기의 보급 등으로 더욱 다양한 유형의 서비스와 플랫폼으로 진화하고 있다. 우리는 블로그를 통해 일상을 표현하고, 트위터를 통해 가장 빠른 현장 속보를 접하며, 페이스북을 통해 친구들과 소통하고, 유튜브 동영상을 보면서 여가를 즐기는 생활을 하고 있다. 이제 소셜미디어는 단순한 인터넷 어플리케이션에서 벗어나 사회에 큰 영향을 줄 수 있는 일종의 미디어 역할도 자리를 잡아가고 있다.

이 장에서는 이러한 인터넷과 소셜미디어의 역사와 발전과정을 알아보고, 어떠한 소셜미디어가 우리의 생활에 영향을 미치고 있는지 살펴보도록 한다.

2.1 인터넷의 역사

인터넷이 시작된 지 벌써 50년이 다 되어가지만 널리 확산된 것은 웹이 나온 이후 약 20년 가까이 정도이다. 이미 인터넷은 우리의 일상생활이 일부가 되었으며 소셜미디어의 역할로 발전해 가고 있다. 이 절에서는 이러한 인터넷의 역사에 대해 알아본다.

2.1.1 인터넷의 발전과정

인터넷은 1950년대 말 구 소련의 스푸트니크(Sputnik) 인공위성 발사를 계기로, 미국방성이 군사정보의 공유를 목적으로 구축한 아르파넷에서 시작된 전 세계 최대의 컴퓨터 통신망(network)이다.

1) 아르파넷(ARPANET)의 탄생

미국 국방성에서 유사시 군사적 통신정보의 공유를 목적으로 1969년 미국 내 4개 대학에 있는 컴퓨터를 연결하여 아르파넷이라는 명칭의 네트워크 시스템을 구축하였다. 아르파넷은 컴퓨터간의 데이터 전송을 위하여 IP(Internet Protocol) 전송 규약을 사용하였다.

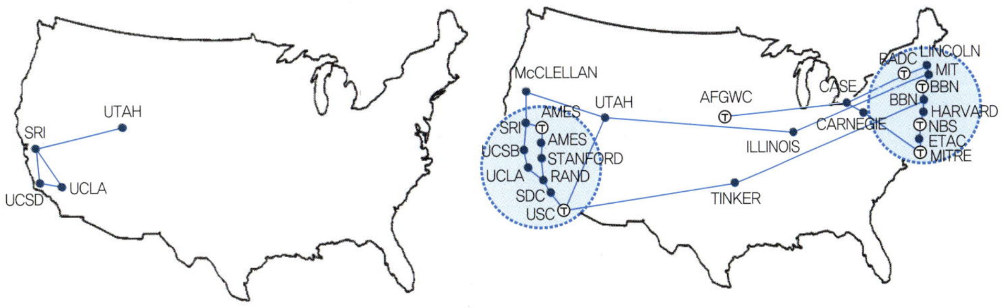

(a) 1969년 4개 사이트로 시작　　(b) 1972년 50개 사이트로 확산

[그림 2-1] 초창기 인터넷 사이트의 연결

2) TCP/IP 프로토콜의 발전

아르파넷이 구축된 지 약 10여 년 후에는 컴퓨터 기술의 발전에 따라 이더넷(Ethernet) 방식의 LAN(Local Area Network)기술과 TCP/IP(Transmission Control Protocol/Internet Protocol) 프로토콜의 통신 기술이 발전하여 LAN의 구축이 활발해지기 시작했다. 그 당시 워크스테이션 시스템의 특징 중 하나는 텍스트 형식의 전자메일을 송수신 하는 기능이었다. 이러한 전자메일의 송수신 시 통신망의 신뢰성을 높이기 위하여 통신규약으로 TCP/IP 프로토콜을 사용하였다. TCP/IP는 1982년에 인터넷의 표준 프로토콜로 제정되어 여러군데로 산재되어 있던 네트워크들을 하나의 통신망으로 연결할 수 있도록 하였으며, 1984년 DNS(Domain Name System) 개념의 도입으로 인해 보다 접근이 용이한 네트워크로 발전하였다.

3) NSFNET의 구축

이더넷 LAN이 점차 확산되는 1986년 미국과학재단(NSF: National Science Foundation)에서 5곳의 슈퍼컴퓨터를 TCP/IP 프로토콜로 연결하여 학술정보망인 NSFNET을 구축하였다. 슈퍼컴퓨터 간에는 케이블망으로 연결하여 백본(backbone) 역할을 하고 각 슈퍼컴퓨터는 인근 지역의 대학과 회사의 LAN과 연결하여 이들 상호간에 인터넷 통신이 가능하게 되었다. 이러한 NSFNET은 미국 내 인터넷의 기초망으로 사용되며 이를 중심으로 인터넷이 성장하게 되었다.

4) 웹과 브라우저의 출현

1989년 유럽핵입자물리연구소(CERN)의 팀 버너스리(Tim Berners-Lee)가 웹(WWW, World Wide Web)을 처음 제안하고 1994년 웹컨소시엄(WWW Consortium)이 결성되면서 많은 웹서비스들이 개발되고 이에 따라 일반 사용자들의 인터넷 사용이 급증하게 되었다. 이전까지는 인터넷에서 작업을 실행하려면 명령어 방식의 인터페이스에서 텍스트 명령을 직접 입력해야만 했다. 그러나 1993년 GUI(Graphic User Interface) 방식의 인터페이스를 지원하는 모자익(Mosaic)이라는 웹브라우저가 개발되고, 1994년 상업용 웹브라우저인 넷스케이프 내비게이터(Netscape Navigator)가 보급되면서 인터넷의 활성화에 매우 큰 기여를 하였다.

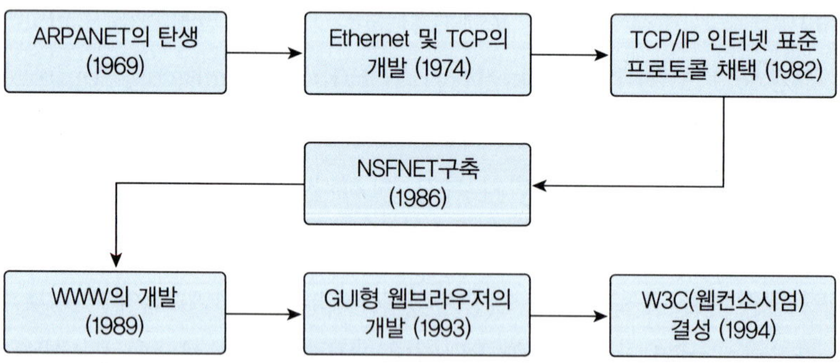

[그림 2-2] 인터넷의 발전과정

2.1.2 웹의 발전

WWW(World Wide Web)혹은 W3라고도 불리는 웹(web)은 스위스의 유럽핵입자물리연구소(CERN)에서 개발되었다. 본래 목적은 유럽 각지에 흩어져 있는 CERN 소속의 연구원들이 다양한 유형의 정보를 공유하기 위한 것이었다. 이를 위해 이전에 선보였던 하이퍼텍스트 개념을 채택하였다.

1) 웹(WWW)의 탄생

1989년 팀 버너스리는 인터넷 상의 정보교환을 위한 분산형 멀티미디어 하이퍼텍스트 시스템을 구축하는 프로젝트를 제안하였다. 'World-wide Distributed Hypertext' 라고 명명된 이 프로젝트는 서로 다른 기종의 컴퓨터에서 서로 다른 유형의 파일이나 데이터를 호환성 있게 교환하는 것이 목적이었다. 즉, 하이퍼링크를 이용하여 필요한 정보를 탐색해 나갈 수 있도록 자료의 송수신 프로토콜 및 표현방법을 정했던 것이다.

웹은 인터넷 서비스 중의 한 가지 방법으로서 하이퍼링크 개념과, 그래픽 환경의 GUI를 제공하고, 멀티미디어 정보를 다룰 수 있다는 점이 가장 큰 특징이다. 팀 버너스리는 하이퍼링크 개념을 웹에서 가장 핵심적인 기술로 적용하여 몇 가지 표준 기술을 개발하였다. 인터넷 상의 정보를 표현하는 언어로 HTML(HyperText Markup Language)을 개발하였고, 웹페이지 정보를 사용자 컴퓨터에 전송하기 위한 HTTP(HyperText Transfer Protocol) 프로토콜을 개발하였다. 또 하나의 특징적 기술로 URL(Uniform Resource Locator)이라는 표준 주소표기 방식을 이용하였다.

2) 웹브라우저의 보급

웹브라우저란 사용자가 컴퓨터 화면에서 웹 정보를 볼 수 있도록 만든 프로그램이다. 1993년 미국 일리노이 대학의 연구원인 마크 안드리센(Marc Andreessen)과 에릭 비나(Eric Bina)가 모자익(Mosaic)이라는 웹브라우저를 개발한 이후, 넷스케이프 내비게이터(Netscape Navigator)와 인터넷 익스플로러(Internet Explorer) 등 상업용 브라우저가 개발되어 많은 사람들이 편리하게 인터넷을 이용하게 되었다. 웹브라우저의 편리한 사용성 때문에 인터넷 사용자가 폭발적으로 증가하게 되었으며, 이후 여러 가지 웹브라우저가 개발되고 기능이 향상되면서 웹을 대중화하는데 커다란 기여를 하였다.

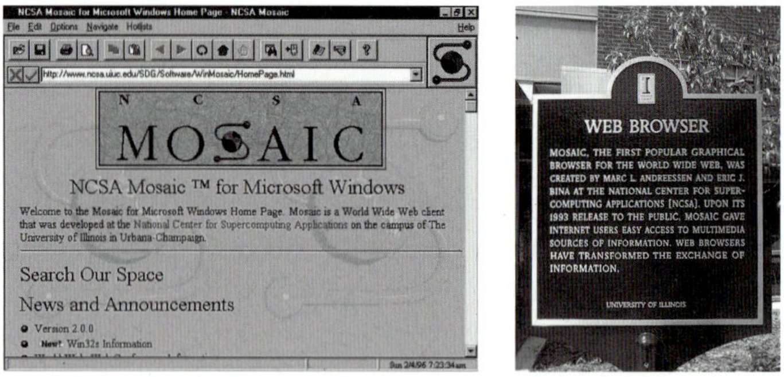

[그림 2-3] 모자익(Mosaic) 웹브라우저와 기념비(출처: 위키피디아.)

3) WWW 컨소시엄(W3C)의 결성

팀 버너스리는 1989년 인터넷 사용을 위한 웹 방식의 서비스를 처음으로 제안하고 HTTP, HTML 등 관련 기술을 개발하는 등 웹의 확산과 표준화를 위해 노력하였다. 그 후 웹이 전 세계적으로 널리 사용하기 위한 노력의 일환으로 팀 버너스리를 중심으로 여러 관계자들이 모여 웹 관련 표준안을 제정하고 이를 기술적으로, 또 사회적으로 확산하기 위한 컨소시엄을 1994년 10월 결성하였다. 이 단체의 명칭은 'World Wide Web Consortium'으로 보통 웹컨소시엄 혹은 줄여서 W3C라고 호칭한다.

웹컨소시엄에서는 미국 MIT 대학교, 유럽 INRIA 연구소, 일본 게이오 대학 세 곳에 호스트 서버를 설치하고 이를 중심으로 전세계의 네트워크를 연결하여 운영하고 있다(www.w3.org). 그리고 웹컨소시엄에서는 각 지역의 거점역할을 하는 지역 사무국을 운영하고 있으며, 우리나라의 경우에는 한국전자통신연구원(ETRI)에서 W3C 대한민국 사무국을 운영하고 있다(www.w3c.or.kr).

현재 웹컨소시엄에는 전 세계의 300여개 단체가 회원으로 소속되어 있으며 각 회원들은 웹에 관련된 다양한 기술의 발전에 대해 논의하고 기술 표준안을 개발하는 공동작업에 참여하고 있다. 웹컨소시엄에서 제정하는 표준안은 임의 단체의 표준이지만 웹관련 분야에서는 W3C 표준이 국제공인표준과 동등하게 중요한 기준으로 인정받고 있다. 표준안의 개발 이외에도 웹 개발자나 사용자를 위한 정보를 공유하고 신기술에 대한 모델을 개발하여 시험하는 등 다양한 웹 관련 소프트웨어의 개발 및 교육에도 많은 노력을 하고 있다. 또한 웹의 각종 분야 및 기술에 관하여 토론할 수 있도록 1994년 이래 매년 봄에 정기적인 WWW 컨퍼런스를 개최하고 다양한 포럼을 운영하고 있다. 웹컨소시엄의 창립을 주도하고 W3C 의장을 맡고 있는 팀 버너스리는 지금까지도 W3C의 여러 가지 기술발전을 주도하며 활발히 활동하고 있다.

[그림 2-4] W3C 로고와 팀 버너스리(Tim Berners-Lee)

2.2 웹 2.0과 소셜미디어

참여, 공유, 개방이라는 특징을 가지고 있는 웹 2.0 서비스는 1994년 이래 웹의 발전과 함께 진화해 왔다. 웹 2.0 환경에서 사용되는 기술은 개별적인 특정한 기술의 분류가 아니라 끊임없이 진화하고 있는 웹 발전의 연장선상에서 유기적으로 연계되고 비즈니스 측면에서 활용된 복합적인 기술들을 지칭한다. 이 절에서는 웹 2.0의 기본적인 개념과 대표적인 서비스를 살펴보기로 한다.

2.2.1 웹 2.0의 개념

1) 웹 2.0의 탄생 배경

그동안 고속으로 성장하던 인터넷 관련 업체들이 2000년대 초 닷컴(.com) 버블의 붕괴로 말미암아 많은 업체들이 사라져갔다. 그러나 인터넷 벤처기업의 거품이 붕괴되는 가운데에서 구글(Google)이나 아마존(Amazon) 같은 회사들은 오히려 더 성장하였다. 2004년 10월 미국 오라일리(O'Reilly) 사가 주최한 컨퍼런스에서 모인 사람들이 인터넷에서 약 10년간 발생한 웹의 환경 변화와 발전 방향을 정리한 것을 웹 2.0으로 부르기로 하였다. 일반 상품이나 서비스 등에서의 버전 2.0이라는 뜻이 아니라 제 2세대 웹이라는 의미에 더 가깝다.

웹 2.0 시대의 인터넷 기업들의 독특한 특징 중에 하나는 '파레토(Pareto) 법칙' 또는 '20:80 법칙'이 적용되지 않는다는 것이다. 대부분의 오프라인 기업에서는 잘 팔리는 20%의 상품이 전체 매출의 80%를 차지한다는 법칙이 있다. 그러나 인터넷 쇼핑의 대표적인 기업인 아마존 사의 경우 그와는 다르게 잘 팔리는 20%의 인기 상품의 매출보다 하위 80%의 평범한 상품의 매출 합계가 더 크다는 분석이 나왔다. [그림 2-5]에서 보듯이 꼬리에 해당하는 매출이 중요해졌다는 의미로 '롱테일(long tail) 법칙'이라고 부른다.

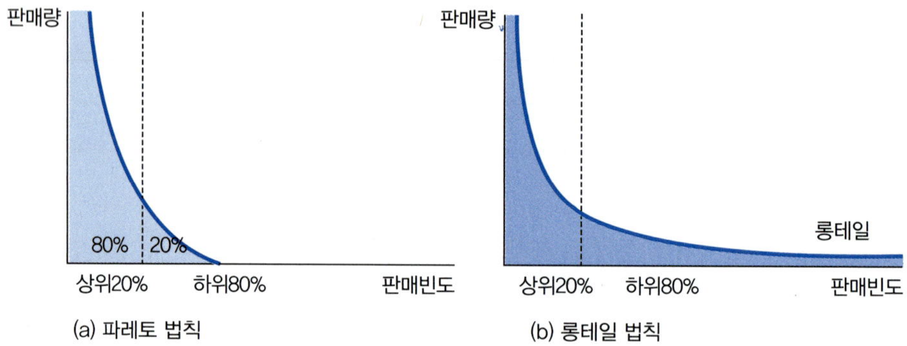

[그림 2-5] 파레토 법칙과 롱테일 법칙

2) 웹 2.0의 기본 개념

웹 2.0 시대에 인터넷 사용 방법의 가장 큰 변화는 '플랫폼으로서의 웹(web as a platform)' 환경에서 네티즌들은 '집단지성(collective intelligence)'을 활용하여 콘텐츠를 제공하고 공유한다는 것이다. 이러한 웹 2.0의 특징은 [그림 2-6]과 같이 참여, 개방, 공유, 그리고 분산 등의 개념으로 정리될 수 있다.

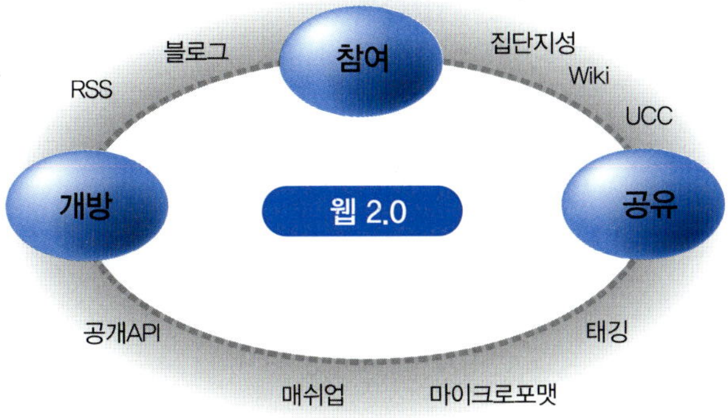

[그림 2-6] 웹 2.0의 기본 개념

웹 2.0 콘텐츠의 생성은 개인의 참여와 서로간의 상호작용에 의해서 이루어질 뿐 아니라 사용자 집단의 능동적인 참여와 공유에 의해서 더욱 가치가 증가되고 있다. 이러한 사용자 생산 콘텐츠를 UCC(User Created Contents) 또는 UGC(User Generated Contents)라고 부르며 사용자들은 콘텐츠의 공급자인 동시에 소비자이므로 프로슈머(prosumer)라는 용어로 부르기도 한다. 사용자 참여 콘텐츠의 대표적인 예로는 블로깅과 위키피디아가 있다. 위키피디아는 누구나 참여하여 콘텐츠를 수정할 수 있는 온라인 백과사전이며, 사진이나 동영상을 공유하는 플리커(Flickr) 및 유튜브(YouTube)라는 UCC 사이트도 있다. 한편, 브라우저에 저장하던 북마킹을 여러 사람이 공유하자는 소셜북마킹은 태깅(tagging)이라는 개념으로 발전하여 집단지성에 의한 웹콘텐츠의 자동 분류가 가능하게 되었다.

웹 2.0은 개방적이다. 전통적인 기존의 웹사이트들은 자신의 데이터를 폐쇄적으로 운영하였지만 웹 2.0에서는 어느 누구도 데이터를 독점하지 않고 모든 사람들이 공유하여 사용할 수 있는 플랫폼을 제공한다. 데이터 개방을 위한 기술로는 RSS 형식이 많이 사용되는데, 초기에는 블로그 뉴스를 주 대상으로 하였으나 요즘에는 RSS를 통해 수집되고 유통되는 콘텐츠의 형태가 다양해지고 있다. 반면 공개 API는 서비스를 공유하기 위한 개방형 포맷이다. 구글이나 야후, 네이버 등은 자신의 검색엔진이나 서비스의 API를 공개하여 다른 어플리케이션에서 이를 이용할 수 있도록 하고 있다. 대표적인 예로 햄버거 체인점에서 고객이 가까운 매장을 검색하고 찾아가도록 도와주는 웹사이트를 구글 맵과 검색엔진을 사용하여 쉽게 구현할 수 있다.

2.2.2 웹 2.0 환경의 대표적인 서비스

웹 2.0은 새롭게 정의된 기술이 아니라 그 동안의 변화를 지칭하므로 이미 대부분의 인터넷 기업들은 웹 2.0 서비스를 실시하고 있다. 그 중에서도 웹 2.0 기술을 대표할 수 있는 주요 서비스들을 살펴본다.

1) 검색서비스의 진화와 구글(Google)

1998년 스탠포드 대학의 대학원생인 페이지(Lawrence Page)와 브린(Sergey Brin)이 설립한 구글사는 웹 2.0 시대의 가장 대표적인 기업으로 성장하였으며 웹 1.0 시대에 대표적인 마이크로소프트(Microsoft)사에 필적할 만큼 주목을 받고 있다. 마이크로소프트는 MS Windows 운영체제라는 플랫폼에서 소프트웨어 분야의 절대 강자로 존재하였으나, 구글은 웹이라는 플랫폼에서 기술을 선도하며 사업을 전개하고 있다.

구글사의 설립 당시에 검색서비스 분야에서 야후(Yahoo)사는 경쟁자가 없을 정도의 아성을 지키고 있었다. 그러나, 급속도로 팽창하는 웹 데이터의 성장 속도를 따라가지 못해 야후 검색의 정밀도가 떨어지는 문제점이 나타나고 있었다. 이에 대한 해결책으로 구글에서는 검색결과를 보여줄 때 문서의 중요도에 따라 결과 페이지의 상위에 나열하는 '페이지랭크(page rank)' 개념을 적용하였다. 즉, 해당 페이지를 링크로 참조하는 페이지들의 중요도를 가중치로 모두 더하여 해당 페이지의 점수를 계산하는 알고리즘이다. 이렇게 개발한 구글검색엔진을 여러 포털사이트에게 공급하는 비즈니스를 전개한 것이 큰 전환점이었으며, 이를 계기로 구글사의 지명도가 급격하게 올라갔던 것이다.

(http://www.google.com)

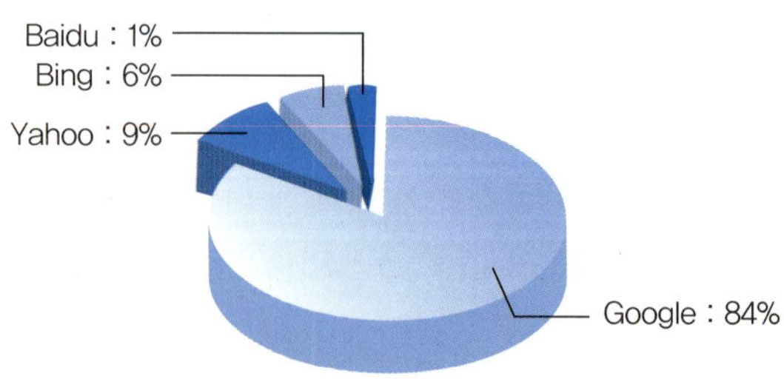

(http://www.netmarketshare.com/)

[그림 2-7] 구글 검색 초기화면과 검색엔진 전세계 시장점유율(2013.6)

2) 아이튠즈(iTunes)와 팟캐스팅(PodCasting)

애플(Apple)사에서 2004년 시작한 아이튠즈는 음악 콘텐츠 서비스의 후발주자에 속하지만, 웹 2.0 시대의 디지털 콘텐츠 분야에서 유통혁명을 일으킨 정도로 큰 영향을 주고 있다. 아이튠즈 뮤직 스토어에서 사용자가 자신이 원하는 콘텐츠를 설정해두면 콘텐츠가 갱신될 때 RSS 피드를 통해 뮤직스토어에 다운로드된다. 사용자는 MP3 단말기인 아이팟(iPod)을 PC에 접속하여 뮤직스토어에 동기화 시키는 과정으로 해당 콘텐츠를 단말기에 전송할 수 있다. 이 때 아이팟이라는 단말기에 방송되는 것처럼 배포된다 하여 팟캐스팅이라는 용어도 탄생하였다.

(http://mac.sillydog.org/) (http://www.apple.com)

[그림 2-8] 아이튠즈 실행화면과 팟캐스팅 로고

3) 위키피디아(Wikipedia)

위키(wiki)라는 단어는 위키 백과사전의 줄임말이 아니라 그 이전에 탄생한 개념으로 웹페이지의 내용을 누구나 자유롭게 추가할 수 있는 일종의 공개 게시판 형식을 뜻한다. 원래 'wiki wiki'는 하와이 말로 '빨리빨리'라는 의미이다. 위키 서비스의 대표적인 예가 온라인 백과사전인 위키피디아(Wikipedia)로서 우리말 버전으로는 위키백과라고 명명하고 있다. 커뮤니티에 가입하면 누구나 사전편찬 작업에 참여할 수 있는 백과사전으로서 집단지성으로 작성되는 UCC의 대표적인 사례이다. 미국의 과학잡지 네이처가 조사한 결과 정확도면에서 위키피디아가 브리태니커 백과사전에 필적하는 것으로 보고되고 있다.

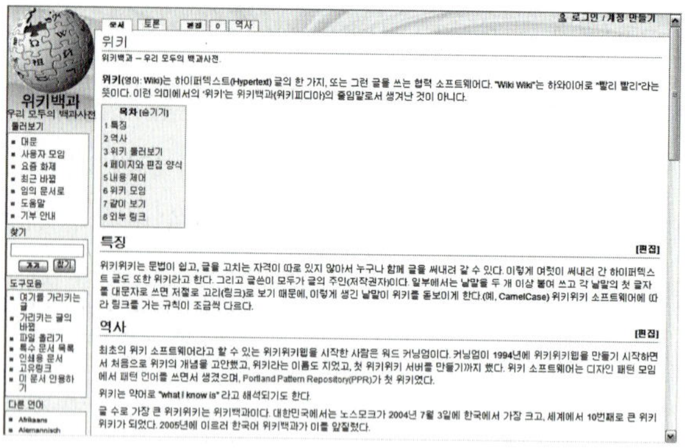

[그림 2-9] 위키피디아 온라인 백과사전 (http:://ko.wikipedia.org)

4) UCC 또는 UGC 사이트

미국의 유명한 시사주간지 타임이 2006년 올해의 인물로 '유(You)'를 선정하고 "블로그나 미디어 영역에서 영향력을 키워나가는 평범한 당신이 올해의 주인공"이라고 발표하였다. 이와 같이 사용자가 직접 제작한 콘텐츠인 UCC(User-Created Content) 또는 UGC(User-Generated Content)가 새로운 문화의 추세로 인정받고 있는 것이다. 대표적인 사례는 바로 앞에서 소개한 위키피디아로서 집단지성을 활용한 UCC 콘텐츠로 백과사전을 제작하는 서비스이다.

UCC 콘텐츠는 텍스트, 이미지, 오디오, 동영상 등 다양하지만 UCC는 동영상이라고 착각할 만큼 동영상 UCC 콘텐츠가 많이 제작되고 있다. 특히 동영상 UCC 서비스로 널리 알려져 있는 미국의 유튜브가 2006년 구글에 인수되면서 더욱 활발해졌고, 이 당시 유튜브에 올려지는 콘텐츠의 양이 방송사가 제작하는 콘텐츠의 양을 앞질렀다고 한다. 국내에서도 동영상 UCC 사이트가 급격히 성장하고 있으며, 다음 TV팟과 판도라 TV 등이 대표적인 사이트이다.

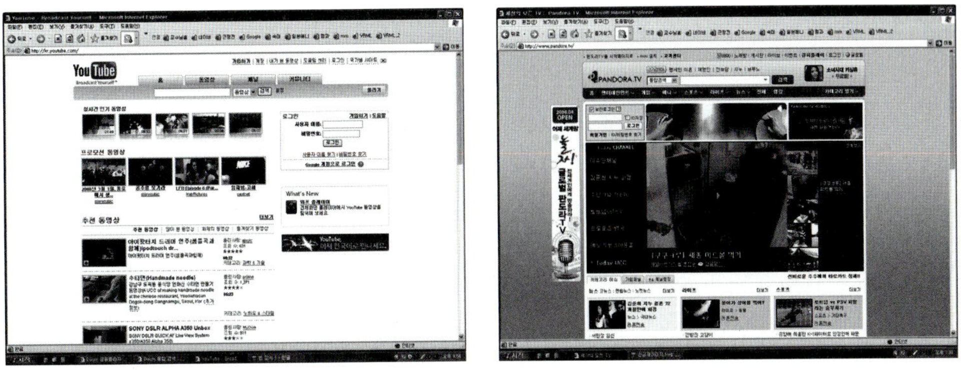

[그림 2-10] 유튜브(kr.youtube.com)와 판도라 TV(www.pandora.tv)의 실행화면

5) 소셜네트워크서비스(SNS: Social Networking Service)

사용자들이 커뮤니티를 형성하여 서로 참여하는 사이트로서 클럽 서비스, 블로그 서비스, 미니홈피 등의 온라인 커뮤니티 서비스가 발전하여 웹 2.0 환경에서 소셜네트워크서비스(SNS) 사이트라 한다. 특히 사용자들 사이에 친구, 선후배, 동료 등의 사회적 관계를 구축해주고 이들끼리 친소 정도에 따라 차별되는 커뮤니케이션을 할 수 있는 기능을 지원해 준다. 잘 알려진 SNS 사이트로는 미국의 페이스북(Facebook), 유튜브(YouTube), 트위터(Twitter), 그리고 우리나라의 싸이월드(Cyworld), 미투데이(me2Day) 등이 있다. 한편, SNS 사이트는 커뮤니티(community)와 커머스(commerce)를 결합하는 형태로 발전하며 소셜미디어 시대의 핵심 서비스로 자리하고 있다.

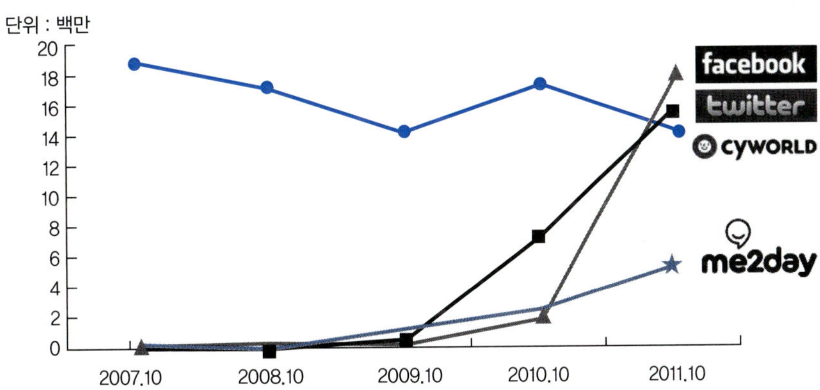

[그림 2-11] 국내 SNS 순방문자수 추세(출처: 코리안클릭)

2.2.3 미디어 환경의 변화

웹이 웹 2.0으로 진화해 왔듯이 미디어 환경 역시 진화해 왔다. 초창기 미디어 형태인 다중배포 모델(broadcasting model)의 미디어 1.0 형태는 정보 접근성의 우위를 바탕으로 정보, 뉴스의 1차적 공급원으로 자리매김하였으며, 정보는 미디어가 일방적으로 독자층에게 전달하는 단방향 구조를 가졌다. 독자층은 대중(mass)이라는 수동적 독자의 형태로 존재하였다.

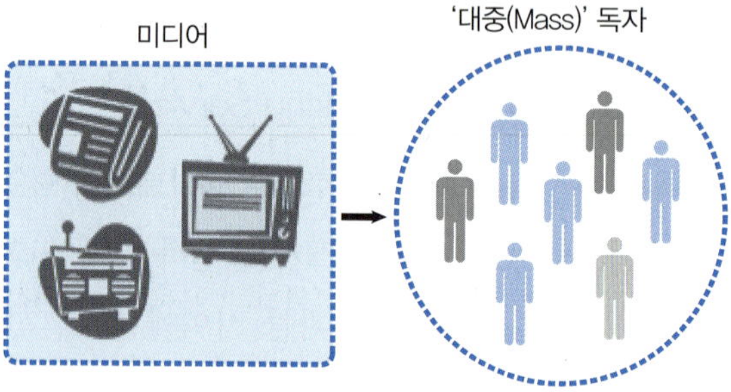

[그림 2-12] 미디어 1.0의 형태

인터넷의 보급과 함께 미디어는 미디어 1.5시대의 포털서비스 형태(portal service model)로 변모하였는데 인터넷이 1차적인 정보 수집의 채널로 정착한 것이다. 뉴스나 정보의 소스가 대폭 증대되었으며 라이프스타일에 기반한 생활형 정보들의 중요성이 증대되었다. 이에 따라 일반인의 정보 가치에 대한 인식이 높아지면서 정보 생산력이 한층 강화되었다. 또한 관심사에 따른 정보소비에 따라 검색 서비스를 기반으로 한 포털의 영향력이 증대되었다.

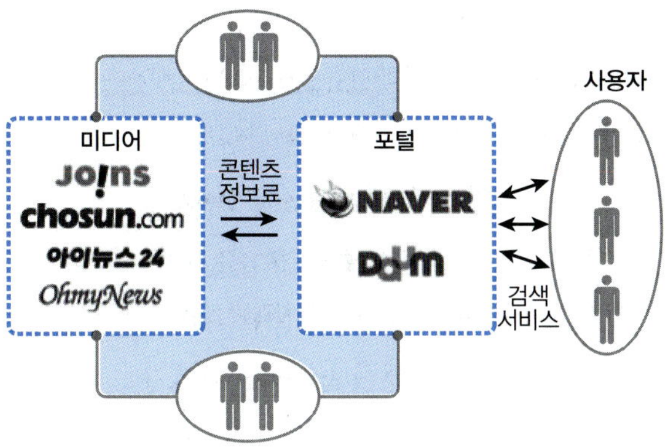

[그림 2-13] 미디어 1.5의 형태

웹 2.0의 등장은 미디어 2.0 시대의 개막에 결정적 역할을 하면서 소셜미디어 시대를 열었다. 미디어 2.0은 '참여, 공유, 개방'의 정신에 기반한 웹 2.0의 미디어 플랫폼으로 UCC의 보편화와 적극적인 참여와 공유를 통한 미디어의 재창출을 통해 소셜미디어 커뮤니케이션이 가능하도록 하였다. 관계 중심의 커뮤니케이션을 통해 일방적인 정보 전달이 아닌 상호작용이 가능한 양방향 미디어로 발전해 온 것이다. 즉, 소셜미디어의 탄생과 함께 미디어 구조는 미디어 2.0 환경으로 재편성되었다.

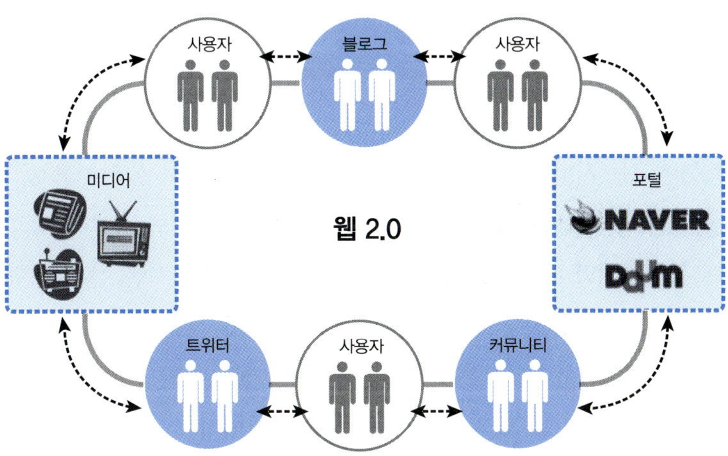

[그림 2-14] 미디어 2.0의 형태

2.3 소셜미디어의 개념

소셜미디어(social media)라는 단어는 뉴미디어 회사인 가이드와이어그룹(Guidewire Group)의 창업자인 크리스 시플리(Chris Shipley)가 2004년 '블로그온 컨퍼런스'에서 처음 사용하였다. 블로그에서 개인출판 미디어로 시작한 소셜미디어는 이제는 블로그 외에도 SNS, 마이크로블로그, 미디어 공유 등 다양한 시스템을 포함하는 개념으로 확장되었다.

2.3.1 소셜미디어란?

전통적인 미디어란 신문, 라디오, TV, 인터넷과 같은 정보전달수단을 의미하며 이들은 일방적으로 정보를 제공하고 있다. 반면에 소셜미디어는 이용자들이 콘텐츠를 생산하거나 직접 참여하여 사회적 혹은 사교적인 행위를 통해 얻어진 정보를 기반으로 상호작용(interaction)을 통해 양방향으로 제공하는 수단이다. 즉, 소셜미디어란 일반 사용자들이 주도하고 서로간의 소통이 가능한 매체이며, 자신의 생각과 경험 등의 정보를 생산하고 이를 확산시키기 위해 사용하는 개방된 플랫폼을 말한다.

블로그, 팟캐스트, 위키, 마이크로블로그, SNS 등이 이 범주에 포함되며, 페이스북(Facebook), 유튜브(YouTube), 트위터(Twitter), 플리커(Flickr) 등이 대표적인 사례이다. 페이스북에서는 사용자들이 자신에 관한 정보(profile)를 올려놓고 글이나 사진도 게시하여 친구들이나 지인들과 인간관계를 맺고 이를 바탕으로 정보를 상호 교류한다. 또한, 유튜브나 플리커와 같은 동영상 및 사진 공유 사이트에서는 같은 성향을 가진 다른 사용자들의 추천에 우선순위를 달리하여 보다 관심을 가질 확률이 높은 검색결과를 추천해 준다. 따라서, 소셜미디어는 많은 사용자들의 적극적인 참여가 있어야 유용성이 보장되며 많이 참여할수록 그 효과는 더욱 증대되는 것이다.

2.3.2 소셜미디어의 특징

웹 2.0 시대에 가장 부합되는 미디어의 형태인 소셜미디어가 기존의 미디어와 가지는 가장 큰 차이점은 개인이 만든 미디어가 인용되고 네트워크 속에서 계속 정보가 추가되면서 여러 사람들이 같이 만들어 간다는 점이다. 즉, 다수의 의견, 경험, 관점 등의 집단지능으로부터 정제되어 송출되는 매체이며, 그 자체가 일종의 유기체처럼 성장하고 있다. 이와 같이 웹 2.0 시대의 커뮤니케이션에 핵심 도구로 부각되고 있는 소셜미디어는 사용자들의 참여(participation)에 기반하며, 콘텐츠 접근과 사용에 장벽이 없는 공개(openness), 양방향적 대화(conversation), 공통된 관심사에 대해 이야기 하는 커뮤니티(community), 그리고 링크를 통해 번성하는 연결(connectedness) 등의 특성을 가지고 있다.

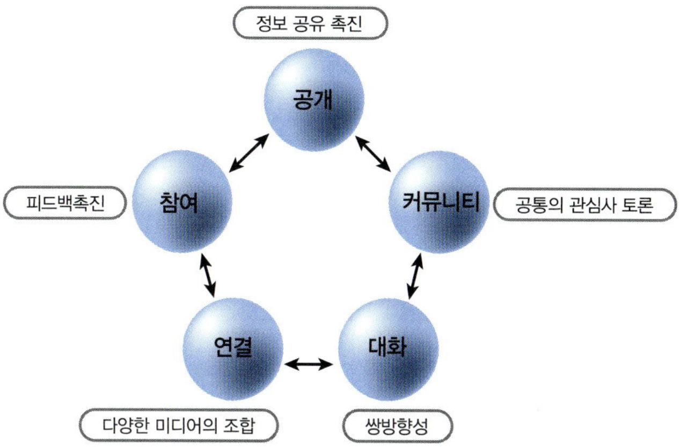

[그림 2-15] 소셜미디어의 특징

1) 참여(Participation)

웹 2.0이 참여와 공유로 대변되듯이 소셜미디어 역시 참여의 특성은 매우 중요하다. 소셜미디어는 관심이 있는 모든 사람들의 기여와 피드백을 촉진하며 기존의 정보 생산자인 미디어와 소비자인 대중(mass) 사용자의 경계를 불명확하게 만든다. 참여는 소셜미디어를 유기적으로 진화시키는 원동력이며, 그 정보의 가치는 얼마나 많은 참여를 이끌어 낸 것인가에 따라 달라질 수 있다.

2) 공개(Openness)

소셜미디어는 인터넷을 매개체로 하는 만큼 대부분의 경우에 피드백과 참여가 공개되어 있으며 피드백, 코멘트, 투표, 정보 공유를 통해 콘텐츠 접근과 사용이 손쉽게 이루어진다. 이러한 공개의 특성은 빠른 통신기술과 모바일 기기의 보급을 통해 시공간의 벽마저 허물어 소셜미디어를 전파속도가 가장 빠른 미디어로 자리잡게 하였다.

3) 대화(Conversation)

전통적인 미디어에서는 정보가 일방적으로 대중에게 전달되며, 대중은 정보를 수용할 뿐이었다. 따라서 정보의 형태나 주제 역시 주로 미디어에 의해 정해졌다. 그러나 소셜미디어는 쌍방향성을 지니고 있기 때문에 이용자와의 상호작용을 통해 정보가 생성되어 이용자들의 요구에 부합되는 형태로 제공될 수 있다.

4) 커뮤니티(Community)

소셜미디어는 각종 소셜 네트워크 서비스들을 통해 빠르게 커뮤니티를 구성하도록 도와주고, 커뮤니티 내에서 공통의 관심사에 대해 이야기하게 한다. 이러한 커뮤니티는 특정 주제에 대해 집단지성의 힘을 발휘하기도 하고, 그 자체로 여론 형성의 영향력을 발휘하기도 한다.

5) 연결(Connectedness)

대부분의 소셜미디어는 다양한 미디어의 조합이나 링크를 통해 서로 다른 시공간의 사용자 및 정보와 연결이 가능하고 이러한 연결의 확장을 통해 번성한다. 단순한 웹 페이지의 연결이 아닌 이용자들의 참여를 통해 구축된 콘텐츠를 기반으로 이용자들이 상호 연결되어 있는 것이다. 이러한 연결을 기반으로 정보가 공유되고 교환되는 형태를 따르며 소셜미디어 자체가 확장해 나아가는 것이다.

2.4 소셜미디어의 종류와 활용

소셜미디어의 종류는 그 주요 형태나 기능별 유형에 따라 분류될 수 있다. 이 절에서는 이러한 소셜미디어의 종류와 활용에 대해 알아본다.

2.4.1 소셜미디어의 주요형태

소셜미디어의 종류는 자주 사용되는 대표적인 형태에 따라 다음과 같이 블로그(blogs). 위키스(wikis), 소셜네트워크 (social networks), 콘텐츠 커뮤니티(content communities), 팟캐스트(podcasts)로 분류 될 수 있다.

1) 블로그(Blogs)

웹(web)과 일기(log)의 합성어인 블로그는 네티즌이 웹에 기록하는 일기나 일지의 의미에서 시작하였으며, 기존의 개인 홈페이지에 비해 만들고 관리하기가 매우 쉬우며 등록된 글이 시간 순으로 표시되는 특징은 사용자들로 하여금 최신의 정보를 확인하기 쉬운 구조를 제공한다. 초장기 블로그와 달리 블로그는 다양한 주제들을 다루고 있으며, 블로그의 종류도 개인블로그, 기업블로그, 주요 미디어블로그, 유사 미디어 블로그 등으로 많아졌다. 블로그는 이미 대안 언론으로서도 그 역할을 충실히 하고 있으며 소셜미디어의 근간을 제공하고 있다.

2) 위키스(Wikis)

편집이 가능한 웹페이지로 웹사이트 상에서 콘텐츠를 추가하고 정보를 편집하여 공동의 문서나 데이터베이스처럼 운영하는 위키스는 집단지성의 특성을 활용하는 대표적인 소셜미디어이다. 가장 대표적인 예로 온라인 백과사전인 위키피디아가 있으며 2012년 3월 현재 영어판 388만여 개, 한국어판 20만여 개를 비롯하여 280여 언어판을 합하면 2100만여 개의 글이 수록되어 있는 세계에서 가장 큰 백과사전으로 계속 성장하고 있다.

3) 소셜네트워크 (Social Networks)

소셜네트워크는 일명 SNS로, 자신만의 온라인 사이트를 구축하여 콘텐츠를 만들고 친구들과의 연결을 통해 콘텐츠나 커뮤니케이션을 공유하는 것이다. 소셜네트워크의 예로는 대표적으로 페이스북, 트위터 등이 있으며, 소셜네트워크를 활용하여 소셜웹 서비스를 제공하고 있다. 소셜네트워크 서비스는 개인의 참여를 통하여 정체성을 확립하고 다른 사용자와 소통하면서 사회적 관계를 형성해 나가는 서비스이다. 사람들이 정보의 홍수 속에서 믿을 만한 정보를 찾는데 도움을 주기도 하며, 빠른 정보의 전파력과 여론 형성의 힘을 발휘하기도 한다.

4) 콘텐츠 커뮤니티(Content Communities)

특정한 종류의 콘텐츠를 만들고 공유하는 커뮤니티를 의미하며 가장 인기 있는 콘텐츠 커뮤니티의 예로는 유튜브(YouTube), 플리커(Flickr), 딜리셔스(Del.icio.us) 등이 있다. 플리커의 경우 주로 사진 이미지에 대한 정보를 공유하여 공유의 목적 이외에도 개인적인 사진 자료의 보관이나 사진작가와의 소통의 장으로 이용되고 있다. 또 다른 이미지 공유 서비스로는 구글의 피카사(Picasa) 등이 있다. 유튜브는 동영상의 공유를 통해 자신의 경험이나 생각을 공유하는 커뮤니티이다. 이러한 콘텐츠들은 전 세계의 사용자들에 의해 조회되고 평가되어 세계적인 이슈를 일으키기도 한다.

5) 팟캐스트(Podcasts)

방송(broadcast)과 아이팟(iPod)의 합성어인 팟캐스트는 인터넷을 통하여 사용자들이 새로운 오디오 및 비디오 파일을 구독할 수 있도록 하는 형태를 말한다. 오디오 파일을 자동으로 MP3 플레이어나 사용자들의 컴퓨터로 다운로드 받아서 들을 수 있게 된 2004년 말부터 인기를 끌기 시작하였으며, RSS 기술과 더불어 지속하여 발전하고 있다. 기존 미디어들의 국한된 주제에서 벗어나 다양한 주제와 관점의 콘텐츠들이 소셜미디어로 생산되고 있다.

이러한 소셜미디어의 주요 형태 이외에도 [그림 2-16]과 같이 수많은 종류의 소셜미디어들이 공존하고 있으며 계속해서 진화하고 있다.

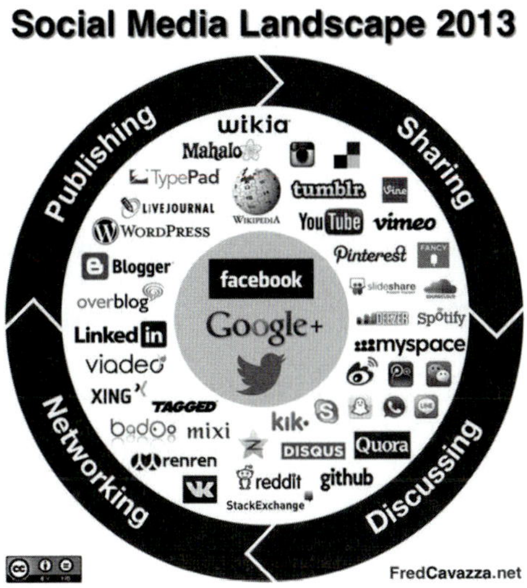

[그림 2-16] 소셜미디어가 제공하는 도구의 유형과 사례들 (www.FredCavazza.net)

2.4.2 소셜미디어의 영향 및 활용

전통적인 미디어가 아니라 일반 개인이 인터넷에서 정보나 콘텐츠를 생산하고 보급하는 일종의 소셜미디어 활동은 2000년대 초반부터 시작되었다. 소셜미디어의 초기 형태라고 할 수 있는 블로그나 UCC 서비스의 확산은 일반 사용자가 정보를 생산하고 배포할 수 있도록 하여 개인이 미디어의 영역에 참여할 수 있는 여건이 확보되었다. 진입장벽이 높은 기존의 미디어에 비하여 소셜미디어는 개인이 사회 각 분야에 대해 분석한 의견이나 사진, 동영상 등을 손쉽게 올려서 유무선 통신망을 통해 널리 전파될 수 있다.

또한 국가 간의 장벽을 넘어 인터넷을 통해 전 세계에 배포되어 기존의 미디어를 훨씬 넘어서는 영향력을 발휘하기도 한다. 유명한 사례로 2009년 6월 이란에서 반정부 소요사태가 발생했을 때 이란정부는 언론을 통제하고 외신기자를 추방했으며, 심지어 인터넷 회선을 차단하였지만 휴대폰을 이용하는 마이크로블로그를 통하여 모든 상황과 소식이 전세계로 전파되었다. 2011년 발생한 리비아 내전에서도 전통적인 미디어인 언론보다 소셜미디어가 더욱 신속하고 다양한 정보를 전세계에 제공하게 되었다. 한편 우리나라의 경우 2010년 수도권에 폭우가 내렸을 때 다양한 지점에서 시시각각으로 변하는 피해상황을 많은 사용자들이 소셜미디어를 통하여 실시간 중계를 해줌으로써 재난에 재빠르게 대처할 수 있었다.

소셜미디어는 도구 자체가 혁신적인 기술을 바탕으로 하는 것은 아니지만 사용자들의 삶에 큰 영향을 미치고 있다는 점에서 앞으로 더욱 발전할 것으로 기대하고 있다. 소셜미디어는 정치, 사회, 문화 등 우리의 삶 전반에 다양한 형태로 변화를 주도할 것이다. 우선 정치 분야에서 큰 영향을 미치고 있어서 여러 정치인들은 소셜미디어에 자신의 의견을 올리는 등의 적극적인 대처를 하고 있다. 기업에서도 소셜미디어를 통하여 소비자와 의사소통하는 마케팅 활동을 실시하고 있으며, 소셜미디어를 통한 상거래인 소셜커머스도 꾸준히 늘어나고 있는 추세이다.

연 습 문 제

■ **다음 괄호 안에 올바른 단어를 기입하시오.**

1. 팀 버너스리는 인터넷 상의 정보를 표현하는 언어로 (　　　　　)을 개발하였고, 웹페이지 정보를 사용자 컴퓨터에 전송하기 위한 (　　　　　)프로토콜을 개발하였다.

2. 연관된 여러 데이터를 링크로 연결하여 사용자가 필요한 정보를 탐색할 수 있게 도와주는 정보탐색 구조를 (　　　　　)라고 한다.

3. 웹 2.0 서비스의 특징은 참여, (　　　　　), (　　　　　)이다.

4. 웹 2.0 시대에 인터넷 사용 방법의 가장 큰 변화는 "플랫폼으로서의 웹(web as a platform)" 환경에서 (　　　　　)을 활용하여 콘텐츠를 제공하고 공유하는 것이다.

5. 초창기 미디어형태인 (　　　　　)의 미디어 1.0 환경은 정보 접근성의 우위를 바탕으로 정보, 뉴스의 1차적 공급원이었으며, 정보는 미디어가 일방적으로 독자층에게 전달하는 단방향 구조를 가졌다.

6. (　　　　　)란 일반 사용자들이 주도하고 서로간의 소통이 가능한 매체이며, 자신의 생각과 경험 등의 정보를 생산하고 이를 확산시키기 위해 사용하는 개방된 플랫폼을 말한다.

7. 초기에는 블로그 뉴스를 주 대상으로 하였으나 오늘날 데이터 개방을 위한 기술로 많이 사용되는 (　　　　　)를 통해 수집되고 유통되는 콘텐츠의 형태가 다양해지고 있다.

8. 유튜브(YouTube), 플리커(Flickr), 딜리셔스(Del.icio.us) 등은 특정한 종류의 콘텐츠를 만들고 공유하는 (　　　　　)이다.

9. 소셜미디어의 특징 중 (　　　　　)는 소셜미디어를 유기적으로 진화시키는 원동력이며, 정보의 생산자인 미디어와 소비자인 대중(mass) 사용자의 경계를 불명확하게 만든다.

10. 구글에서는 검색결과를 보여줄 때 문서의 중요도에 따라 결과 페이지의 상위에 나열하는 (　　　) 개념을 적용하였다. 이것은 해당 페이지를 링크로 참조하는 페이지들의 중요도를 가중치로 모두 더하여 해당 페이지의 점수를 계산한다.

■ **다음 질문에 대하여 간단히 서술하시오.**

1. 개인의 참여와 서로간의 상호작용에 의해서 이루어질 뿐 아니라 사용자 집단의 능동적인 참여와 공유에 의해서 더욱 가치가 증가되고 있는 사용자 생산 콘텐츠를 무엇이라고 하는가?

2. 웹 2.0 시대의 커뮤니케이션 핵심 도구로 부각되고 있는 소셜미디어의 특징은 무엇인가?

3. 사용자들은 콘텐츠의 공급자인 동시에 소비자이므로 프로슈머(prosumer)라는 용어로 부르기도 하는 사용자 참여 콘텐츠의 대표적인 예로는 무엇이 있는가?

4. 웹 2.0은 새롭게 정의된 기술이 아니라 그 동안의 변화를 지칭하므로 이미 대부분의 인터넷 기업들은 웹 2.0 서비스를 실시하고 있다. 그렇다면 웹 2.0 환경의 대표적인 서비스에는 무엇이 있는가?

5. 전통적인 미디어는 일방적으로 정보를 제공하였지만, 오늘날의 미디어는 이것을 통하여 이용자들이 콘텐츠를 생산하거나 직접 참여하여 사회적 혹은 사교적인 행위를 통해 얻어진 정보를 기반으로 상호작용성(interaction)을 통해 양방향으로 정보를 제공한다. 이것은 무엇인가? 또한, 그 특징에 대하여 간단히 설명하라.

SOCIAL MEDIA

03 CHAPTER

블로그 개요

CHAPTER

03 블로그 개요

블로그(blog)는 자신을 단순히 소개하고 홍보하는 홈페이지와 달리 자신의 콘텐츠를 알리고 다른 사람들과 공유하며 더 나아가 소통할 수 있게 하는 소셜미디어의 기본 형태로 자리를 잡았다. 1990년대 후반 등장했던 초창기의 일지 형태에서 현재는 방문객과의 다양한 피드백이 가능하고 SNS와의 연동도 가능한 형태로 발전해 왔으며 그 영향력은 여러 가지 수익활동이 수반될 수 있는 정도까지 증대되었다. 또한 블로그 서비스는 6장에서 소개될 RSS 기술과 더불어 다양한 블로거(blogger)들의 콘텐츠 퍼블리싱을 가능하게 하였다. 이 장에서는 이러한 블로그의 개요에 대해 알아본다.

3.1 블로그의 개념

이 절에서는 블로그란 무엇인지 그리고 어떠한 특징들을 가지고 있는지에 대해 알아본다. 또한 블로그 운영에 있어서 필요한 기능들과 그에 관련된 용어들을 살펴봄으로써 블로그의 개념을 이해하고자 한다.

3.1.1 블로그란?

블로그(blog)는 웹(web)과 로그(log)가 결합되어 생겨난 합성어로 새로운 글이 맨 위로 올라오는 일지 형태로 되어 있어 '웹에 쓰는 일기장'이라는 개념에서 시작되었다. 1997년 최초의 블로그인 데이브 와이너(Dave Winer)의 '스크립팅 뉴스(Scripting News)'가 등장했고, 국내에는 2002년 11월 최초의 상업 블로그 사이트가 개설되었다. 국내에 블로그가 소개된 지 2년 후인 2004년에는 블로그가 그 해의 10대 뉴스에 꼽힐

만큼 인기를 끌었다. 초기의 블로그는 주로 개인적인 일상의 기록이나 뉴스 스크랩 등이 주를 이루었지만, 최근에는 뉴스, 칼럼, 비평, 논평, 리뷰 등 좀 더 전문적인 지식이나 정보를 전달하여 때에 따라서는 기존의 어떤 대형 미디어 못지않게 힘을 발휘하는 '1인 미디어'로 자리 잡았다. 뿐만 아니라 자유롭게 글을 포스팅하고 댓글과 트랙백(trackback)을 이용하여 의견교환을 하는 등 정보를 공유하는 사회적인 측면이 강조되어 '소셜미디어'로서의 면모를 갖추고 있다.

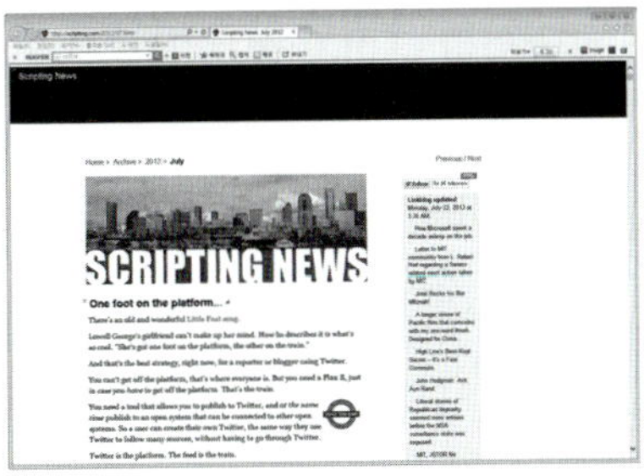

[그림 3-1] 데이브 와이너(Dave Winer)와 최초의 블로그 'Scripting News'

3.1.2 블로그의 특징

블로그는 그 이름의 유래에서처럼 개인적인 웹 공간으로 시작하였지만, 웹 2.0의 등장과 함께 개인미디어나 소셜미디어로서의 특징 또한 강조되고 있다. 이러한 블로그의 대표적인 특징들과 가치에 대해 살펴보자.

1) 정보의 기록 '블로그'

초창기부터 강조된 블로그의 특징은 정보의 기록이다. 여러 사람이 글을 쓸 수 있는 게시판(BBS)과 달리 주로 블로그를 관리하는 블로거(blogger)만이 글을 씀으로서 블로거만의 색깔을 지닌 정보의 공간을 만들 수 있다. 가장 최근의 글부터 볼 수 있다는 형식적 특징 역시 시간 흐름에 따라 정보를 기록한 블로거나 방문자들에게 최신의 정보부터 파악하게 하여 정보 제공을 용이하게 해준다. 어려운 홈페이지 제작기술을 가지고 있지 않더라도 간단한 회원가입으로 웹상에 자신만의 공간인 블로그가 생긴다는 것은 매우 매력적인 일이며 블로그 붐을 일으킨 가장 큰 특징이었다.

2) 1인 미디어 '블로그'

블로그는 지극히 개인적인 공간이지만 때로는 대형 미디어 못지않은 영향력과 파급력을 발휘하기 때문에 '1인 미디어', '개인 미디어'라고도 부른다. 블로거에 의해 작성되는 블로그는 블로거의 시각에 따라 자유롭게 작성된다. 따라서 사회적으로 주목 받지 못하는 다양한 주제들도 다루어 질 수 있으며, 기술적이나 상업적인 제약 없이 자신의 생각을 기술할 수 있다는 점에서 기존 미디어들을 보완할 수 있는 대안언론으로 여겨지기도 한다. 실제로 블로그는 기존의 미디어들이 다루지 못하는 다양한 소재들을 다루며, 다양한 계층에 파급되어 사회적 여론을 형성하기도 한다.

3) 소셜미디어 '블로그'

1인 미디어로서의 블로그가 여론을 형성할 수 있도록 하는 파급력을 가진 이유는 즉시성과 상호작용성을 갖추고 있기 때문이다. 블로그는 블로거에 의해 손쉽고 빠르게 즉시 업데이트 될 수 있기 때문에 기존의 대중매체보다 빠르게 정보를 전달할 수 있는 즉시성을 가지고 있다. 블로그의 댓글이나 트랙백은 주제에 대한 의견을 교류할 수 있다는 점에서 블로거의 관점 뿐 아니라 다양한 사람들의 생각을 확인 할 수 있는 상호작용성을 가진다. 또한 블로그 간의 네트워크 형성들을 통해 커뮤니티를 형성할 수 있으며 이러한 특징들이 소셜미디어로서의 블로그라고 할 수 있다.

3.1.3 블로그의 기본 기능

블로그를 운영한다는 것은 블로그를 개설하고 그에 따른 글을 포스팅하며 다른 네티즌들과의 소통을 통해 블로그를 확장해 나가는 것으로 정리할 수 있다. 독자들과의 소통은 댓글이나 트랙백 및 트랙백 핑, RSS 구독을 통해 다양한 형태로 이루어진다. 이러한 블로그의 기본 작동 원리를 바탕으로 그와 관련된 용어들을 살펴보고자 한다.

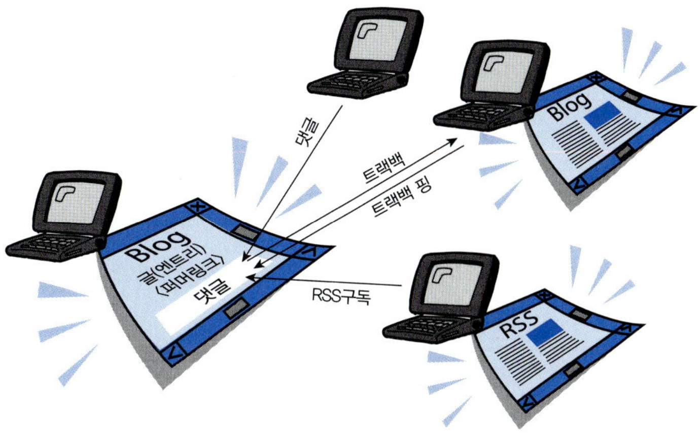

[그림 3-2] 블로그의 작동원리

1) 블로깅하기

- 블로거(blogger): 블로그(blog)를 운영하는 사람을 지칭한다.
- 블로깅(blogging): 사이버 공간에 자기의 블로그를 개설하여 운영하면서 타인의 블로그와 소통하는 행위를 말한다.
- 블로고스피어(blogosphere): 블로그를 통해 커뮤니티나 소셜네트워크처럼 서로 연결되어 있는 모든 블로그들의 집합을 말한다. 서로 연결되어 블로그에서 글을 읽거나, 링크를 하고, 참고해서 자신의 글을 쓰기도 하고, 댓글을 달기도 한다. 이렇게 서로 연결된 블로그가 블로그 문화를 성장시키는 바탕이 된다.

2) 포스팅하기

- 포스트(post): 블로그의 게시물을 말하는 것으로 블로그의 핵심 콘텐츠이다.
- 포스팅(posting): 블로그에 주제에 따른 콘텐츠, 즉 포스트를 올리는 행위를 말한다.

3) 블로그로 소통하기(출판하기)

- 댓글(reply), 코멘트(comment): 포스팅한 게시물에 관해 간략한 의견을 적은 글을 말한다. 블로그 포스트 바로 밑에 달리면서 포스트를 보는 사람들이 적어주는 것으로 때로는 이를 통한 대화나 토론 등도 가능하지만, 대부분 토론보다는 단순 맞장

구나 간단한 의견 등을 나타내는데 사용된다.

- 트랙백(trackback): 블로그에서 사용하는 주요 기능 중 한 가지로 역방향 연결 고리를 자동적으로 생성해 주는 기능이라고 할 수 있다. 이 기능을 사용하면 A번 포스트에서 B번 포스트로 정보를 보내면, A번과 B번 포스트가 연결되는 고리가 자동으로 생성 되는데, 이 연결과정을 트랙백이라고 부른다. 이 기능을 통해 1인 미디어를 지향하는 블로그들 사이의 연결 고리들이 만들어지게 되며, 네트워크를 형성해 소셜미디어로서 면모를 지니게 해준다.
- 트랙백 핑(ping): 포스트의 관련 트랙백이 다른 사이트에 작성되었음을 알려주는 작은 신호를 말한다. A사이트의 글에 대해 트랙백 기능에 의한 새 문서가 B사이트에 작성된 경우 B사이트는 트랙백 핑이라는 신호를 A사이트에 보내 관련 트랙백이 작성되어 있음을 알려 준다.
- 퍼머링크(permanent link): 인터넷에서 특정 페이지에 영구적으로 할당된 URL 주소를 뜻한다. 퍼머링크는 주소가 한 번 정해지면 영구적(permanent)이라는 의미에서 'permanent link'를 줄여 만든 말이다. 국내에서는 고유 링크나 고유 주소라는 명칭도 널리 사용되고 있다. 블로그에서 퍼머링크의 사용은 중요하다. 시간이 지남에 따라 새로운 내용이 추가되면서 블로그의 글은 위치가 쉽게 변하므로, 각각의 글에 영원히 고정된 주소를 제공하는 것이다.

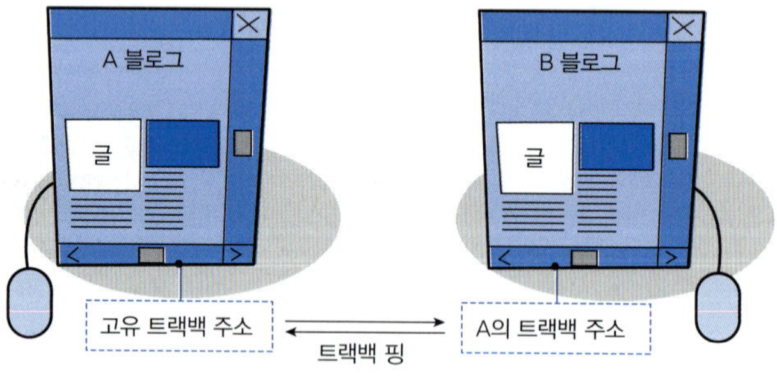

[그림 3-3] 트랙백의 원리

4) 블로그 확장하기

- 스킨(skin): 블로그의 외형적 디자인을 말한다. 취향에 따라 다양한 스킨을 적용해 개성을 표현하기도 하는데, 설치형이나 가입형 모두 다양한 스킨을 제공해 쉽게 적

용할 수 있으며 일반인이 제작해 서로 공유하기도 한다.

- 위젯(widget): 위젯은 원래 독립적으로 실행 가능한 작은 프로그램을 말한다. 블로그에서는 블로그에 없는 기능을 추가하고 싶을 때 해당 기능이 있는 위젯을 가져다가 추가할 수 있다. 예를 들어, 시계, 날씨 정보, 오늘의 환율 정보 등을 블로그에 표시하고 싶을 때 관련 위젯을 가져와 블로그에 추가할 수 있다. 플러그인과 다른 점은 블로그 프로그램과 상관없이 사용 가능하다는 것이다.
- 태그(tag): 꼬리표란 뜻의 태그는 원래 어떠한 물체에 연관된 정보를 담고 있는 메타데이터의 한 종류이다. 블로그에서는 글을 작성한 후 '태그'를 입력하는 칸에 포스트의 주제가 되는 단어를 몇 개 적어 넣을 수 있다. 이렇게 태그를 등록해 두면, 관련된 주제를 가진 글들이 연결되어 분류가 가능해지므로 정보검색이 용이해진다.
- 템플릿(template): 블로그나 사이트의 기본적인 구성형식과 디자인 양식을 지칭한다. 블로그 프로그램의 경우 다양한 템플릿들을 제공해 주는 경우가 많아 직접 구성하거나 디자인을 하지 않아도 템플릿을 이용하여 손쉽게 원하는 형태를 만들 수 있다.
- 플러그인(plug-in): 위젯처럼 블로그 프로그램에 기능을 추가할 수 있는 작은 프로그램을 말한다. 설치형 블로그 프로그램에서는 기본적으로 플러그인을 지원하고 있으며 다양한 플러그인 프로그램이 사용자에 의해 개발되어 공개되고 있다.
- RSS 피드(feed): 자신의 블로그 주소를 확인할 수 있는 RSS 주소로서 보통 RSS 버튼으로 제공해준다(RSS에 대한 설명은 6장 RSS와 팟캐스트에 자세히 나와 있다.).
- 메타블로그(meta-blog): 개별 블로그를 하나로 묶기 위한 일종의 블로그 포털 사이트이다. 특징이나 방향성에 따라 블로그 포털 또는 블로그 허브라고 호칭하기도 한다. 블로거가 RSS주소를 등록하면 블로그에 새 글을 작성할 때마다 메타블로그에 새 글 목록으로 추가되는 형태로 특정 블로그를 알지 못해도 여러 블로그의 글을 한 곳에서 볼 수 있다. 각 블로그는 1차 생산을 담당하고, 메타블로그는 글의 유통을 담당하는 것이다.

3.2 블로그의 종류

1990년대 후반 블로그가 등장한 이후로 블로그의 기능과 형태는 계속적인 발전을 해왔다. 이 절에서는 블로그의 진화에 따른 종류와 그 설치 형태 그리고 블로그 주제에 따른 종류를 알아봄으로써 블로그의 역사와 형태를 살펴본다.

3.2.1 블로그의 진화

개인적인 정보의 기록에서 시작된 블로그는 인터넷 환경의 변화를 거치면서 발전해왔으며, 그 특징에 따라 다음과 같이 3기간으로 분류할 수 있다.

1) 1기 블로그(1990대 후반 ~ 2000년대 초반): 1인 미디어

초창기 블로그는 그 이름의 유래에서처럼 개인의 일상생활부터 취미와 관심사 등을 자유롭게 기록하는 특징이 강했다. 누구나 자유로운 주제로 자신을 표현할 수 있는 공간을 갖는다는 것은 충분히 매력적인 특징이었다. 이러한 블로그의 개방성으로 인해 사회적 중요성이나 전문적인 주제가 아니라도 블로거의 관심에 따라 다양한 주제를 다룰 수 있었다. 블로그의 다양한 주제와 자유로운 편집권은 기존의 미디어들이 다룰 수 없었던 사각지대의 문제점을 다룰 수 있었으며, 기술적이나 상업적인 제약 없이 자신의 생각을 표현할 수 있는 1인 미디어라는 점에서 대안언론으로 주목 받게 되었다.

2) 2기 블로그(2000년대 중반): 참여와 소통

웹 2.0의 등장과 함께 강조된 참여와 소통의 특징은 블로그에서도 나타났다. 블로그의 댓글이나 방명록 그리고 트랙백 같은 기능들은 블로그를 방문하는 독자들의 참여를 이끌어 냈다. 이는 블로거가 전하는 일방적인 포스트의 정보에서 다수의 사람들의 의견이 추가된 쌍방향적인 정보의 형태로 변화하게 된 것이다. 또한 파급력이 높은 인터넷의 특징과 결합되어 블로그의 정보는 쉽게 다양한 계층으로 전파되어 사회적 여론으로 형성되기도 한다. 이러한 참여와 소통이라는 특징은 블로그가 소셜미디어로서의 면모를 지닐 수 있게 하였다. 반면에 블로그의 영향력과 파급력이 커지면서 잘못된 글로 인한 여론의 호도 등이 사회적 문제를 일으키기도 해 블로그의 사회적 책임 또한 강조되고 있다.

3) 3기 블로그(2000년대 후반 ~ 현재): 내가 곧 브랜드

주부나 직장인들의 일상적인 이야기도 다른 사람에게는 특별한 이야기가 될 수 있는 것은 그들만이 할 수 있는 경험이나 느낌을 기술하거나 누구나 공감할 수 있는 주제에 대해 이야기하기 때문이다. 이는 사회적 중요도나 전문적인 지식을 떠나 누구나 자신이 선택한 주제에 대해 전문가적인 면모를 지니게 하며 이러한 점은 블로그의 브랜드화로 이어진다. 블로그의 브랜드화는 구글의 애드센스와 같은 광고 게재나 포스트들의 출판, 전문가로서의 언론노출 등으로 이어져 경제적 효과까지 이끌어 낸다. 뿐만 아니라 취업을 앞둔 대학생들의 자기 PR이나 기업 및 단체의 홍보 용도로도 사용된다. 그러나 이러한 경제적 효과만을 노려 블로그 본래의 목적에서 벗어난 일부 성숙하지 못한 블로거들로 인한 부작용도 나타나고 있다.

3.2.2 블로그의 형태

블로그는 그 설치 형태에 따라 크게 가입형, 설치형, 절충형으로 분류할 수 있다. 블로그 개설에 있어 가장 먼저 고려해야 할 대상이기도 하며, 자신에게 적합한 형태의 블로그 프로그램을 선택하는 것이 향후 블로그 운영에서 매우 중요하다.

1) 가입형(서비스형)

가입형은 포털사이트의 블로그서비스에 가입하여 제공받는 형태를 말한다. 즉, '네이버'나 '다음' 그리고 '싸이월드' 등에서 제공하는 블로그 서비스를 이용하여 블로그를 구축하는 경우인데, 이 경우 블로그를 개설하고 운영하는데 필요로 하는 전문적인 지식이 없더라도 누구나 쉽게 블로그를 운영할 수 있도록 서비스를 제공하고 있어 초보자들이나 기술적인 문제에 신경을 쓰고 싶지 않는 블로거에게 매우 적합하다. 또한 현재 대부분의 인터넷 콘텐츠가 포털사이트를 통해 검색되고 이용된다는 점을 감안할 때 블로그 역시 포털서비스에서 제공하는 블로그를 사용할 경우 자사의 블로그 서비스의 노출빈도를 높일 수 있다는 장점을 지니고 있다. 이러한 장점들 때문에 가장 많은 블로거들이 선택하고 있으며, 국내의 가입형 블로그 중에서는 네이버, 다음, 싸이월드의 순으로 점유율이 나타나고 있다. 반면 가입형의 단점으로는 포털사이트에서 제공하는 서비스에 국한하여 블로그를 운영해야 한다는 점에서 사용자의 취향을 반영하기 어렵고, 애드센스와 같은 다양한 광고게재가 불가능하거나, 다른 포털사이트의 블로그 등과 소통이 쉽지 않다는 것을 들 수 있다.

[그림 3-4] 가입형 블로그 서비스 제공 사이트들

2) 설치형

설치형은 블로그 도구를 다운로드 받아 사용자가 지정한 서버에 설치하는 형태를 말한다. 이처럼 직접 서버를 선택하고 설치해야 한다는 점에서 관련 지식이 필요하며 대표적인 설치형 블로그 도구로는 '제로보드 XE', '텍스트 큐브' 등이 있다. 설치형 블로그는 가입형과 달리 블로거 자신만의 개성을 표현할 수 있도록 자율성이 보장되지만 블로그 초보자나 인터넷을 잘 다루지 못하는 이들에게는 많은 어려움이 따른다. 블로그에 대한 지식 뿐 아니라 블로그를 설치하고 서비스를 유지하기 위해서는 서버에 대한 전문적인 지식을 필요로 하며, 이러한 점 때문에 최근엔 포털사이트에서 서버 관리를 해주는 절충형이 각광을 받고 있다.

[그림 3-5] 설치형 블로그 '제로보드XE' 와 '텍스트 큐브' 로고

3) 절충형

설치형이 가질 수 있는 자율성의 장점을 가지면서도 가입형처럼 서버 관리 등의 부가적인 관리가 필요 없는 절충형이 있다. 즉, 포털사이트에서 설치형 블로그 프로그램을 서버에 대신 깔아주고 이를 관리해주어 가입형과 같은 편리성을 지닌 반면 기존의 가

입형에 비해 블로거가 추가하거나 설정할 수 있는 확장성이 높은 장점을 지닌다. 대표적으로 '다음'의 '티스토리'가 있으며 '구글'의 '애드센스'와 같은 광고 게재가 가능하다는 점에서 다양한 수익활동이 가능하다. 독립적인 블로그로 운영할 수 있으면서도 포털사이트인 '다음'을 통해 방문자가 유입될 수 있다는 장점을 지니고 있어 많은 전문 블로거들이 선호하고 있다. 이 밖에 '이글루스'도 절충형 서비스 유형에 속한다.

[그림 3-6] 절충형 블로그 '티스토리' 와 '이글루스'의 로고

3.2.3 블로그의 주제

초기의 블로그와 달리 최근에는 다양한 주제들로 블로그가 발전하고 있다. 이러한 다양한 블로그의 주제는 그 목적에 따라 다음과 같이 분류할 수 있다.

1) 스토리형 블로그

초창기 블로그의 주된 주제였던 일기 형태의 블로그로 가장 기본적이며 가장 많은 블로그들이 여기에 해당한다. 일상의 소소한 이야기들을 자신만의 관점에서 자신의 삶을 이야기 하듯 기술하는 스토리형 블로그는 삶의 기록이라는 것 자체만으로도 의미가 있고, 자신만의 노하우나 경험을 타인과 공유한다는 점에서 가치를 지닌다. 최근 디지털 카메라와 스마트폰의 대중화로 인하여 언제 어디서나 쉽게 자신의 일상을 블로그에 쉽게 올릴 수 있게 되었다. 스토리형 블로그들에서 주로 다루는 소재들로는 요리, 육아, 애완동물 등이 대표적이다.

(a) 육아를 주제로 한 '비바_안토니맘's 놀이유치원'

(b) 요리를 주제로 한 '배고픈맘의 행복레시피'

[그림 3-7] 스토리형 블로그의 예

2) 리서치형 블로그

누구나 자유로운 주제로 일상을 담는 스토리형과는 달리 다양한 분야의 전문가들이 그들의 전문가적 지식과 정보를 공유하는 블로그가 러서치형 블로그라 할 수 있다. 실제로 이들의 정보들은 기존 전문가 그룹에 속해 있던 교수나 연구원들을 능가하는 정보와 견해를 제공함으로써 많은 인기를 누리고 있다. 리서치형 블로그는 전문적인 정보를 공유한다는 점과 더불어 이를 제공하는 블로그 자체의 브랜드화에도 큰 영향을 미치고 있다. 특정 분야에 대해 전문적인 글을 쓰고 많은 사람들에게 이를 인정받음으로써 해당 분야에서 자신의 커리어를 쌓기도 하고 직장인이나 취업을 앞두고 있는 대학생들에게는 또 하나의 자기 PR도구로 활용되고 있다.

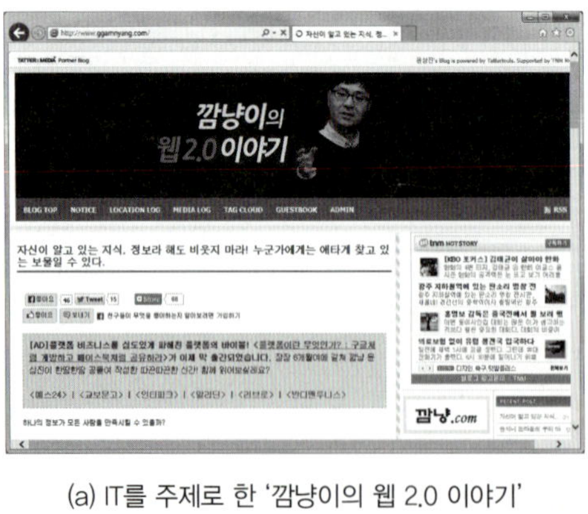

(a) IT를 주제로 한 '깜냥이의 웹 2.0 이야기'

(b) 마케팅을 주제로 한 '마키디어'

[그림 3-8] 리서치형 블로그의 예

3) 리뷰형 블로그

리뷰형 블로그란 리뷰를 블로그의 주된 주제로 하여 일반 소비자의 눈으로 견해를 적는 블로그를 말한다. 초기에는 주로 고가의 전자제품에 대한 리뷰가 주를 이루었지만 최근에는 다양한 제품 뿐 아니라 행사참여나 명소들에 대한 리뷰들도 다루어 지고 있다. 블로그의 리뷰는 소비자들이 제품을 선택할 때 매우 유용한 정보들로 인식되기 때문에 소비 패턴에 큰 영향을 주고 있으며 이러한 점을 이용한 기업의 마케팅도 이어지고 있다. 소비자의 입장에서 실제로 제품을 경험해 본 정보는 올바른 구매결정에 도움을 준다는 장점을 지니지만, 최근 이를 이용해 기업의 블로그 마케팅의 일환으로 칭찬 위주의 글을 게재해 신뢰를 잃는 경우도 발생하고 있다.

(a) 책 리뷰를 주제로 한 '츠비의 독서일기2.0'　　(b) IT제품 리뷰 주제의 '라디오키즈@LifeLog'

[그림 3-9] 리뷰형 블로그의 예

4) 미디어형 블로그

미디어형 블로그는 블로거가 가질 수 있는 자유로운 소재선택과 편집권을 이용한 개인 미디어 유형의 블로그이다. 즉, 블로거가 직접 뉴스 기사를 쓰거나 정치, 사회, 경제, 문화, IT 등에 대한 칼럼 위주의 콘텐츠를 올림으로써 자신만의 목소리를 내는 블로그들을 말한다. 전문 기자가 아니더라도 현장취재를 하거나 기자들에게 제공되는 보도자료 배포 사이트인 '뉴스 와이어' 등을 통해 소재를 찾아 직접 기사를 작성하고 이를 방문자들과 피드백하면서 미디어로서의 영향력을 지닌다. 또는 전문기자들이 언론사에서 기사화 되지 못한 이야기들을 풀어 놓는 경우도 있어 언론사의 성향이나 광고주의 개입 없이 기사를 다룰 수 있다는 점에서 기존 언론 미디어와는 차별성을 지닌다.

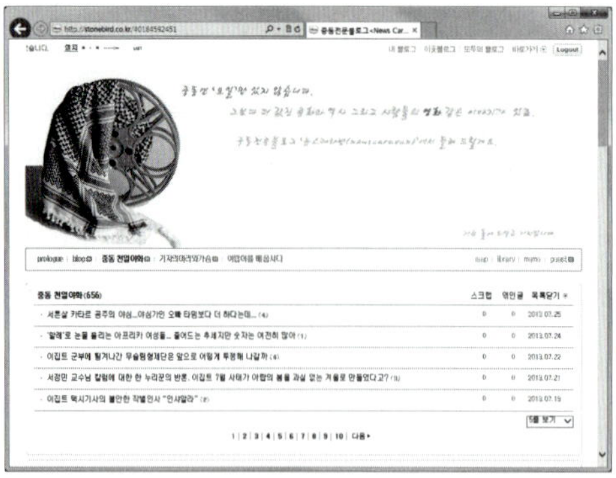

(a) 중동 전문 블로그 '뉴스카라반'

(b) 시사 평론가 유창선의 '유창선닷컴'

[그림 3-10] 미디어형 블로그의 예

3.3 국내외 블로그 동향

이 절에서는 국내외 블로그 동향을 살펴보고, 현재 제공되고 있는 대표적인 블로그 서비스에 대해 알아본다.

3.3.1 국내 블로그

초기에는 네이버 블로그와 같이 서비스형 블로그를 중심으로 성장하였으며, 검색서비스의 콘텐츠 DB로 활용되는 등 외형적인 성장을 해왔다. 그러나 최근에는 포털사이트의 블로그 서비스 외에 전문 블로그 사이트들이 등장하며 블로그 시장이 성장하고 있으며, 다양한 전문 블로거의 콘텐츠 생산이 급속히 증가하고 있다.

현재 국내 블로그 서비스로는 '네이버'와 '다음'이 많이 이용되고 있다. '네이버'의 경우 우리나라 대표 인터넷 서비스인 만큼 많은 이용자 수를 자랑하며 다양한 콘텐츠로 구성되어 있으며, '다음'의 경우 네티즌 토론의 장으로 유명한 '아고라'의 영향으로 정치, 경제, 사회적인 이슈를 주제로 한 블로그들이 많은 경향이 있다.

1) 네이버

국내에서 가장 많은 사용자를 보유하고 있는 네이버는 블로그 개설 수만 800만개 이상이며, 한 달에 한 건 이상 글을 쓰는 블로그는 90만개 이상으로 가장 덩치 큰 블로그 서비스를 지원하고 있다. 네이버 회원으로 가입만하면 자동 개설이 가능하며 블로그의 메뉴를 구성하고 이를 관리하는 기능이 비교적 쉽게 구성되어 있어 초보자들이 사용하기 용이하다. 네이버 '맘'과 티스토리 '아빠'라는 우스갯소리가 있듯이 관리의 편리함과 가장 큰 포털 사이트에서 지원하고 있다는 점에서 주부 블로거들이 많으며, 이들이 제공하는 생활형 주제의 블로그가 많은 것이 특색이라 할 수 있다.

[그림 3-11] 네이버 블로그 시작 화면

2) 다음

다음에서는 가입형 블로그 서비스와 함께 절충형 블로그 서비스인 '티스토리'를 제공하고 있다. 2006년 설치형 블로그로 탄생한 티스토리는 2007년 다음 서비스로 합류함에 따라 '초대'를 기반으로 개설이 가능하며, 설치형을 기반으로 했기 때문에 사용자에게 더 많은 편집 권한을 부여하고 있어 우리나라에서 가장 힘 좋은 블로그로 평가받고 있다. 개설 수는 21만개 정도로 네이버와 큰 차이가 있지만, 블로그 1개당 월평균 방문자 수는 네이버의 20배로 실속있는 블로그들이 많다는 특징이 있다. 또한 네이버와 달리 IT 분야나 문화전반에 걸친 얼리어답터 블로거들이 많으며, 때로는 시사나 정치 분야에서 강한 색채를 드러내는 블로거들이 많다는 특징을 가지고 있다.

[그림 3-12] 다음 블로그 시작 화면

3) 메타블로그 활용

메타블로그(metablog)는 블로그들을 모은 집합체를 말하며, 블로그 포털 또는 블로그 허브라고 언급되기도 한다. 블로거가 자신의 블로그에서 제공하는 RSS주소를 등록하면 이로부터 각 블로그의 글과 관련 정보를 수집하여 하나의 사이트로 나타내 주는 서비스나 그런 포맷을 가진 사이트를 뜻한다. 여러 블로그에서 나타나는 다양한 이슈들을 한 번에 한자리에서 볼 수 있다는 장점을 지녔으며, 블로그에 관심이 많은 독자들에게 손쉽게 다양한 블로그들을 접근할 수 있게 해주는 통로를 제공한다. 따라서 많은 블로거들이 자신의 블로그를 홍보하거나 정보 공유를 위해 가입하여 사용하고 있다. 메타블로그는 그 개념도 발전하고 있어 각 메타블로그마다 차별화된 성향을 보이기도 하고 특정한 주제에 따라 세분화된 메타블로그로 발전양상을 띠기도 한다. 다음의 목록은 국내 메타블로그의 대표적인 사이트들이다.

- 다음뷰 (http://v.daum.net/)
- 믹시 (http://mixsh.com/)
- 블로그코리아 (http://www.blogkorea.net/)
- 올블로그 (http://www.allblog.net/)
- 레뷰 (http://www.revu.co.kr/)
- 블로그나와 (http://www.blognawa.com/)

3.3.2 국외 블로그

국내 블로그 서비스의 활성화과 더불어 최근엔 영문 블로그 개설을 위해 국외 블로그 서비스를 이용하는 블로거들도 늘어나고 있다.

1) 워드프레스(WordPress)

전 세계적으로 최대 블로거를 보유하고 있는 블로그 서비스이나 대체로 개설과 관리에 있어 어렵다는 평을 받고 있다. 그러나 전문적인 블로그인 만큼 컴퓨터에 관한 관련 지식이 있다면 더 편리하게 사용할 수 있는 블로그이기도 하다. 워드프레스 자체가 너무 크기 때문에 개인 블로그의 접근성이 떨어질 수 있으며 대부분의 스킨 및 폰트 등이 유료화되어 있다는 단점이 있다.

2) 블로거닷컴(Blogger.com)

블로거닷컴은 구글에서 제공하고 있는 블로그 서비스이다. 폰트의 제약과 더불어 카테고리를 자유롭게 만들 수 없다는 단점이 있어 블로그를 블로거의 입맛에 맞게 꾸미기 어렵다. 그러나 구글에서 제공하고 있는 만큼 구글 서비스를 많이 사용하는 사용자에게는 다른 서비스와의 연동을 통해 편리하게 사용할 수 있으며, 구글 애드센스의 설치도 용이하다는 장점이 있다. 또한 구글 포털사이트와의 연결도 장점으로 작용해 많은 블로거들을 보유하고 있다.

3) 텀블러(tumblr)

블로그와 트위터 또는 페이스북과 트위터의 중간형태라고도 평가 받고 있는 텀블러는 깔끔한 인터페이스과 구독의 편리성으로 최근 주목을 받고 있다. 다양한 테마로 자신의 블로그를 디자인할 수 있도록 스킨을 제공하고 있으며, 업데이트된 내용이 타임라인으로 표시되어 구독이 편리하다. 또한 워드프레스나 블로거닷컴에 비해 아직 규모가 크지 않아 블로그의 접근성이 더 우수할 수 있다.

[그림 3-13] 워드프레스, 브로거닷컴, 텀블러 로고

연습문제

■ **다음 괄호 안에 올바른 단어를 기입하시오.**

1. 블로그(blog)는 (　　　)과 (　　　)가 결합되어 생겨난 합성어로 새로운 글이 맨 위로 올라오는 일지 형태로 되어 있어 '웹에 쓰는 일기장'이라는 개념에서 시작되었다.

2. 초기의 블로그는 주로 개인적인 일상의 기록이나 뉴스 스크랩 등이 주를 이루었지만, 최근에는 뉴스, 칼럼, 비평, 논평, 리뷰 등 좀 더 전문적인 지식이나 정보를 전달하여 때에 따라서는 기존의 어떤 대형 미디어 못지않게 힘을 발휘하는 (　　　)로 자리 잡았다.

3. 블로그를 통해 커뮤니티나 소셜네트워크처럼 서로 연결되어 있는 모든 블로그들의 집합을 (　　　)라고 한다.

4. 블로그에서 사용하는 주요 기능 중 한 가지인 (　　　)은 역방향 연결 고리를 자동적으로 생성해 주는 기능이라 할 수 있다.

5. 퍼머링크는 시간이 지남에 따라 새로운 내용이 추가되면서 블로그의 글은 위치가 쉽게 변하므로, 각각의 글에 (　　　)를 제공하는 것이다.

6. 블로그의 디자인을 말하는 (　　　)은 취향에 따라 다양한 스킨을 적용해 개성을 표현하기도 한다. 설치형이 가입형이든 다양한 스킨을 제공해 쉽게 적용할 수 있으며 일반인이 제작해 서로 공유하기도 한다.

7. 꼬리표란 뜻의 (　　　)는 원래 어떠한 물체에 연관된 정보를 담고 있는 메타데이터의 한 종류이다.

8. (　　　)는 개별 블로그를 하나로 묶기 위한 일종의 블로그 포털 사이트이다. 블로거가 RSS주소를 등록하면 블로그에 새 글을 작성할 때마다 메타블로그에 새 글 목록으로 추가되는 형태로 특정 블로그를 알지 못해도 여러 블로그의 글을 한 곳에서 볼 수 있다. 각 블로그는 1차 생산을 담당하고, (　　　　　)는 글의 유통을 담당하는 것이다.

9. 블로그는 설치 형태에 따라 (　　　), (　　　), (　　　)으로 나눌 수 있으며, 주제에 따라 (　　　), (　　　), (　　　), (　　　)으로 분류할 수 있다.

■ **다음 질문에 대하여 간단히 서술하시오.**

1. 블로그의 특징에는 '정보의 기록', '1인 미디어', '소셜미디어' 등이 있다. 각각의 특징에 대하여 간단히 설명하시오.

2. 다음의 단어의 의미를 설명하시오.
   1) 블로거
   2) 블로깅
   3) 포스트
   4) 포스팅

3. A번 포스트에서 B번 포스트로 정보를 보내면, A번과 B번 포스트가 연결되는 고리가 자동으로 생성 되는데, 이 연결과정은 무엇인가? 또한 그 특징은 무엇인가?

4. 포스트의 관련 트랙백이 다른 사이트에 작성되었음을 알려주는 작은 신호는 무엇인가?

5. 인터넷에서 특정 페이지에 영구적으로 할당된 URL 주소로, 한 번 정해지면 영원하다는 의미에서 영구적인(permanent) 주소라는 뜻의 permanent link를 줄여 만든 말인 이것은 무엇인가?

6. 개인적인 정보의 기록에서 시작된 블로그는 기능의 확장과 인터넷 환경의 변화를 거치면서 발전해 왔다. 그 특징에 따라 1기 블로그, 2기 블로그, 3기 블로그로 나눌 수 있는데 각 진화 과정에 대하여 설명하시오.

SOCIAL MEDIA

04 CHAPTER

블로그 실습

CHAPTER

04 블로그 실습

이 장에서는 실습을 통해 블로그의 전반적인 운영 방법에 대해 알아본다. 실습주제는 여행에 관련된 내용으로 블로그 사이트를 기획하고 실제로 개설한 후 관리하는 실습을 해본다. 구체적으로 블로그 개설 후 사이트를 꾸미고 메뉴를 구성하고 포스팅한 후 방문자 관리와 홍보 등 블로그 관리 기법도 실습한다.

4.1 블로그 시작하기

블로그를 운영하기 위해서는 무엇보다 블로거 자신이 꾸준히 흥미를 가지고 관리해 나갈 수 있는 주제의 선택이 중요하다. 또한 단순히 본인만을 위한 정보의 공간이 아니라면 다른 방문자들이 방문하여 흥미를 느낄 수 있는 블로그의 구성 및 게시할 포스트 정보 역시 중요하다. 방문자와의 소통은 블로그를 운영하는데 있어서 꾸준히 업데이트 하게 하는 활력이 될 수 있기 때문이다.

4.1.1 블로그 기획하기

블로그를 기획하기 위해서는 블로그의 주제나 성격에 따라 고려해야 할 것들이 더 추가될 수 있지만, 무엇보다 다음과 같은 과정은 꼭 확인하고 계획해야 할 필요성이 있다.

1) 어떤 블로그를 만들 것인가? (실습 주제: 여행)

"어떠한 블로그를 만들 것인가?"는 곧 "어떠한 블로그를 만들고 싶은가?"가 되어야 한다. 스스로 관심을 가지고 이끌어갈 수 있는 주제이어야 한다는 것이다. 단기간 내에 활용될 수 있는 정보나 현재 이슈가 되고 있는 주제라면 당장은 블로그를 채우거나 방문자들의 선호를 받을 수 있지만 장기간 블로그를 이끌어 나가긴 어려울 수 있다. 따라서 꾸준히 이끌어 나갈 수 있는 주제이면서도 스스로 흥미를 잃지 않고, 방문자들과 소통할 수 있는 주제의 선택이 중요하다.

이 책에서는 블로그를 개설하는 실습의 주제로 여행을 선택하였으며, 여행은 현재 가장 많이 개설되어 있는 블로그의 주제이기도 하다.

실습과제 본인의 블로그 주제를 선택해 본다.

2) 어디에 만들 것인가? (가입형: 네이버)

앞 장에서 살펴보았듯이 블로그는 그 형태에 따라 가입형, 절충형, 설치형으로 나뉜다. 따라서 본인이 개설하고 관리하기에 적합한 형태가 어떤 것인지를 고려해야 하며, 컴퓨터에 익숙하지 않는 초보자라면 가장 관리가 쉬운 가입형이 적합하다. 또한 가입형 블로그를 제공하는 다양한 포털사이트 중에서 자신이 원하는 요건을 충족하는 것으로 선택하면 된다. 포털사이트의 인지도 및 포털사이트의 가입자 수나 블로그의 개설 수 또는 포털사이트의 성향이나 앞으로의 발전 가능성 등을 고려할 수 있다.

이 책에서는 초보자들도 쉽게 개설이 가능한 가입형 블로그를 선택하였으며, 우리나라에서 가장 많은 블로그 수를 가지고 있는 네이버를 선택하여 실습해 본다.

실습과제 본인에게 적합한 블로스 서비스를 찾아본다.

3) 내 블로그의 강점 찾기 (벤치마킹 해보기)

앞에서도 언급하였듯이 블로그에서 방문자와의 소통은 블로그를 이끌어가는 힘이 될 수 있으므로 매우 중요하다. 따라서 방문자를 고려한 기획은 매우 중요하며 이는 곧 "내 블로그의 강점이 무엇이냐?"하는 것과 일치한다. 수많은 블로그들 중에서 내 블로그가 내세울 수 있는 장점이 무엇이냐를 고려해야 하는 것이며, 이것은 독특한 주제일 수도 있고, 평이한 주제이지만 구성이나 내용을 달리 할 수도 있을 것이다. 또는 꾸준한 포스팅이나 신뢰할 수 있는 정보 제공 역시 블로그의 강점이 될 수 있으며, 이러한 내 블로그만의 강점을 찾기 위해서는 자신이 선택한 주제를 다루는 다른 블로그들을 살펴보면서 벤치마킹 해보는 것이 중요하다.

실습과제 선택한 주제 내에서 특화된 자신만의 테마 정하기
(예: 여행이라는 주제를 정했다면 다음과 같은 세분화된 테마를 고려해 본다.
 – 여행지역, 여행기간, 여행관점에 따른 분류 등 특화된 테마 정하기)

4) 블로그의 줄기 만들기(메뉴 카테고리 구성)

내 블로그의 주제와 테마 그리고 개설할 서비스 형태가 결정되었다면 블로그의 줄기에 해당하는 메뉴를 카테고리로 구성해야 한다. 메뉴 카테고리는 블로그의 포스트 내용만큼 못지않게 중요한데, 이는 아무리 우수한 포스트라도 찾아 들어가기 어렵거나, 흥미 없는 카테고리의 구성이라면 그 빛을 발할 수 없기 때문이다. 따라서 담고 있는 포스트의 내용을 쉽게 짐작하게 하면서도 전체적으로 블로그의 테마 파악이 쉽도록 메뉴 카테고리를 만들어야 한다.

실습과제 메뉴 카테고리 정하기
(예: 여행기간에 따른 국내여행 소개를 테마로 정했다면 당일여행, 무박이일여행, 주말여행, 휴가여행 등의 구성을 고려해본다.)

4.1.2 블로그 개설하기

실습과제를 통해 기획한 내용으로 블로그를 다음과 같이 개설해 보자.

네이버 블로그의 경우 네이버에 가입만 해도 자신의 블로그 사이트가 자동 생성된다. 다음의 순서와 같이 네이버 계정에 로그인 한 후 별도의 생성과정 없이 자신의 블로그를 확인할 수 있다.

① 네이버 계정에 로그인한다(www.naver.com).
② 로그인 후 나타나는 아이콘 메뉴 중 [바로가기]를 선택한다.

1

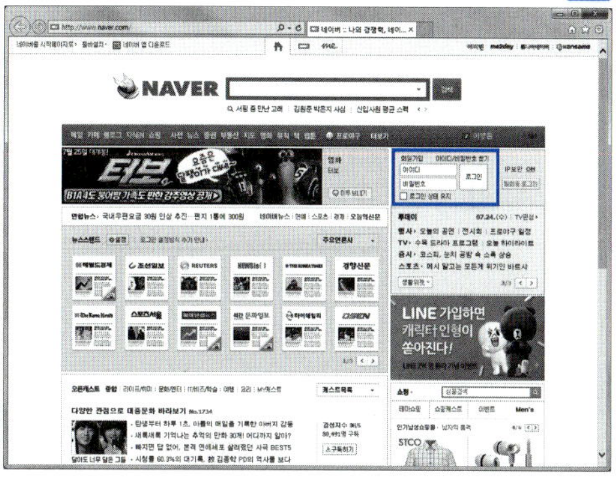

2

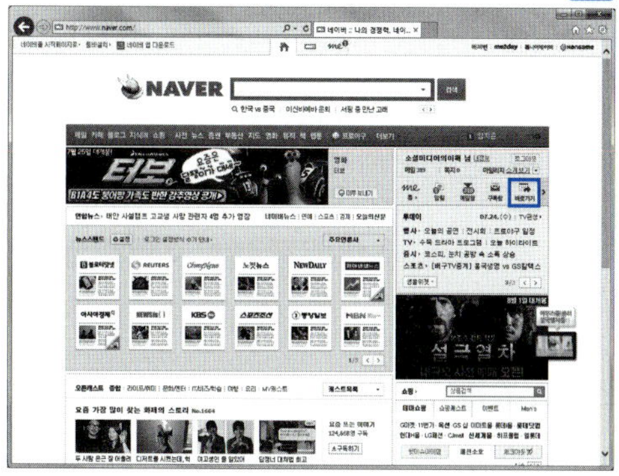

③ 메뉴 아래의 경로에서 [내 블로그]를 선택한다.

④ 네이버 블로그에 만들어 놓은 내 블로그의 첫 페이지 화면이 나타난다.

3

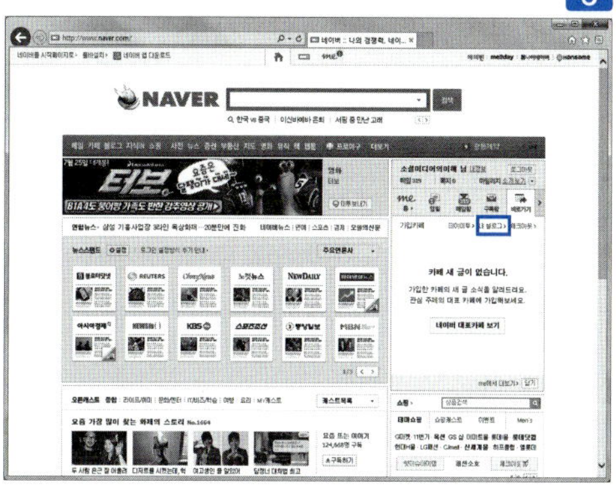

4

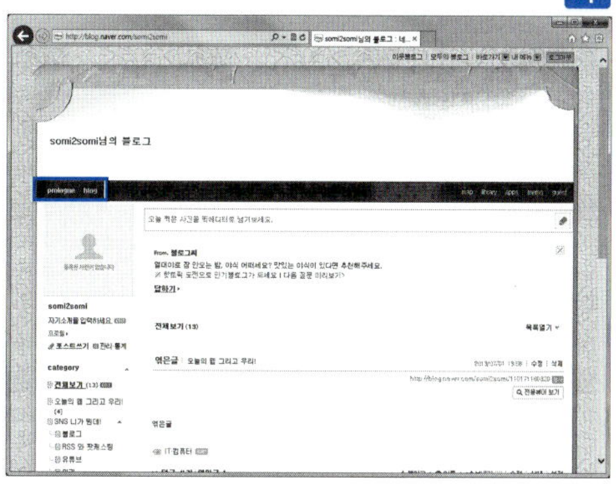

※ 블로그 첫 페이지는 "http://blog.naver.com/사용자id"로도 바로 접속이 가능하다.

메뉴설명

- 프롤로그 : 블로그에 있는 내용을 간단하게 요약해서 보여주는 화면으로 따로 작성을 하는 것이 아니고 자동으로 블로그의 최신 포스트를 요약해서 보여준다. 상단메뉴 설정에 프롤로그 사용이 설정만 되어 있다면 사용이 가능하며 자신의 블로그를 함축적으로 전달 할 수 있기 때문에 블로그의 첫 화면으로 보이도록 기본 설정 되어있다.
- 블로그 : 프롤로그가 블로그의 표지라면 블로그 메뉴는 내용을 담는 실제적인 본문이라 할 수 있다. 포스트된 글들을 전체보기나 메뉴 별로 확인할 수 있다.

4.1.3 블로그 설정 및 꾸미기(관리화면, 기본정보 설정, 꾸미기 설정)

1) 블로그 설정(관리화면)

블로그에 관련된 모든 설정내용들을 관리할 수 있는 메뉴들을 한눈에 파악할 수 있다.

① 내 블로그 화면의 좌측 상단 박스에서 [관리] 메뉴를 선택한다.

② 블로그의 속성을 설정하는 관리화면이 나타난다.

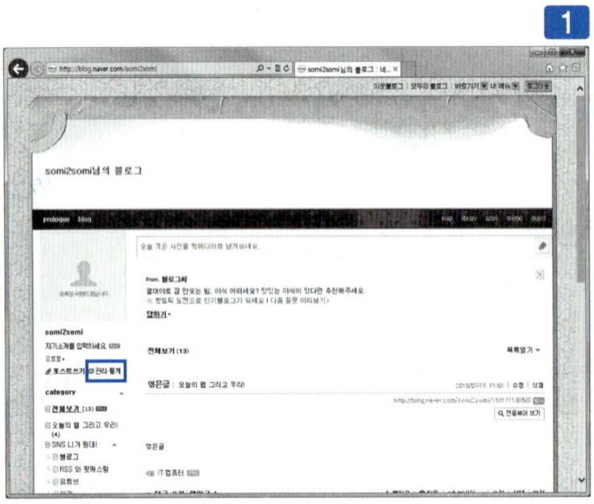

메뉴설명

- 기본설정 : 블로그의 기본정보 및 정보관리를 위한 사항들을 설정할 수 있다.
- 꾸미기 설정 : 블로그의 외형적 디자인이 가능한 꾸미기 메뉴들로 구성되어 있다.
- 메뉴 글 관리 : 블로그의 메뉴 구성 및 카테고리의 공개설정과 같이 블로그 내용구성에 대한 각종 설정들로 구성되어 있다.
- 스마트 리포터 : 블로그 방문자들에 대한 각종 통계자료들을 제공하며, 블로그 화면에서 '통계'를 선택하면 바로 연결되는 메뉴이다.

2) 블로그 설정(블로그 기본정보 설정하기)

블로그에 대한 간단한 소개글 및 프로필 사진 등을 설정할 수 있다.

① [기본정보 관리]-[블로그 정보]를 선택한다.

② 블로그 정보 화면에서 제목, 별명, 사진 등을 입력하고 [확인]을 클릭한다.

1

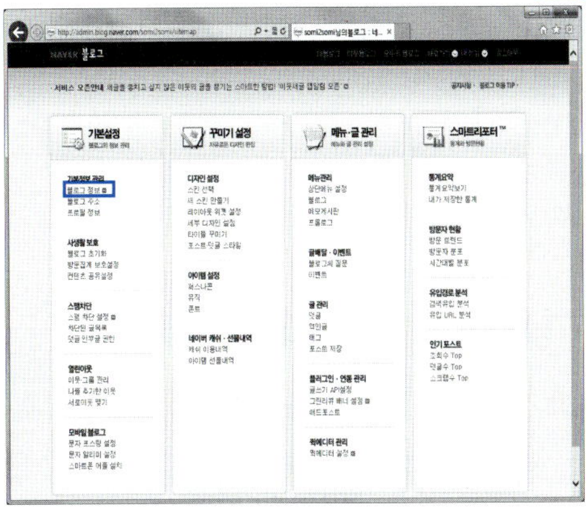

2

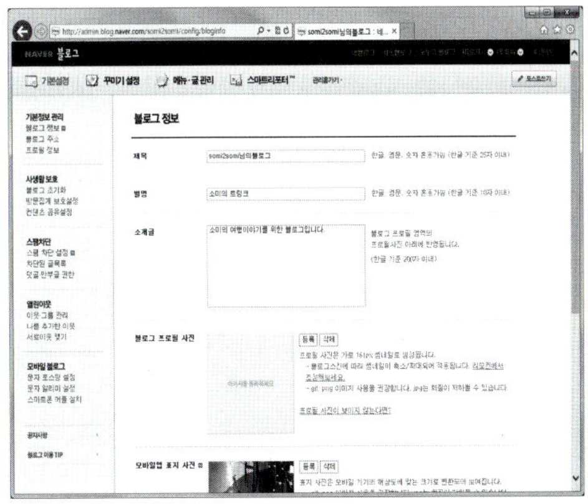

③ 내 블로그 화면이나 블로그 시작화면에 입력한 정보가 나타난다.

3a

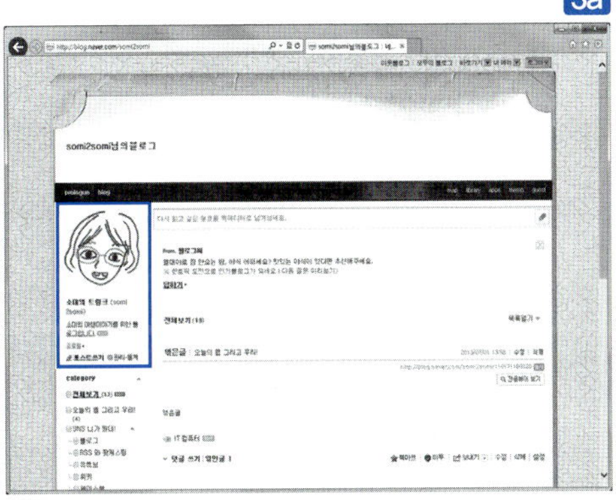

3b

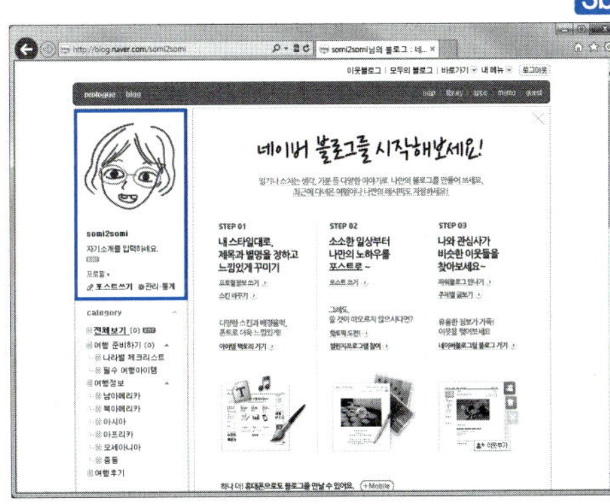

3) 블로그 꾸미기(네이버 스킨 적용하기)

네이버 블로그의 스킨 설정은 다음 세가지 방법으로 제공된다.

- 아이템 팩토리 : CCL(Creative Commons License)로 다양한 사용자들이 제작해 놓은 스킨을 가져와 사용할 수 있다. 그대로 쓰거나 자신에게 맞게 수정이 가능하며, 자신이 원하는 테마에 따라 스킨의 검색이 용이하다. 스킨뿐 아니라 블로그를 꾸밀 수 있는 각종 아이템들이 유료 또는 무료로 제공된다.

- 네이버 블로그 스킨 : 일반 사용자들이 아닌 네이버의 전문 디자이너들이 제공하는 스킨으로 초보자들이 완성도 높은 스킨을 쉽게 사용할 수 있도록 제공한다.
- 내가 만든 스킨 : 이미 만들어진 스킨이 아닌 내 블로그에 적합한 스킨을 스스로 만들어 쓸 수 있다.

① 관리 화면에서 [꾸미기 설정] – [스킨 선택]을 클릭한다.
② [아이템 팩토리 바로가기]를 클릭한다.

1

2

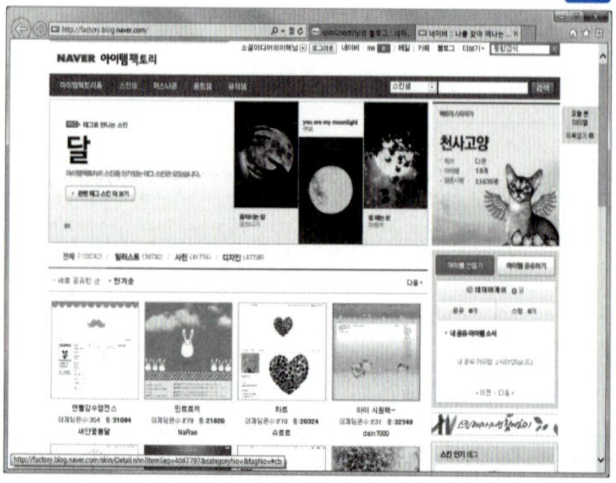

③ 아이템 팩토리에서 원하는 스킨 디자인을 선택하고, [아이템 담기]를 클릭한다.

3a

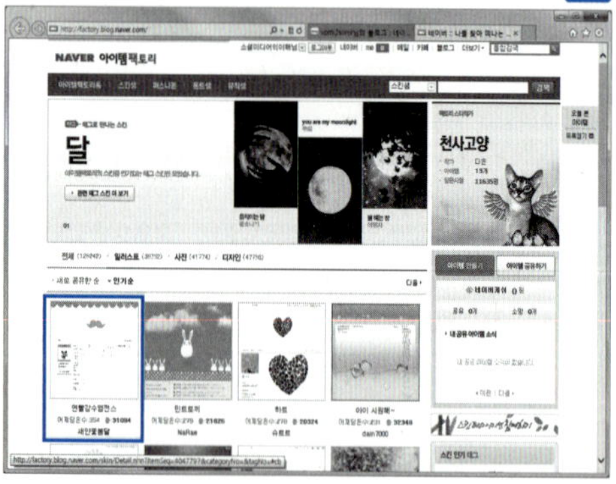

3b

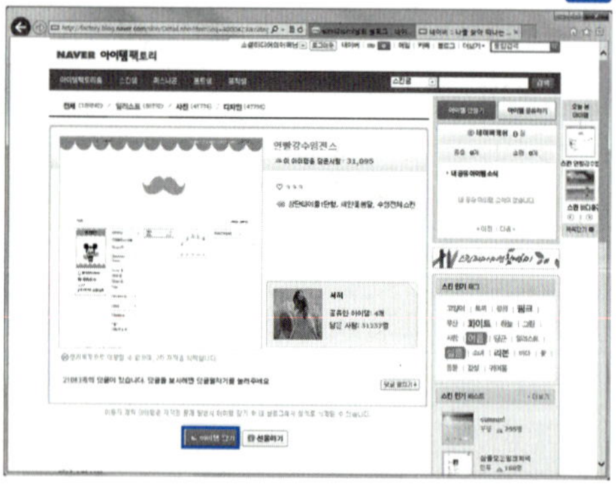

④ [스킨 바로 적용]을 선택한 후, [확인]을 누른다
⑤ 내 블로그에서 스킨이 변경된 것을 확인한다.

4

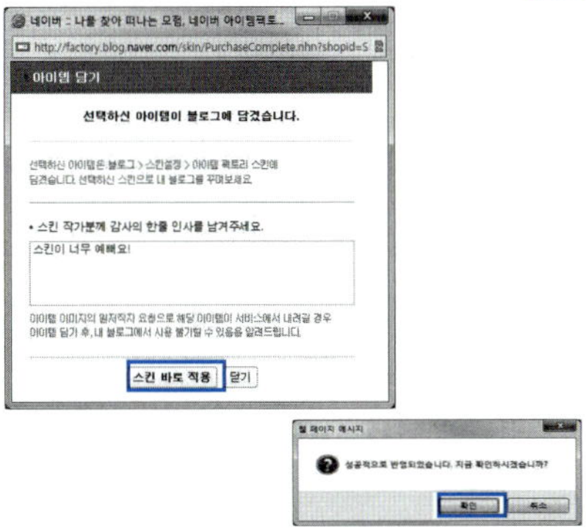

5

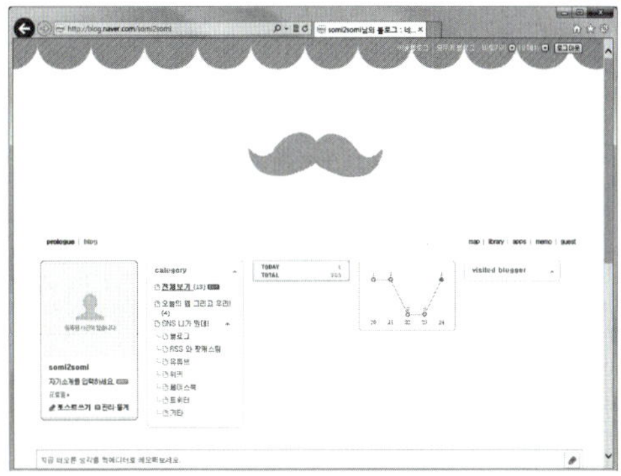

4) 블로그 꾸미기(내가 만든 스킨)

① 관리 화면에서 [꾸미기 설정] – [스킨선택] – [내가 만든 스킨]을 클릭한다. 그리고 [새 스킨 만들기]를 클릭한다.

② 마음에 드는 만들기용 스킨을 선택한다.

1

2

③ 하단의 [레이아웃 설정]을 선택한다. 원하는 레이아웃 형태로 변경이 가능하다.

④ 마음에 드는 레이아웃 형태를 선택하고, 레이아웃을 편집할 수 있다.

3

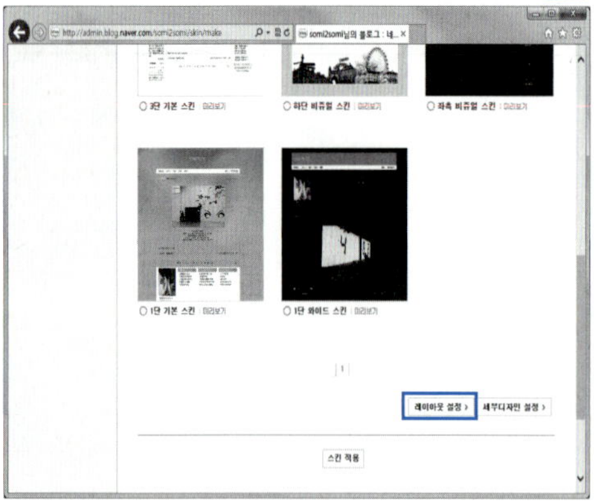

4

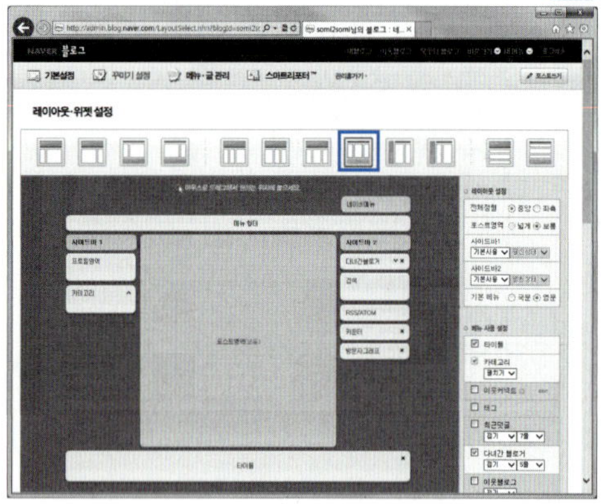

⑤ 레이아웃 편집 후 하단의 [세부 디자인 설정]을 선택한다.

5a

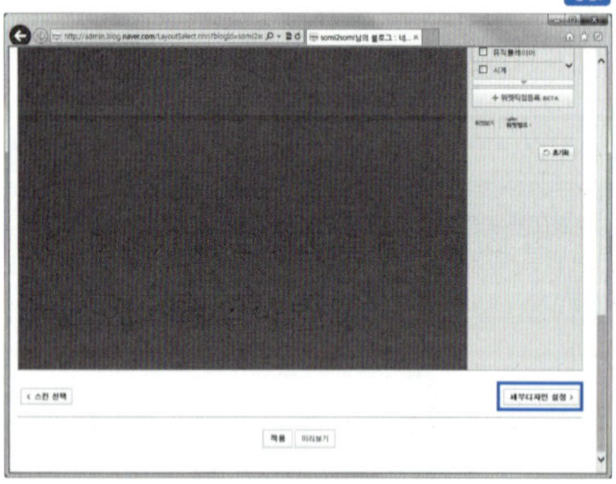

5b

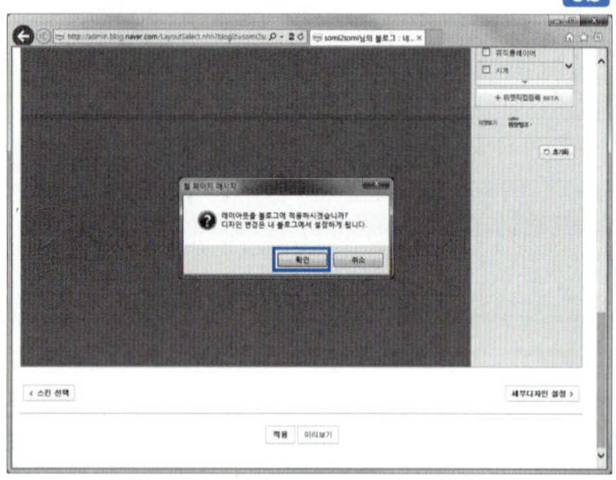

⑥ 빠르고 쉽게 세부사항들을 디자인할 수 있는 리모콘 메뉴가 나온다.

- 리모콘 메뉴는 추후 내 블로그에서 [내 메뉴]-[리모콘]에서 불러와 사용할 수도 있다.

6a

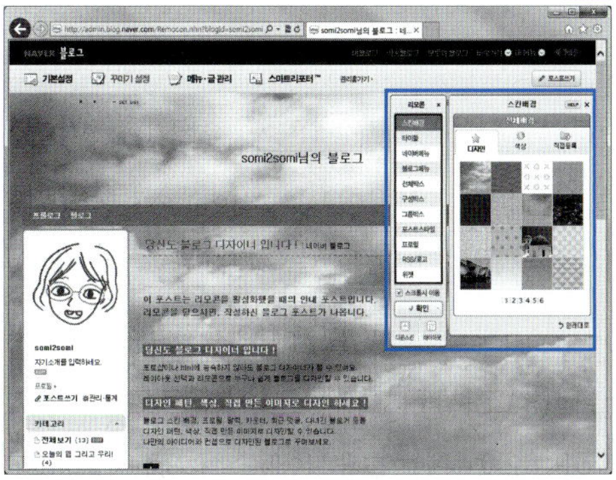

6b

⑦ 리모콘을 통해 세부 디자인을 변경해 보자.

- 스킨배경 : 블로그의 배경을 꾸밀 수 있는 메뉴로 '디자인/색상/직접등록'을 선택할 수 있다. 디자인은 네이버에서 제공하는 배경이미지를 선택할 수 있으며, 색상은 이미지가 아닌 배경색을 지정할 수 있고, 직접 등록은 본인이 가지고 있는 이미지를 직접 삽입해 사용할 수 있도록 제공한다.
- 타이틀 : 블로그의 제목 영역을 꾸밀 수 있는 메뉴로 역시 '디자인/색상/직접등록'이 가능하며, 타이틀의 크기 및 서체를 변경할 수 있다.
- 네이버 메뉴와 블로그 메뉴 : 네이버의 로그인 메뉴 디자인이나 블로그 내의 메뉴 디자인을 변경할 수 있다.

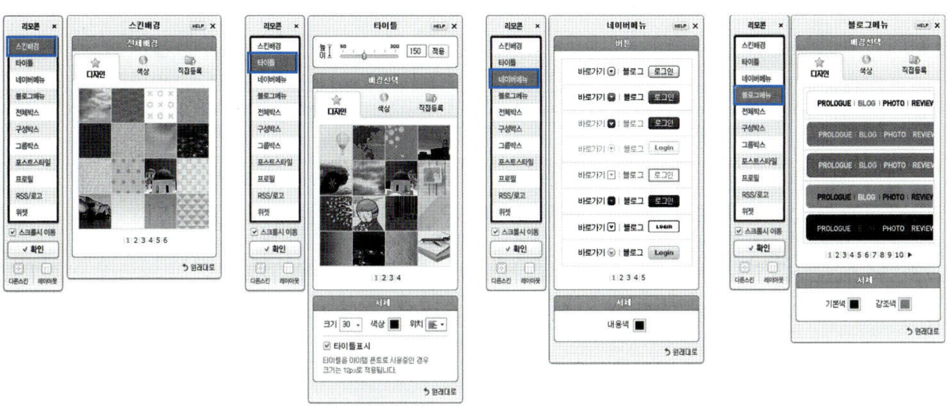

- 전체박스, 구성박스, 그룹박스 : 블로그를 구성하는 각종 테두리 디자인을 변경할 수 있다.

- 포스트스타일 : 포스트의 디자인을 변경할 수 있는 곳으로 블로그의 내용을 담는 핵심부분이기 때문에 독자들이 포스트를 보기에 적합한 디자인으로 선택하는 것이 중요하다.

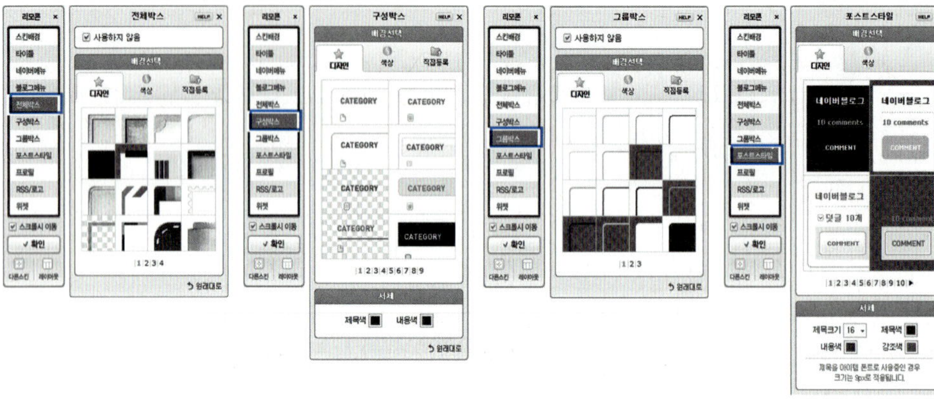

- 프로필 : 블로그의 기본정보를 담는 프로필의 디자인을 변경할 수 있는 메뉴로 프로필 사진표시 여부 등을 선택할 수 있다
- RSS/로고 : RSS 버튼과 네이버의 로고를 변경할 수 있다.
- 위젯 메뉴 : 간단히 원하는 위젯을 선택하여 추가할 수 있도록 제공하는 메뉴이다.

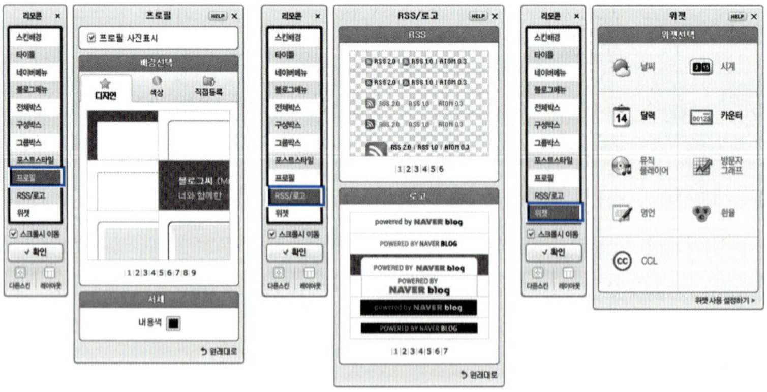

⑧ 리모콘의 모든 설정을 완료 한 후에 하단의 [확인] 버튼을 누른다.

⑨ '내가 만든 스킨에 저장합니다'를 체크하고 스킨의 이름을 정한 후 [적용]을 누른다.

- 내가 만든 스킨을 저장해 두면 다른 디자인으로 변경하였다가 다시 이 스킨을 사용할 수 있기 때문에 편리하다

8

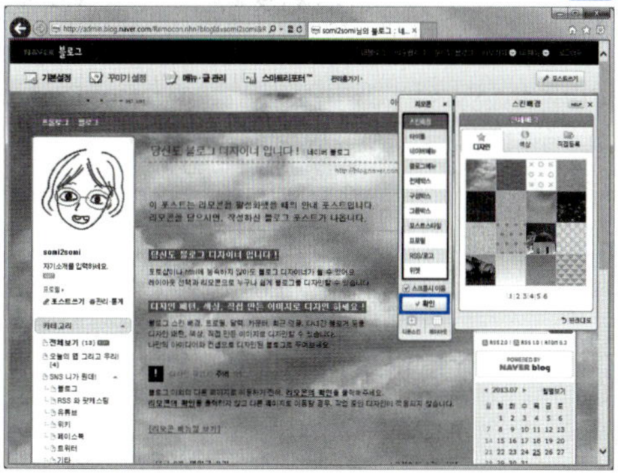

9

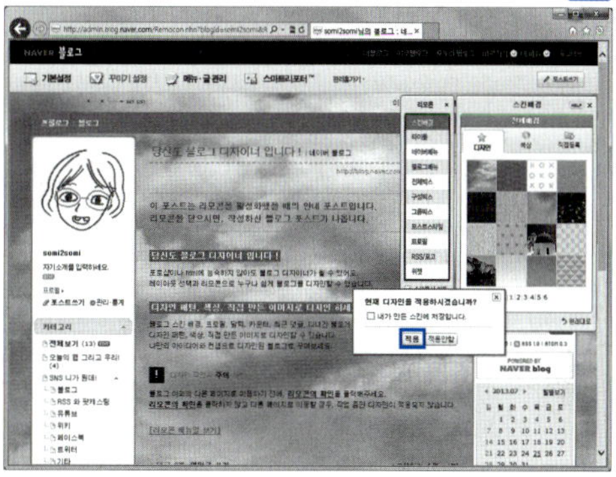

⑩ 적용한 스킨을 확인해 본다.

10

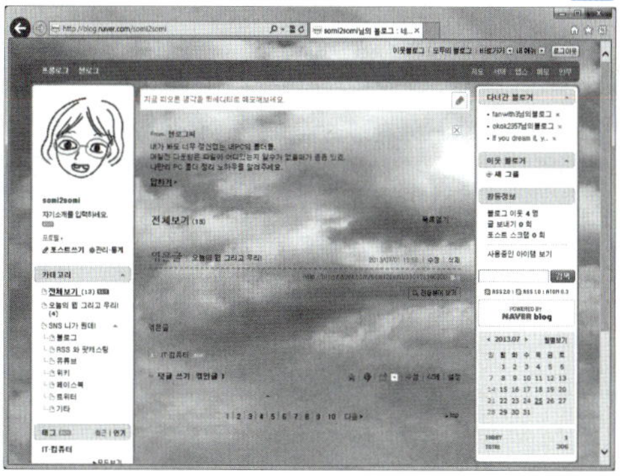

4.1.4 블로그 메뉴 구성하기

① [관리]–[메뉴]–[글 관리] 블로그 메뉴를 선택한다.

1

② 카테고리 이름 변경하기

기본설정으로 만들어져 있는 '게시판'의 이름을 변경해본다.

– 다음 화면의 (a)처럼 생성되어 있는 카테고리를 선택한 후, 오른쪽(b) 설정 카테고리 이름을 넣는다.

③ 카테고리 이름 이하의 설정 등을 확인한 후 하단의 [확인] 버튼을 누르면 이름 변경이 완료된다.

2

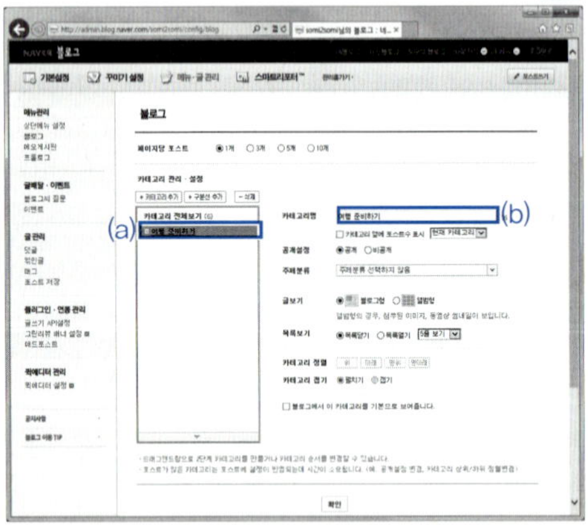

3

④ 카테고리 추가하기

[카테고리 추가] 버튼을 선택하면 새 카테고리가 생성되며, 바로 새로운 이름을 입력하거나 추후 오른쪽 설정에서 이름변경이 가능하다.

⑤ 세부 카테고리 추가하기

세부 카테고리를 추가할 때는 상위 카테고리를 선택한 후 [카테고리 추가] 버튼을 누른다.

4

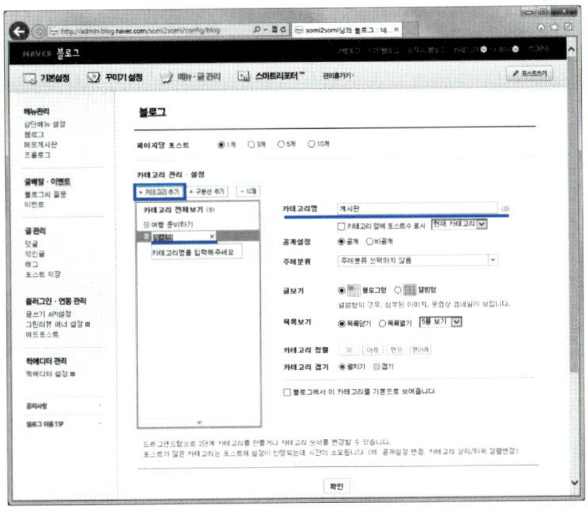

5

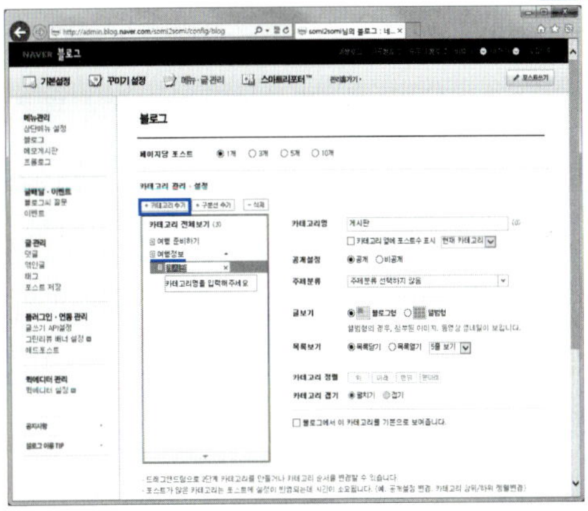

⑥ 여행 블로그에 다음과 같은 메뉴 구성을 만들어 보자.

여행준비하기	나라별 체크리스트, 필수 여행아이템
여행정보	남아메리카, 북아메리카, 아시아, 아프리카, 오세아니아, 유럽
여행후기	

6a

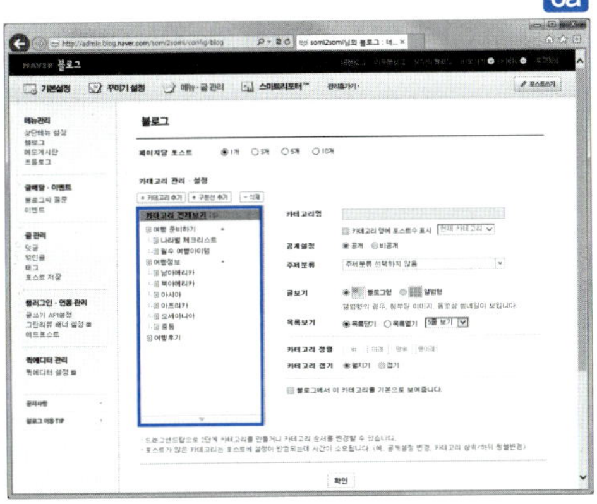

6b

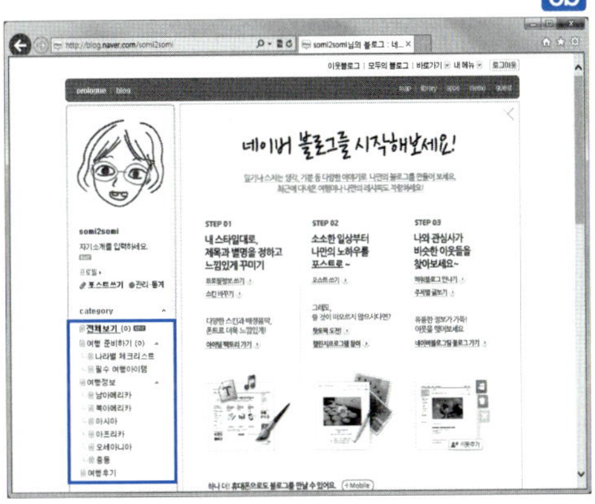

4.1.5 블로그 포스팅하기

1) 포스팅 자료 구성하기

블로그 포스팅에서 가장 중요한 것은 포스팅이 지니는 내용의 가치이지만 같은 내용의 포스팅이라 할지라도 해당 포스팅을 전달하는 미디어의 형태에 따라 정보의 전달력은 매우 달라진다. 예를 들어 단순히 텍스트로 여행지의 정보를 제공하는 것보다 여행지의 이미지를 함께 제공하는 것이 정보를 전달하는데 더욱 효과적이듯이 포스팅을 구성할 때 다양한 미디어의 형태를 활용하는 것이 중요하다. 최근에는 스마트폰과 같이 휴대가 간편한 카메라 기능들이 많이 보급되어 있어서 다양한 이미지 자료의 구성이 어렵지 않으며, 유튜브나 플리커와 같은 미디어 공유 사이트를 활용하는 것도 좋은 방법이다.

2) 포스팅하기(텍스트, 이미지, 동영상, 사운드 삽입하기)

① [포스팅 쓰기]를 선택한다.

② 카테고리를 선택한 후 포스팅 제목을 입력한다.

1

2

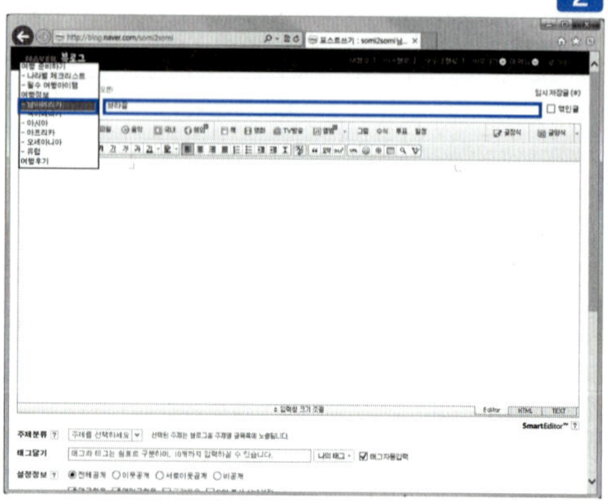

③ 본문 입력 창에 텍스트를 삽입해 포스팅을 작성할 수 있으며, 삽입하고자 하는 위치에서 사진이나 동영상을 선택해 삽입이 가능하다.

④ 이미지의 경우 간단히 [사진] 메뉴를 통해 자신이 가지고 있는 이미지를 선택하여 삽입할 수 있다.

3

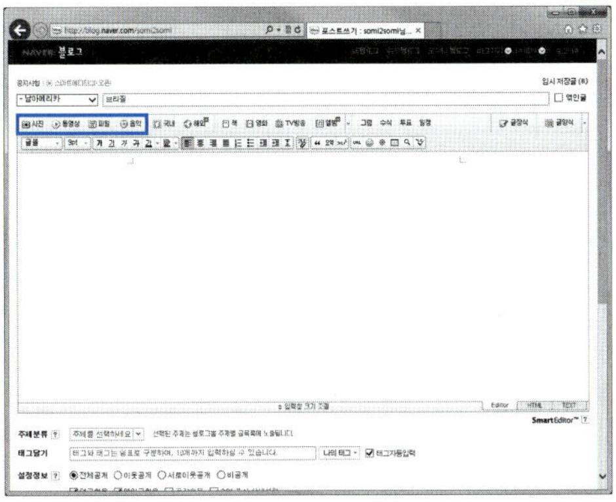

4

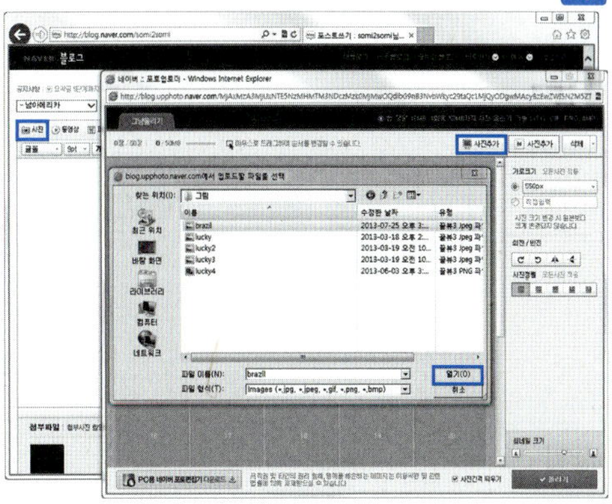

⑤ 삽입 시 아래와 같이 간단한 편집기능을 제공하며, 하단의 [올리기]를 통해 이미지 삽입이 완료된다.

⑥ 자신이 가지고 있는 동영상을 직접 올리는 경우 다음과 같이 파일을 선택한 후 그냥 올리기를 하거나 간단히 편집하여 업로드 할 수 있다.

5

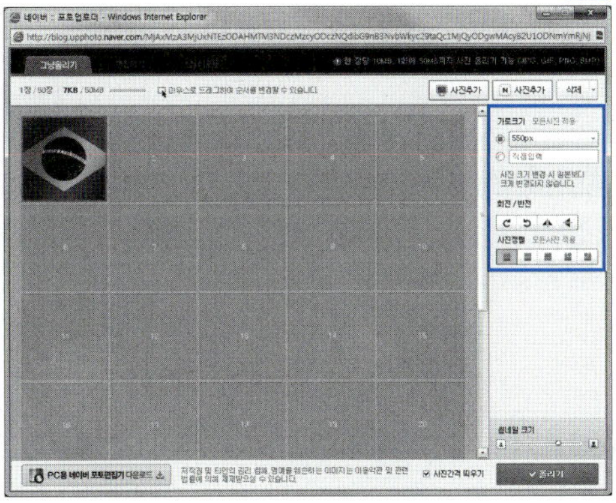

6

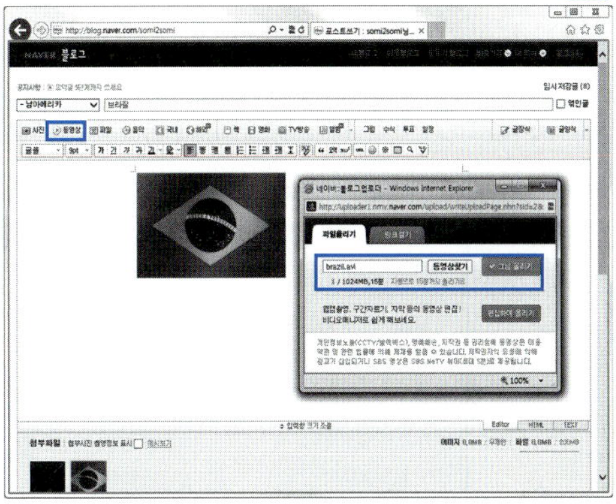

⑦ 최근에는 다양한 동영상 관련 SNS들이 활성화되고 있어 직접 블로그에 업로드 하는 방식보다는 동영상을 업로드 한 곳의 링크를 주로 사용한다. 이 경우 [링크 걸기]를 선택하고 소스코드 또는 URL를 입력하여 간단히 동영상을 포스팅에 삽입할 수 있다.

- 네이버 블로그의 경우에는 유튜브, 다음TV팟 등의 동영상 URL주소만을 허용한다.

⑧ 각종 파일을 첨부할 경우 간단히 [파일] 메뉴를 통해 업로드가 가능하다.

7

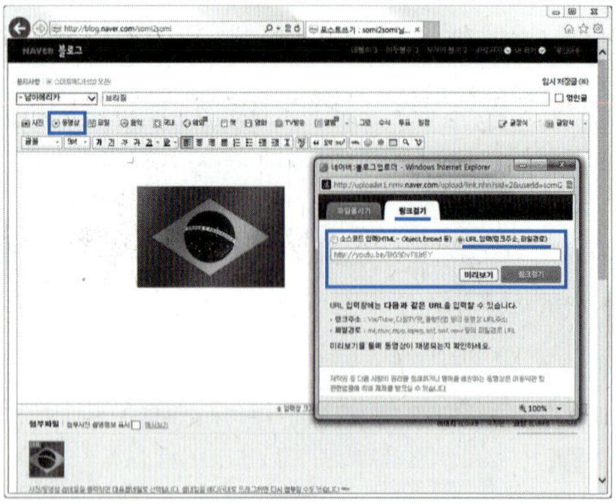

8

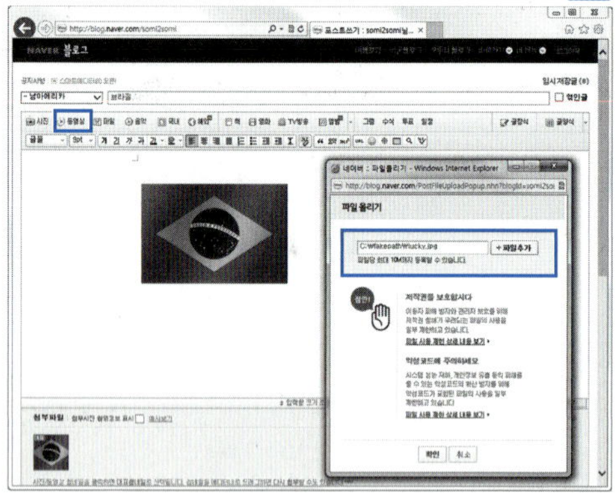

⑨ [음악] 메뉴를 통해 포스트에 음악을 삽입할 수 있는데, 내가 가지고 있는 음악 아이템에서 선택을 하던가, 네이버 뮤직에서 음악을 선택할 수 있다. 두 경우 모두 구입을 통해 가능하다.

⑩ 이 밖에 네이버 블로그에서는 지도나 투표, 일정, 그림을 쉽게 삽입하여 사용할 수 있도록 메뉴를 제공하고 있으므로 이를 통해 보다 다양한 포스팅을 구성할 수 있도록 한다.

9

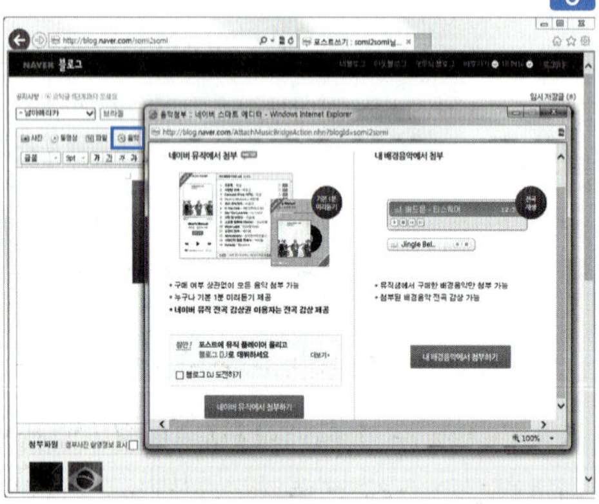

10

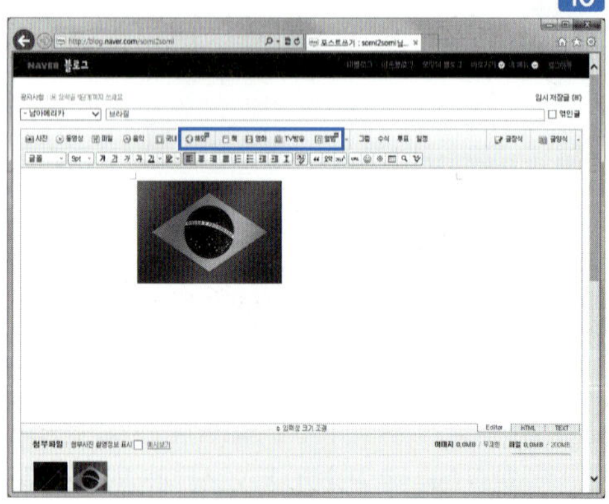

3) 포스팅 설정하기(태그달기, 설정정보, 등록시간)

네이버 블로그에서는 부가적으로 포스팅에 대한 다양한 설정이 가능하다. 블로그 포스팅이 적절히 검색자에게 노출될 수 있도록 하는 태그 달기 및 포스팅의 공개설정 등을 할 수 있다.

① 주제분류 : 포스팅 내용에 따른 주제를 설정해 줌으로써 내 블로그 내에서 그리고 네이버 블로그 홈에서 주제별로 글을 볼 수 있다.

② 태그달기 : 포스팅 내용에 관련된 키워드를 넣음으로써 해당 키워드 검색 시 포스팅이 검색될 수 있도록 해준다. 따라서 적절한 키워드 설정이 포스팅 내용의 노출과 직결될 수 있다.

- 나의 태그 : 블로그에서 내가 자주 사용하던 태그들을 쉽게 설정할 수 있도록 도와준다.
- 태그자동입력 : 포스팅 내용에서 키워드로 쓰일만한 단어들을 자동으로 입력해 준다.

1

2

③ 설정정보 : 포스팅 내용의 공개설정 및 덧글 등을 허용할지 여부를 설정할 수 있다. 또한 다른 SNS 등과의 연동을 선택할 수 있다.

④ 등록시간 : 포스팅을 특정 시간에 등록해야 할 필요가 있을 때 예약을 선택하여 미리 포스팅을 작성해 두었다 원하는 일시에 노출시킬 수 있다.

3

4

4) 트랙백 기능을 이용한 포스팅하기

블로그에 포스팅을 하는 방법으로 덧글, 공감, 스크랩 이외에도 트랙백(엮인글) 기능이 있다. 트랙백 기능을 이용하여 포스팅을 하는 작업은 댓글과 RSS와 함께 블로그 사용자간 교류할 수 있는 매우 중요한 수단이다.

트랙백은 다른 블로그의 다양한 콘텐츠에 자신의 포스팅을 연결하는 방법이다. 네이버 블로그 이외에도 다음 블로그나 티스토리 블로그, 이글루스, 싸이월드 블로그 등 블로그 서비스에 상관없이 비슷한 콘텐츠의 다양한 글들을 연결하여 하나의 포스팅을 통해 다양한 글들을 읽을 수 있는 장점이 있다. 이제 블로그 홍보 시에 덧글과 공감보다 더욱 효과가 좋은 트랙백 기능을 이용한 포스팅 방법에 대해 살펴보자.

① 트랙백을 걸고자 하는 포스트의 맨 하단에 있는 [엮인글]을 클릭하여 트랙백 주소를 확인한다.

② '엮인글(트랙백) 주소'가 나오면, 그 주소를 마우스로 클릭하여 아래 그림과 같은 주소가 복사되었다는 메시지를 확인한다.

1

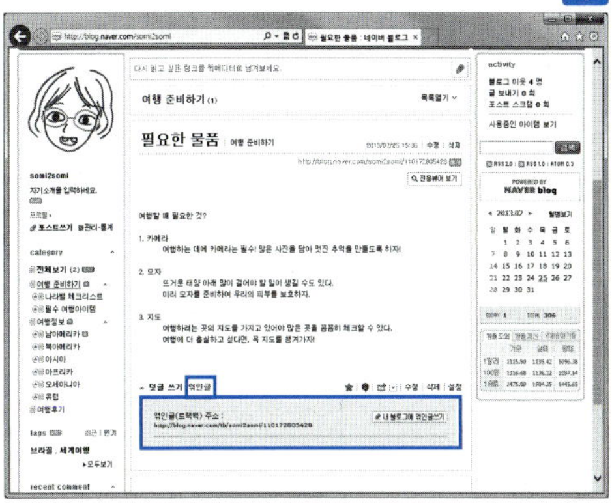

2

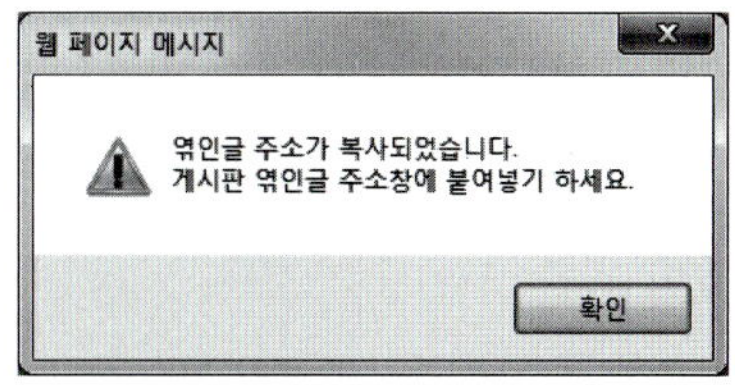

③ 트랙백을 걸고자 하는 포스트와 관련 포스트를 바로 작성하기 위해 하단의 트랙백 주소 옆에 위치한 [내 블로그에 엮인글쓰기] 버튼을 누른다.

④ '내 블로그 포스트 쓰기' 창이 열리면, 글 작성을 완료하거나 제목 입력란 옆의 [엮인글]에 체크 박스가 클릭 된 것을 확인한다. 다음에는 트랙백 주소 입력 부분에 복사된 트랙백 주소를 입력한다.

3

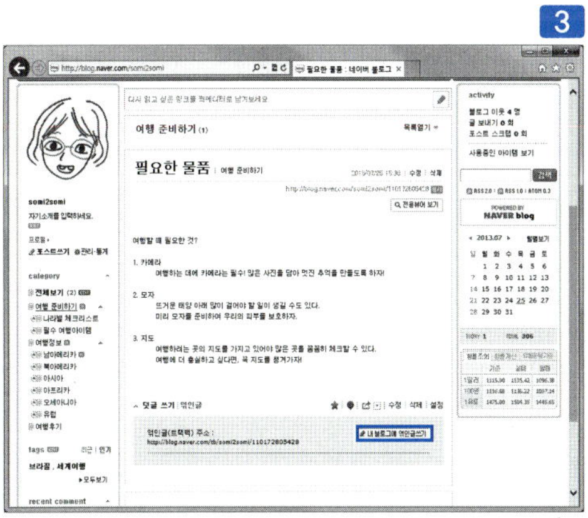

4

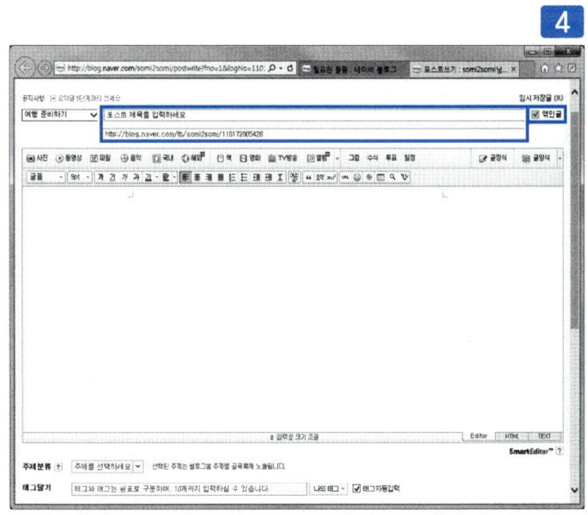

⑤ 마지막으로 트랙백을 남긴 상대 블로그에 내 포스팅이 제대로 엮인글로 달렸는지 확인한다.

5

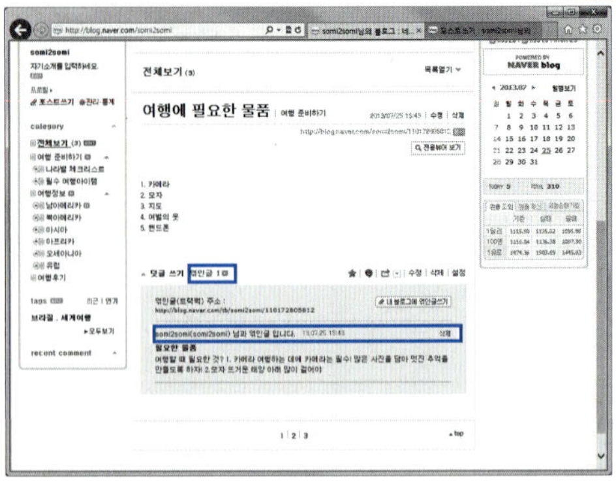

트랙백 기능을 이용한 포스팅은 1인 미디어를 지향하는 블로그의 경우 관련 미디어 사이를 오고가는 연결 통로 역할을 해주기 때문에 블로그 방문자 유입이 증가할 수 있다. 내 블로그에 조금 더 많은 사람들이 방문하고 소통을 하기 원한다면 지금 바로 사용해 보는 것이 좋다.

4.2 블로그 관리하기

블로그에 포스팅 내용을 충실히 하는 것 만큼이나 블로그의 관리는 중요하다. 아무리 포스팅의 내용이 좋더라도 블로그를 방문해 공유하는 사람이 없다면 그야말로 그 블로그는 향기없는 꽃일 것이다. 따라서 블로그의 포스팅 내용을 공유하고자 하는 사람들에게 효과적으로 포스팅을 노출시키고 이를 공유할 수 있도록 하는 것은 매우 중요하다. 이를 위해서는 내 블로그의 방문자들에 대한 성향을 파악하고, 그에 적합한 블로그 홍보방법을 모색하여야 한다.

4.2.1 방문자 관리하기

네이버에서는 블로그 방문자들에 대한 다양한 통계를 제공하고 있어 방문자들의 성향을 파악하는데 도움을 주고 있다. 네이버에서 제공하는 통계 메뉴는 통계요약, 방문자 현황, 유입경로 분석, 인기 포스트의 4가지로 제공된다.

1) 통계요약

이 메뉴에는 요약된 통계 메뉴를 확인하거나 의미 있는 통계내용을 저장하여 추후 확인할 수 있는 '내가 저장한 통계'가 제공된다.

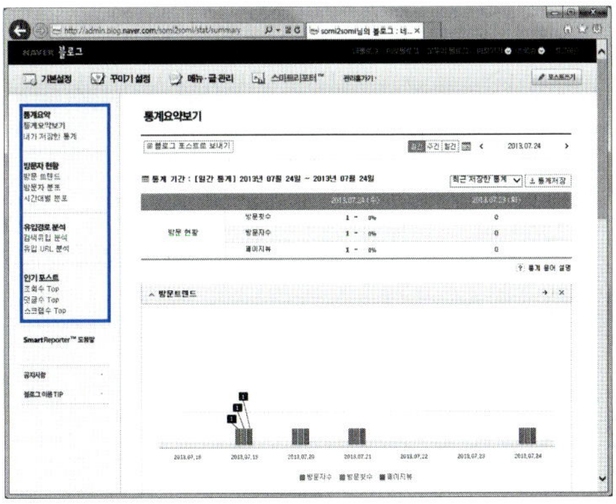

2) 방문자 현황

이 메뉴에서는 방문 트렌드, 방문자 분포, 시간대별 분포로 통계가 제공된다.

① 방문 트렌드 : 내 블로그에 얼마나 많은 사람들이 방문하여 게시물을 열람하는지 판단할 수 있는 방문자수, 방문 횟수, 페이지뷰(PV)를 한눈에 보여 준다. 방문 트렌드는 일간/주간/월간으로 제공되며, 통계요약에 추가 하거나, 내 블로그 포스트로 보낼 수 있다.

② 방문자 분포 : 내 블로그 방문자를 성별, 이웃 관계별, 연령별로 나누어 보여준다. 방문자의 성향은 어떤 주제의 글을 집중해서 쓸지를 결정 하는데 참고가 될 수 있다.

③ 시간대별 분포 : 24시간 동안의 내 블로그 방문횟수를 시간 별로 확인할 수 있는 리포트이다. 각 시간대 별로 전일의 방문횟수와 비교할 수 있으며, 어느 시간에 가장 많은 방문이 일어나는지 알 수 있다. 시간대별 분포는 일간으로만 볼 수 있다.

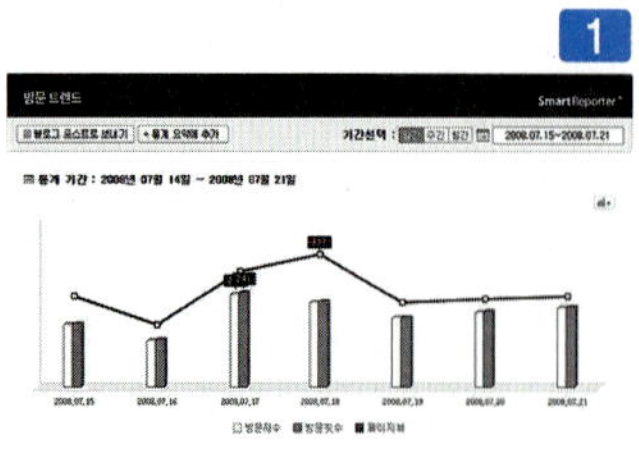
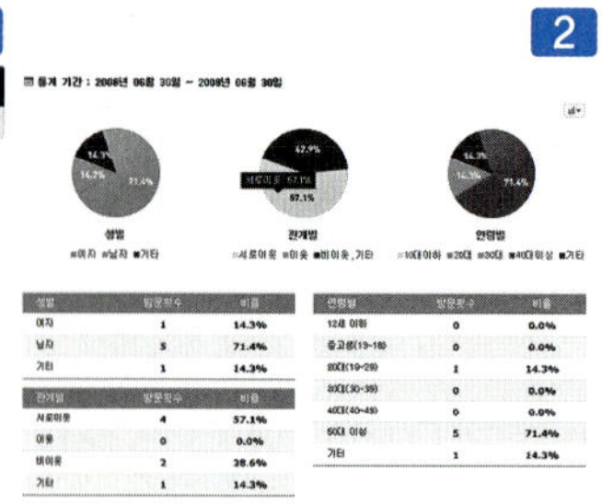
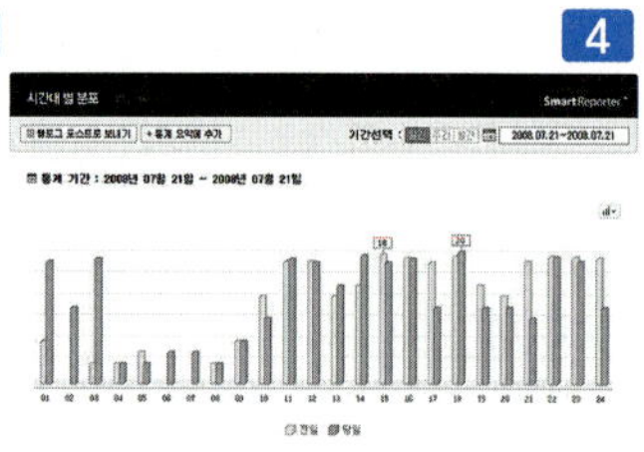

3) 유입경로 분석

여기에서는 검색 유입 분석과 유입 URL 분석을 제공한다.

① 검색 유입 분석 : 유입경로 분석은 내 블로그로 이동하기 직전의 사이트 정보(내 블로그를 제외한 모든 웹페이지)를 URL 기준으로 파악하고, 경로별로 비중을 산정해 리포팅하고 있다. 블로그 스마트 리포터는 검색 엔진을 통한 유입과 기타 URL 유입을 별도의 리포트로 제공된다.

② 유입 URL 분석 : 유입 URL 분석은 어떤 경로를 통해 내 블로그를 많이 방문했는지를 보여준다. 즉, 내 블로그로 이동하기 직전의 URL 정보를 기반으로 어떤 사이트에서 많은 유입이 있었는지, 그리고 그 사이트의 유입 비율이 어느 정도인지를 보여준다. 가장 많이 유입된 경로를 사이트 기준으로 최대 30개까지 볼 수 있으며, 펼침 메뉴를 통해 URL 정보를 보다 상세하게 볼 수 있다.

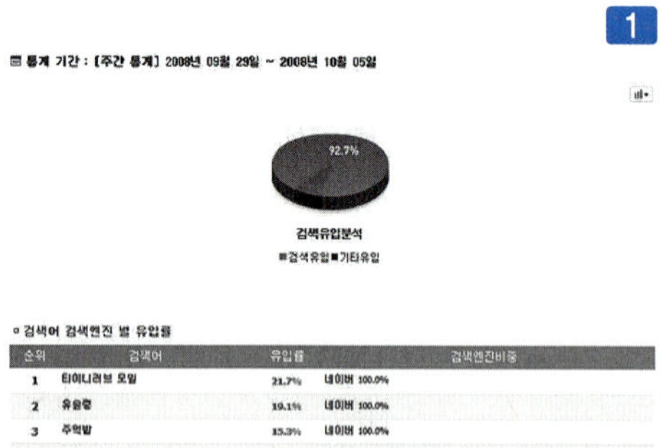
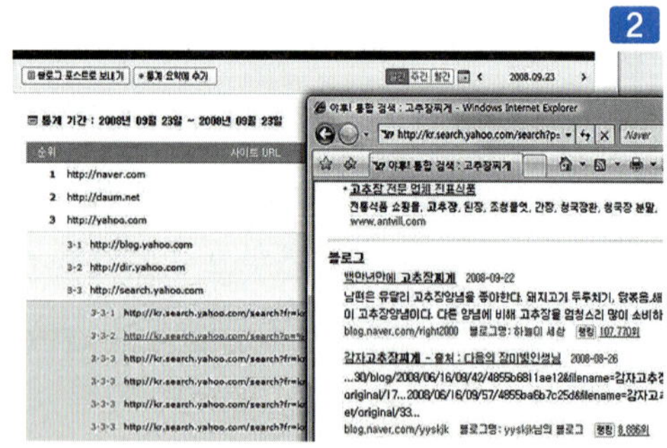

4) 인기포스트

블로그, 포토로그, 비디오로그, 메모로그의 모든 포스트 중에서, 해당 기간 동안 조회수, 덧글수, 스크랩수가 가장 많은 포스트를 10위까지 보여준다.

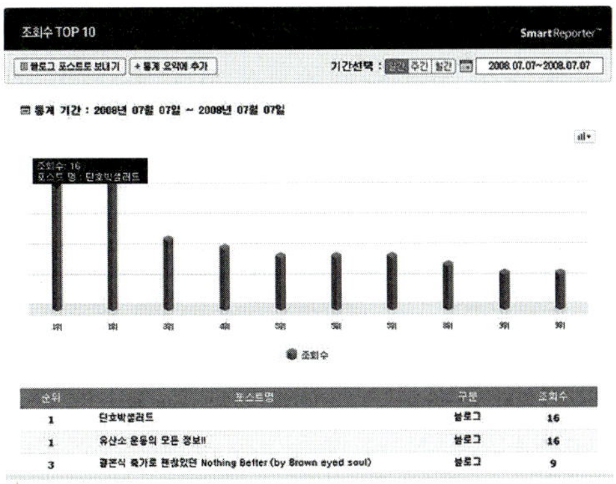

4.2.2 블로그 홍보하기

● 적절한 태그 달기

블로그 유입률을 높이기 위해 가장 쉽고 효과적인 방법 중에 하나는 적절한 태그를 달아 검색 사이트에서의 노출을 높이는 것이다. 따라서 포스팅의 내용에 적합하며 다양한 키워드를 태그로 달아 해당 포스팅을 필요로 하는 방문자들이 쉽게 접근할 수 있도록 한다.

● 메타블로그에 내 블로그 등록하기

여러 블로그의 글들을 모아 보여주는 사이트인 메타블로그에 내 블로그를 등록시키는 방법도 블로그 홍보에 매우 효과가 높다. RSS 형태로 발행되는 블로그들은 모두 이러한 메타블로그에 등록이 가능하며, 주요 메타블로그 사이트로는 다음뷰, 믹시, 올블로그, 블로그코리아, 블로그와이드 등이 있다. 그러나 메타블로그를 통한 방문객 증가는 포스팅 단위 별로 일시적으로 증가하는 경우가 많아 장기적인 홍보효과는 약할 수 있다.

● 포털사이트에 내 블로그 등록하기

블로그에 장기적으로 방문자가 유입될 수 있도록 하기 위해서는 최신의 글들 이외에도 기존의 포스팅을 찾는 방문자들이 있어야 하며 이를 위해서는 포털 검색 엔진에 자신의 블로그를 노출시키는 것이 효과적이다. 포털 검색 엔진에 자신의 블로그를 등록시키기 위해서는 해당 포털사이트에 자신의 블로그 RSS를 등록 신청하여야 하는데 100% 승인되는 것이 아니라 해당 블로그에 유해정보가 없는지 그리고 포스팅이 적어도 20개 이상 존재하는지 등을 판단하여 승인처리 된다. 네이버 블로그의 경우는 이러한 등록 과정 없이 검색이 가능하지만 다음이나 야후 등의 외부 포털사이트의 경우에는 이러한 과정을 거쳐야 하며, 티스토리의 경우 역시 다음 이외의 포털사이트에서 검색되도록 하기 위해서는 이러한 등록 과정을 거쳐야 한다.

4.2.3 SNS와 연동하기

최근에는 블로그와 함께 자신이 운영하는 다른 SNS를 연동하여 사용하는 경우가 많다. 각각의 SNS 특성에 적합한 형태로 정보를 올리고 이를 공유함으로써 소셜네트워크로서의 기능을 강화할 수 있는 것이다.

1) 트위터 피드로 페이스북 연동

블로그 포스팅 내용을 트위터나 페이스북에 연동하는 방법은 간단히 포스팅을 입력할 때 설정을 통해 가능하며, 이는 4.1.5절의 포스팅 설정에서 언급하였다. 그러나 이러한 방법은 포스팅을 할 때마다 적용을 하여야 하는 불편함이 있다. 따라서 자동으로 블로그와 다른 SNS를 연동하기 위해서는 트위터 피드(http://twitterfeed.com/)와 같이 연동을 도와주는 프로그램을 필요로 한다. 여기서는 블로그와 페이스북을 트위터 피드를 통해 연동해 보도록 하겠다.

① 트위터 피드(http://twitterfeed.com/)에 접속해 [Register Now]를 클릭한다.
② 이메일 주소와 비밀번호 그리고 프로그램에 의한 자동가입을 방지하기 위한 캡차(captcha) 코드를 입력한 후 [Create Account]를 클릭해 계정을 생성한다.

1

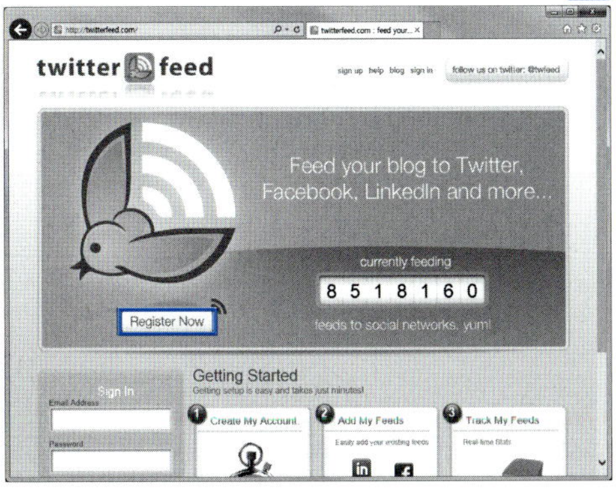

2

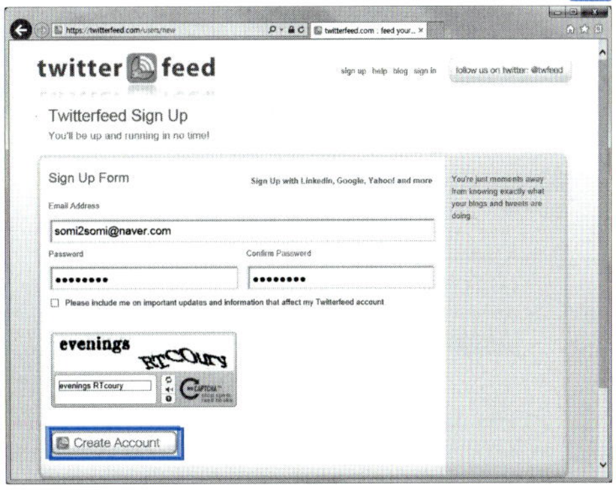

③ 피드 네임와 연동할 자신의 블로그 URL 주소 또는 RSS 피드 주소를 입력한 후 [test rss feed]를 눌러 확인 한 후 다음 단계로 이동한다.

④ 연동할 SNS를 선택하는 페이지가 나온다. 여기서는 페이스북을 선택한다.

3

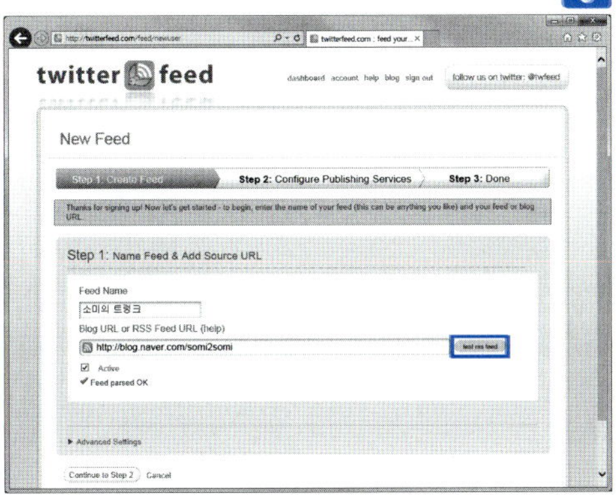

4

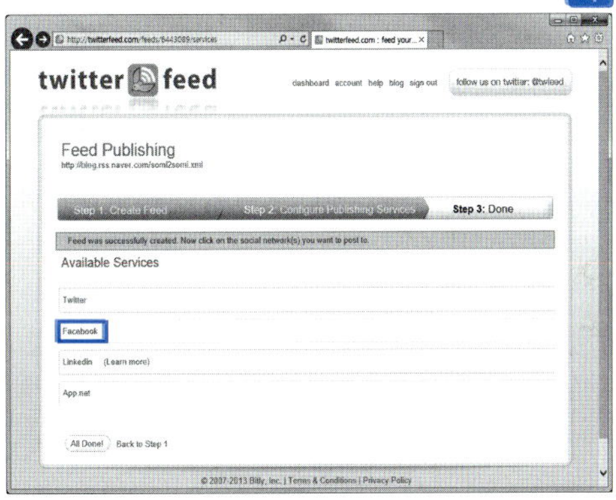

⑤ 페이스북 연동을 위해 [Connect with Facebook]을 선택한다.

⑥ 연동할 페이스북의 계정으로 로그인 한다.

5

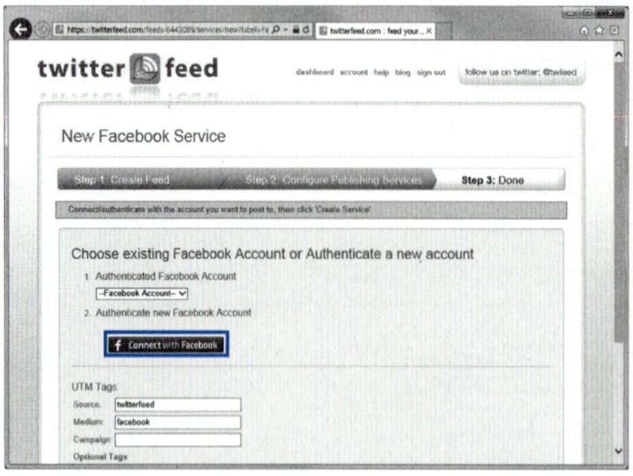

6

⑦ 트위터 피드에서 다른 사람들에게 자료를 게시하겠다는 메시지를 확인하고 [확인]을 누른다.

⑧ 트위터 피드가 연동을 위해 공개 프로필, 친구 리스트에 액세스하겠다는 메시지를 확인하고 [확인]을 누른다.

7

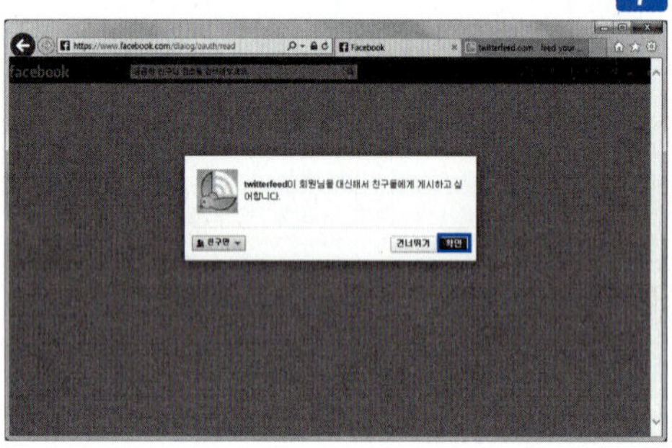

8

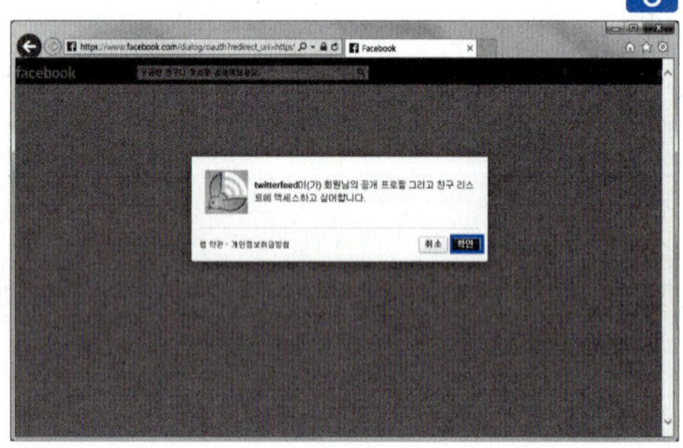

⑨ 계정을 확인하고 [Create Service]를 선택한다.

⑩ 연동이 되었음을 확인한다.

9

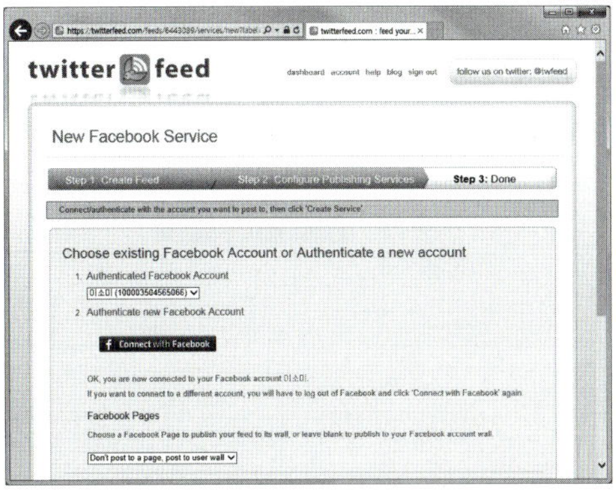

10

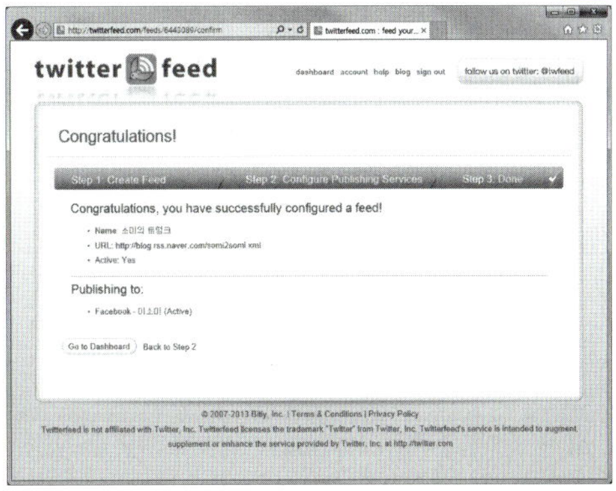

⑪ 이후에 블로그의 글들은 페이스북에도 연동되어 나타난다.

11

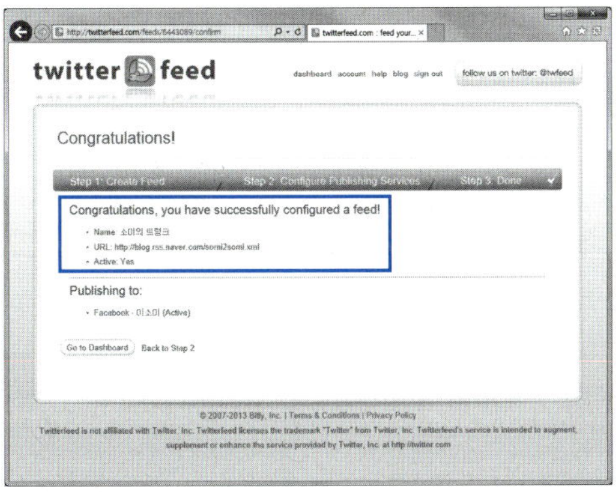

2) 페이스북 위젯 삽입

다음으로는 블로그에 페이스북 위젯을 삽입하는 방법에 대해 알아본다. 페이스북은 실시간 위치, 사진, 함께있는 사람까지 태그하여 여러 사람에게 많은 정보를 한 번에 전달하는 것이 가능하며, 댓글 기능으로 실시간 소통도 가능하여 매우 활성화되고 있는 SNS 서비스이다. 요즘 네이버보다 자주 들어가 보는 페이스북의 위젯을 블로그에 삽입하여 페이스북으로도 서로 공감하고 함께 홍보도 할 수 있는 병행 마케팅으로 활용할 수 있을 것이다.

① 우선 페이스북 위젯 코너(http://www.facebook.com/badges)로 접속하여 [프로필 위젯]을 클릭한다.

② 우측의 [위젯 수정하기]를 클릭한다.

1

2

③ 본인의 취향대로 체크하여 [저장] 버튼을 누른다.

④ 다시 이전 화면으로 돌아오면, 위젯을 추가할 장소를 선택하기 위해 [other] 버튼을 클릭한 뒤 아래 생기는 코드를 복사한다.

3

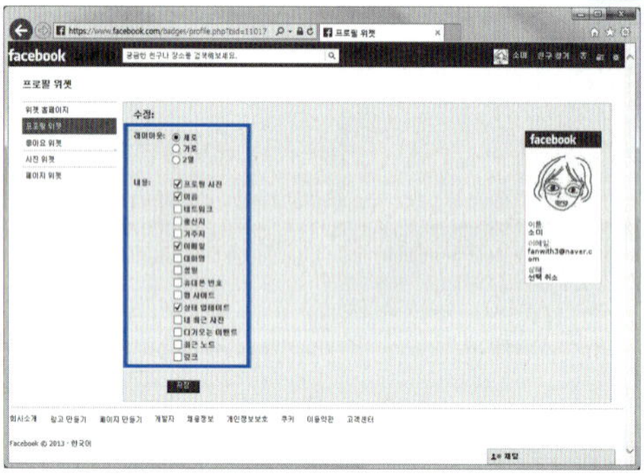

4

⑤ 네이버 블로그 관리모드로 접속하여 [레이아웃 위젯 설정]으로 들어간다.

⑥ 하단으로 이동하여 [위젯 직접 등록]을 클릭한다.

5

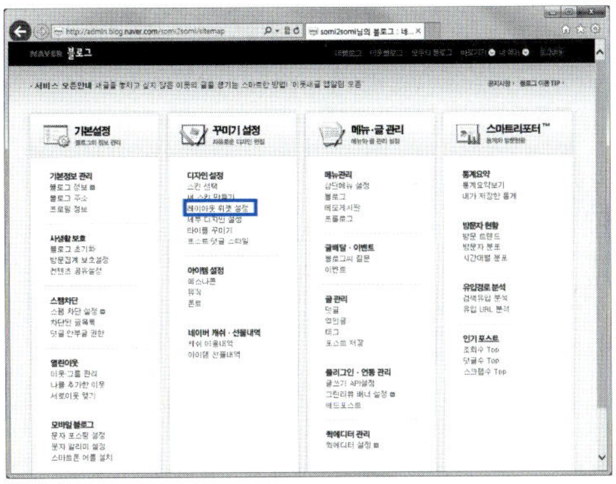

6

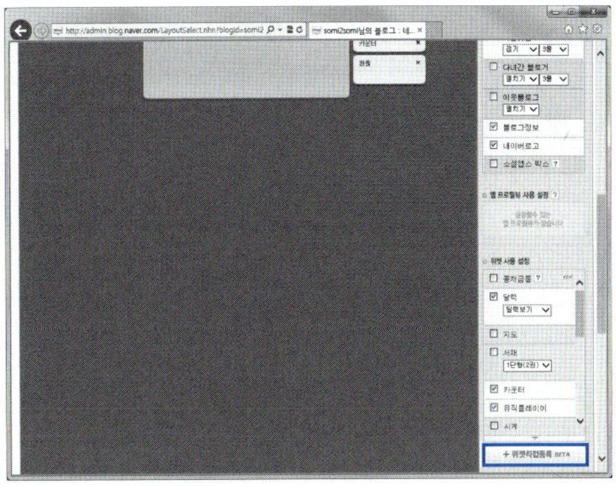

⑦ 위젯명을 입력한 후, 복사한 코드를 붙여넣기 하고 [다음] 버튼을 누른다.

⑧ 미리보기 화면을 확인한 뒤 [등록] 버튼을 클릭하여 등록한다.

7

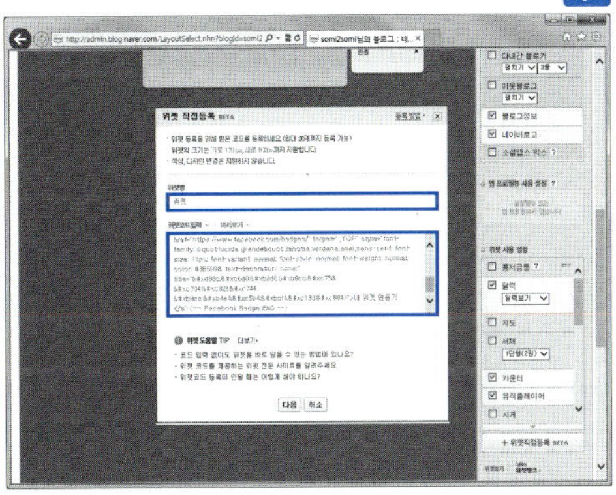

8

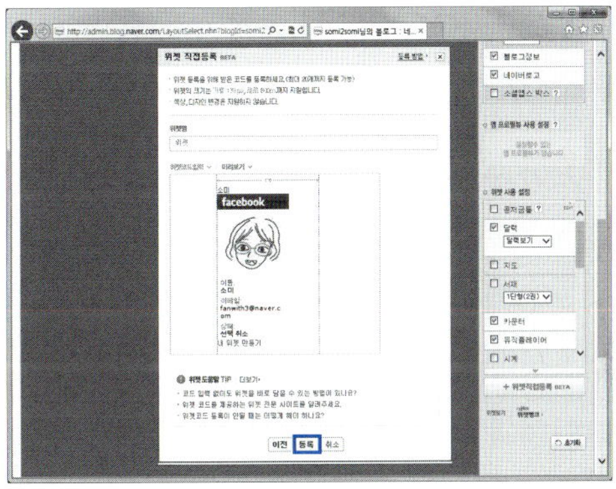

⑨ 레이아웃을 자유롭게 변경한 뒤, [적용] 버튼을 누른다.

9

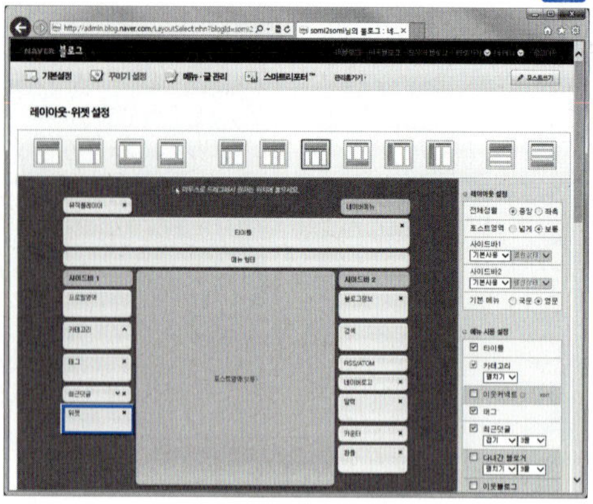

4.2.4 블로그에 광고달기

블로그로 수익을 내는 가장 일차원적인 방법은 블로그에 광고를 다는 일이다. 대표적으로 구글의 애드센스를 통해 수익을 내는 경우가 많지만, 네이버 블로그의 경우는 불가능하고 티스토리 사용자들은 가능하다. 네이버 블로그에 적용 가능한 광고에 대해 실습해 보자.

포스팅 본문에 코드를 삽입함으로써 광고를 게재하는 방식은 매우 간단하지만 매번 포스팅할 때마다 광고 소스를 삽입해야 한다는 번거로움이 있다. 위젯형 광고는 코드 삽입형과 달리 한번 설치해서 적용해 두면 광고를 지속적으로 게재할 수 있다는 장점이 있다. 네이버 블로그에서 사용되는 대표적 위젯형 광고로는 '애드젯', '애드포스트' 등이 있다.

여기서는 네이버에서 운영하는 애드포스트를 이용한 광고를 달아보도록 한다. 애드포스트는 비교적 애드센스와 비슷한 구조를 지닌다. 애드포스트에 가입하기 위해서는 블로그 운영기간이 90일 이상 되어야 하며, 주민등록번호 하나당 한 개의 애드포스트만을 발행할 수 있다.

① 네이버 애드포스트(http://adpost.naver.com/main.nhn)에 접속해 가입한다.
② 가입이 완료되면 [미디어 등록하기]를 통해 광고 게재가 가능하다.

1

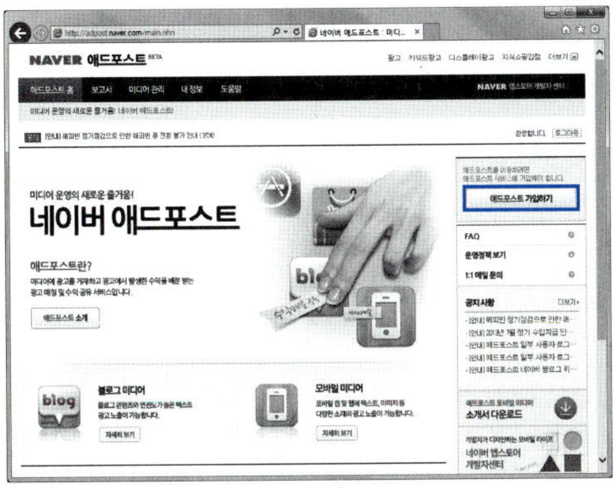

2

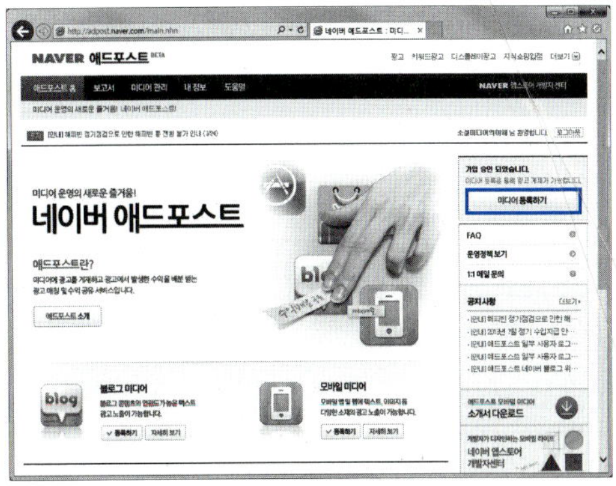

③ 광고를 게재할 미디어를 선택하는 페이지가 나오면 [블로그]를 선택한다.

④ 네이버 블로그를 확인하고 [다음]을 선택한다.

3

4

⑤ 자신의 블로그에 적합한 광고의 주제를 선호주제로 선택하고 [다음]을 선택한다.

⑥ 미디어 검수 신청이 완료됨을 확인한다.

- 검수과정이 지나면 결과에 따라 보류일 경우 재검수 요청이 가능하며, 반려일 경우 재신청이 불가능하다.
- 검수기간은 통상 5일 정도 소요되며 메일을 통해 통보된다.

5

6

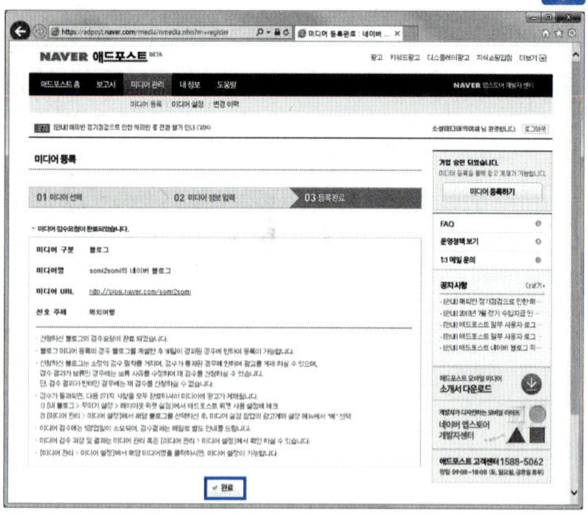

⑦ 검수가 완료되면 자신의 블로그 관리페이지에서 [레이아웃 위젯 설정]을 선택한다.

⑧ 위젯 사용 설정에서 애드포스트를 선택 하고 광고의 위치와 형태를 선택하면 광고 설정이 완료된다.

8

연습문제

■ 다음 괄호 안에 올바른 단어를 기입하시오.

1. 블로그 포스팅에서 가장 중요한 것은 포스팅이 지니는 내용의 가치이지만 같은 내용의 포스팅이라 할지라도 해당 포스팅을 전달하는 (　　　)에 따라 정보의 전달력은 매우 달라진다.

2. 블로그에 포스팅을 하는 방법으로 덧글, 공감, 스크랩 이외에도 (　　　)기능이 있다. (　　　)기능을 이용하여 포스팅을 하는 작업은 댓글과 RSS와 함께 블로그 사용자간 교류할 수 있는 가장 중요한 수단이다.

3. 블로그 유입률을 높이기 위한 가장 쉽고 효과적인 방법 중에 하나는 적절한 (　　　)를 달아 검색 사이트에서의 노출을 높이는 것이다.

4. 블로그에 장기적으로 방문자가 유입될 수 있도록 하기 위해서는 최신의 글들 이외에도 기존의 포스팅을 찾는 방문자들이 있어야 하며 이를 위해서는 포털 검색 엔진에 자신의 블로그를 (　　　)것이 효과적이다.

5. 최근에는 블로그와 함께 자신이 운영하는 다른 (　　　)을 연동하여 사용하는 경우가 많다. 각각의 (　　　)특성에 적합한 형태로 정보를 올리고 이를 공유함으로써 (　　　)로서의 기능을 강화할 수 있는 것이다.

6. (　　　)는 코드삽입형과 달리 한번 설치해서 적용해 두면 광고를 지속적으로 게재할 수 있다는 장점이 있다.

7. 블로그의 전체적인 느낌을 타이틀 (　　　)로 표현하거나 포스트 내용을 좀 더 정확하게 그리고 흥미롭게 표현하기 위해 (　　　)를 사용하는 것은 매우 중요하다.

8. 실사의 형태를 카메라에 의해 얻은 결과물과 달리 (　　　)은 의도에 따라 부분을 강조하거나 가감하여 내용을 전달할 수 있다는 장점을 가지고 있다.

9. 블로그에 사용될 이미지를 세련되고 재미있게 만들기 위한 소프트웨어에는 (　　　)이 있다.

10. 이미지는 해상도나 표현할 색의 가지 수에 따라 파일의 사이즈가 달라지는데, 각종 디바이스들이 고해상도를 지원하며 이미지의 사이즈도 커지고 있다. 인터넷에서 사용되는 이미지들을 빠르게 전송하기 위한 방법에는 (　　　)기법이 있다.

■ **다음 질문에 대하여 간단히 서술하시오.**

1. 본인이 블로그 운영자가 되어 블로그를 운영하게 된다면, 어떤 블로그를 만들겠는가? 또한 그러한 주제를 선정한 이유는 무엇인가?

2. 본인은 블로그 주제 선정을 하였다. 블로그에서 방문자와의 소통은 블로그를 이끌어가는 힘이 될 수 있음으로 매우 중요하다. 그렇다면 본인 블로그의 강점은 무엇인가?

3. 본인은 포스팅을 하기 위하여 사진을 찍었다. 이제 이것을 그대로 올릴 것인가, 아니면 편집을 할 것인가? 각각의 차이는 무엇인가?

4. 본인 블로그 방문자 유입이 증가하기 위해서, 본인은 어떤 노력을 하겠는가?

5. 본인 블로그에 어느 정도의 방문자가 꾸준히 찾아오고 있다. 이제 본인은 블로그를 통하여 수익을 내고자 한다. 어떻게 하면 수익이 생길 것인가?

05 CHAPTER

블로그를 위한 이미지 실습

CHAPTER

05 블로그를 위한 이미지 실습

개인 기록을 위한 블로그가 아닌 이상 블로그 포스팅의 목적은 무엇보다 많은 독자들로 하여금 포스팅 내용을 읽게 하고 이를 통해 소통하는 것이다. 수많은 블로그 포스팅들 속에서 자신의 블로그를 돋보이게 하고 독자들로 하여금 호응을 얻기 위해서는 충실한 내용과 더불어 그 내용을 효과적으로 전달할 수 있는 편집과 구성이 필요하다. 이를 위해 효과적으로 사용할 수 있는 것이 바로 이미지이다. 이미지는 직관적으로 주제나 느낌을 전달하는데 효과적이며, 때로는 서술형태의 내용을 보완하거나 대체하는데 매우 효과적인 매체이다. 뿐만 아니라 포스팅 내용을 끝까지 집중할 수 있게 도와주는 흥미요소가 될 수 있다.

이 장에서는 이러한 블로그 포스팅을 위한 이미지의 개념을 알아보고, 블로그에서 활용될 수 있는 이미지 편집 기술에 대해 실습해 본다.

5.1 블로그 활용을 위한 이미지 개요

블로그 포스팅에서 내용을 구성하는데 단순한 텍스트 이외에 전달 효과를 높이기 위한 이미지 사용은 매우 필요한 것이다. 또한 전체적인 블로그 느낌을 타이틀 이미지로 표현하여 블로그의 전반적인 주제를 한눈에 들어오게 하여 방문자들에게 어필할 수도 있다. 이 절에서는 블로그에서 이미지를 활용하기 위해 필요로 하는 기본 개념과 이미지 압축에 대해 알아본다.

5.1.1 블로그에서의 이미지 활용

블로그에 이미지를 활용하는 방법은 크게 두 가지로 블로그의 외형에 해당하는 스킨이나 타이틀에 활용되는 경우와 포스팅 내용에 포함되는 경우이다.

1) 블로그 외형 꾸미기

이 중 블로그 외형에 이미지를 활용하는 경우는 가입형 블로그 서비스가 인기를 끌면서 블로거가 직접 스킨을 만들지 않더라도 비교적 다양하고 잘 디자인된 스킨들을 제공받을 수 있게 되었다. 그러나 블로그의 특색이나 개성을 일일이 다 반영할 수 있도록 다양한 스킨을 제공하는 것은 아니기 때문에 나만의 특색이 있는 블로그를 꾸미는데 한계가 있다. 따라서 가입형 블로그를 사용하더라도 많은 블로거들이 블로그 간판에 해당하는 타이틀만은 간단히 자신만의 개성을 담아 직접 제작하여 사용하려고 한다. 일괄적으로 제공되는 스킨에 포함되는 타이틀이 아닌 자신만의 블로그 타이틀은 블로그에 대한 전반적인 주제와 분위기를 파악할 수 있게 해주며 블로그에 대한 완성도까지 가름하게 해주기 때문에 잘 만들어진 블로그 타이틀은 블로그의 신뢰도를 높이기도 한다.

2) 포스팅 내용에 포함하기

블로그를 운영한다는 것은 사실상 포스팅을 한다는 것이고 포스팅에 있어서 이미지 활용은 필수적이다. 이미지 없이 텍스트로만 이루어진 지루한 포스팅은 독자들로 하여금 외면 받기 쉬우며 포스팅이 담고 있는 내용의 전달도 어렵다. 이미지를 포스팅에 활용하기 위해서는 포스팅 내용에 따른 적절한 이미지의 선택이 중요하며, 그 이후에는 해당 이미지를 적절히 편집하여 전체적인 포스팅에 어울릴 수 있도록 구성할 수 있어야 한다. 또한 이미지가 인터넷상에서 독자들에게 무리없이 서비스될 수 있는 해상도와 파일 형식도 중요하다. 아무리 좋은 이미지라 할지라도 적절한 해상도로 보여지지 않거나 내용의 확인이 불가능하다면 포스팅 자체의 신뢰도는 물론이고 아예 포스팅 자체가 외면 받게 되기 때문이다.

이처럼 블로그에 있어서 이미지의 사용은 전체적인 블로그 분위기에 영향을 미치기도 하며 실질적으로 포스팅 내용을 풍성하게 만드는 요소가 되기도 한다. 따라서 적절한 이미지의 활용 능력은 매력적인 블로그를 만드는데 필수적이다.

5.1.2 이미지와 그래픽의 기본 개념

블로그에서 사용할 수 있는 이미지들은 디지털 매체에서 사실상 이미지(image)와 그래픽(graphic)으로 구분된다. 전통적인 인쇄 매체에서의 이미지나 그래픽은 사실상 구분의 의미가 중요하지 않았지만, 디지털 방식에서의 이미지나 그래픽은 서로 다른 편집 방식이나 저장방식을 지니고 있기 때문에 중요하다. 이러한 이미지와 그래픽 그리고 디지털 환경에서 이를 표현하기 위해 필요로 하는 개념들에 대해 알아본다.

1) 이미지와 그래픽

이미지는 일반적으로 사진과 같이 사람에 의해 작성되지 않고 실사의 형태를 카메라에 의해 얻은 결과물을 말한다. 반면 그래픽은 사람이 그래픽 프로그램을 통해 작성한 그림을 말한다. 이미지가 현실표현에 가장 효과적인 반면 그래픽은 의도에 따라 부분을 강조하거나 가감하여 내용을 전달할 수 있다는 장점을 가지고 있다. 이미지의 대표적인 편집 프로그램으로는 포토샵(Photoshop)등이 있으며, 그래픽을 작성할 수 있는 대표적인 그리기 도구로는 일러스트레이터(Illustrator), 코렐 드로우(Corel Draw) 등의 프로그램을 예로 들 수 있다.

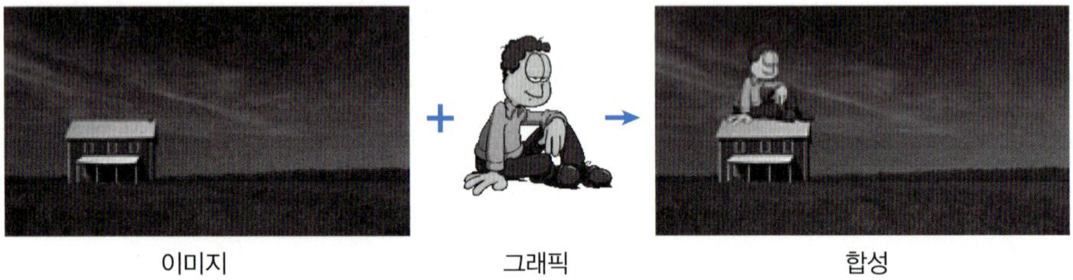

[그림 5-1] 이미지와 그래픽의 합성 예

2) 픽셀

블로그에 포스팅된 디지털 이미지를 계속 확대하다 보면 하나의 색으로 이루어진 작은 사각형을 볼 수 있는데 이것이 바로 픽셀이다. 즉 픽셀(pixel)은 'Picture Element'를 합성하여 줄인 말로 이미지를 구성하고 있는 최소 단위의 점을 의미한다. 도트(dot) 또는 비트(bit)라고도 하며 비트맵(bitmap)방식으로 저장장치에 기록된다.

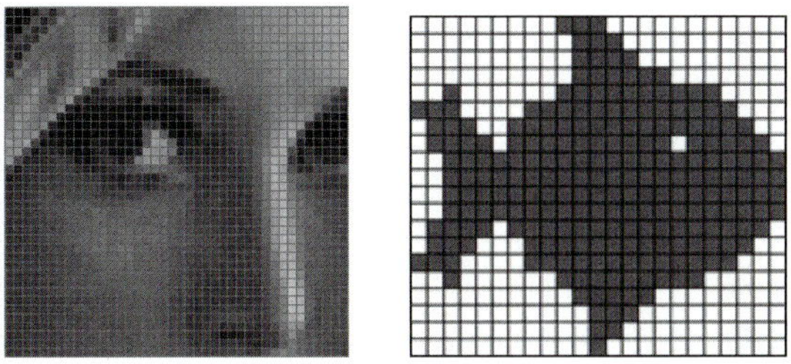

[그림 5-2] 비트맵 이미지에서의 픽셀

3) 해상도

각종 디지털 기기에서 프린터나 카메라, 혹은 이미지를 언급할 때 해상도라는 단어를 흔히 접하게 되는데, 해상도란 이미지의 정교함이라고 생각할 수 있다. 출력기기의 경우 해상도란 단위 길이당 표시할 수 있는 픽셀의 수를 의미하며 통상 인치(inch)를 단위 길이로 많이 사용한다. 이 경우 해상도의 단위는 1인치당 픽셀의 수인 dpi(dot per inch)가 된다. 일정한 길이에 표현되는 픽셀의 수가 많을수록 출력물이 정교하게 표시될 수 있으며 해상도가 높다고 말한다. 카메라나 이미지의 경우 해상도란 이미지를 표현하고 있는 가로×세로 픽셀의 수를 의미하며 픽셀의 수가 많을수록 고해상도의 정교한 이미지가 표현될 수 있다.

이미지는 표시되는 출력장치에 따라 표현할 수 있는 해상도의 최대치가 달라지는데 일반적으로 블로그가 보여지는 모니터의 경우 72~75dpi의 해상도를 표현할 수 있으며 프린터의 경우는 이보다 훨씬 높은 600dpi 이상의 해상도를 지원할 수 있다. 따라서 블로그에서 사용하는 이미지의 경우 모니터의 최대 해상도를 넘길 필요는 없지만 출력을 위한 이미지일 경우 보다 높은 해상도일수록 높은 품질의 결과물을 얻을 수 있다.

(a) 200×200 픽셀 이미지 (b) 100×100 픽셀 이미지 (c) 50×50 픽셀 이미지

[그림 5-3] 이미지의 해상도 차이

4) 색의 표현

이미지에서의 색 표현은 결국 픽셀에 색을 지정하는 방식이라고 할 수 있다. 따라서 픽셀이 표현할 수 있는 색의 종류가 많을수록 원래의 색을 자연스럽게 표현할 수 있으며, 이러한 색의 개수를 비트로 표시한다. 1 비트의 경우 흑 또는 백의 흑백모드를 말하며 비트 수가 높을수록 색 표현이 다양해진다. 윈도우에서는 16 비트(2^{16}=65,536가지)를 하이컬러, 24 비트(2^{24}=16,777,216가지)를 트루컬러라고 부른다.

[그림 5-4]는 같은 사진에서 각 픽셀을 1 비트, 4 비트, 8 비트 및 16 비트로 표현한 것이다. 픽셀을 1 비트로 표현하면 흑백사진이 되고, 4비트나 8 비트로 표현하면 사진에서 색상의 질이 떨어지며, 16 비트로 표현하면 원본 사진과 별 차이가 없음을 알 수 있다.

(a) 1 비트 이미지 (b) 4비트 이미지 (c) 8비트 이미지 (d) 16비트 이미지

[그림 5-4] 비트수에 따른 이미지의 변화

블로그가 표현되는 컴퓨터에서 색상을 표현하는 데에는 일반적으로 RGB 혹은 RGBA 모델을 사용하고 있다. 즉, 화면의 각 픽셀은 보통 3 바이트의 메모리에 표현되며 각각 1 바이트씩 RGB(Red, Green, Blue) 색상 값을 가진다. 따라서 각 RGB 색상은 0~255까지의 값을 가지며 이들이 조합되어 수많은 색상의 표현이 가능해진다. 픽셀당 4바이트인 RGBA 모델의 경우에 마지막 바이트는 투명도를 표현하거나 특수한 목적으로 사용된다.

특히 RGB 색상 코드의 경우 이미지에서의 표현 외에 블로그 포스팅의 배경색을 지정하거나 텍스트 색상 지정 시에 직접적으로 사용 될 수 있으므로 본인이 자주 사용하는 색상의 RGB 코드 값을 알아두면 색상 지정 시 편리하게 사용할 수 있다.

〈표 5-1〉 색상에 따른 RGB 코드

	색상	키워드	RGB코드
주 색상	빨강	red	#FF0000
	밝은 녹색	lime	#00FF00
	파랑	blue	#0000FF
2차 색상	노랑	yellow	#FFFF00
	청록	aqua	#00FFFF
	자홍	fuchsia	#FF00FF
기타 색상	짙은 빨강	maroon	#800000
	짙은 녹색	green	#008000

	색상	키워드	RGB코드
기타 색상	짙은 파랑	navy	#000080
	짙은 노랑	olive	#808000
	짙은 청록	teal	#008080
	짙은 자홍	purple	#800080
흑백 계열	검은색	black	#000000
	짙은 회색	gray	#800080
	밝은 회색	silver	#C0C0C0
	흰색	white	#FFFFFF

5) 래스터 그래픽과 벡터 그래픽

그래픽은 그림 데이터의 표현 방식에 따라 래스터 그래픽(raster graphics)과 벡터 그래픽(vector graphics)으로 나뉜다. 래스터 그래픽의 경우 이미지와 마찬가지로 그림을 픽셀단위로 표현하는 비트맵방식이며 칠하기 도구를 이용하며 그릴 수 있다. 반면 벡터 그래픽은 픽셀 단위로 저장하는 것이 아니라 기하학적인 그래픽 함수로 저장하는 방식이다. 따라서 일일이 픽셀단위로 저장하는 래스터 그래픽보다는 그림 형태에 대한 함수를 저장하는 벡터 그래픽이 일반적으로 파일의 용량이 적어지는 장점이 있다.

래스터 그래픽은 확대 시 픽셀의 크기가 확대되는 것으로 계단현상이 일어나 그림이 깨져 보이는 단점을 가지고 있지만 벡터 그래픽의 경우는 확대 시 늘어나는 값만큼 함수를 통해 계산되어 표현됨에 따라 계단현상 없이 이미지를 표시할 수 있다. 따라서 다양한 사이즈를 필요로 하는 캐릭터나 로고 디자인 등에는 크기에 따라 다시 그려 계단현상이 없는 벡터 그래픽이 래스터 그래픽보다 유용하다. 블로그 포스팅 시에도 해당 그래픽 이미지가 다양한 사이즈로 독자들에게 재사용되어야 한다면 래스터 그래픽보다는 벡터 그래픽이 적합하다.

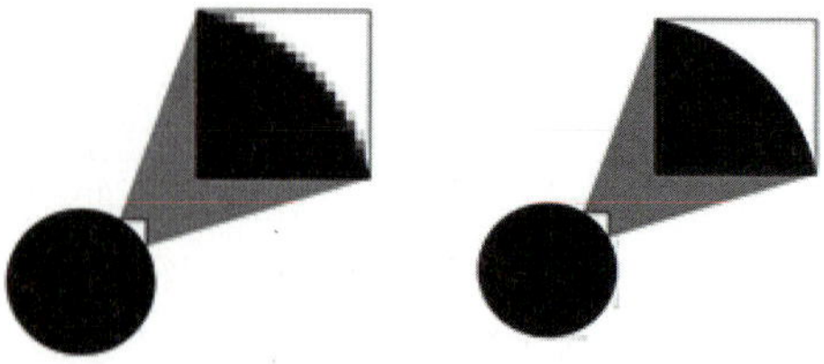

[그림 5-5] 래스터 그래픽과 벡터 그래픽의 확대

5.1.3 이미지의 압축

이미지는 해상도나 표현할 색의 개수에 따라 파일의 크기가 달라지는데 최근 들어 각종 컴퓨터나 스마트폰과 같은 디바이스들이 고해상도를 지원하는 만큼 사용되는 이미지들의 크기도 커지고 있다. 그러나 블로그의 포스팅은 인터넷을 통해 서비스되고 있으므로 전송속도와 블로그 데이터의 업데이트 용량까지 고려해야 한다. 즉 화질이 좋다고 하여 무조건 고해상도의 이미지만을 사용하다가는 블로그의 속도가 저하될 수 있으며 블로그에서 자신이 사용가능한 데이터 용량을 쉽게 초과할 수 있다. 따라서 인터넷에서 사용되는 이미지들을 빠른 전송와 데이터 용량을 고려한 압축 기법을 필요로 하는데 JPEG(Joint Photographic Experts Group)나 GIF(Graphical Interchange Format) 등이 대표적으로 사용되는 압축 파일 포맷이다.

1) JPEG

JPEG은 ISO/IEC 국제표준으로 사진의 압축 저장을 위해 고안된 파일 형식이다. 자연의 이미지에서 연속된 픽셀에서 급격한 색상 변화는 드물게 일어난다는 사실에 바탕을 두고 화소의 수를 줄일 수 있다. 그리고 사람의 눈은 색의 구분보다는 밝기에 대해 더 민감하다는 점을 착안하여 색에 대한 정보를 줄이고 밝기에 대한 정보는 유지하여 이미지 용량을 줄인 것이다. JPEG는 24 비트 컬러이미지를 이미지의 손실이 없는 경우 1/3가량 데이터를 줄일 수 있으며, 이미지 손실이 있는 경우에는 1/10 이상의 큰 비율로 압축할 수 있다. 사실상 블로그 포스팅에 사용되는 이미지들은 주로 JPEG 형태이다.

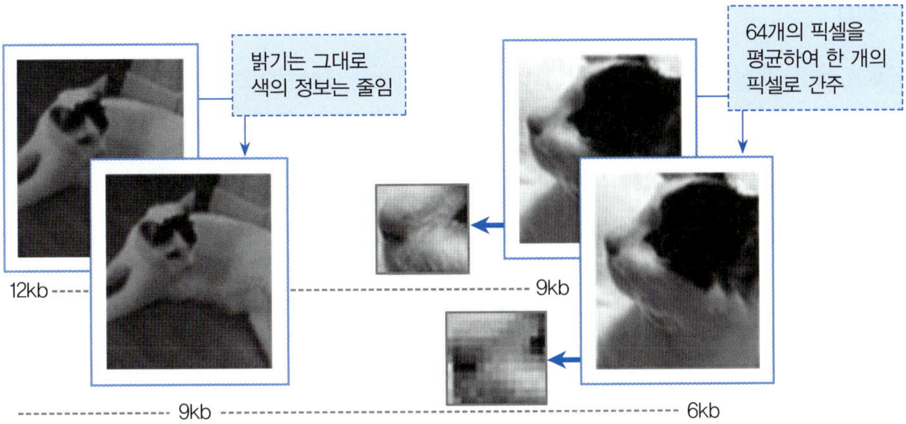

[그림 5-6] JPEG의 원리

2) GIF

GIF는 미국 컴퓨서브(CompuServe)사에서 개발한 압축 기법으로 비교적 색의 종류가 적은 그래픽 파일에 효과적인 압축 포맷이다. GIF는 RLE(Run Length Encoding)이라는 기법을 이용하는데 이 기법은 수평의 같은 줄에 같은 색이 많이 나타날수록 압축률이 좋아진다. 같은 색을 가지는 픽셀이 몇 번인지에 대한 빈도수를 저장하여 데이터를 줄이는 방식으로 각각의 픽셀이 다른 색상을 가지는 실사의 이미지보다는 색의 변화가 적은 그래픽 파일에 효과적이다. 그러나 색의 종류가 적다고 하더라도 수평방향에 대한 빈도수를 저장하기 때문에 수직적으로만 동일한 색일 경우에는 압축효과가 떨어진다.

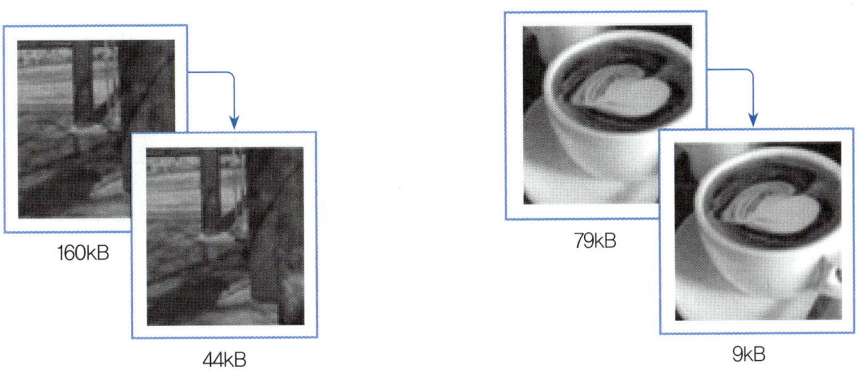

[그림 5-7] GIF의 압축 예

3) PNG

W3C에서 제정한 그래픽 포맷인 PNG는 인터넷과 같은 네트워크상에서 빠른 전송과 이미지 재생이 가능하다. 특히, PNG 파일에는 그림을 처음 제작했던 프로그램에 대한 정보를 기록할 수 있어, 웹 브라우저나 다른 프로그램에서 이 정보에 맞게 자동으로 이미지를 재구성할 수 있는 장점이 있다. PNG는 기존 JPG나 GIF에 비해 월등히 빠른 출력 속도를 보이고 있어, 웹 관련 국제 컨소시엄인 W3C에 의해 새로운 웹 이미지 표준으로 도입되기도 해 JPG, GIF와 함께 블로그에 많이 사용되고 있다.

앞에서 살펴 본 것처럼 GIF와 JPEG 형식은 기본적인 압축방식이 다르므로 이미지의 종류에 따라 다른 압축률을 보인다. 일반적으로 블로그에 사용되는 사진과 같이 색상의 개수가 많은 이미지를 다룰 때에는 JPEG 형식이 더 적합하다. 그러나 이미지 크기에 비하여 색상의 개수가 적거나 간단한 도형으로 이루어진 경우에는 GIF가 압축률이 좋다. [그림 5-8]에서는 세 가지 종류의 이미지 파일 형식에 따른 압축률의 차이를 볼 수 있다.

원본 이미지 (BMP 포맷)	GIF 포맷	JPEG 포맷	PNG 포맷
 419KB (317x451픽셀)	 8.01KB (압축률 52.3)	 17.9KB (압축률 23.4)	 22.8KB (압축률 18.4)
 414KB (352x402픽셀)	 49.7KB (압축률 8.33)	 27.2KB (압축률 15.2)	 206KB (압축률 2.07)

[그림 5-8] 이미지 파일 형식의 비교

5.2 블로그를 위한 이미지 편집

보통의 홈페이지가 주로 공식적이고 정확한 정보를 전달하는 반면 블로그는 블로거의 입장에서 정보를 재해석하여 제공된다. 이러한 과정을 통해 블로그의 정보는 단순한 정보의 전달 뿐 아니라 공감을 이끌어내 소통으로까지 이어질 수 있어야 한다. 블로그의 특성은 무엇보다 블로거가 가지고 있는 정보의 가치나 공감 가는 글쓰기에 의해 발휘된다. 그러나 가끔 이러한 것들을 갖추고도 외면당하는 블로그들을 볼 수 있는데 독자들을 고려하지 않은 텍스트 위주의 지루한 포스팅인 경우이다.

이 절에서는 자신의 블로그와 포스팅을 좀 더 돋보일 수 있도록 하는 이미지 활용법에 대해 실습해본다.

5.2.1 블로그에서 이미지 활용하기

블로그를 제작하기 위해서 꼭 이미지 편집 기술을 필요로 하는 것은 아니지만, 남들과 달리 좀 더 개성 있고 독창적인 블로그를 제작하고 싶다면 포토샵을 활용하는 것이 효과적이다. 기존에 제공되는 블로그 스킨 이미지 보다는 자신이 직접 제작한 자신만의 블로그 타이틀 이미지가 조금은 허술하더라도 더 개성적이며 독자들의 주목을 받을 수 있는 것이다. 이는 블로그 자체의 홍보 효과로도 이어질 수 있으며 블로그 마케팅에도 도움이 되는 것이다. 이처럼 내 블로그를 나만의 브랜드로, 나만의 자산으로 차별화하기 위해서는 이미지 편집 기술을 익히는 것이 좋다.

블로그에 이미지 편집 기술을 사용할 수 있는 부분을 고려해 본다면 기본적으로 다음 그림과 같이 블로그 타이틀, 프로필, 포스팅에 사용되는 이미지들이다. 여기서는 [그림 5-9]에서와 같이 보이도록 이미지 편집을 실습해 보고 블로그에 적용해 본다. 실습에 사용할 이미지 편집 도구로는 포토샵을 사용하도록 한다. 포토샵은 어도비 시스템이 개발한 이미지 편집 프로그램으로 전문가에서부터 일반 사용자까지 가장 많은 사람들이 사용하고 있는 이미지 편집 도구이다.

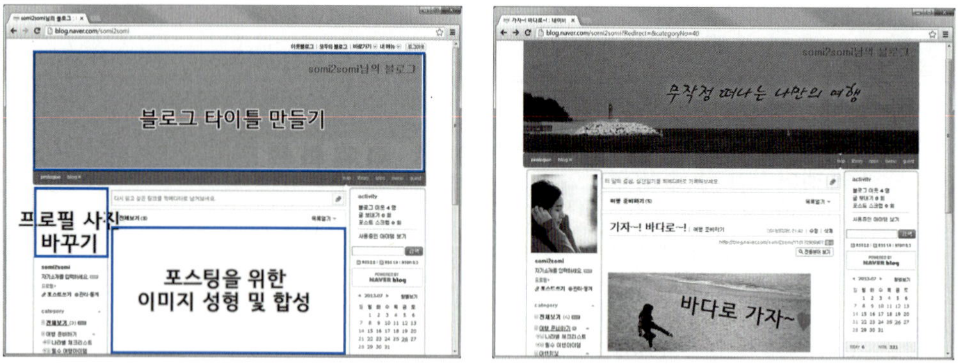

[그림 5-9] 블로그에서의 이미지 활용 계획과 적용 예

5.2.2 블로그 타이틀 만들기

블로그 타이틀은 블로그의 첫인상을 결정짓는 중요한 요소이며 블로그가 가지는 주제나 성격을 가장 빠르게 전달 할 수 있는 요소이니 만큼 중요하다. 포토샵의 기능을 자유롭게 활용할 수 있다면 블로그 스킨과 함께 블로그 타이틀을 자유롭고 창의적으로 만들 수 있지만 기본적인 기술만 익힌다고 하더라도 충분히 나만의 블로그 타이틀을 만들 수 있다.

1) 이미지 생성하기

네이버에서는 3단 스킨의 경우 가로 773픽셀, 세로 50~300픽셀로, 2단 스킨의 경우는 가로 966픽셀, 세로 50~300픽셀로 이미지 크기를 맞추어야 한다. 본 실습 과정에서는 966×250픽셀의 크기를 가진 블로그 타이틀을 제작해본다.

① 포토샵을 실행한 후, 메뉴 [파일]-[새로만들기]를 클릭한 후 폭 966, 높이 250, 해상도를 72로 설정하고 [확인]을 누른다.

1a

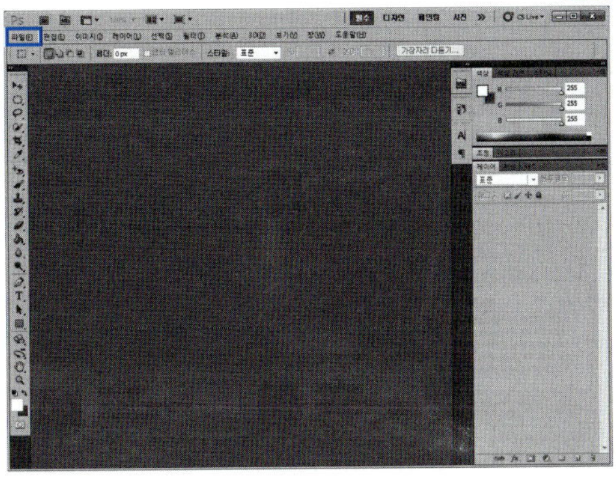

1b

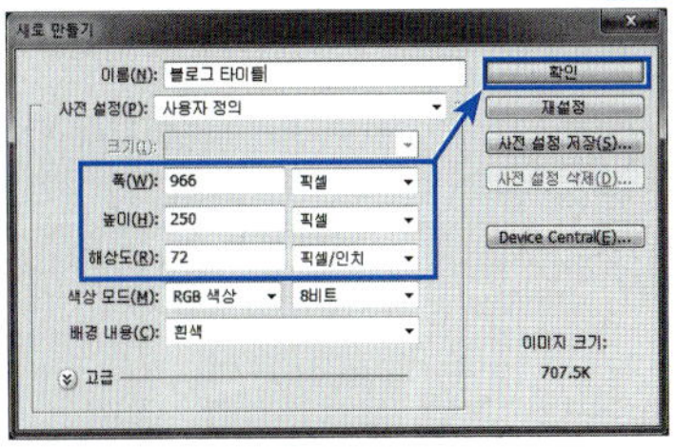

② [파일] – [가져오기]를 통해 블로그 타이틀에 넣을 사진을 불러온다.

2a

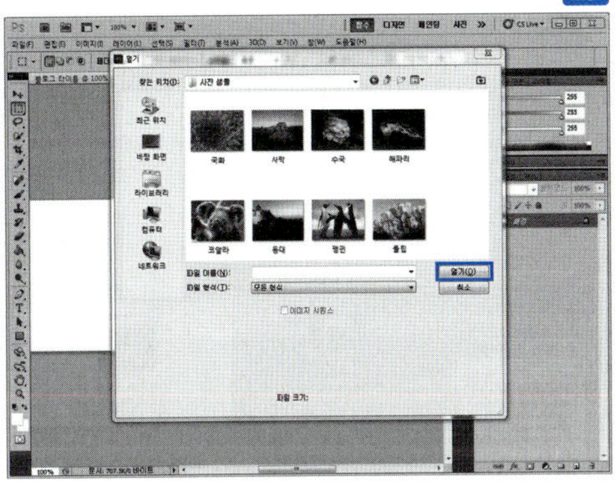

2b

2) 이미지 크기 조정하기

다음은 블로그 타이틀의 크기와 준비한 사진 이미지의 크기가 다를 경우 이미지의 크기를 변경해 보는 실습을 해본다. 포토샵에서 사진 이미지의 크기를 조절할 수 있는 두 가지 방법인 단축키를 이용한 크기 조정과 메뉴를 이용한 크기 조정에 대해 소개한다.

● 단축키를 이용한 크기 조정

① 단축키(Ctrl+A)를 눌러 전체 영역을 선택한 뒤에 이미지 바탕쪽으로 점선이 보이는 것을 확인한다.

1

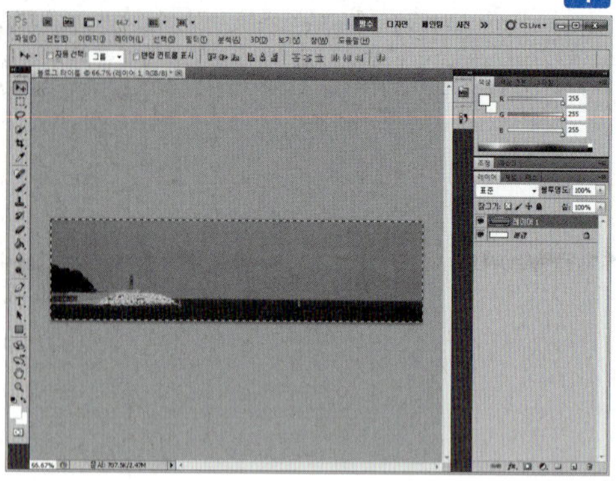

② 다음 단축키(Ctrl+T)를 눌러 자유변형을 선택한다. 사진 테두리의 작은 네모부분을 잡고 크기 및 각도 조정을 한다.

2a

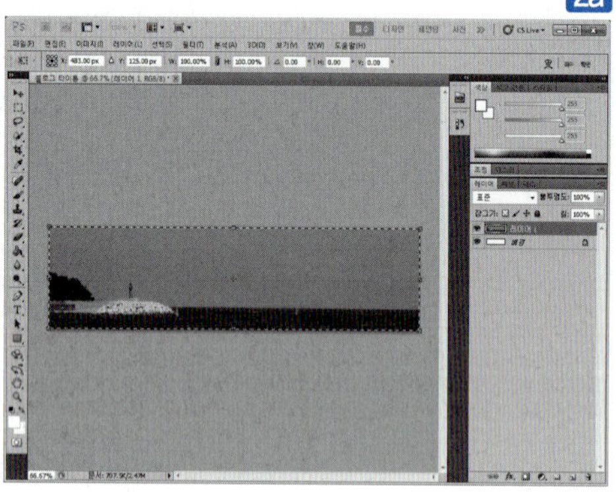

2b

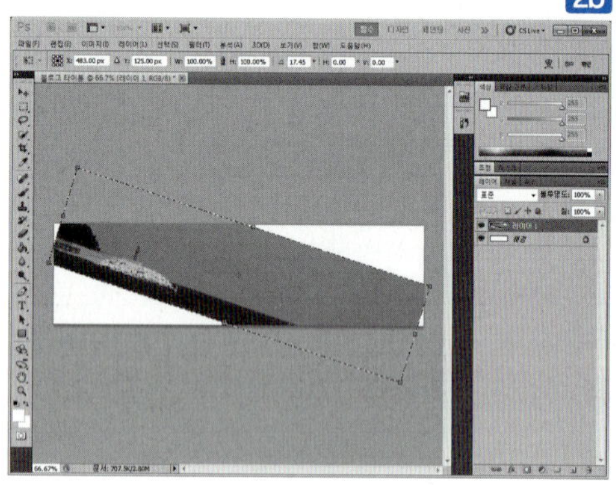

③ 원하는 크기로 배치시킨 이후에 단축키(Ctrl+D)를 눌러 활성화 된 영역을 해제한다.

● **메뉴를 이용한 사이즈 조정**

① 상단 메뉴의 [이미지]-[이미지 크기]를 선택한다.

1

② 이미지 크기 옵션 창의 폭(가로 크기)과 높이(세로 크기)를 입력하면, 가로와 세로의 비율이 동일하게 자동 설정된다.

2a

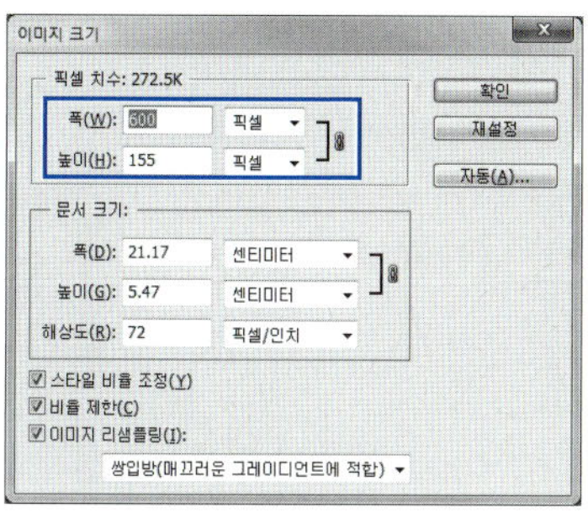

2b

3) 텍스트 삽입하기

필요한 경우 이미지 위에 텍스트를 삽입하도록 이미지를 편집할 수 있다.

① 도구 창에 있는 [T]를 누른 후 원하는 타이틀을 작성한다.

1a

1b

② 글자 종류 및 글자 색상을 변경하고, 상단 메뉴의 [레이어]-[레이어 스타일]-[혼합옵션] 창에서 다양한 효과를 입력한다.

2a

2b

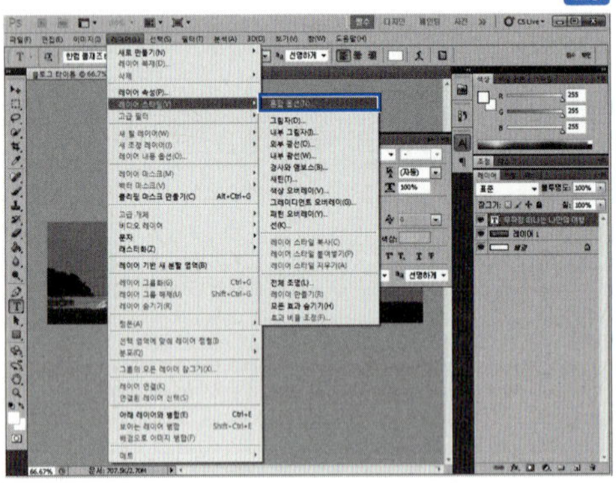

2c

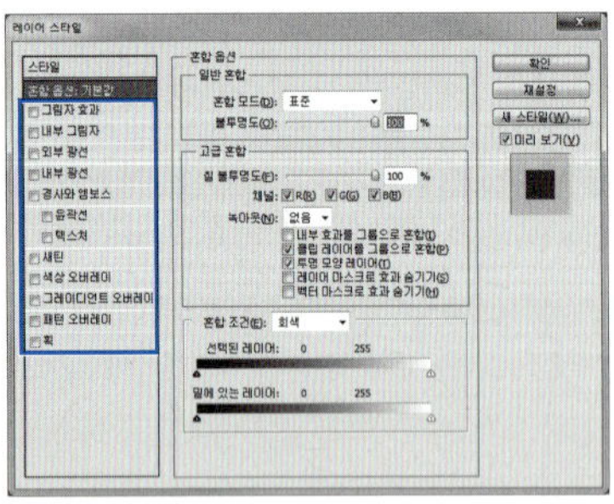

2d

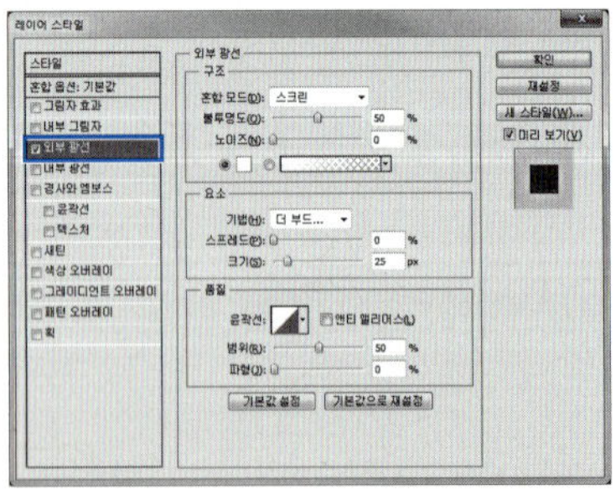

4) 이미지 저장 및 게시하기

블로그 타이틀은 JPG 혹은 GIF 파일만 가능한데, 현재 제작한 블로그 타이틀은 실사 이미지를 배경으로 사용하고 있으므로 JPEG 형식으로 저장한다.

① 이미지의 제작이 완료되면 [파일]–[저장] 메뉴를 통해 JPEG으로 저장한다.

② 품질은 원하는 대로 설정 가능 하며, 보통 5(중)정도로 하여 저장한다.

1a

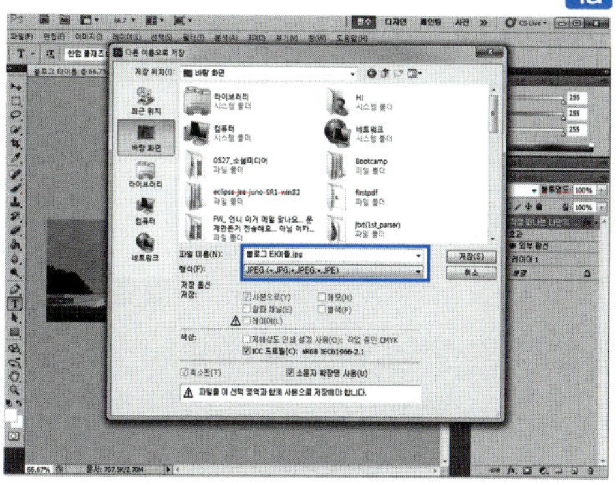

1b

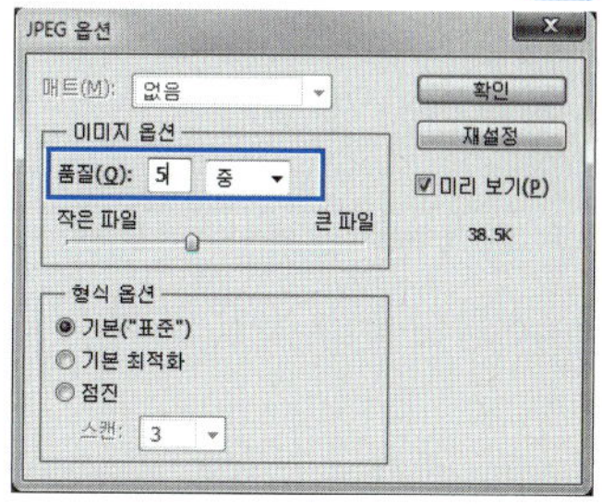

② [내 블로그]–[관리]–[타이틀 꾸미기]에서 높이를 제작한 대로 250픽셀로 설정하고, [직접등록 탭에서 찾기]–[이미지 첨부창의 찾아보기]를 누르고 제작해둔 타이틀 이미지를 불러온 뒤 [확인]을 눌러 최종으로 블로그 타이틀이 등록된 것을 확인한다.

2a

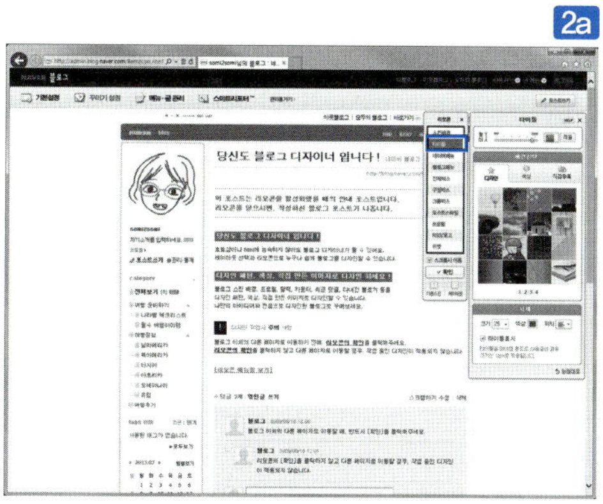

2b

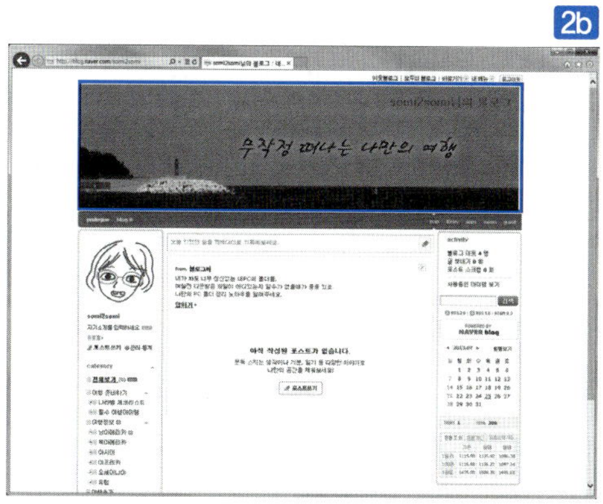

5.2.3 블로그 포스팅에 유용한 이미지 편집하기

블로그에는 인물사진을 사용하게 될 경우가 많은데 이 때 카메라 플래시로 인해 간혹 눈이 붉은 색으로 보이는 적목현상이 발생되는 경우가 있다. 포토샵에서는 이러한 적목현상을 간단히 해결해 주거나 인물 사진을 보다 돋보이게 수정해 주는 기능이 있어 사용자들에게 인기가 높다. 간단한 수정을 통해 블로그에 사용할 이미지의 품질을 높이도록 해보자.

1) 적목현상 없애기

① [파일]-[열기]를 통해 적목현상이 발생한 사진을 불러온다.

② 작업 도구 모음에서 [적목현상 도구]를 선택한다.

1

2

③ [적목현상 도구]의 옵션 창에서 눈동자 크기와 어둡게 할 비율을 지정한다.

④ 수치를 지정한 뒤 눈동자를 클릭하여 적목현상을 조정한다.

3

4

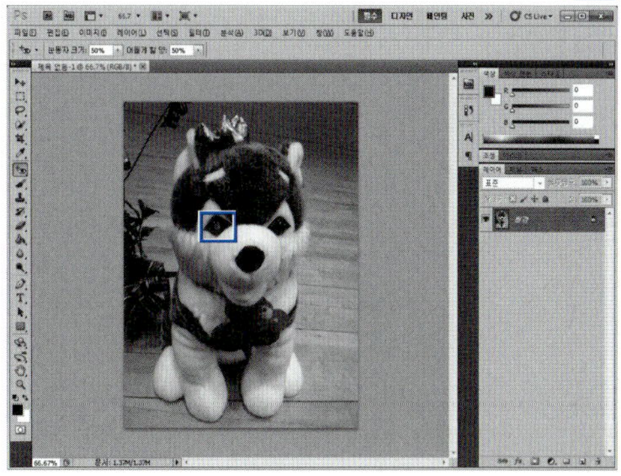

2) 이미지 성형하기

① [파일]–[열기]를 통해 이미지 성형을 실습하기 위한 사진을 불러온다.

② 인물의 피부 보정을 위해 [복구 브러시 도구]를 선택한다.

1

2

③ 깨끗한 이마 쪽에 마우스 커서를 두고 Alt를 누른 후 마우스를 클릭한다. 클릭된 깨끗한 피부의 부분이 복사가 된 셈이다. 이제 여드름 자국이나 기미 부분에 복사된 피부를 붙여넣기 위해 해당 부분에 커서를 두고 마우스를 클릭해 나간다.

④ 깨끗하지 못한 부분을 마무리하기 위해 흐림 효과 도구를 이용하여 피부 보정 작업을 완료한다.

3

4

⑤ 눈썹, 코 모양 등을 바꾸기 위해 상단 메뉴의 [필터]–[픽셀 유동화]를 누른다.

⑥ 픽셀 유동화 옵션창의 도구를 이용하여 클릭 및 드래그 하여 이미지를 조정한다.

5

6

⑦ 블로그 프로필에 작업한 이미지를 업로드 해본다. 블로그에서 [프로필] 메뉴에 들어가 작업한 이미지를 업로드한다.

7a

7b

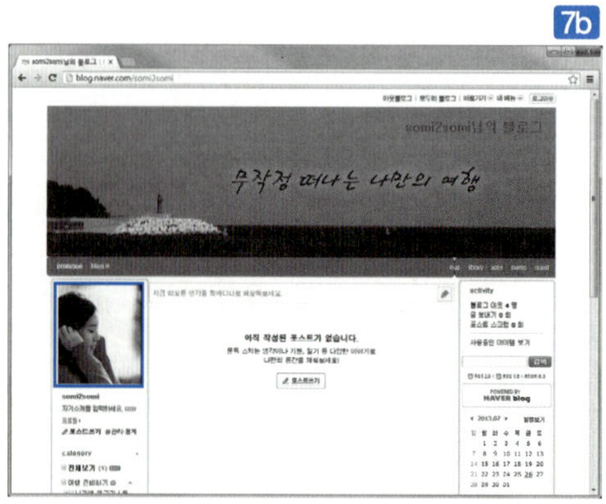

5.2.4 이미지 합성하기

포토샵의 진정한 매력은 바로 합성 기술이라고 할 수 있다. 요즘 인기 있는 광고 포스터 패러디 혹은 코믹하고 엽기적인 사진 등은 모두 포토샵을 이용한 기발한 합성의 결과물이라고 할 수 있다. 이미지에 또 다른 이미지를 덧붙여 전혀 다른 분위기의 새 이미지를 만들어 낼 수 있는 것이다. 원하는 장소의 배경과 나 자신의 사진을 합성하여 내가 마치 그 곳에 있는 것처럼 실감나게 표현할 수도 있으며, 배경이 마음에 들지 않거나, 인물이 마음에 들지 않을 때 이미지 합성 기술이 필요하다.

① 합성할 이미지 2개를 [파일]-[열기]로 불러온다.

② [이동 도구]를 이용하여 이미지를 위로 가져다 옮긴 뒤, 이미지 크기를 조절한다.

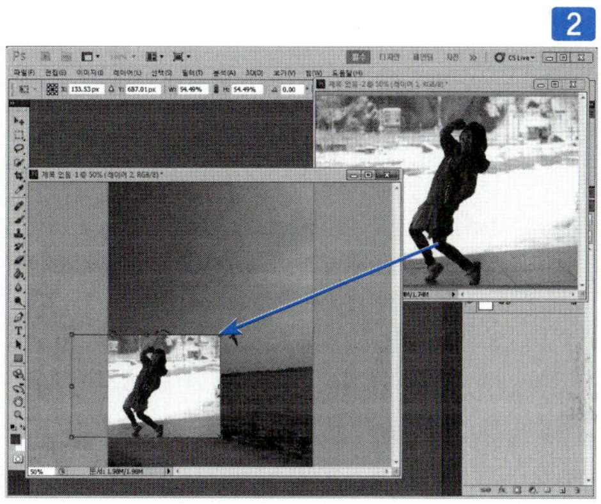

③ 포토샵의 레이어 팔레트에서 위에 표시된 불투명도(opacity) 값을 선택된 개체에서 원하는 투명도 수치만큼 낮춘다.

④ 레이어 팔레트에서 블랜딩 모드를 곱하기(multiply)로 선택하고 합성된 결과를 확인한다.

4a

4b

⑤ 작업한 이미지를 블로그에 업로드 한다. 원하는 위치에 사진을 첨부하여 원하는 크기로 편집한다.

– 블로그에서 [포스트쓰기]를 클릭하여 글쓰기를 진행한다.

5

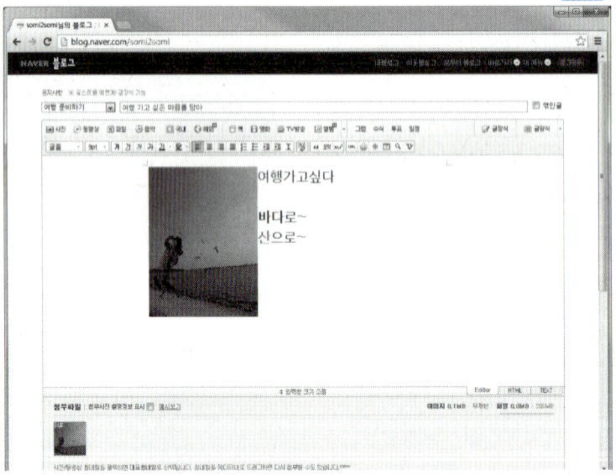

5.2.5 애니메이션 효과주기

포토샵에서는 여러 장의 이미지를 연속적으로 노출함으로써 움직임을 표현할 수 있는 GIF 애니메이션 파일을 간단히 제작할 수 있다. 정적인 이미지에 간단한 동적 요소를 추가함으로써 흥미를 유발하거나 작은 사이즈의 배너에 다양한 내용을 내포할 수 있어 익혀두면 유용하게 활용할 수 있다.

① 텍스트에 애니메이션 효과를 입력하기 위해 배경이미지와 텍스트를 불러와 레이어로 구분하여 준비한다.

– 상단 메뉴의 [창]–[애니메이션]을 선택한다.

1a

1b

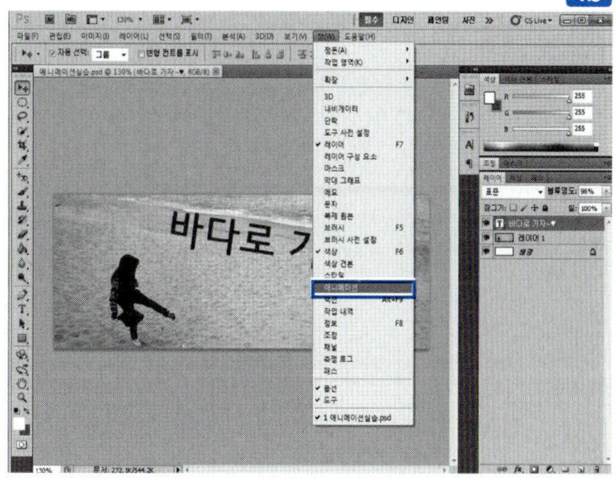

② 현재 프레임의 작업창에는 가장 상위 레이어에 배치된 이미지가 보인다. [프레임 추가] 버튼을 누른 뒤, 상위 레이어의 위치를 조정한다.

2a

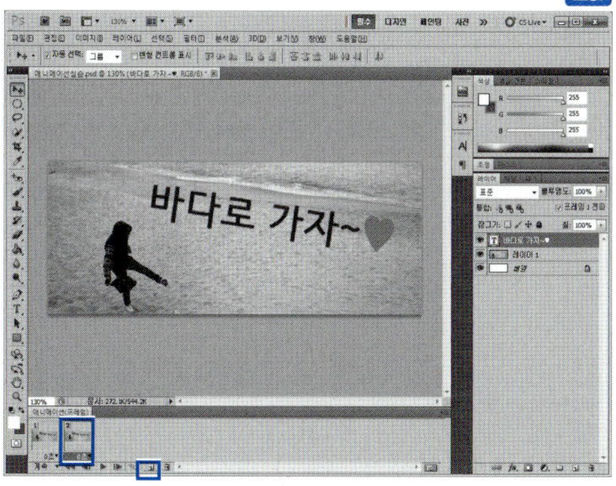

2b

③ 시간 설정과 반복 설정을 위해, '0.5초에 계속 반복'으로 설정한다.

④ 작업이 완료되면 개체 움직임 표현을 반드시 GIF로 저장한다.

– 웹에 사용될 이미지는 용량이 작은 '웹 및 장치용으로 저장'하는 것이 좋다.

3

4

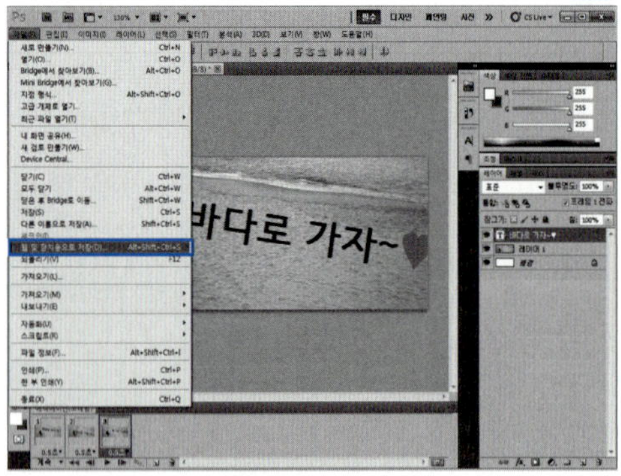

⑤ GIF로 되어있는지 확인 후에 저장버튼을 누른다. 색상 수는 보통 256컬러로 입력한다.

⑥ 개체가 움직이는 결과를 확인한다.

5

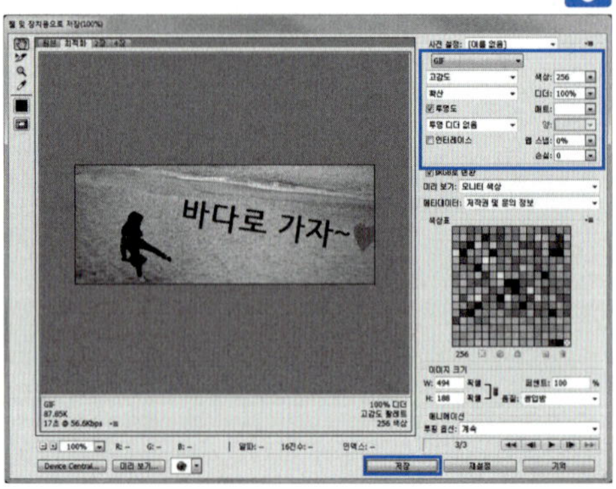

6a

6b

⑦ 작업한 이미지를 블로그에 올려본다.

7a

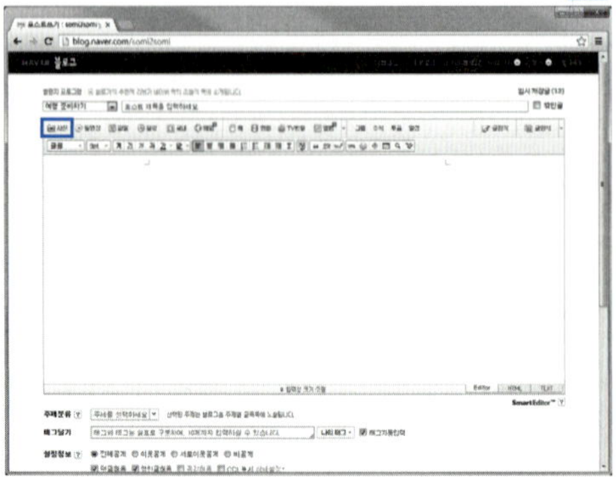

7b

5.2.5 블로그 편집결과 확인하기

포토샵으로 작업한 이미지를 이용하여 블로그를 꾸며보았다. 직접 만든 이미지를 헤더(header), 푸터(footer), 프로필사진, 사이드바(side bar) 등에 올릴 수 있으며 포스트 영역에는 글과 사진을 혼합하여 맞춤형 글을 작성할 수 있다. 스스로 만든 이미지로 더욱 멋진 나만의 블로그를 꾸며보자

[그림 5-10] 블로그에 이미지 적용결과

연습문제

■ **다음 괄호 안에 올바른 단어를 기입하시오.**

1. 이미지는 직관적으로 주제나 느낌을 전달하는데 효과적이며, 때로는 서술형태의 내용 전달을 보완하거나 대체하는데 매우 효과적인 매체이다. 디지털 매체에서 이미지는 사실상 이미지와 (　　　)으로 구분된다.

2. 디지털 이미지를 계속 확대하다 보면 하나의 색으로 이루어진 작은 사각형을 볼 수 있는데 이것이 바로 (　　　)이며, 이미지를 구성하고 있는 최소 단위의 점을 의미한다.

3. 각종 디지털 기기에서 프린터나 카메라 혹은 이미지를 언급할 때 쓰이는 (　　　)란 이미지의 정교함이라 할 수 있으며, 단위 길이 당 표시할 수 있는 픽셀의 수를 말한다.

4. 빛이 전혀 없으면 검정이 되고 여러 색이 합쳐지면 흰색이 되는 (　　　)은 빛의 색을 직접 보는 경우로 대부분의 디지털 기기의 모니터에서 사용하고 있는 색 체계 방식이다.

5. 다양한 사이즈를 필요로 하는 캐릭터나 로고 디자인 등에는 크기에 따라 다시 그려 계단현상이 없는 (　　　)그래픽이 (　　　)그래픽보다 유용하다.

6. 블로그의 가장 중요한 요소는 '공감 가는 글쓰기'로, 많은 양의 텍스트만을 나열하기 보다는 텍스트와 (　　　)를 함께 혼용하여 작성한다면 더 개성 있는 블로그를 제작할 수 있다.

7. 포토샵으로 카메라 플래시로 인해 간혹 사진의 인물 눈이 빨간색을 띄게 되는 (　　　)해결과 이미지 성형, 이미지 합성 등을 할 수 있다.

■ **다음 질문에 대하여 간단히 서술하시오.**

1. 그래픽은 래스터 그래픽과 벡터 그래픽으로 구분된다. 래스터 그래픽과 벡터 그래픽의 차이점을 설명하라.

2. 디지털 매체에서 이미지는 이미지와 그래픽으로 구분된다. 이미지와 그래픽의 차이점에 대해 설명하라.

3. 인터넷 환경에서 주로 쓰이는 이미지 압축 포맷인 JPEG와 GIF에 대해 설명하라.

SOCIAL MEDIA

06 CHAPTER

RSS와 팟캐스트

CHAPTER

SOCIAL MEDIA

06 RSS와 팟캐스트

인터넷과 각종 디지털 디바이스의 발달은 인터넷을 정보의 보고를 넘어 정보의 홍수로 이르게 하였다. 따라서 "얼마나 많은 정보를 얻는가?" 보다는 "얼마나 빠르게 원하는 정보만을 얻는가?"가 더 중요하게 되었다. 또한 콘텐츠 공급자와 수요자의 사이를 직접적으로 연결해 주는 콘텐츠 신디케이션(syndication)기술이 발전하면서 사용자가 원하는 콘텐츠만을 빠르게 구독할 수 있는 RSS(Really Simple Syndication) 기술이 많은 각광을 받고 있다. 그리고 이러한 RSS를 기반으로 한 팟캐스트(podcast) 서비스는 기존 매체들에게 새로운 유통경로를 제공하여 다양한 UCC(User Created Contents) 서비스의 활성화에 기여하고 있다.

이 장에서는 콘텐츠 신디케이션 기술로 대표적인 RSS의 개념과 팟캐스트 서비스에 대해 알아본다.

6.1 RSS의 개념과 활용

이 절에서는 콘텐츠 유통 채널의 혁명을 가져온 RSS의 개념을 이해하고, 이를 활용하기 위한 구성요소에 대해 알아본다.

6.1.1 RSS란?

RSS는 'Really Simple Syndication' 또는 'Rich Site Summary'의 약자로 웹 콘텐츠의 배급 및 유통을 위해 XML로 표현되는 웹피드(web feed) 포맷의 하나라고 할 수 있다. RSS는 전체 내용의 텍스트가 아니라, 이메일 목록처럼 헤드라인만 볼 수 있도록 하고, 원할 경우 클릭을 통해 해당 페이지로 들어갈 수 있는 서비스이다. 온라인에서 콘텐츠를 표현해주는 HTML의 장점과 직접 찾아가지 않아도 전송해주는 이메일의 장점을 하나로 묶은 기술이다. RSS 기능을 이용하여 언론사 홈페이지나 블로그의 업데이트 정보를 매번 직접 방문하지 않아도 한꺼번에 모아서 쉽게 구독할 수 있다.

RSS의 사이트 운영자 입장에서는 매번 업데이트 소식을 별도의 콘텐츠로 구성하여 이메일 등으로 발송하지 않아도 사용자들에게 빠르게 정보를 전달할 수 있으며, 사용자 입장에서는 각 사이트들을 매번 방문하지 않아도 한 번에 요약하여 확인할 수 있다. 그러나 사용자들로 하여금 사이트의 메인 페이지를 거치지 않고 바로 콘텐츠에 접근할 수 있게 하는 이러한 형태는 결과적으로 사이트의 광고수익을 감소시킨다는 부정적인 시각도 있다.

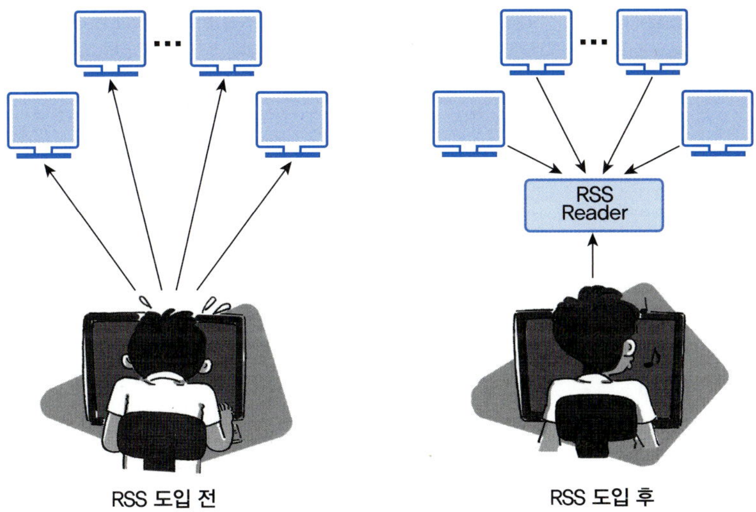

[그림 6-1] RSS 도입의 전과 후

6.1.2 RSS의 장점

RSS는 콘텐츠 공급자와 사용자를 직접적으로 연결해 주는 콘텐츠 신디케이션의 대표적인 포맷으로 보다 빠르게 확산이 가능한 콘텐츠 유통경로를 제공할 수 있다. 수많은 사이트들에서 제공되는 각종 정보 및 콘텐츠들의 업데이트 정보를 신속하게 구독할 수 있으며, 요약된 정보만을 확인함으로써 필요한 정보에 대해 선택적으로 구독할 수 있다는 장점을 제공한다.

RSS 리더기에서 확인되는 콘텐츠의 업데이트 정보들은 일정한 시간 간격으로 기록되기 때문에 해당 사이트의 콘텐츠 내용의 업데이트 히스토리도 한 번에 확인이 가능하다. 또한 구조화된 XML 데이터로 손쉬운 변환 및 처리가 가능하다는 점에서 콘텐츠의 재사용성을 높일 수 있다. RSS는 그 자체로 자동화된 콘텐츠 연동이 용이하며, 커뮤니케이션 방식에 있어서도 1:1에서 1:N으로의 발전을 기대할 수 있다.

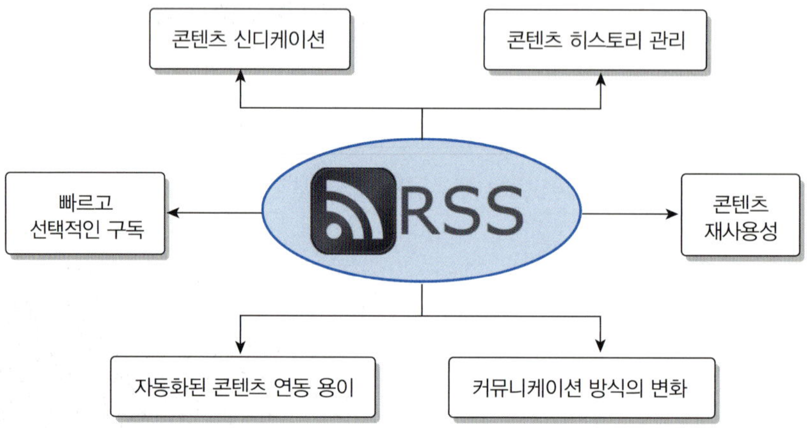

[그림 6-2] RSS 기술 도입의 장점

6.1.3 RSS의 구성

RSS 서비스는 간단히 정보를 얻고자 하는 사이트에서 제공하는 RSS 주소를 RSS 리더기에 등록함으로써 이용할 수 있다. 이를 위해 먼저 RSS 서비스를 구성하는 RSS 피드, RSS 리더기에 대해 알아본다.

● RSS 피드(Feed)

RSS 피드는 RSS 기술을 이용한 웹피드로, 콘텐츠를 사용자에게 전달하기 위한 데이터 포맷이다. 블로그나 뉴스 웹사이트의 콘텐츠 목록 및 개요를 포함하는 문서를 말하며, 이 RSS 피드 주소를 RSS 리더기에 등록함으로써 최신 정보를 구독할 수 있게 된다.

●RSS 리더기(Reader)

RSS 피드 주소를 등록하여 해당 사이트의 변경, 갱신 등을 확인하는 일종의 뷰어이다. 여러 사이트의 RSS 피드를 한 번에 등록해 사용자가 매번 각각의 사이트들을 방문하지 않고 리더기에서 한 번에 확인할 수 있으며, 그 형태에 따라 설치형, 웹기반형으로 나눌 수 있다. 프로그램을 설치해서 사용하는 설치형의 대표적인 형태가 아이튠즈(iTunes)이며, 간단히 웹사이트에 로그인하여 사용하는 웹기반형은 한RSS가 많이 사용되고 있다.

[그림 6-3] 아이튠즈와 한RSS 로고

6.2 팟캐스트의 개념과 활용

앞 절에서 살펴 본 RSS 기술은 최근 팟캐스트(podcast) 서비스와 함께 활발히 활용되고 있다. 이 절에서는 RSS 기술을 이용한 팟캐스트의 개념을 살펴보고, RSS 리더기를 통해 팟캐스트 서비스를 활용하는 방법에 대해 실습해 본다.

6.2.1 팟캐스트란?

팟캐스트란 흔히 팟캐스팅(podcasting)이라고도 불리며, 초기에는 아이팟(iPod)과 방송(broadcasting)의 약자인 'Pod+Casting'에서 유래되었다. 그러나 이후 너무 애플사의 iPod이 강조되었다는 견해에 따라 'Personal On Demand broadCasting'의 약자로 보는 것이 더 적합하다고 주장되기도 하지만, 대부분 'iPod+Casting'의 약자로 인식되고 있다. 팟캐스팅이라는 용어는 저널리스트인 벤 하머스리(Ben Hammersley)가 고안하였지만, 2004년 MTV 비디오자키였던 아담 커리(Adam Curry)에 의해 본격적으로 사용되기 시작하였다. 이 밖에도 blogcasting, audioblogging, audio magazine, webcasting 등 다양한 명칭이 제시되었으나 여전히 팟캐스팅이라는 용어를 가장 많이 사용하고 있다. 이 외에도 비디오 피드가 가능해지면서, 비디오 팟캐스팅, vidcasting, vlogging, vodcasting, videocasting 등 다양한 명칭들이 제안되고 있다.

팟캐스트는 방송국이나 개인 콘텐츠 공급자가 오디오 또는 비디오 파일 형태로 콘텐츠를 제작하여 웹사이트에 포스팅하고, 이를 구독자들이 RSS를 통해 관심 있는 프로그램을 아무 때나 들을 수 있도록 하는 맞춤형 개인 미디어라고 할 수 있다. 뉴스, 스포츠 중계, 음악, 토크쇼, 토론회 등 다양한 주제의 콘텐츠가 팟캐스팅 되고 있다.

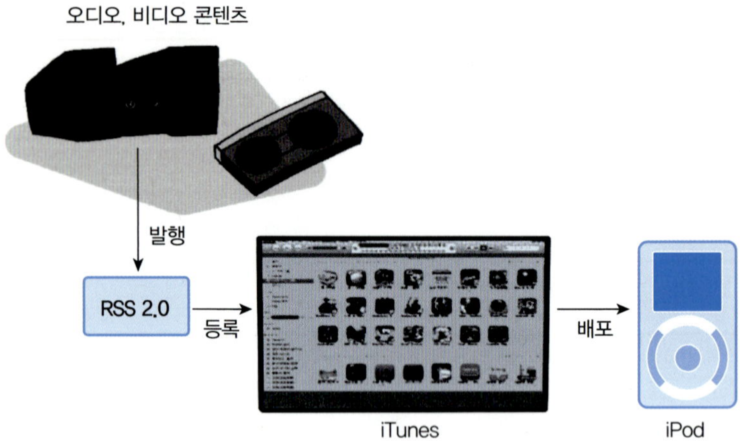

[그림 6-4] 팟캐스트 서비스의 개요

6.2.2 팟캐스트의 구조 및 특성

팟캐스트 서비스가 공급되는 구조를 이해하기 위해서 팟캐스트 서비스를 구성하는 관련용어들을 살펴보자.

1) 팟캐스트 관련용어

- 팟캐스터(Podcaster)

  팟캐스트의 콘텐츠 저자 또는 팟캐스트 서비스를 진행하는 호스트를 말한다.
- 에피소드(Episode)

팟캐스트 서비스에 제공되기 위해 제작된 파일을 말하며, 초기에는 주로 오디오 파일의 형태였지만 최근엔 비디오 파일로도 많이 제작되고 있다.

- 팟캐처(Podcatcher) 또는 애그리게이터(Aggregator)
  에피소드의 정보를 담고 있는 웹피드(web feed)를 불러들여서 처리하는 소프트웨어로서 RSS 리더기라고 할 수 있다.
- 팟쇼(Podshow) 또는 채널(Channel)
  지속적으로 생산되어 제공되는 일련의 팟캐스트 콘텐츠를 말한다.

2) 팟캐스트의 작동원리

청취자가 원하는 팟쇼를 선택하여 구독을 하게 되면 RSS 리더기인 팟캐처를 통해 인터넷에서 주기적으로 업데이트된 최신 에피소드들을 다운받아 개인 단말기를 통해 청취하게 된다. 이때 에피소드들은 MP3와 같은 미디어 파일들이며, 청취자들은 팟캐처에 다양한 채널들을 등록해 놓고 정기적으로 업데이트되는 에피소드들을 한 곳에 다운받아 쉽게 이용할 수 있다.

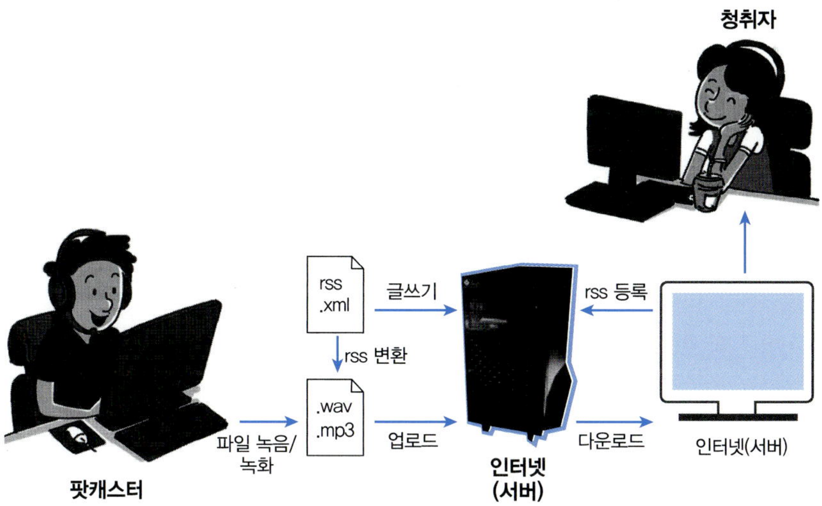

[그림 6-5] 팟캐스트의 작동원리

팟캐스터는 콘텐츠를 생산하고, 생산된 콘텐츠의 녹음과 편집을 담당하며, 디지털 파일로 변환하고, 변환된 콘텐츠를 RSS 표준 포맷 형태로 서버에 업로드하는 일까지 담당하게 된다. 이렇듯 팟캐스팅의 콘텐츠는 기존의 방송 프로그램과 달리 손쉽게 누구나 제작이 가능하며, 이러한 점은 여러 팟캐스터들이 다양한 형태나 주제의 콘텐츠들을 생산할 수 있도록 도와준다.

3) 팟캐스트의 특성

• 스트리밍 대신 다운로드

팟캐스팅은 풀(pull)방식의 미디어로 사용자가 원할 때 스스로 다운로드 받아 사용한다. 사이트를 일일이 찾아가지 않고도 자동으로 업데이트 된 에피소드들을 팟캐처에서 다운받아 구독하는 방식이다.

• 휴대용 디지털 기기 이용

팟캐스팅 용어의 유래에서처럼 팟캐스트는 아이팟에 미디어 파일을 다운받아 사용하는 서비스였다. 즉, 인터넷도 라디오도 안 되는 초기의 휴대용 기기에서 간편하게 다양한 콘텐츠를 즐기는 방식이었다. 이처럼 시간이전성(time-shifting)과 휴대성(portability)이 결합된 형태는 팟캐스팅의 가장 큰 특징이라 할 수 있다.

• 시간과 공간의 제약이 없음

RSS와 결합된 팟캐스트 서비스를 통해 언제 어디서나 소비자가 원하는 디지털 콘텐츠를 시간과 공간의 제약 없이 정기 구독이 가능하다.

• 저비용으로 제작 가능

특수 방송장비나 복잡한 방송제작 시스템이 없어도 누구나 방송 프로그램을 제작하여 배포하는 것이 가능하여 다양한 유형의 콘텐츠가 생산될 수 있다.

6.2.3 팟캐스트의 활용분야

팟캐스터는 누구나 스스로 콘텐츠를 제작해 배포할 수 있다는 점에서 개인 블로그에서부터 기존의 방송관련 업체까지 다양한 팟캐스터들이 존재한다. 다음은 팟캐스트가 활용되고 있는 분야들이다.

● 블로그

일찍이 시작된 자유로운 블로그 문화와 더불어 블로그에 포스팅되는 내용에 부가적인 정보로 팟캐스팅이 활용되고 있다. 오디오나 동영상의 형태를 필요로 하는 포스트의 내용에 유용하게 활용되며 다양한 블로그의 주제만큼이나 다양한 내용으로 제작되어 활용될 수 있다.

● **방송**

가장 빠르게 팟캐스팅이 적용되고 있는 분야이며, 게스트나 토픽이 있는 라디오와 토크쇼 등에 대해 팟캐스팅 서비스가 제공되고 있다.

● **신문**

기사 자체보다는 논평이나 추가적인 내용에 대해 팟캐스트 서비스를 제공하고 있으며, 뉴욕타임즈의 경우 실시간 기사를 음성파일로 무료 제공하고 있다.

● **학교**

강의 및 공지에 대해 팟캐스팅 서비스를 제공함으로써 시공간의 제약이 없이 학습효과 및 정보 전달력을 높이고자 하는 목적으로 활용하고 있다.

● **기업**

기업의 경영실적, 투자정보 및 생활정보 제공을 통하여 기업의 홍보 및 마케팅에 활용하고 있다.

6.2.4 팟캐스트의 전망

아이팟을 비롯한 MP3 플레이어 그리고 스마트폰의 보급이 늘어나면서 팟캐스트의 인기도 점점 높아지고 있다. 팟캐스팅의 보급은 아이팟과 아이튠즈의 성장에 따라 확대되었고, 최근 스마트폰의 보급은 이를 더 가속화하고 있다. 우리나라의 경우 2009년 이후 아이폰이 보급되면서 팟캐스트도 활성화되었으며, KBS, MBC, SBS 등 기존 방송사들은 자사 라디오 프로그램을 팟캐스트로 내보내기 시작했다. 2010년 딴지일보에서 시작한 '나는 꼼수다' 열풍 이후 개인 팟캐스트도 점점 활성화되고 있다. 그러나 팟캐스트는 아직까지 음원의 저작권문제 등 해결해야 할 문제점들을 안고 있으며, 팟캐스트를 통한 수익구조의 변화 등이 큰 변수로 작용하고 있다.

1) 팟캐스트의 문제점

팟캐스트는 맞춤형 개인 미디어로 다양한 형식과 주제로 제작이 가능하지만, 실제로 대부분 토크쇼 위주의 프로그램이 많다. 이는 라이선스 문제로 실제 제작에 있어 제약이 있기 때문이며, 특히 음반사들의 비협조적인 정책은 음원 콘텐츠의 부족으로 이어지고 있다. 또한 아직까지 내용 분석을 통해 원하는 정보를 찾아주기에는 어려움이 있어 검색이 용이하지 않다는 점도 팟캐스트 활성화에 걸림돌이 되고 있다. 대충 훑으면서 읽을 수 없는 오디오나 비디오의 특성상 처음부터 끝까지 순차적으로 들어야 해 시간적 소모가 많아 원하는 팟캐스트 콘텐츠가 많더라도 모두 접할 수 없다는 단점도 있다. 따라서 대부분의 많은 이용자들이 샘플 청취만 하고 정기구독을 하지 않는 이용 형태가 문제로 지적되고 있다.

2) 팟캐스트의 수익모델

블로그의 경제적 효과는 블로그 발전에 견인차 역할을 하고 있다. 팟캐스트 역시 그 자체로 경제적 효과를 낼 수 있다면 팟캐스트 발전 형태에 큰 변화를 줄 것이라 예상되지만 아직까지 수익모델을 찾기 어려운 실정이다. 팟캐스트 콘텐츠는 개방형으로 시작하였고 유료화 될 가능성은 희박하다. 즉, 아직까지 인터넷 이용자들은 유료로 팟캐스트 콘텐츠를 구독하려는 의사가 별로 없기 때문이다. 따라서 이러한 유료화 보다는 팟캐스트에 광고를 삽입하는 스폰서 광고가 시도되고 있으며, 이는 콘텐츠에 대한 집중도가 높으므로 효과가 있을 것으로 예상된다. 이외에 광고주들이 직접 팟캐스트로 광고 콘텐츠를 만들어 특정 이용자들에게 배포하는 방식 등도 시도되고 있으나 아직 팟캐스트의 수익모델이라고 하기엔 그 효과나 활용이 크지 않다.

3) 팟캐스트의 진화

팟캐스트는 기존 방송 프로그램으로 충족시킬 수 없는 개인화 서비스로 차별화 될 것으로 보이며, 경제적 수익 모델 역시 팟캐스팅을 통한 맞춤형 광고 제작 등이 주를 이룰 것으로 전망된다. 주류 미디어의 재가공 콘텐츠들이 머리(head)를 형성하고, 소규모 그룹 또는 개인이 제작하는 콘텐츠들이 꼬리(long tail) 부분을 차지하는 웹 2.0의 롱테일 특성을 충실하게 재현하고 있는 등 웹 2.0 콘텐츠 배포 플랫폼으로서의 가능성을 가지고 있어 앞으로의 미디어 시장에서 큰 영향력이 예상되고 있다.

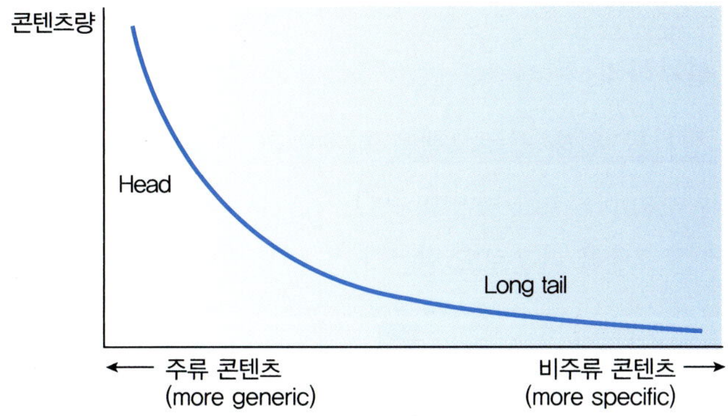

[그림 6-6] 팟캐스트 콘텐츠와 롱테일 법칙

6.3 팟캐스트의 실습 및 사례

이 절에서는 RSS 리더기를 통해 팟캐스트를 구독하고 실제로 발행해 봄으로써 RSS의 작동원리와 팟캐스트 서비스를 이해한다. 그리고 이용 사례들을 살펴봄으로써 팟캐스트의 활용에 도움을 얻고자 한다.

6.3.1 팟캐스트 구독하기

팟캐스트 콘텐츠를 구독하기 위해서는 먼저 자신이 사용할 팟캐처, 즉 RSS 리더기를 선택하고 원하는 팟쇼를 찾아 에피소드를 다운받아야 한다. 이 과정을 실습해 보자.

1) RSS 리더기 선택

RSS 리더기의 선택은 설치형과 웹기반형 중에 결정해야 한다. 설치형의 경우 프로그램을 설치하여야 하지만 설치 후 웹을 통하지 않고 직접 프로그램을 통해 팟캐스트를 즐길 수 있다는 장점이 있으며, 웹기반형의 경우 프로그램 설치 없이 사이트 가입을 통해 간단히 팟캐스트를 이용할 수 있다는 장점이 있다. 이 책에서는 설치형으로 대표적인 '아이튠즈'와 웹기반형으로 대표적인 '한RSS'를 다루어 보겠다.

● 아이튠즈 설치하기

① 아이튠즈 설치를 위해 프로그램을 다운받을 수 있는 공식 사이트에 접속한다(http://www.apple.com/kr/itunes/).

② 아이튠즈 프로그램을 다운로드 받는다.

1

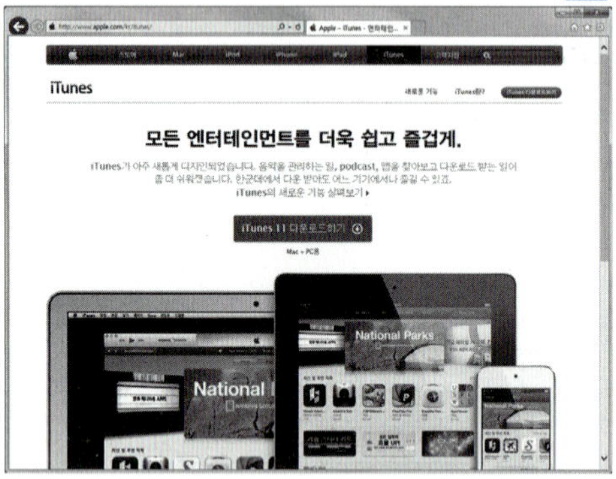

2

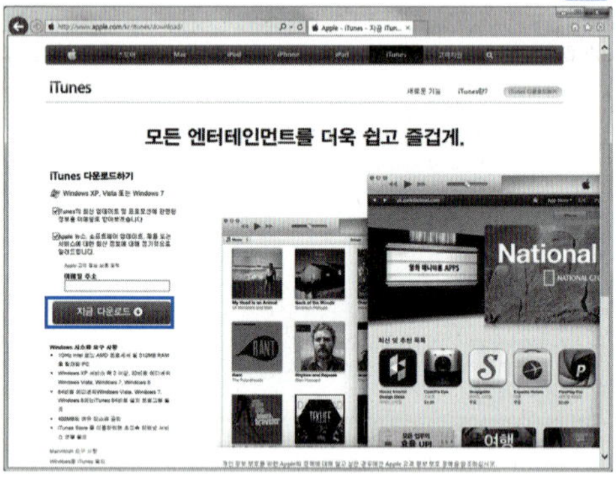

③ 아이튠즈 설치를 실행한다.

3a

3b

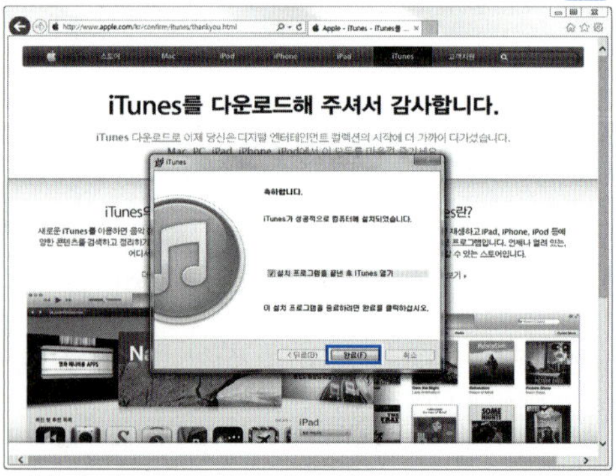

④ 아이튠즈 실행 후 계정 생성을 시작한다.

4a

4b

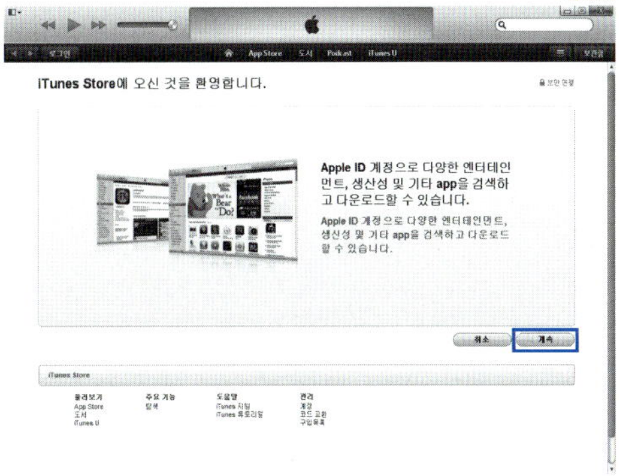

⑤ 약관 동의 후에 계정 정보를 넣어 계정을 생성한다.

- 생년월일을 잘못 기재할 경우 나이 제한에 걸려 계정 생성이 안 될 수 있으니 유의해야 한다.

5a

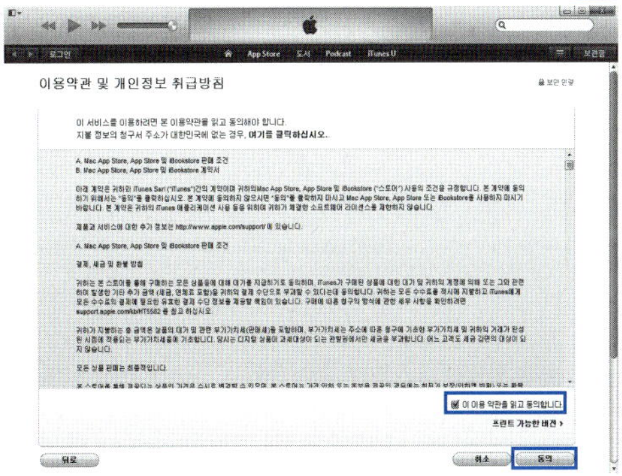

5b

- 신용카드 지불 정보를 반드시 넣어야 다음 단계로 진행이 되며, 이때 사용 가능한 카드인지를 확인하기 위해 1달러가 승인 처리되지만 실제로 청구되지는 않는다.

5c

5d

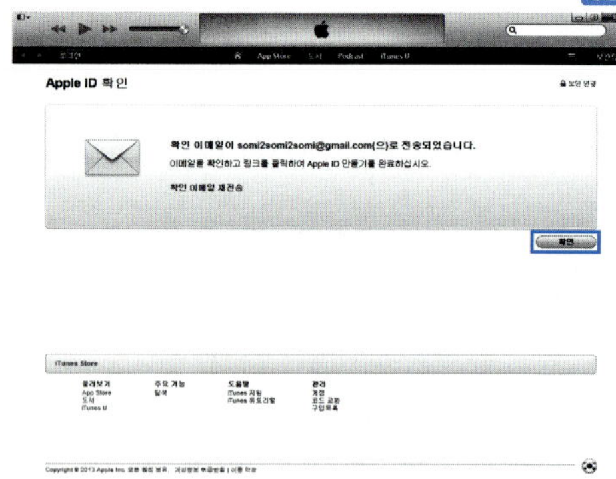

⑥ 이메일로 전송된 링크를 통해 로그인하면 계정 생성이 완료된다.

6a

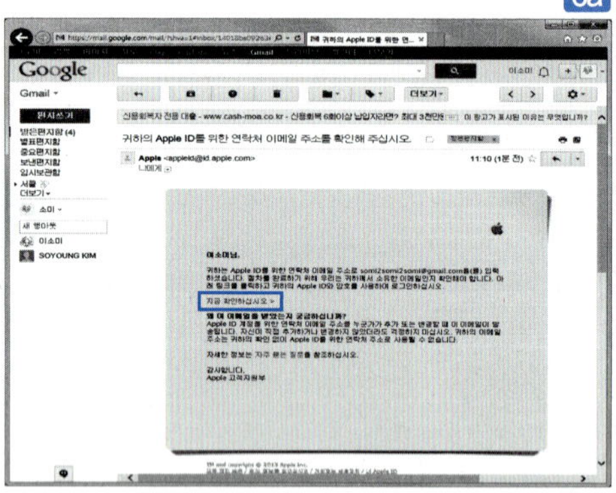

6b

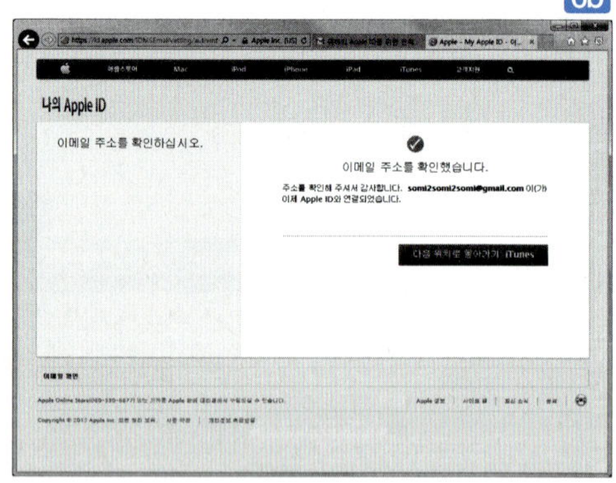

Tip 카드 지불 정보의 입력이 부담스러울 경우

iTunes Store의 무료 어플 구매를 눌러서 나타나는 로그인 창에서 계정 생성을 누르게 되면 지불정보 단계에 [없음]을 선택할 수 있다.

● 한RSS 계정 만들기

① 한RSS(http://www.hanrss.com/) 사이트 회원가입하기

② 생성한 계정으로 로그인 해보기

– 가입 시 아이디는 이메일로 등록이 되며 해당 이메일로의 가입확인 절차를 거쳐 완료된다.

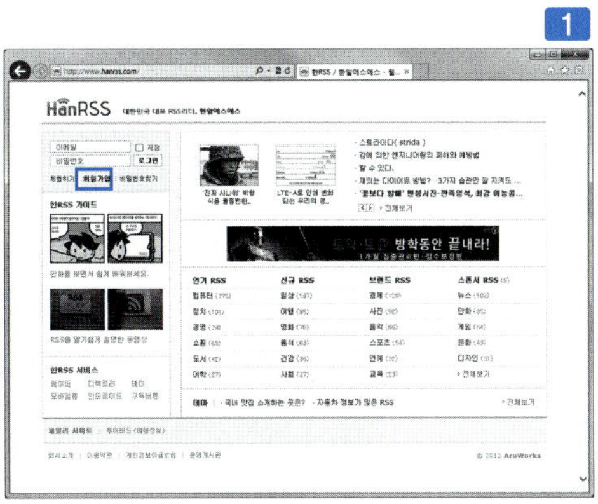

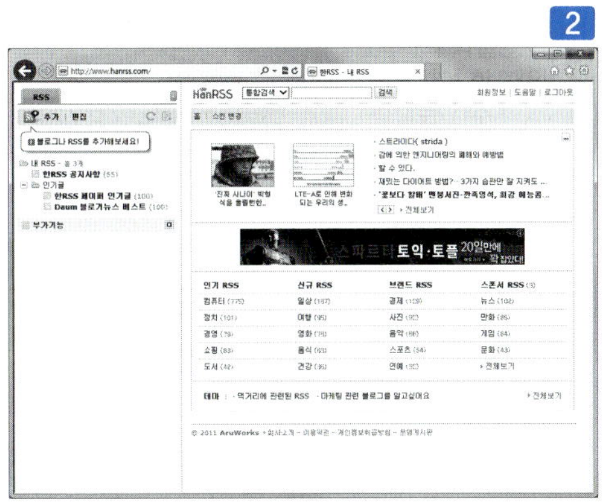

2) 팟캐스트 검색하기

● 아이튠즈에서 팟쇼 검색하기

[iTunes Store] – [Podcast] 페이지에서 각종 분류에 따른 팟쇼를 선택하거나, 고급 메뉴에서 Podcast 구독 메뉴를 통해 직접 URL를 입력해 원하는 팟캐스팅 서비스를 받을 수 있다.

●한RSS에서 팟쇼 검색하기

로그인 화면에서 카테고리로 제공되는 목록을 통해 원하는 팟쇼를 찾아내거나, 상단 중앙의 검색 창을 통해 직접 검색할 수 있다.

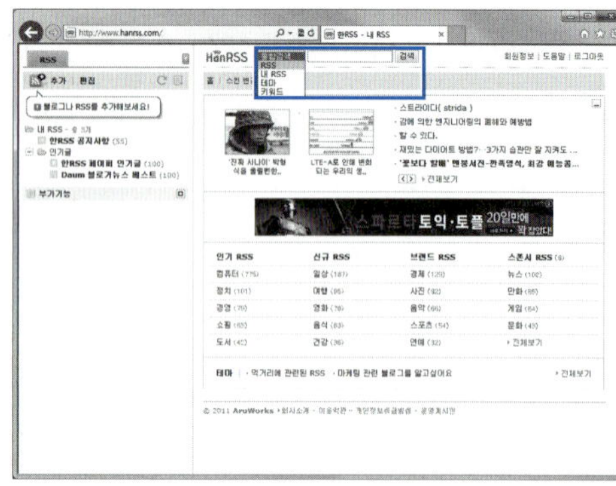

3) 팟캐스트 즐기기

●아이튠즈 사용

① 아이튠즈의 팟캐스트 메뉴에서 원하는 팟쇼를 선택하게 되면 다음과 같이 해당 팟쇼 페이지로 이동하게 된다.

② 에피소드 목록에서 원하는 에피소드를 선택하게 되면 해당 에피소드가 바로 재생된다.

1

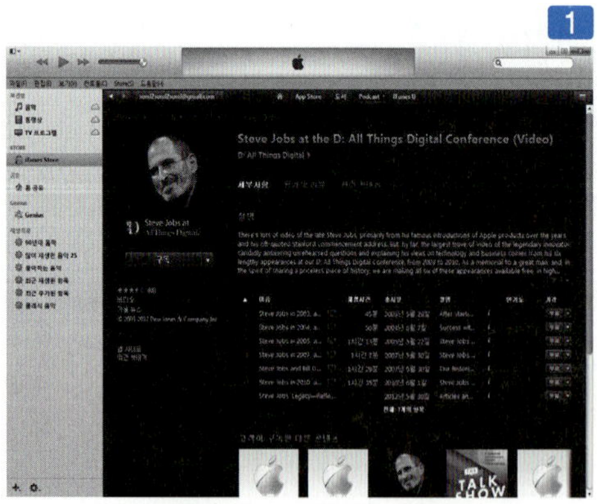

2

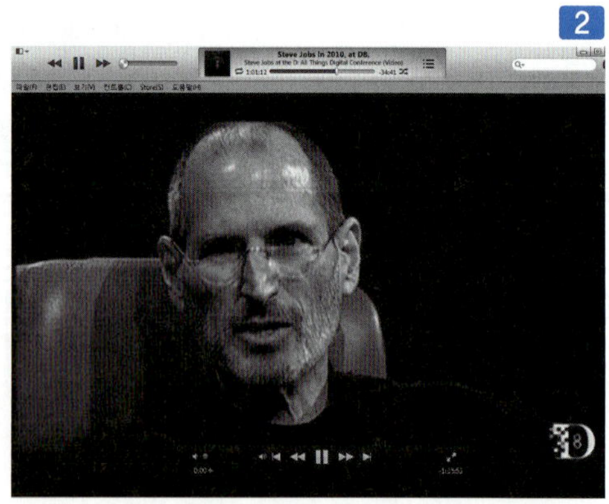

③ 프로필 이미지 아래의 [무료구독] 버튼을 이용해 구독할 경우 전체 에피소드들이

보관함에 다운로드 된다.

④ 다운로드 된 에피소드들은 보관함의 'Podcast' 폴더에서 확인할 수 있으며, 원하는 에피소드들을 선택해 재생시킬 수 있다.

3

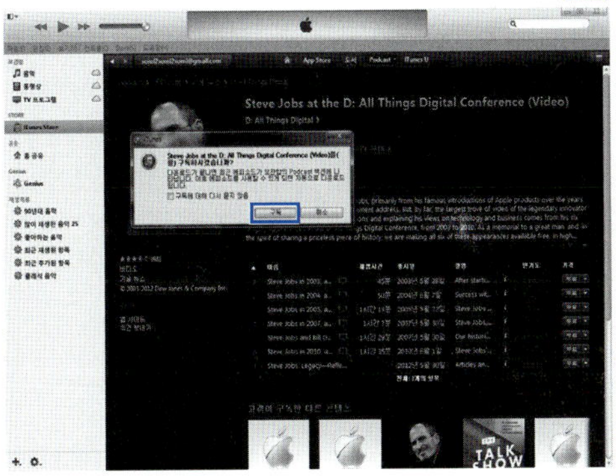

4

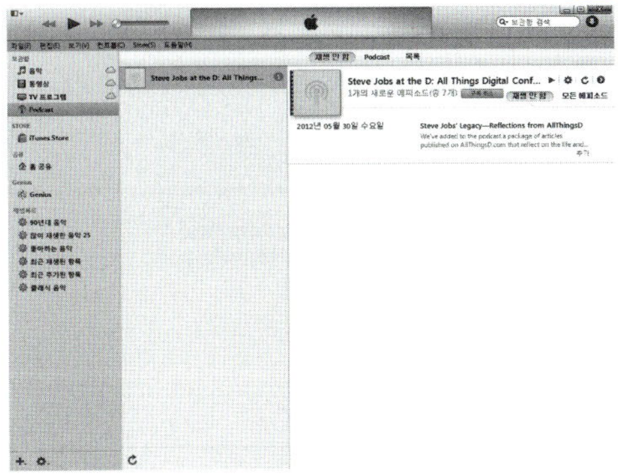

● 한RSS 사용

① 검색을 통해 원하는 팟쇼를 찾는다.

– MBC로 검색하여 MBC에서 제공되는 팟쇼들을 살펴보고, 이중에서 '배한성의 고전열전'을 구독하고자 한다.

② 구독하고자 하는 팟쇼를 선택하면 해당 팟쇼의 에피소드들을 볼 수 있다.

1

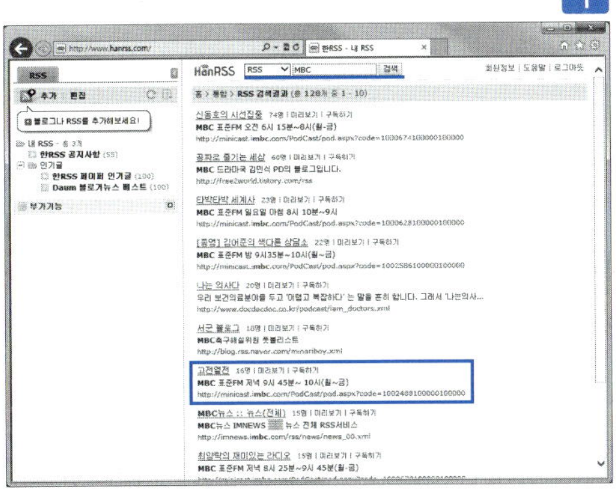

2

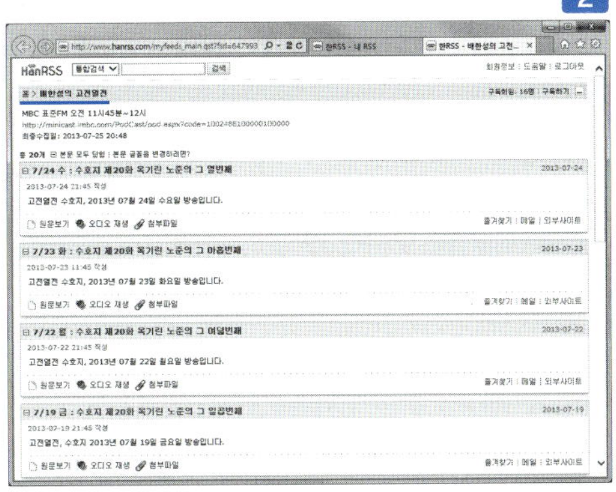

③ 각 에피소드의 [오디오 재생]을 통해 바로 콘텐츠를 재생해 본다.

– [오디오 재생] 이외에 [원문보기]는 해당 팟쇼의 에피소드 정보가 있는 사이트로 연결해주며, [첨부파일]은 해당 에피소드를 다운로드 해주는 서비스를 제공

하고 있다.

④ [구독하기] 메뉴를 통해 해당 팟쇼를 내 RSS 폴더에 목록화 해둔다.

3

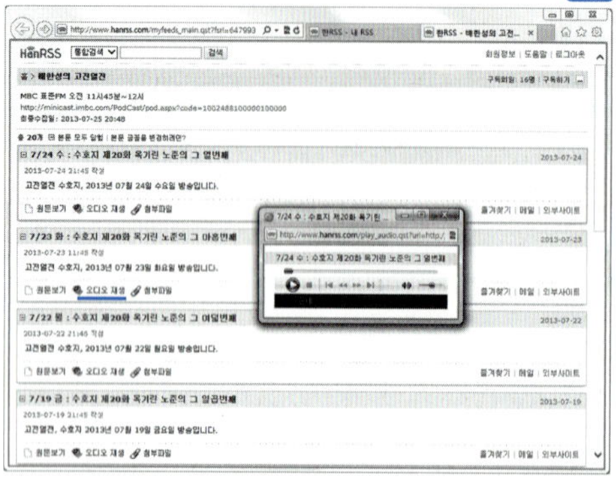

4

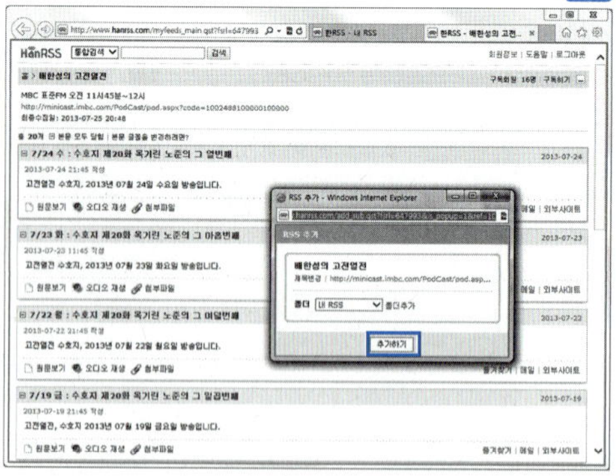

⑤ 추가한 팟쇼의 목록은 다음과 같이 메인 페이지에서 확인이 가능하다.

⑥ 저장해 둔 RSS의 목록을 통해 쉽게 팟쇼에 재방문 할 수 있다.

5

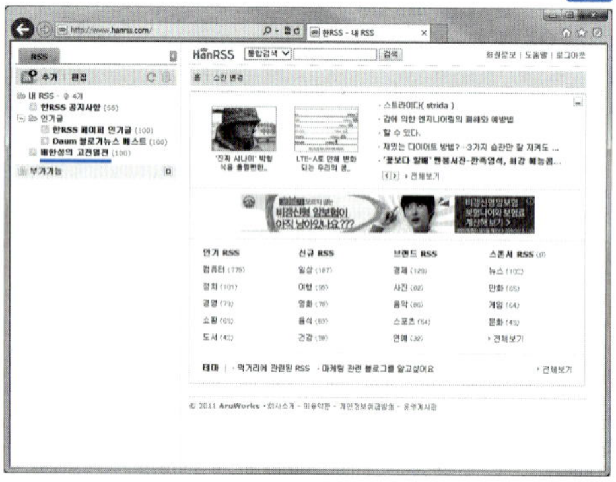

6

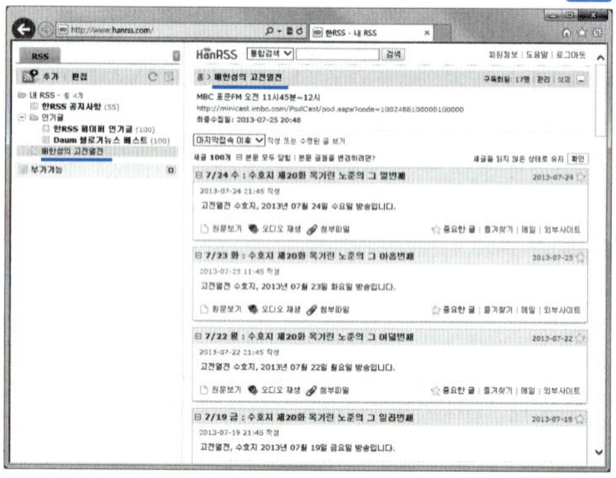

실습과제 자신의 블로그에 여행관련 팟캐스팅을 찾아 소개하기

6.3.2 팟캐스트 발행하기

1) 에피소드 제작

팟캐스트의 에피소드는 오디오 파일 또는 비디오 파일로 제작되나 초기의 형태에 따라 오디오 파일로 제작되는 경우가 많다. 오디오 파일의 경우 녹음 프로그램을 이용하

여 제작하거나 사운드 편집 프로그램의 녹음 기능을 이용해 제작하기도 하는데, 대표적인 사운드 편집 프로그램으로는 SoundForge, CoolEdit, Gold Edit, GoldWave 등이 있다. 사운드 편집 프로그램은 녹음에서부터 편집까지 한 번에 작업할 수 있기 때문에 편리하다.

실습과제 여행관련 오디오 에피소드 제작하기

2) 팟캐스팅 배포

팟캐스팅을 위한 에피소드 녹음이 완료 되었다면 이를 업로드해 서비스를 제공할 서버와 업로드한 콘텐츠를 노출시켜줄 곳이 필요하다. 팟캐스팅 서비스를 위한 서버는 개인이 구축할 수도 있지만 상당한 전문지식과 지속적인 관리를 필요로 하기 때문에 서버의 구축 및 관리를 제공해주는 웹 호스팅을 이용하거나 팟캐스팅 서비스를 할 수 있도록 서버를 제공하는 사이트를 이용할 수 있다. 여기서는 포딕스(Podics)를 이용해 에피소드를 업로드하고 이를 아이튠즈에 등록해 알리는 과정을 실습해 본다.

● 포딕스에 에피소드 올리기

① 포딕스(http://podics.qrobo.com/) 사이트에 회원가입 후 로그인을 한다. 메인화면 왼편에 있는 [스튜디오] 버튼을 이용하면 팟캐스팅을 위한 파일을 업로드 할 수 있다.

② 자신이 올릴 에피소드의 형태에 따라 업로드 종류를 선택하는데, 오디오 파일을 업로드 하기 위해 [오디오 업로드]를 선택한다.

1

2

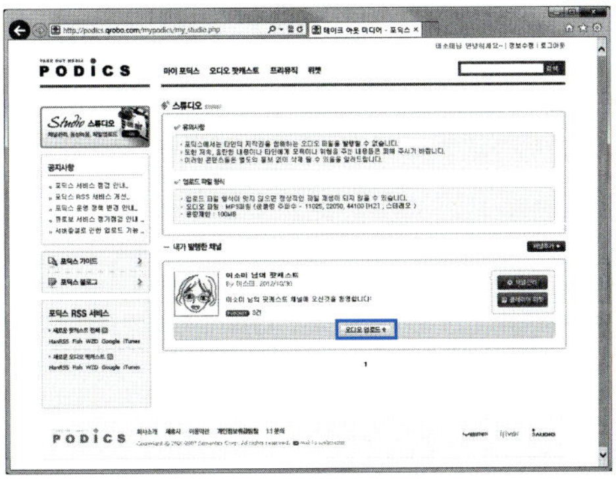

③ 준비한 오디오 파일을 선택하고 업로드를 누르면 업로드가 진행된다.

④ 업로드 완료 후 제목과 간단한 설명 등을 입력하고 하단의 [발행하기]를 누른다.

3

4

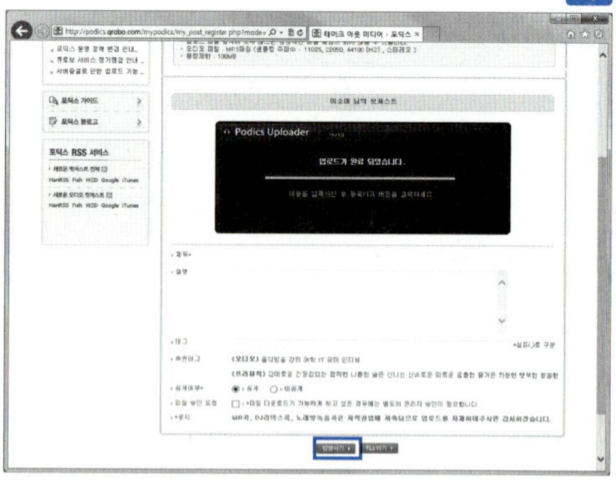

⑤ 발행하기가 완료되면 팟캐스트 리스트에서 에피소드를 확인할 수 있다.

⑥ 에피소드 선택 시 바로 청취도 가능하다.

5

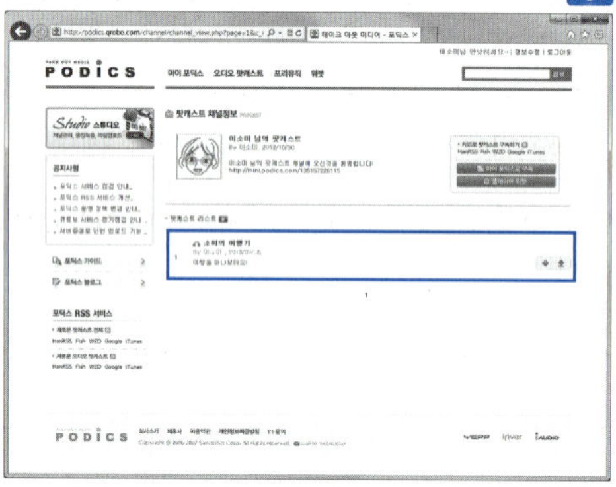

6

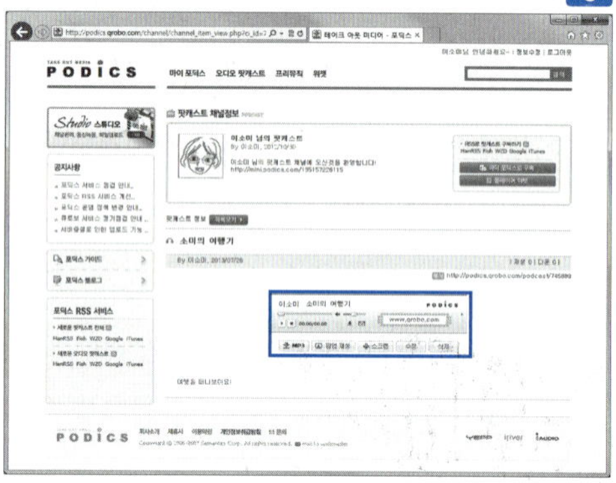

⑦ [RSS로 팟캐스트 구독하기]를 누르면 RSS 제공 주소로 연결된다.

⑧ 자신의 팟캐스트 피드 URL을 확인해 둔다.

7

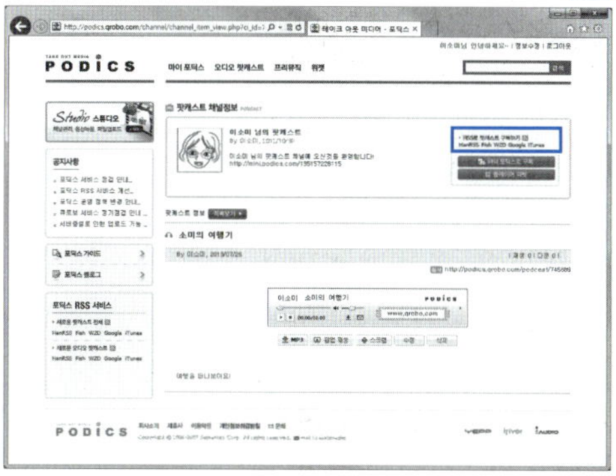

8

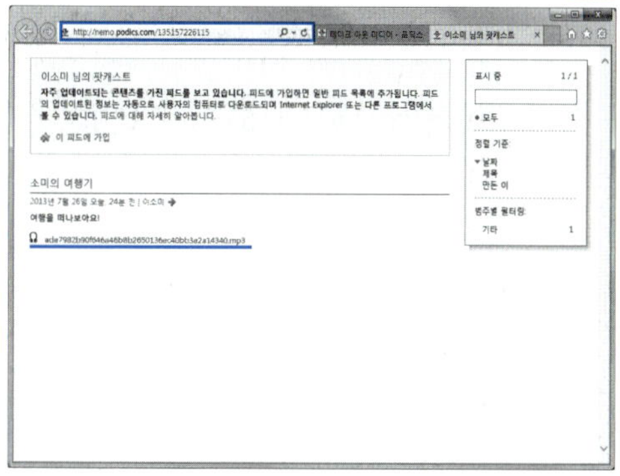

●아이튠즈에 내 팟캐스트 등록하기

① 아이튠즈의 실행 후 [iTunes store]에 접속한 후 상단의 [Podcast]를 선택한다.

② 오른쪽 PODCAST 바로가기 메뉴 중 [Podcast 등록하기]를 선택한다.

1

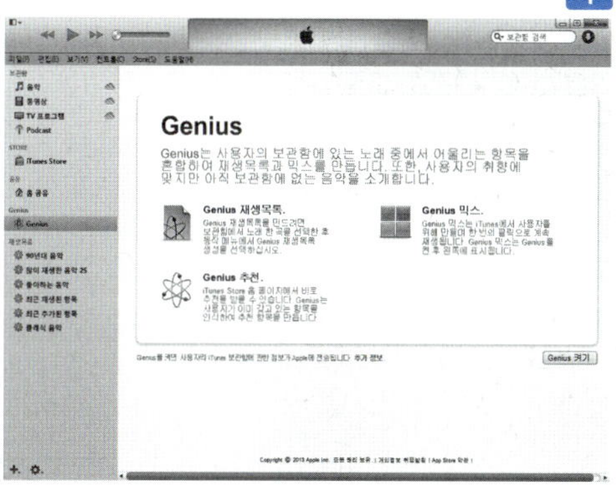

2

③ 자신이 발행하는 팟캐스트 피드 URL를 입력한다.

④ 자신의 팟캐스트 카테고리 및 언어를 선택하고 [제출]을 누른다.

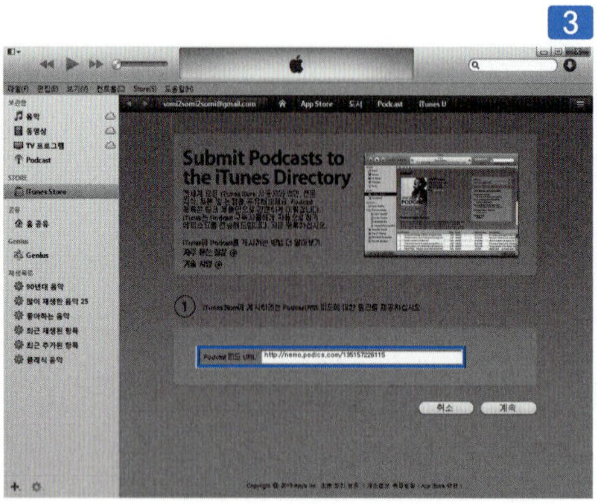

⑤ 제출이 완료됨을 확인한다.

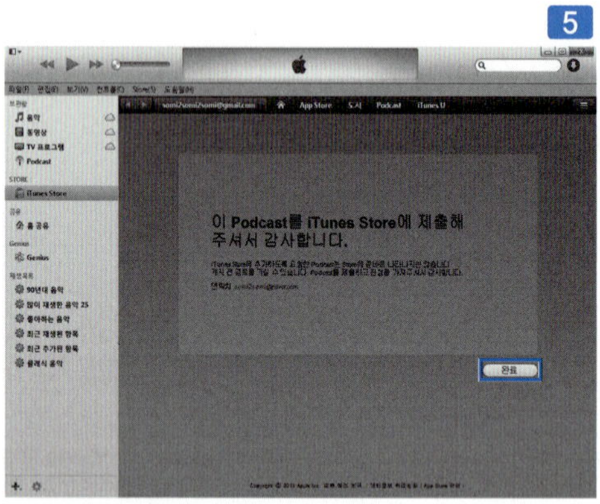

실습과제 자신의 팟캐스팅 RSS 주소 제출하기

6.3.3 팟캐스트의 이용사례

1) 국내사례

- **포딕스(Podics)**

국내에서 처음으로 개발된 팟캐스트용 사이트로 흩어져 있던 팟캐스트를 하나로 모은 사이트이다. 스튜디오 메뉴를 통한 팟캐스팅이 가능하여 초보자들도 손쉽게 팟캐스트를 시작할 수 있게 도와준다. 채널관리, 직접 녹음하기, 녹음된 파일을 업로드하기 등을 할 수 있다.

[그림 6-7] 포딕스 사이트(http://podics.qrobo.com)

●팟스테이션(Podstation)

국내 첫 무료 팟캐스트 방송국을 표방하고 있는 사이트로 팟캐스트 전문 커뮤니티라고 볼 수 있다. 팟캐스팅의 카테고리별 분류와 검색 서비스를 실시하고 있으며, 방송 디렉토리 무료 서비스를 제공하고 있어 가입만 하면 자신의 방송을 등록할 수 있다.

[그림 6-8] 팟스테이션 사이트 (http://www.podstation.co.kr)

●나는 꼼수다 등

딴지일보에서 제작하는 팟캐스트 콘텐츠로 아이튠즈에서 세계 팟캐스트 에피소드 1위라는 이례적인 기록으로 해외에서까지 많은 이목이 집중되기도 하였다. 콘텐츠의 소재는 주로 정부에 대한 것이며 명예훼손 또는 허위사실유포와 같은 소송 방지를 위해 '추정'과 '소설'이라는 단서를 자주 사용하며, 욕설과 비속어도 제한 없이 방송하고 있어 인기와 함께 역기능을 우려하기도 한다.

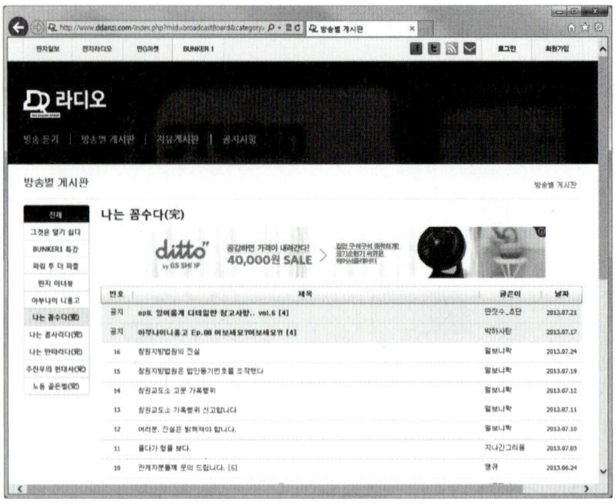

[그림 6-9] 팟캐스트 '나는 꼼수다' (http://radio.ddanzi.com/)

2) 국외사례

● 씨넷(CNet)의 하우투(How To)

최신 IT 기기와 소프트웨어를 자유자재로 다루고 싶은 사람이라면 꼭 구독해야 하는 팟캐스트로 미국의 대표적인 테크 리뷰 전문 사이트인 씨넷(CNet)이 제작한 동영상 캐스트이다. 아이폰, 안드로이드, 구글, 페이스북 등 IT 전문가라면 반드시 꿰뚫고 있어야 할 소프트웨어와 기기와 관련하여 사용 방법과 쉽게 이용할 수 있는 팁과 함께 국제적으로 이슈를 끌고 있는 최신 IT 정보에 대해 소개한다.

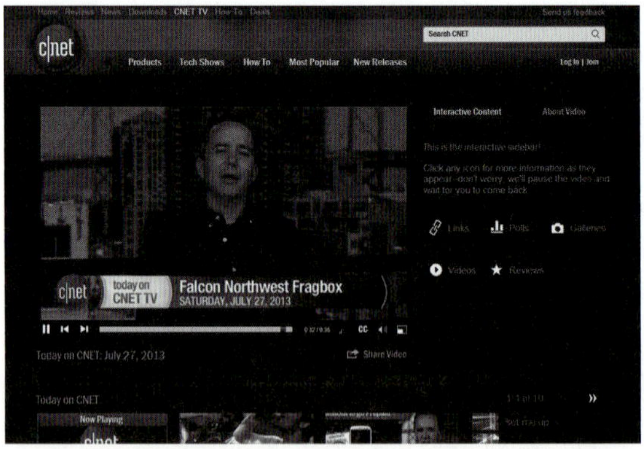

[그림 6-10] 씨넷(CNet)의 팟캐스트 서비스 (http://cnettv.cnet.com)

●BBC 등

영국의 BBC는 2004년 10월에 라디오 방송 콘텐츠를 팟캐스트로 제공하는 시험 방송을 시작했으며, 현재는 수많은 프로그램들을 청취할 수 있게 하고 있다. 이밖에 세계 유명 방송국들이 현재 팟캐스트로 자사의 방송 콘텐츠들을 제공하고 있다.

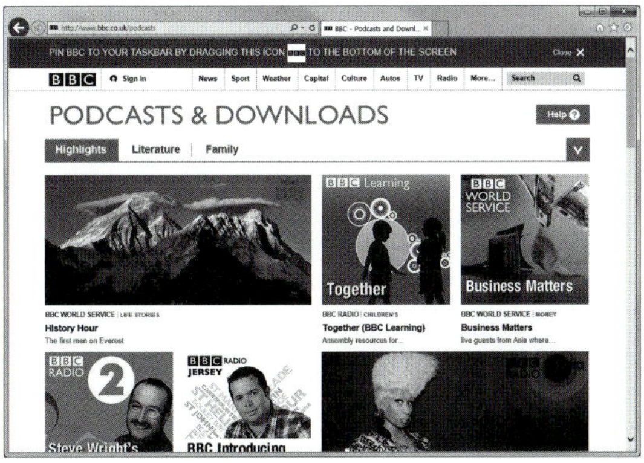

[그림 6-11] BBC의 팟캐스트 서비스 (http://www.bbc.co.uk/podcasts)

연습문제

■ **다음 괄호 안에 올바른 단어를 기입하시오.**

1. RSS의 장점은 매번 업데이트 소식을 별도의 콘텐츠로 구성하거나 이메일 등으로 발송하지 않아도 (   )할 수 있으며, 사용자 입장에서는 각 사이트들을 매번 방문하지 않아도 (   )할 수 있다.

2. RSS 리더기에서 확인되는 콘텐츠는 구조화된 (   )로 손쉬운 변환 및 처리가 가능하다는 점에서 콘텐츠의 재사용성을 높일 수 있다.

3. RSS는 콘텐츠 공급자와 사용자를 직접적으로 연결해 주는 (   )의 대표적인 포맷으로 보다 빠르고 확산적인 콘텐츠 유통경로를 제공할 수 있다.

4. 콘텐츠를 사용자에게 전달하기 위한 데이터 포맷인 (   )는 블로그나 뉴스 웹사이트의 콘텐츠 목록 및 개요를 포함하는 문서를 말한다.

5. 콘텐츠를 사용자에게 전달하기 위한 데이터의 주소를 (   )에 등록함으로써 최신 정보를 구독할 수 있게 된다.

6. (   )는 방송국이나 개인과 같은 콘텐츠 공급자가 오디오 또는 비디오 파일 형태로 콘텐츠를 제작하여 웹사이트에 포스팅하고, 이를 구독자들이 RSS를 통해 관심 있는 프로그램을 아무 때나 들을 수 있도록 하는 맞춤형 개인 미디어라고도 한다.

7. 팟캐스트의 콘텐츠 저자 또는 팟캐스트 서비스를 진행하는 호스트는 (   )라고 하고, 팟캐스트 서비스에 제공되기 위해 제작된 파일은 (   )라고 한다. 그리고 해당 파일의 정보를 담고 있는 웹피드(web feed)를 불러들여서 처리하는 소프트웨어인 (   )는 RSS 리더기라고 할 수 있다.

8. 팟캐스트의 특징에는 스트리밍 대신 다운로드, (   ), (   ), (   ) 등이 있다.

9. 팟캐스트는 다양한 형식과 주제로 제작이 가능하지만, (   )로 실제로 대부분 토크쇼 위주의 프로그램이 많다. 실제 제작에 있어 제약이 있기 때문이며, 특히 음반사들의 비협조적인 정책은 음원 콘텐츠의 부족으로 이어지고 있다.

10. RSS 리더기는 (   )과 (   )이 있다. (   )은 프로그램을 설치하여야 하지만 설치 후

웹을 통하지 않고 직접 프로그램을 통해 팟캐스트를 즐길 수 있다는 장점이 있으며, (　　　　)은 프로그램 설치 없이 사이트 가입을 통해 간단히 팟캐스트를 이용할 수 있다는 장점이 있다.

■ **다음 질문에 대하여 간단히 서술하시오.**

1. RSS는 'Really Simple Syndication' 또는 'Rich Site Summary'의 약자이다. RSS란 무엇인지 간단히 설명하시오.

2. RSS는 그 자체로 자동화된 콘텐츠 연동이 용이하며 커뮤니케이션 방식에 있어서도 1:1에서 1:N으로의 발전을 기대할 수 있다. RSS의 장점은 크게 여섯 가지로 구분할 수 있다. 그 여섯 가지는 무엇인가?

3. RSS 피드는 RSS 기술을 이용한 웹피드로 RSS 피드 주소를 RSS 리더기에 등록함으로써 최신 정보를 구독할 수 있게 된다. 여기에서 RSS 리더기는 무엇인가?

4. 오늘날 뉴스, 스포츠 중계, 음악, 토크쇼, 토론회 등 다양한 주제의 콘텐츠가 팟캐스팅 되고 있다. 팟캐스트의 작동 원리는 무엇인가?

5. 팟캐스터는 누구나 스스로 콘텐츠를 제작해 배포할 수 있기 때문에 개인부터 업체까지 다양한 팟캐스터들이 존재한다. 팟캐스트의 활용 분야에는 보다 구체적으로 어떤 것이 있는가?

SOCIAL MEDIA

07 CHAPTER

팟캐스트를 위한 오디오 실습

CHAPTER

07 팟캐스트를 위한 오디오 실습

이 장에서는 에피소드 파일을 팟캐스트로 발행하는 방법에 대해 알아본다. 팟캐스트의 에피소드는 오디오 또는 비디오 파일로 제작되고 있지만 대체로 초창기 형태인 오디오 파일이 주로 이용되고 있다. 본 장에서는 팟캐스트에 필요한 오디오 파일의 개요에 대해 알아보고 팟캐스트 발행을 하기 위해 오디오 편집을 하는 방법에 대해 알아본다.

7.1 팟캐스트를 위한 오디오 개요

팟캐스트의 에피소드는 여전히 오디오 중심으로 제작되어 발행되고 있다. 그 이유는 팟캐스트 콘텐츠가 주로 이동 시에 스마트폰과 같은 휴대기기에서 소비되기 때문에 비디오 보다는 오디오의 형태를 선호하는 것이다. 따라서 이 절에서는 팟캐스트 에피소드의 제작 형태인 오디오의 기본 개념을 알아봄으로써 팟캐스트 에피소드 제작의 이해를 돕고자 한다.

7.1.1 팟캐스트를 위한 오디오

사운드가 일반적으로 모든 소리를 의미한다면 오디오는 인간이 들을 수 있는 가청 주파수대의 사운드라고 구분할 수 있다. 그러나 일반적으로 사운드와 오디오를 구분이 없이 사용하기도 한다. 디지털 오디오는 디지털 데이터로 녹음되어 있는 오디오 파일을 의미하며 바로 팟캐스트의 콘텐츠가 이에 해당한다.

1) 팟캐스트 콘텐츠의 진화

개인도 쉽게 팟캐스트를 통해 자신의 목소리를 파급력있게 전달할 수 있다는 것이 '나는 꼼수다'를 통해 확인되면서 팟캐스트에 대한 관심은 더욱 높아졌다. 방송이나 정치에 관계없는 일반인들도 다양한 주제로 팟캐스트를 운영하고 있으며 이들의 팟캐스트 방송은 지상파 방송에 비해 솔직하고 표현이 자유롭기 때문에 인기를 끌고 있다. 최근에는 '책 읽어주는 방송'의 인기가 인문학 열풍과 함께 동반되면서 영화평론가 이동진 씨가 진행하는 '김동진의 빨간 책방' 등이 인기를 끌고 있으며, 출판사 '창비'가 2013년 2월 시작한 '라디오 책다방'처럼 출판사가 직접 나서서 책을 소개하는 팟캐스트도 등장하고 있다.

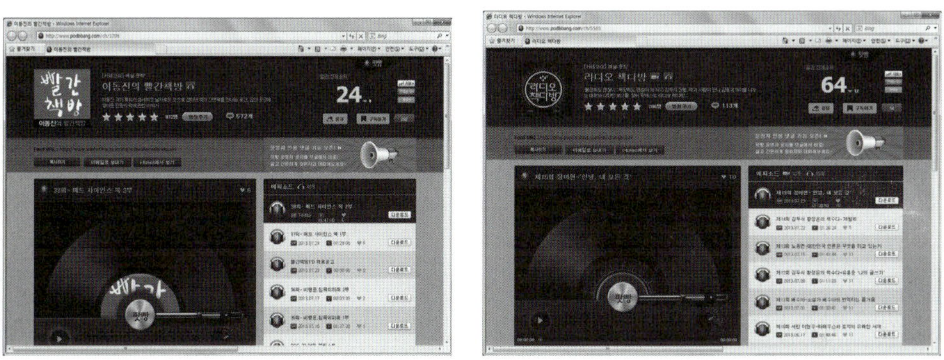

(a) 이동진의 빨간 책방

(b) 라디오 책다방

[그림 7-1] 팟캐스트 콘텐츠의 예

이처럼 뉴스, 토크쇼, 혹은 스포츠 중계나 각종 문화매체의 소개 등과 관련된 다양한 팟캐스트 방송들이 제작되어 유통되고 있다. 초창기 팟캐스트 콘텐츠들은 개인 음악방송의 형태를 많이 띠었지만 음원에 대한 저작권 문제로 운영이 어려워지면서 팟캐스트의 소재가 너무 제한적이라는 견해도 많았다. 그러나 토크쇼나 책 소개와 같은 음원을 배제한 다양한 팟캐스트의 주제들이 등장하면서 팟캐스트 오디오 콘텐츠에 대한 관심과 인기는 꾸준히 증가하고 있다.

2) 팟캐스트와 사운드의 종류

앞에서 언급하였듯이 팟캐스트에서 다루는 오디오는 내용적인 측면과 형태적인 측면에서 그 종류를 구분해 볼 수 있다. 내용적인 측면에서는 일반적으로 음성(voice), 음악(music), 음향효과(sound effect)의 세 가지로 분류된다.

- 음성: 사람이 낼 수 있는 모든 소리를 포함
- 음악: 악기를 이용한 소리로서 다양한 감성을 표현할 수 있는 소리
- 음향효과: 효과를 주는 것이 주목적으로 단독으로 사용되기 보다는 정보를 전달하거나 강조할 때 보조 수단으로 사용

토크쇼 형태의 에피소드가 많은 팟캐스트에서는 주로 음성의 비중이 높지만 음성을 중심으로 배경음악을 사용하거나 음향효과를 추가해 에피소드에 완성도를 높이기도 한다. 전문적인 지식이나 기술이 부족한 사용자라도 음성을 녹음하면서 배경음악을 함께 재생하거나 음향효과를 추가하는 일은 어렵지 않다. 함께 녹음하는 작업이 번거롭거나 여의치 않다면 사운드 편집 프로그램을 통해 각각의 요소들을 합칠 수 있다.

형태적인 측면의 분류에는 저장된 파일의 형태에 따라 두 가지로 분류된다. 디지털 오디오 방식과 미디 방식이다.

- 디지털 오디오 방식: 실제 소리를 디지털 형태로 변환한 것으로 원음에 가깝게 소리를 저장하는 방식
- 미디(MIDI) 방식: 음악의 악보를 표현하고 여러 가지 악기의 소리를 내는 장치를 이용하여 악기의 소리를 내는 방식

대부분 실제 음성을 녹음하여 제작하고 있는 팟캐스트의 에피소드들은 디지털 오디오 방식을 따를 수밖에 없다. 미디로는 사람의 음성을 제대로 합성할 수 없기 때문이다. 그러나 각종 음향효과 소스들은 미디의 형태로 많이 사용되고 있으며 미디 소스들을 무료로 제공하는 사이트들을 이용하면 팟캐스트 제작에 사용할 수 있는 음향효과들을 얻을 수 있으니 활용해 보도록 한다.

3) 팟캐스트와 사운드의 구성요소

팟캐스트에 사용되는 오디오를 이해하기 위해서는 그 본질에 해당하는 사운드가 어떠한 요소로 이루어지며 각각 어떠한 특성을 지니고 있는지 파악하는 것이 중요하다. 사운드는 물체가 진동을 하여 발생한다. 진동 발생으로 주위의 공기압이 변화하는데,

그 공기압의 변화가 파형(waveform)의 형태로 우리 귀에 전달되는 것이다. 즉 팟캐스트의 오디오를 제작, 편집한다는 것은 이러한 파형을 저장, 가공, 편집하는 것이다.

우리가 대체로 소리라고 인지하고 있는 사운드는 일정한 시간 간격으로 동일한 모양의 파형이 반복된다. 이러한 반복적 파형은 세 가지의 구성요소로 이루어지는데 소리의 높낮이를 표현하는 주파수(frequency), 소리의 크기와 관련이 있는 진폭(amplitude), 그리고 각 소리의 특성인 음색(tone color)이 그것이다. 이 세 가지 요소는 팟캐스트의 오디오 제작 과정에서 사운드의 크기를 수정하거나 잡음 제거 및 음성을 변조하는 등에 사용되는 요소임으로 그 특성을 이해하고 적절히 조정할 수 있어야 한다.

- 주파수: 주파수는 초당 사운드 파형 주기의 반복 횟수를 의미한다. 주파수가 크면 고음, 작으면 저음이 된다. 주파수의 단위는 헤르츠(Hz; Hertz)라고 하는데 1Hz는 일초에 한 번의 주기가, 1KHz는 일초에 1,000번의 주기가 있다는 뜻이다. 특히 사람이 들을 수 있는 소리의 주파수 영역인 가청 주파수는 사람에 따라 조금씩 다르지만 보통 20Hz에서 22KHz까지이다. 팟캐스트 에피소드 제작 시 사운드의 변조가 필요하다면 주파수의 변화를 이용할 수 있는데, 보통 여성스러운 느낌으로 음성 변조를 할 때 주파수를 높이기도 하며 반대로 무거운 느낌의 남성적인 톤으로 음성 변조를 하려고 할 때 주파수를 낮추어 활용한다.

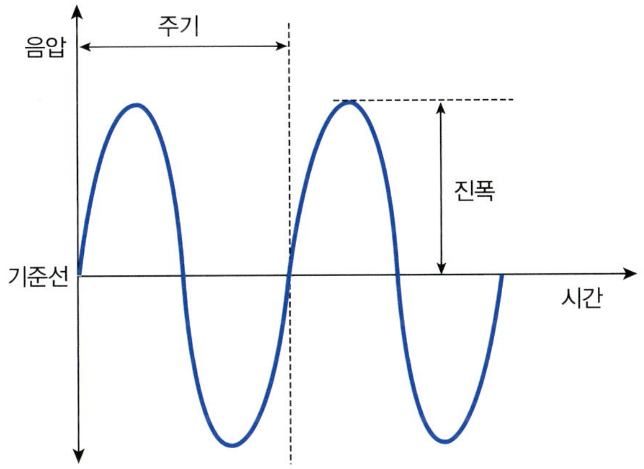

[그림 7-2] 주기와 진폭

- 진폭: 진폭은 사운드 파형의 기준선에서 최고점까지 혹은 최저점까지의 거리를 의미하며 소리의 크기를 결정한다. 단위는 데시벨(dB)이며, 크기 역시 사람이 들을

수 있는 영역이 있어 너무 작거나 너무 큰소리는 듣지 못한다고 한다. 그러나 가청 범위에서 진폭이 큰 소리는 크게 들리며, 작은 소리는 작게 들린다. 팟캐스트 에피소드 제작 시 너무 작게 녹음이 되어 수정을 필요로 하거나 음성과 음악, 음성효과들이 적절한 크기로 합성되어야 할 때 진폭을 조정하여 편집할 수 있다.

- 음색: 똑같은 진폭(음의 세기)과 똑같은 주파수(음의 높이)의 소리를 내더라도 악기마다 다른 소리를 내는 것은 각각의 악기가 고유의 파형을 가지고 있기 때문이다. 사람의 음성도 마찬가지이다. 이렇게 각각의 악기나 사람의 음성이 가지는 고유한 파형이 음색을 만드는 것이다. 이러한 음색은 그 사람, 그 악기만의 개성이나 분위기를 가지고 있기 때문에 팟캐스트 에피소드 제작 시 필요로 하는 성향에 따라 잘 선택하는 것이 콘텐츠의 완성도를 높일 수 있다.

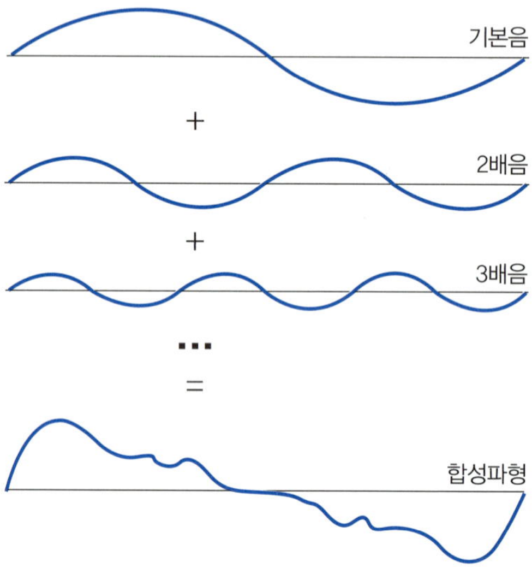

[그림 7-3] 음색의 합성 과정

3) 사운드의 디지털화 과정

사운드는 원래 아날로그 형태이지만 디지털 디바이스에서 서비스되는 팟캐스트를 위해서는 반드시 디지털 형태로 변환되어야 한다. 이러한 작업은 다음 그림과 같이 ADC(Analog-to-Digital Converter)장치에서 이루어 질 수 있다. 이 장치를 통해 표본화(sampling) 과정과 양자화(quantizing) 과정을 거쳐 컴퓨터에서 처리될 수 있는 디지털 형태로 변환되는 것이며 이는 다시 DAC(Digital-to-Analog Converter)장치를 통해 아날로그 형태인 사운드로 재생되는 것이다.

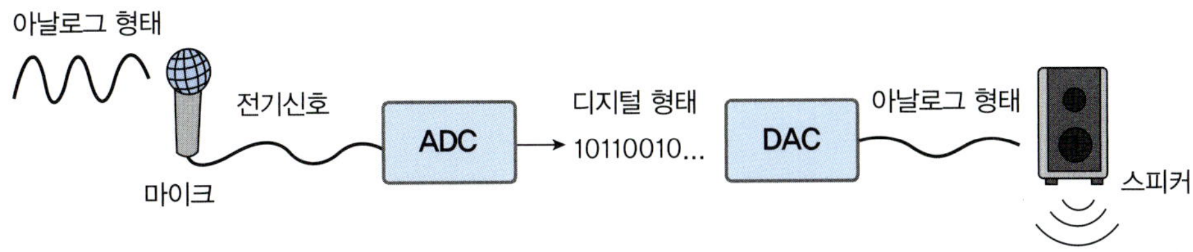

[그림 7-4] 사운드의 디지털화 과정

7.1.2 팟캐스트 오디오 파일의 포맷

팟캐스트에 사용되는 오디오 파일 포맷은 크게 3가지로 분류 할 수 있는데, WAV, AIFF, Au와 같은 압축하지 않은 상태로 저장하는 비압축 포맷, FLAC, WMA, TTA등과 같은 압축은 하지만 복원 시 원래의 데이터를 잃어버리지 않는 무손실 압축 포맷, 그리고 MP3, AAC 등과 같이 복원 시 원래 정보를 어느 정도 잃는 손실 압축이 그것이다.

이들 중 팟캐스트 서비스에서 주로 사용되는 오디오 파일 포맷인 WAV, AIFF, Au, MP3, RA에 대해 자세히 알아본다.

- WAV(Waveform audio format): WAV 또는 WAVE는 마이크로소프트와 IBM 오디오 파일의 표준 포맷이다. 윈도우에서 기본적으로 사용되는 포맷으로 윈도우의 녹음기 프로그램을 이용하여 마이크로 쉽게 녹음을 할 수 있다.
- AIFF(Audio Interchange File Format): 고품질 오디오 CD를 제작하는데 사용하는 파일 포맷으로 애플사에서 개발되어 매킨토시 컴퓨터에서 주로 사용되는 형식이다.
- Au: 선마이크로시스템즈사에서 개발한 오디오 파일 포맷으로 WAV 파일과 비슷하다. 유닉스 시스템에서 사용되는 가장 일반적인 포맷이고, 다른 포맷으로 변환하기 위한 크로스 플랫폼 형식이다.
- MP3(MPEG-1 Layer3): MPEG-1의 오디오 규격으로 개발된 압축 기술로서 1/10 이상의 우수한 압축률로 파일 크기를 줄일 수 있다. 인터넷에서 음악을 주고받을 때 많이 사용하며 컴퓨터나 MP3 플레이어, 스마트폰 등에서 주로 사용된다는 점에서 팟캐스트 에피소드로 가장 많이 제작되는 파일 포맷이다.

• RA(Real Audio): 인터넷에서 실시간 감상을 위한 스트리밍 기술을 이용한 새로운 개념의 사운드 포맷이다. 이 파일 포맷은 스트리밍 방식으로 파일을 전송하므로 파일 전송 도중에도 실행이 가능하여 인터넷에서 실시간 청취에 많이 활용되고 있다.

7.2 팟캐스트를 위한 오디오 편집

팟캐스트(Podcast)는 애플에서 시작한 다운로드 형식의 개인 방송 서비스로 주로 오디오 파일을 애플 아이튠즈(iTunes)를 통해 방송을 다운로드 받아서 청취할 수 있는 서비스이다. 아이튠즈는 방송하는 사람들이 방송채널을 구성하고 목록을 제공하는 기능을 하며, 사용자는 아이튠즈의 팟캐스트로 접속하여 원하는 방송을 선택하여 청취할 수 있다. 사실상 아이튠즈와 같은 플랫폼이 팟캐스트 콘텐츠의 유통을 담당해 줌으로써 팟캐스터는 팟캐스트 에피소드만을 잘 제작하면 되는 것이다.

일반적인 오디오 콘텐츠 제작은 전문적인 장비와 기술을 필요로 하지만 팟캐스트 방송 정도의 오디오 콘텐츠 제작과 편집은 무료 오디오 편집 프로그램의 몇 가지 기능만으로도 팟캐스트 에피소드를 충실히 만들 수 있다. 이 절에서는 오디오 편집 프로그램을 이용하여 팟캐스트 에피소드를 직접 제작해 보고 아이튠즈에 업로드 함으로써 팟캐스트 방송을 운영하는 실습을 해본다.

7.2.1 팟캐스트 제작 준비하기

팟캐스트를 위한 오디오 에피소드는 기본적으로 녹음만 가능한 프로그램으로도 제작이 가능하다. 그러나 좀 더 완성도 있는 에피소드 제작을 위해서는 파일을 자르거나 붙이고, 믹싱 할 수 있으며, 간단한 변조 등을 할 수 있어야 한다. 그러나 전문적인 오디오 편집 프로그램은 가격이 비싸고 전문적인 지식 없이 다루기 어려운 경우가 있어 여기서는 초보자들도 쉽게 오디오 파일을 편집할 수 있는 골드웨이브(Goldwave)를 사용하여 실습해 본다. 골드웨이브는 사운드 편집, 녹음, 간단한 변환 기능 등이 있어 팟캐스트 에피소드 제작을 문제없이 수행할 수 있으며 사용 가능 포맷이 다양하여 여러 소스들을 포맷에 관계없이 사용할 수 있다. 또한 무료로 사용이 가능한 프리웨어로 팟캐스트를 운영하는 개인 팟캐스터들에게 유용하게 사용될 수 있다.

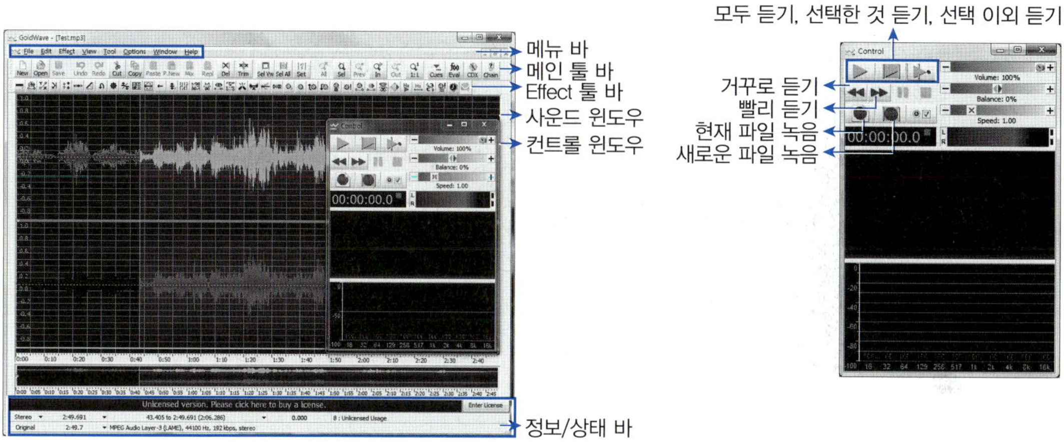

[그림 7-5] 골드웨이브 작업 화면의 예

팟캐스트 에피소드 제작에 앞서 가장 중요한 것은 "무엇을 만들 것인가"이다. 팟캐스트가 일반적인 방송에 비해 어떠한 제약도 없이 자신이 만들고 싶은 것을 자유롭게 만들면 되지만, 이 역시 방송이기 때문에 구독자들에게 외면 받는 에피소드는 의미가 없다. 따라서 자신이 흥미를 가지고 잘 만들 수 있으면서도 구독자들에게 어필할 수 있는 주제의 에피소드를 선택해야 한다. 또한 오디오 파일의 형태로 제공되는 만큼 오디오로 제작되었을 때 무리없이 이용될 수 있는 형태의 주제인가도 고려해야 할 사항이다.

여기서는 내가 경험했던 여행 이야기를 주제로 여행지를 소개하는 나레이션과 여행지와 어울리는 배경음악 그리고 음향효과 등을 믹싱하여 팟캐스트 오디오 에피소드를 [그림 7-6]에서 보여주는 과정대로 제작해 본다. 많은 정보의 양을 전달하기 보다는 듣는 사람이 편안하게 여행기를 들을 수 있도록 나레이션 대본과 적절한 배경음악 선택으로 감성적인 팟캐스트 에피소드를 구성해 본다. 준비된 나레이션 대본에 따라 녹음이 완료 되면 적절한 편집 과정을 거쳐 배경음악과의 믹싱이 이루어지고 믹싱이 완료된 후 페이드인이나 페이드아웃과 같은 효과를 통해 에피소드의 완성도를 높인다. 이러한 다양한 효과주기는 피치나 볼륨 조절과 함께 믹싱 작업 전에 각각의 음원 편집과정에서 적용하여 제작될 수도 있다.

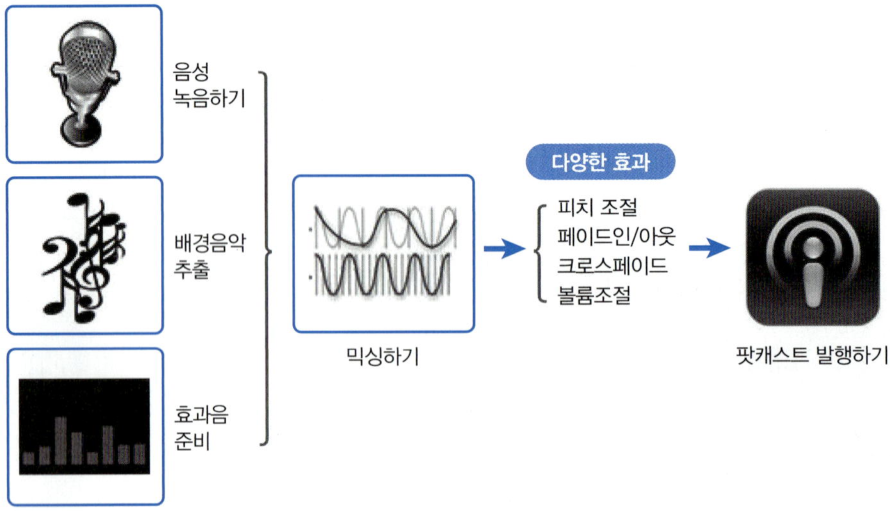

[그림 7-6] 팟캐스트 오디오 에피소드 제작과정

7.2.2 팟캐스트 에피소드 만들기

앞에서 언급한 대로 여행기에 대한 팟캐스트 에피소드를 제작해본다. 녹음에 앞서 각자 제작할 여행기에 대한 나레이션 대본과 전체적인 구성에 필요한 배경음악과 효과음 등을 준비해 둔다.

1) 여행 에피소드 녹음 및 피치 조절하기

곰 녹음기, 컴퓨터 내장 녹음기 등의 다양한 프로그램을 통해 녹음이 가능하다. 하지만 음원의 피치를 조절한다거나 다양한 편집을 하기 위해서는 전문 음원 편집 프로그램을 사용해야 하므로 본 실습에서는 골드웨이브를 사용하여 여행 에피소드를 녹음해 본다.

컴퓨터에 마이크를 연결하여 육성으로 나의 여행 이야기를 녹음한다. 이 때 사운드카드가 정상적으로 설정되어 있어야 녹음 작업을 할 수 있다.

① 녹음을 위해 상단 메뉴의 [새로] 아이콘을 선택하면 설정창이 뜬다.

② 채널, 샘플링레이트, 녹음시간을 설정한다.

- 채널: 2채널로 설정(스테레오인 경우 좌우 스피커로 들을 수 있도록 녹음)

– 샘플링레이트: 음원의 음질을 좌우하며 높을수록 음질이 좋다.

– 녹음시간: 초, 분, 시를 입력하여 원하는 녹음 시간을 설정한다. 편집을 통해 추가로 필요 없는 부분의 삭제가 가능하다.

1

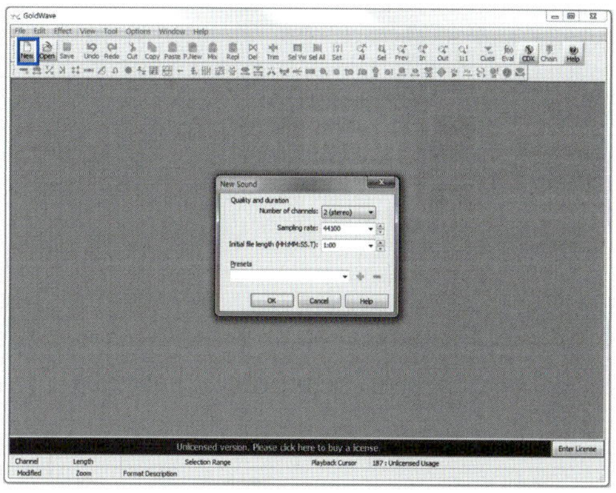

2

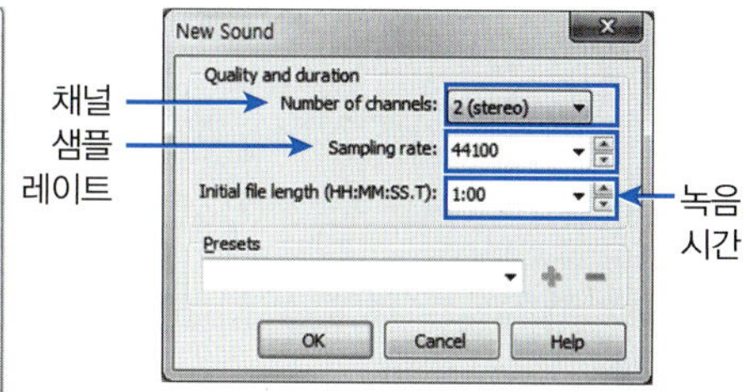

③ [녹음]을 클릭한다.

– 녹음이 종료되면 불필요한 부분은 삭제하고 저장한다.

④ 피치 기능으로 음의 높낮이를 변경해본다.

– 피치 기능은 주파수의 조정을 통해 음의 높낮이를 조절하여 음성 변조 시 활용 가능하며, 남성 음성을 여성 음성처럼, 여성 음성을 남성 음성과 같이 변경 가능하다.

피치 속성 창의 'Scale'은 음의 규모를 설정하는 것으로, Scale 200%는 한 옥타브를 올리는 것과 동일하며 50%는 한 옥타브를 내리는 것과 동일하다. 'Semitone'은 소리의 반음을 조절할 수 있다.

3

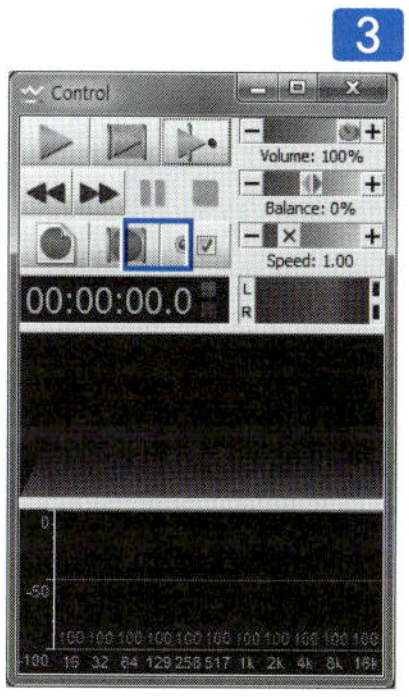

4

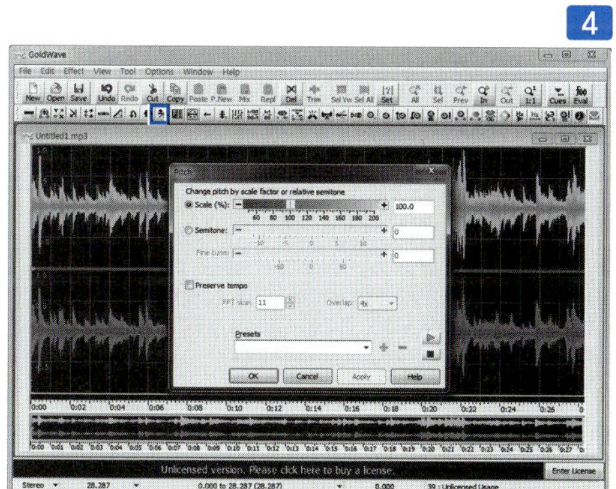

2) 녹음 파일 자르고 붙이기

오디오 파일을 편집할 때 가장 기본적으로 쓰이는 기능은 역시 불필요한 부분을 자르거나 추가로 연결한 부분을 붙이는 등의 작업이다. 나레이션 녹음 역시 전문가가 아닌 이상 한 번에 완성된 전체의 분량을 녹음할 수는 없다. 따라서 여러 번에 거친 녹음 파일을 연결하거나 한 번에 녹음하되 중간에 불필요한 부분을 삭제할 수 있어야 한다. 이제 자르기와 붙이기를 실습해 본다.

① 골드웨이브를 실행하여 [파일]-[열기]로 원하는 음악 파일을 연다.

1a

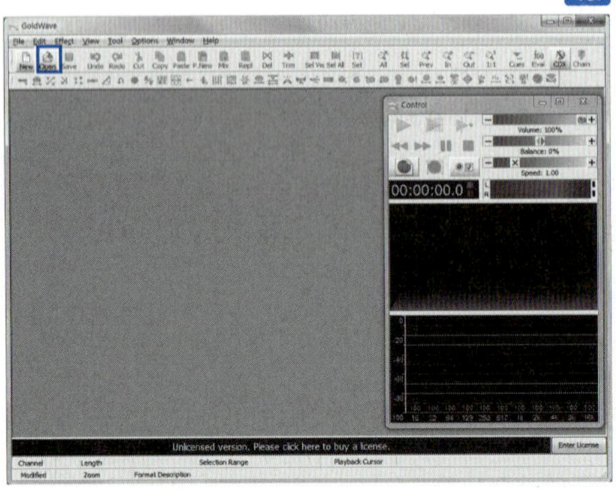

1b

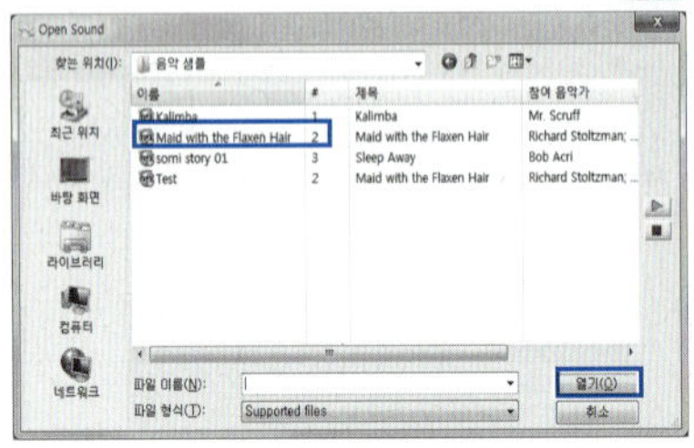

② 원하는 파일을 선택한 후 메인 창에 음악 파일이 열리면, 마우스 조작으로 시작 위치와 끝 위치를 부분 선택한 뒤 선택된 영역을 복사하기 위해 메뉴의 [복사] 버튼을 누르거나 단축키 'Ctrl+C'를 누른다.

③ 상단 메뉴의 [File]-[New]를 눌러 붙여 넣기 할 새로운 창을 연다.

2

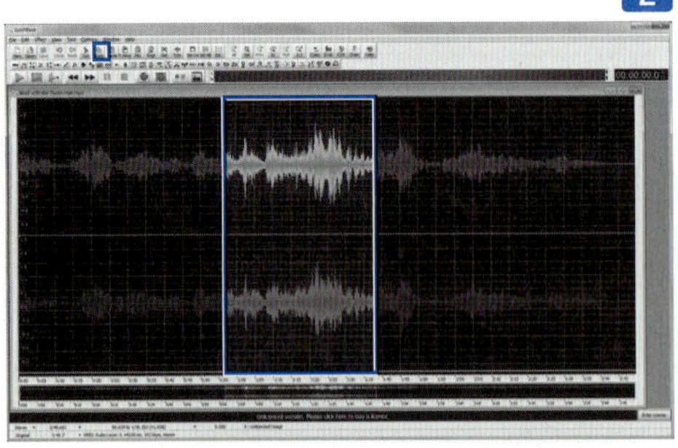

3

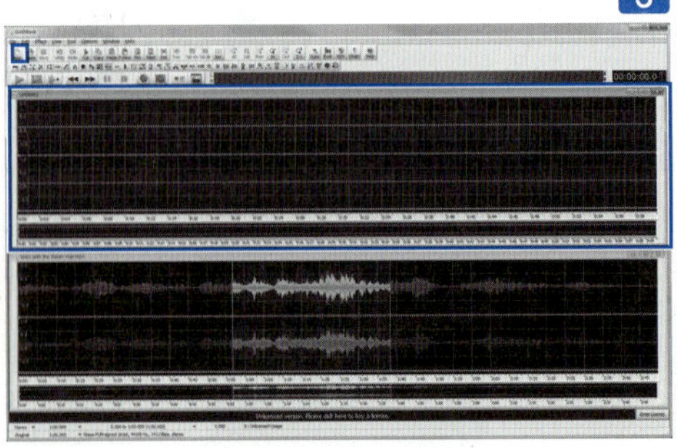

④ 이전에 복사한 부분을 붙여넣기 위해 메뉴의 [Paste] 버튼을 누르거나 단축키 'Ctrl+V'를 눌러 새로운 창에 붙여 넣는다.

⑤ 다음은 선택한 영역 외의 부분을 삭제할 수 있는 [Trim] 기능을 실습하기 위해 [복사]-[붙여넣기] 해놓은 파일 작업 창을 연다.

4

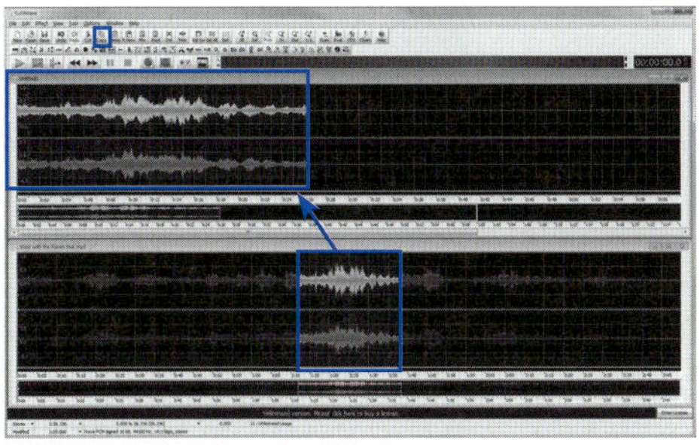

5

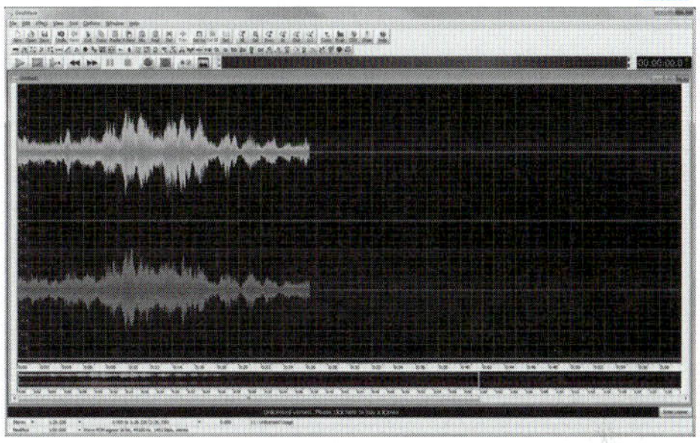

⑥ 원하는 영역 외의 부분을 모두 제거하기 위해 도구창의 [Trim] 버튼을 클릭한다.

- 선택한 영역이 작업창 크기에 맞게 늘려져 남겨지고, 나머지 부분들은 제외된 것을 확인할 수 있다.

6a

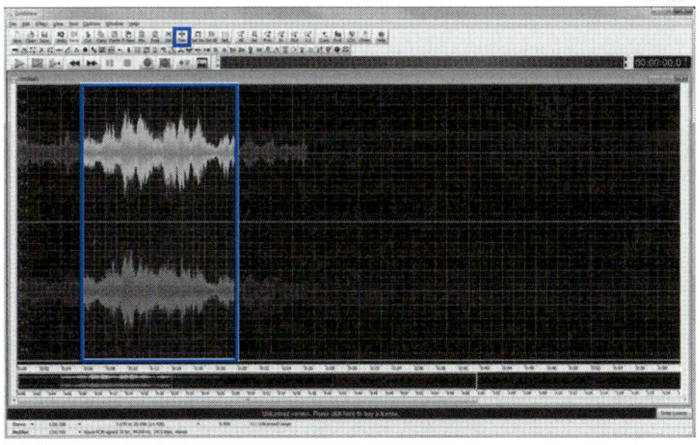

6b

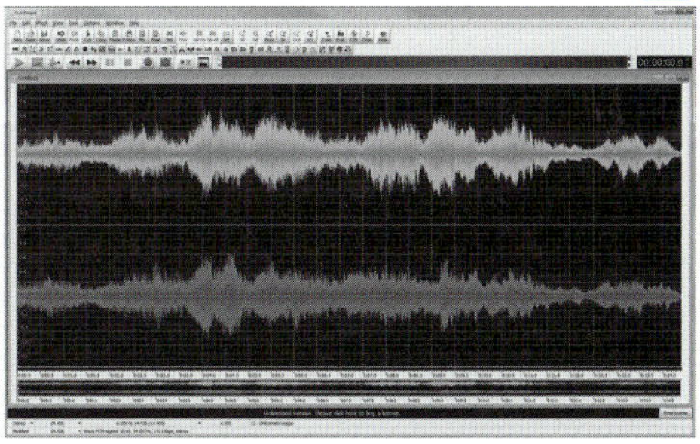

⑦ 상단 메뉴의 [File]-[Save as]를 눌러 최종 편집된 음악 파일을 저장한다.

7

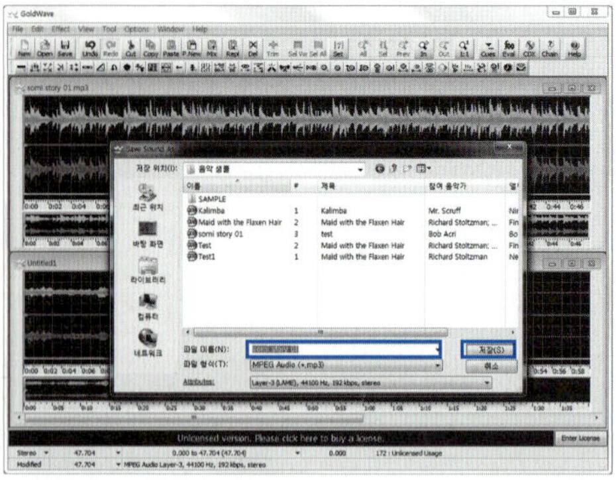

3) 음향효과 제작을 위한 배경 음악 추출하기

나레이션 음원을 배경 음악과 함께 재생하면 잔잔한 분위기로 자신의 여행 이야기를 들려줄 수 있다. 배경 음악은 직접 연주를 하여 녹음을 하거나 간단히 CD 등의 자료를 이용할 수도 있지만 원하는 느낌의 음원을 찾기 위해 영화나 드라마 혹은 애니메이션 등에 삽입된 음원을 추출하여 사용할 수도 있다. 여기서는 '파도 소리'가 있는 음악을 선택하여 원하는 부분의 음원 파일을 추출해보자.

① 상단 메뉴의 [File]-[New]를 선택하여 받으려고 하는 음악 시간을 선택한다.

② 윈도우 미디어 재생기를 실행시켜 녹음할 트랙을 선택하고 [재생] 버튼을 누른다.

1

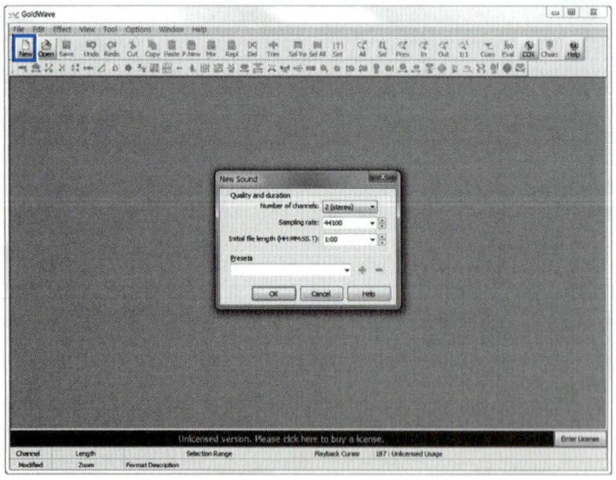

2

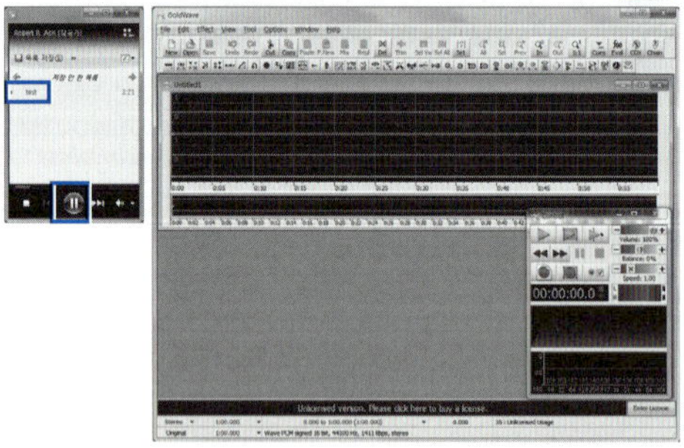

③ 골드웨이브 장치 관리자의 [녹음] 버튼을 누른다.

④ 녹음이 완료되었음을 확인한 뒤 원하는 파일명으로 저장한다.

3

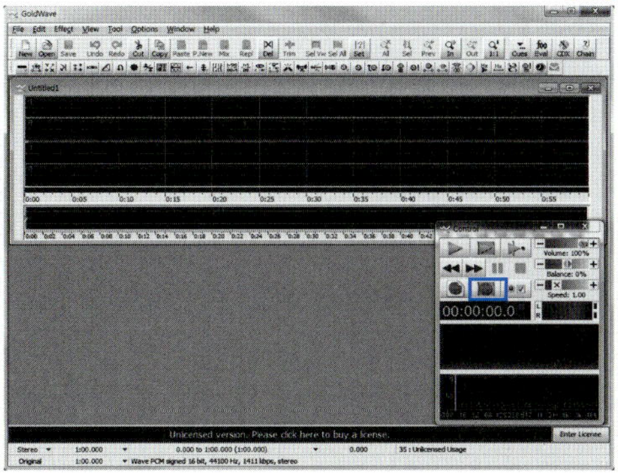

4

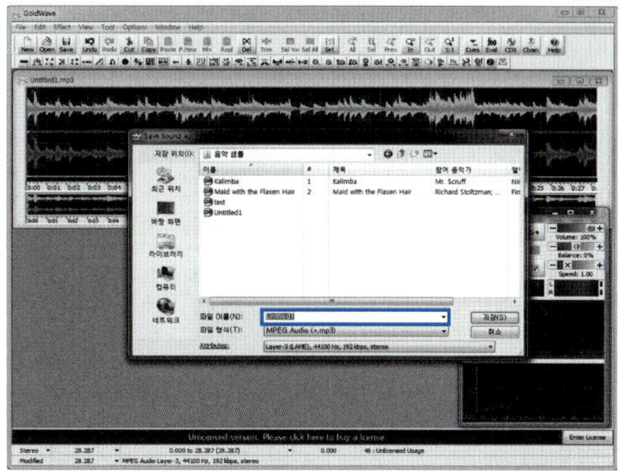

4) 녹음 파일 및 배경음악 믹싱하기

① 골드웨이브를 실행시키고 [파일]–[열기]로 원하는 음악 파일을 연다.

② 원하는 파일을 선택한 후 [열기] 버튼을 눌러 메인 창에 음악 파일을 연다.

1

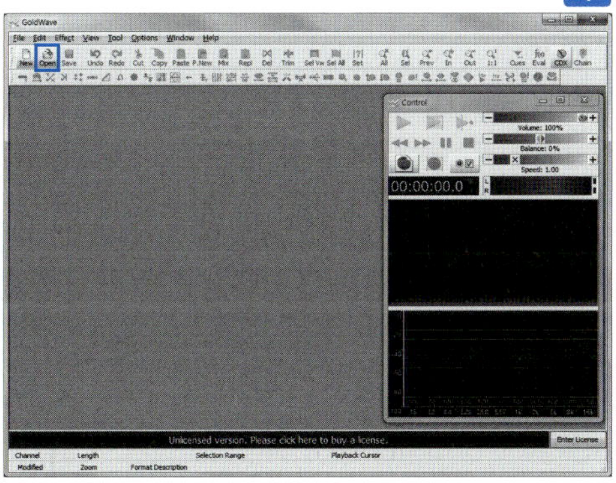

2

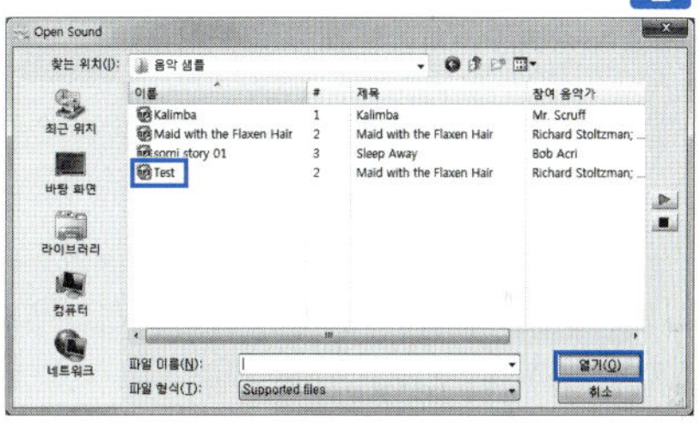

③ 마우스 조작으로 시작 위치와 끝 위치를 부분 선택한 뒤, 선택된 영역을 복사하기 위해 메뉴의 [복사] 버튼을 누르거나 단축키 'Ctrl+C'를 누른다.

3

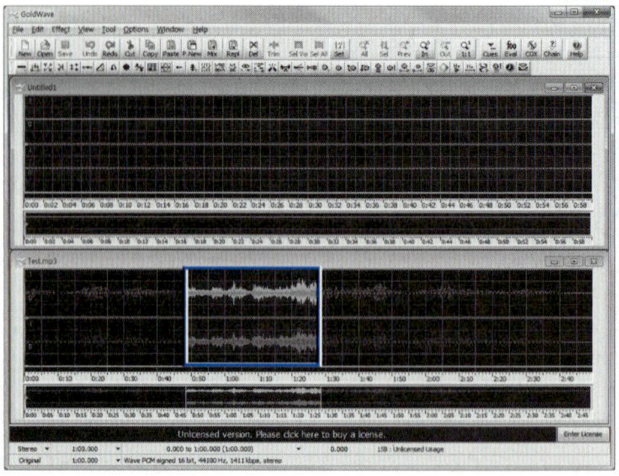

④ 붙여 넣을 곡을 새로 불러온 뒤에 붙일 부분을 선택하여 붙여 넣은 뒤, 메뉴의 [믹싱] 버튼을 누르거나 'Ctrl+M'을 눌러 믹싱한다.

4a

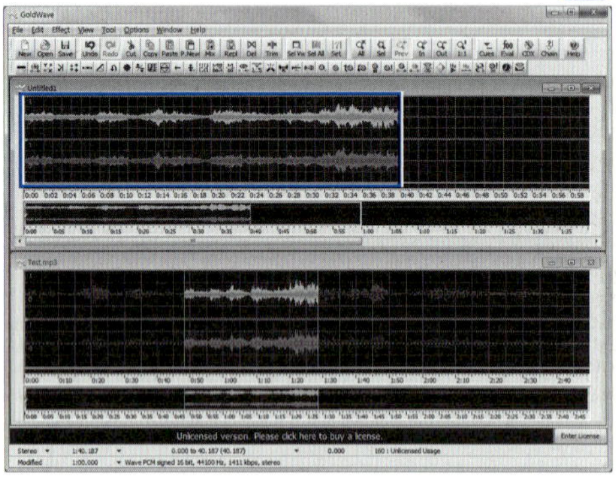

4b

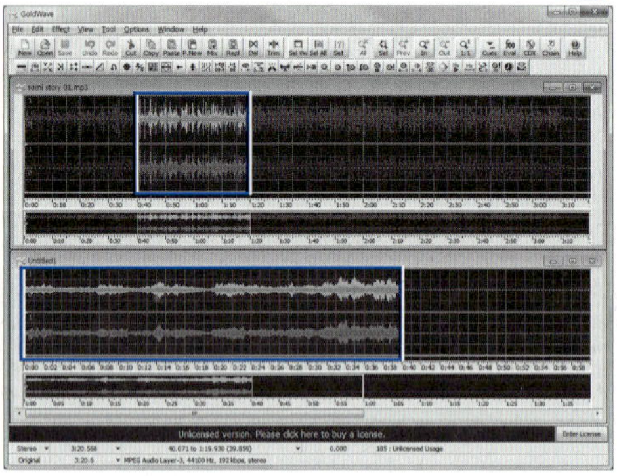

⑤ 설정 옵션 창이 뜨면 볼륨을 테스트하고 [재생] 버튼으로 미리듣기 한 뒤에 [OK] 버튼을 클릭한다.

5a

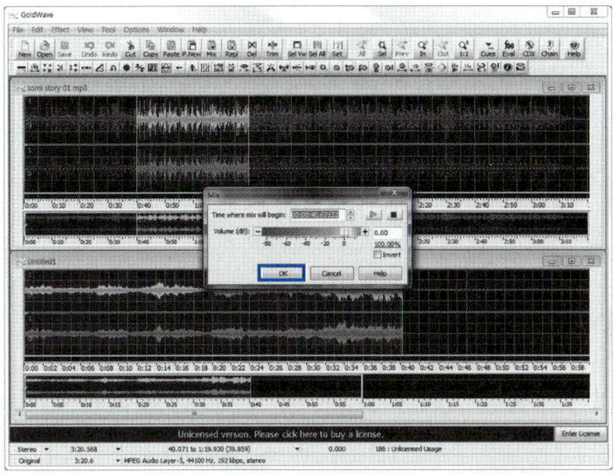

5b

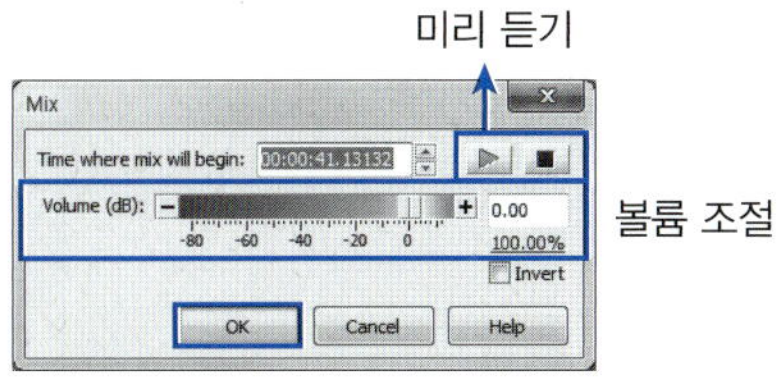

⑥ 믹싱 전의 노래 부분과 추가한 부분이 함께 믹싱되어 파장이 달라진 것을 확인할 수 있다.

6

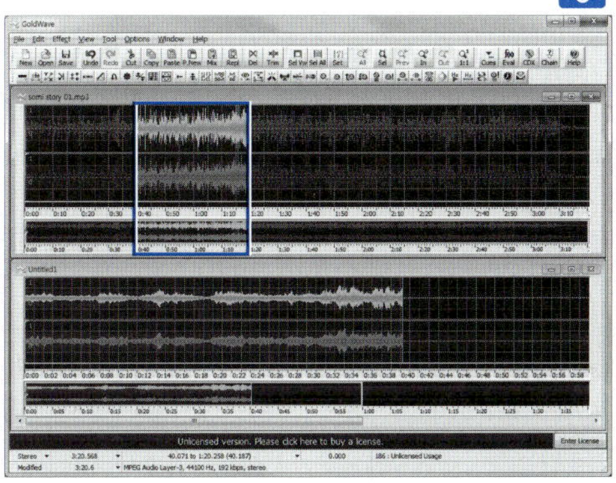

5) 인트로 음원 만들어보기

에피소드가 시작될 때 인트로 음원과 잠시 후에 나올 자신의 목소리가 자연스럽게 교차될 수 있는 크로스페이드 기능을 실습 해 본다.

① 인트로 음원과 녹음한 음원을 불러온다.

1a

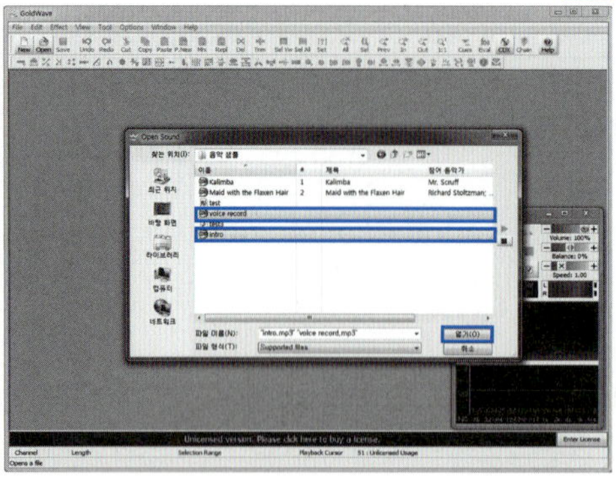

1b

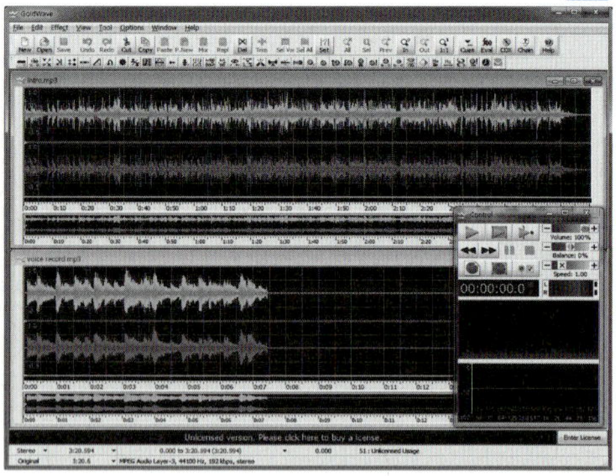

② 인트로 파일 다음에 음성 파일을 넣기 위해 우선 인트로에 해당하는 파일을 선택 한 후 [복사](Ctrl+C)를 눌러 클립보드에 저장한다.

③ 다음 다른 창에 있는 음성 파일을 선택하고 [메뉴]-[편집]-[크로스페이드]를 선택한다.

2

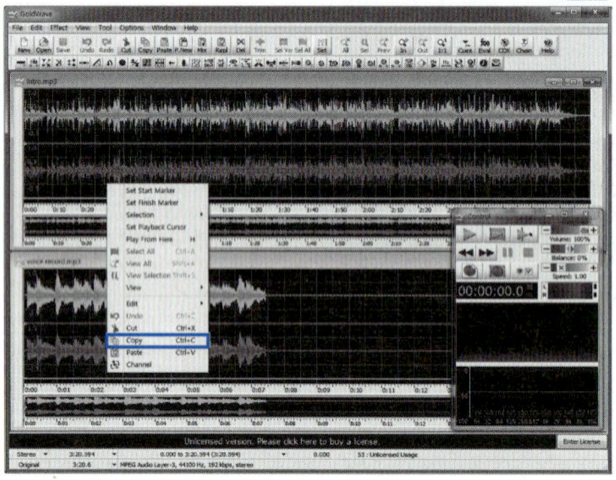

3

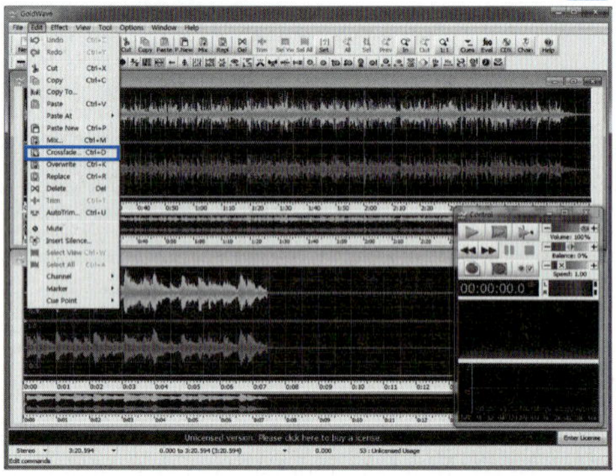

④ 옵션창이 열리면 크로스페이드를 설정하고 [확인]을 클릭한다.

- [Clipboard positon]은 클립보드의 위치를 설정할 수 있는 기능으로 클립보드에 복사해둔 곡이 앞에 위치할 것인지 뒤에 위치할 것인지 지정할 수 있다.
- [Fade curve]는 소리가 작아지는 페이드아웃 커브를 지정하고, 페이드인 커브는 소리가 커지는 커브를 지정할 때 선택한다.

4a

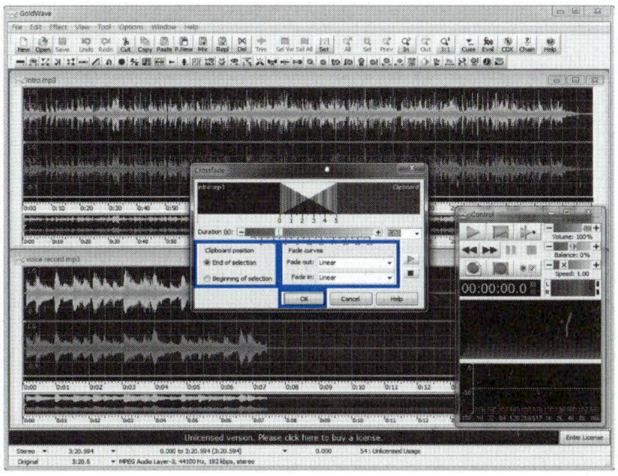

4b

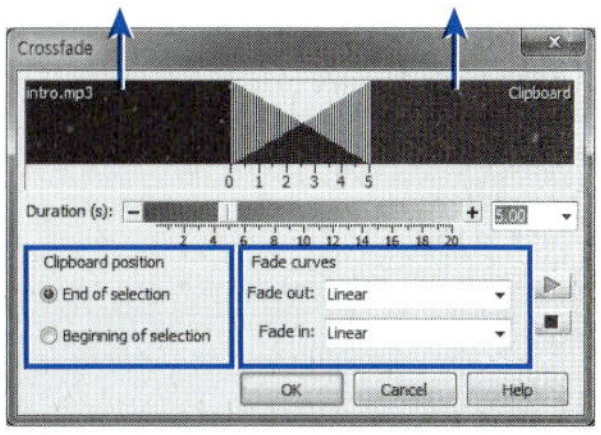

6) 오디오 팟캐스트 시작과 끝에 효과주기

대부분의 라디오 방송이 그러하듯이 시작을 알리는 페이드인과 맺음을 알리는 페이드아웃은 사용자가 오디오 정보를 청취하는데 자연스러운 편안함을 준다. 이러한 페이드인과 페이드아웃 효과를 에피소드 시작과 끝에 실습해 본다.

① 소리를 차츰 커지는 효과를 입력하기 위해 처음 시작 부분을 선택한다. (페이드인은 장면 시작 시 많이 이용된다.)

② 상단 메뉴의 [Effect]–[volume]–[Fade In]을 눌러 [Presets]에서 'Silence to full volume, logarithmic'를 선택한다.

1

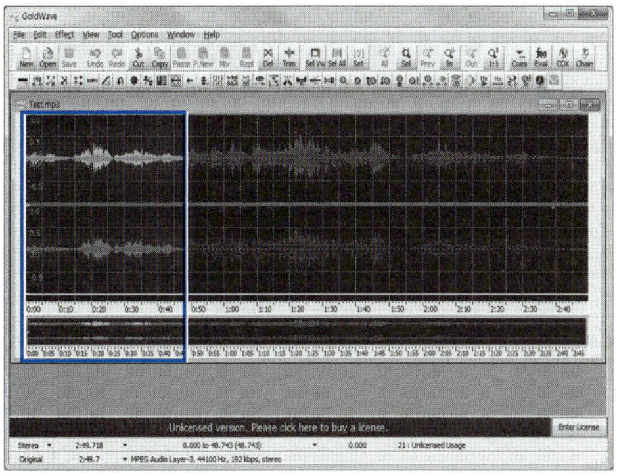

2

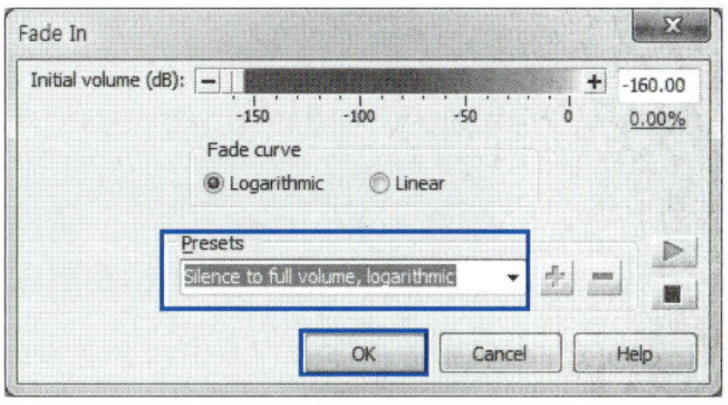

③ 페이드인 효과가 입력된 것을 확인한다.

④ 소리를 차츰 작아지게 하는 효과를 주는 방법도 동일하다. (페이드아웃은 장면 종

료 시 많이 이용된다.)

- 페이드인과 페이드아웃을 설정하는 방법은 동일하다. 일반적으로 페이드인과 페이드아웃은 오디오 팟캐스트의 앞과 뒤 부분에 위치한다.

3

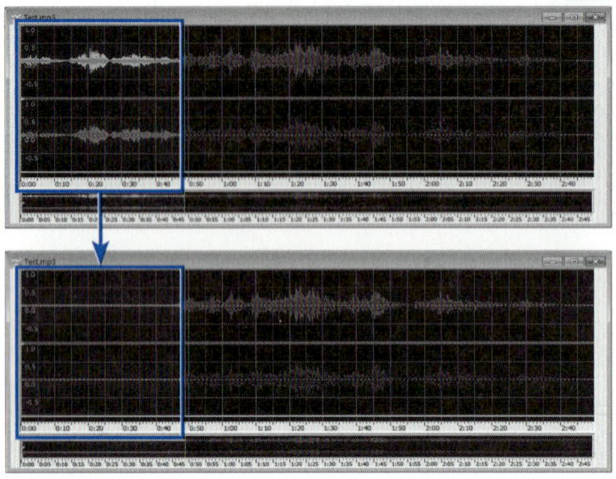

4

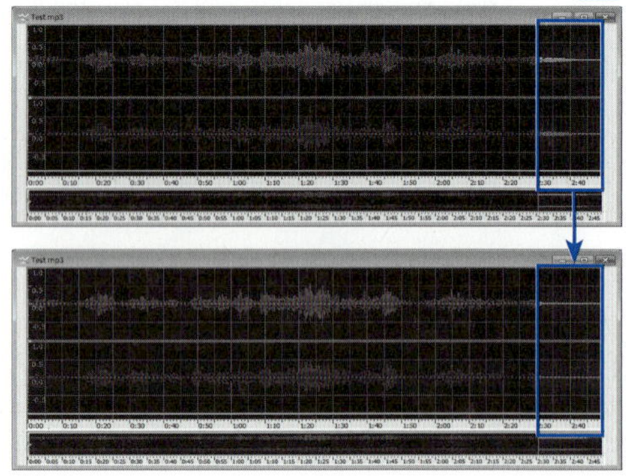

7) 볼륨 조절하기

골드웨이브에서 녹음 음향이 작아 잘 들리지 않을 경우 볼륨 크기를 조절할 수 있다.

① 녹음 된 파일을 불러온 뒤, 상단 메뉴의 [Effect]-[Volume]-[Change Volume]을 선택한다.

② 창이 뜨면 플러스[+], 마이너스[-] 버튼 혹은 [Presets]에서 볼륨을 조절한다.

1

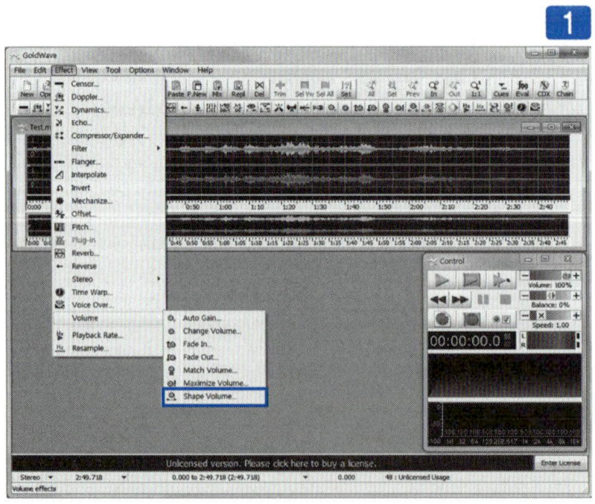

2

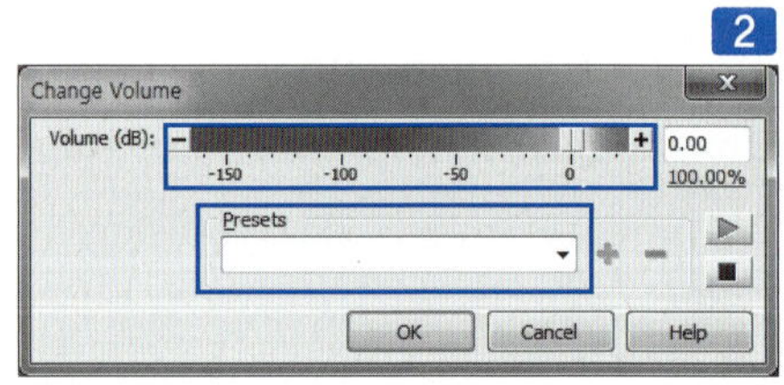

③ 결과물은 팟캐스트를 위해 파일 메뉴에서 [다른 이름으로 저장]을 선택하여 mp3로 저장한다.

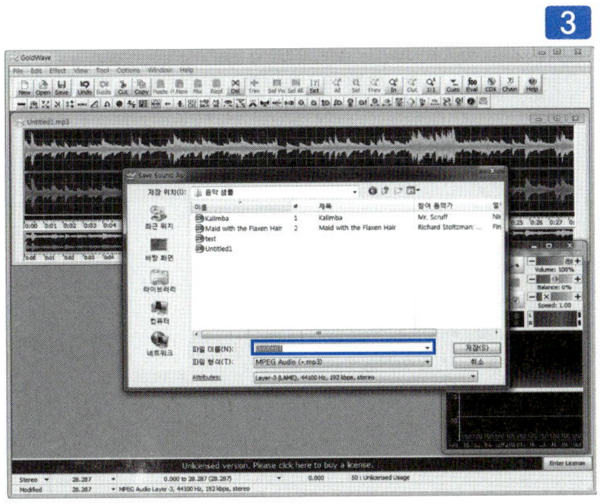

8) 기타 사운드 효과 주기

① Echo : 메아리, 울림 등의 효과를 제공한다.

② Reverb(반향) : 콘서트홀에서 부른 것 같은 효과를 주며, 옵션 창에서의 'Reverb Time' 값을 길게 설정할수록 더 큰 울림 효과를 준다.

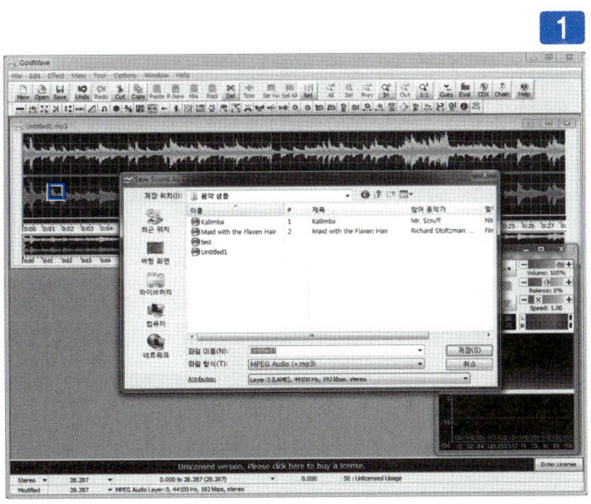

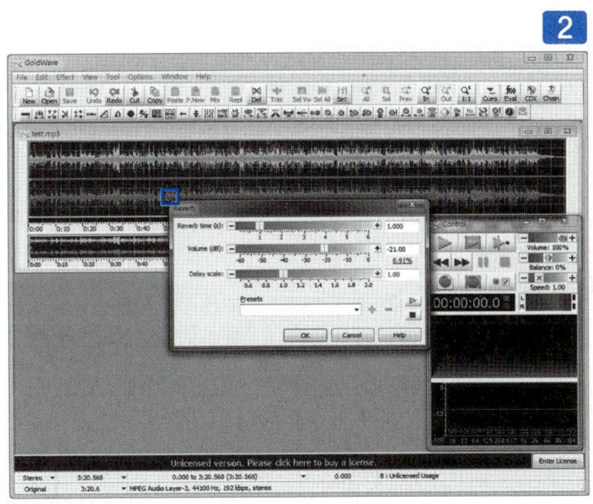

7.2.3 팟캐스트 에피소드 발행하기

이제 제작된 오디오 에피소드 파일을 팟캐스트로 발행해본다. 팟캐스트 방송을 하기 위해서는 오디오 파일을 업로드하여 다른 사람들이 다운로드 받을 수 있게 하는 컴퓨터, 즉 서버가 필요하다. 그러나 이런 팟캐스트 방송을 위한 서버 관리의 부담없이 얼마든지 호스팅 서비스를 이용할 수 있는데 자신의 팟캐스트 운영 계획에 따라 유료 혹은 무료를 선택하여 활용하면 된다.

오디오 팟캐스트를 처음 시도해보는 초보자라면 무료 호스팅을 이용하여 실습해본다. 무료로 팟캐스트를 위한 호스팅 서비스를 받을 수 있는 곳은 아이블러그, 포딕스 외에도 많이 존재하나 본 실습에서는 아이블러그를 이용한다. 아이블러그에 방송할 경우에는 아이폰에서부터 안드로이드폰에 이르기까지 다양한 단말기에서 사용이 가능하며, 페이스북과 연동되는 장점을 가진다. 그럼 녹음과 편집이 완성된 오디오 파일을 아이블러그나 서버에 업로드 해보고, 아이튠즈에 팟캐스트로 등록하여 직접 오디오 팟캐스트 방송을 발행해보자.

① 애플 홈페이지에서 아이튠즈를 내려받아 접속한 후 애플 계정을 만든다

1a

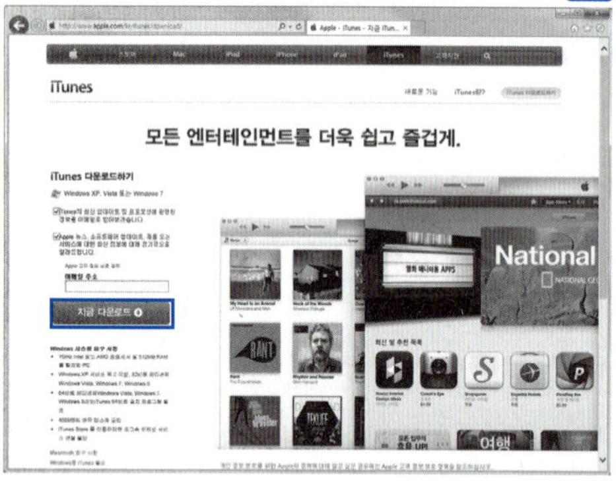

1b

② 아이블러그(http://www.iblug.com)에 접속하여 본인의 페이스북 계정으로 로그인 한다.

– 허가요청 화면에서 우측하단의 [확인] 버튼을 누른다.

2a

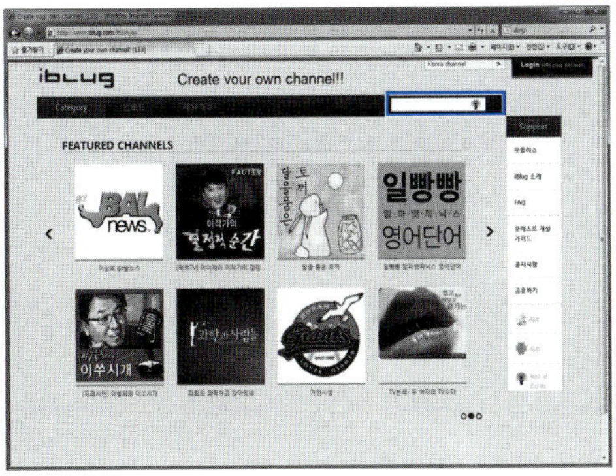

2b

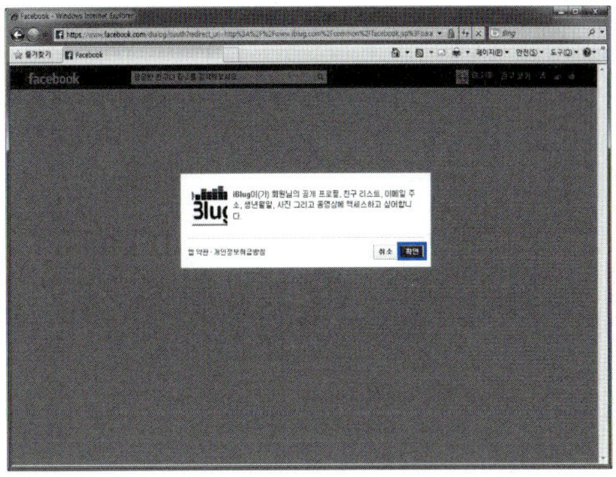

③ 아이블러그에 가서 [마이채널]을 누르고 방송에 대한 정보를 입력하고 저장하여 채널을 만든다.

3a

3b

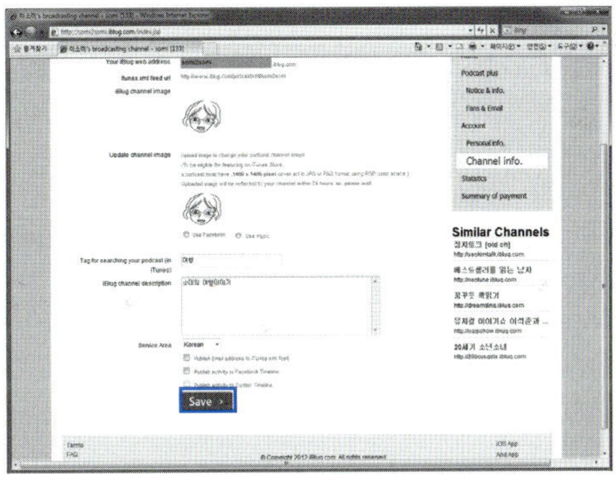

④ 나의 채널이 만들어졌다. 처음 메뉴로 돌아가서 방송 파일을 올리기 위해 [업로드] 버튼을 누른 뒤, 파일을 업로드한다.

– 길이 15분 이하, 용량 150MB 이하의 파일만 업로드할 수 있다.

4a

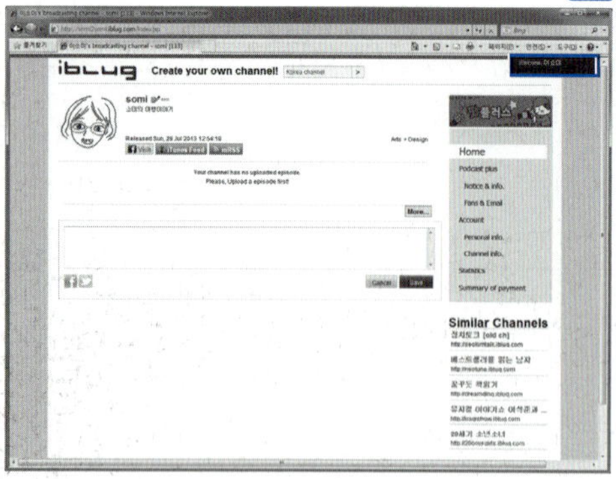

4b

⑤ 파일이 업로드된 것을 확인한 뒤, 제목을 눌러 동영상을 확인하고 URL 주소를 받아낸다.

5a

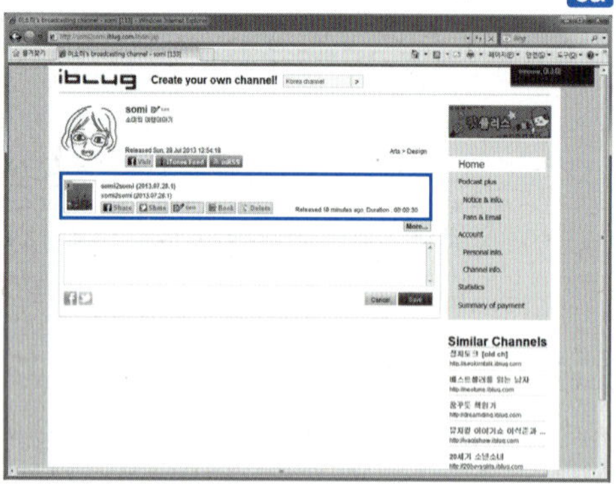

5b

⑥ 동영상을 종료한 뒤, [Podcast feed URL]를 누르고, 주어진 XML Feed URL을 복사한다.

6a

6b

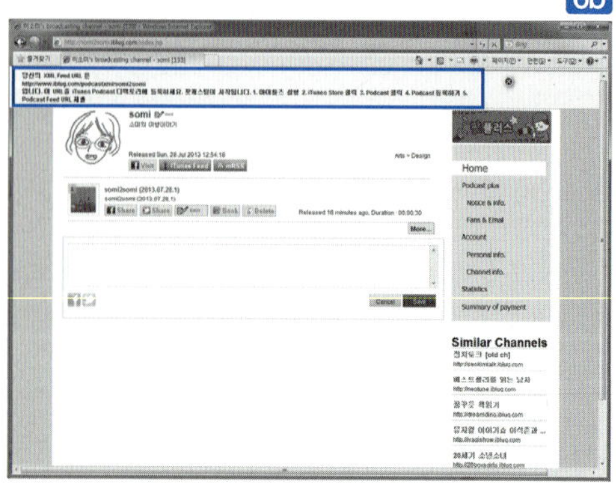

⑦ URL을 등록하기 위하여 아이튠즈를 실행시킨다. [Podcast] 메뉴로 들어가서 [Podcast 등록하기]를 누른다.

⑧ 받아낸 URL주소를 빈 칸에 입력하고 [계속] 버튼을 누른다.

7

8

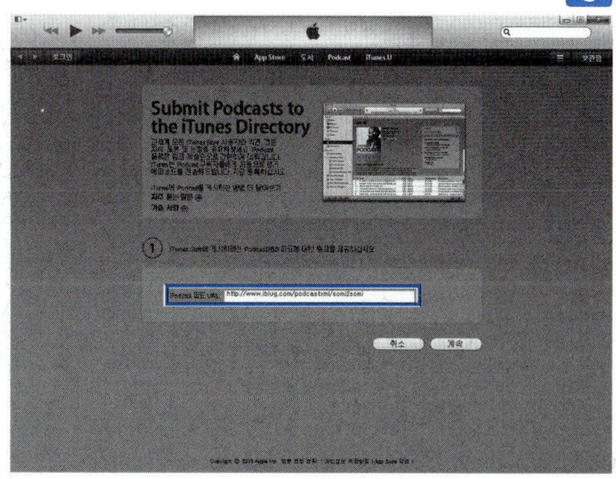

⑨ 하위 내용을 확인하고 [제출] 버튼을 누른다.

– 팟캐스트 제출이 완료되었다. 1~2일 동안 내용 심사과정을 거치면 자신의 방송을 들을 수 있다.

9a

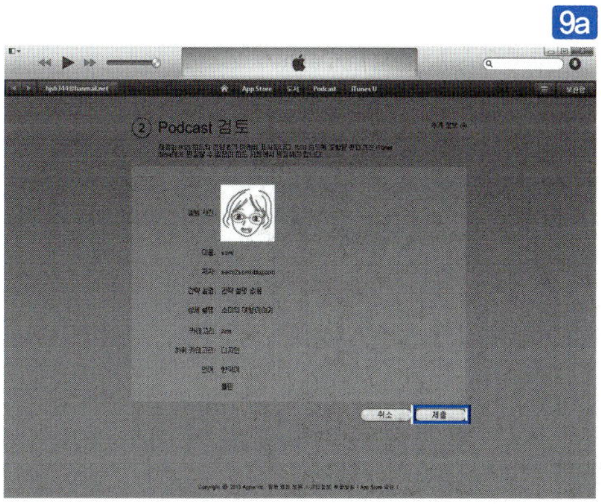

9b

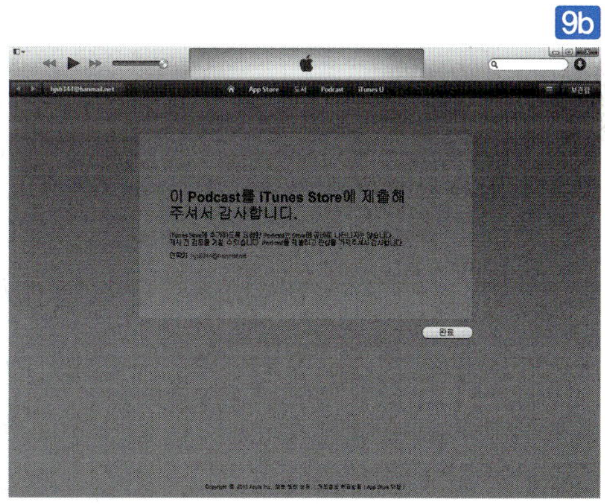

⑩ 이제 자신도 팟캐스트를 발행하는 팟캐스터가 되었다. 다양한 주제의 개성있는 팟캐스트 에피소드로 많은 구독자들과 소통할 수 있도록 노력해 보자.

10

연습문제

■ **다음 괄호 안에 올바른 단어를 기입하시오.**

1. 팟캐스트란 (　　　) 또는 (　　　) 파일 형태로 뉴스나 드라마 등 다양한 콘텐츠를 인터넷망을 통해 제공하는 서비스로, 매번 미디어를 선택하거나 찾아 들어가는 방식이 아닌 (　　　) 방식으로 이루어져있다.

2. 팟캐스트 콘텐츠를 구독하기 위해서는 자신이 사용할 (　　　) 를 선택하고, 원하는 팟쇼를 찾아 에피소드를 다운받는다.

3. 팟캐스팅을 위한 에피소드 녹음 후, (　　　) 를 이용해 에피소드를 업로드하고 아이튠즈에 등록해 알릴 수 있다.

4. 사운드가 일반적으로 모든 소리를 의미한다면, (　　　) 는 전기에너지로 변환한 소리를 의미한다. 즉, (　　　) 는 소리 자체가 디지털 데이터로 녹음되어 있는 파일이다.

5. 사운드는 내용적인 측면과 형태적인 측면에서 종류를 구분할 수 있으며, 내용적인 측면은 다시 (　　　), (　　　), (　　　) 의 세가지로 분류된다.

6. 동영상 압축 표준인 MPEG에서 MPEG-1의 오디오 규격으로 개발된 압축 기술인 (　　　) 는 1/10 이상의 비율로 파일 사이즈를 줄이는 우수한 압축률을 보인다.

7. (　　　) 는 마이크로소프트와 IBM 오디오 파일 포맷의 기준으로, 윈도우에서 기본적으로 사용된다.

8. 오디오 편집기인 골드웨이브에서 제공하는 (　　　) 는 음의 높낮이 조절이 가능하며, (　　　) 은 소리가 차츰 커지는 효과를 준다.

■ **다음 질문에 대하여 간단히 서술하시오.**

1. RSS 리더기를 선택하여 원하는 팟쇼를 찾아보라. 그리고 듣고 싶은 에피소드 하나를 구독하여 보라.

2. 팟캐스팅을 위해선 오디오 파일이 필요하다. 소리의 구성 요소인 주파수, 진폭, 음색에 대하여 간단히 설명하라.

3. 아날로그 형태의 사운드를 컴퓨터에서 작업하기 위해서는 디지털 형태로 변환시켜야 한다. 사운드의 디지털화 과정을 간단하게 설명하라.

4. 오디오파일은 다양한 압축 방법을 가진다. 오디오 파일을 압축하는 이유는 무엇인가?

SOCIAL MEDIA

08 CHAPTER

미디어 공유서비스

8.1 유튜브

8.2 위키

8.3 플리커

CHAPTER

SOCIAL MEDIA

08 미디어 공유서비스

참여, 공유, 개방으로 대변되는 웹 2.0 서비스가 진화하면서 인터넷 환경은 다양한 미디어 공유 서비스 등을 통해 더없이 풍요로운 콘텐츠들을 제공하고 있으며, 우리는 스마트폰 등의 다양한 디지털 기기들을 통해 이를 활용하고 있다. 이러한 미디어 공유 서비스들은 다양한 미디어 자료들을 쉽게 접할 수 있게 하며, 다른 콘텐츠와의 결합을 통해 새로운 콘텐츠의 재창출을 돕기도 한다. 초창기 공유 서비스들은 불법적인 콘텐츠 유통의 주범으로 여겨졌지만, 최근에는 저작권에 대한 인식과 함께 CCL(Creative Commons License) 표기법 등의 등장으로 건전한 콘텐츠 공유 문화가 자리를 잡아가고 있다. 이 장에서는 대표적인 비디오 공유 서비스인 유튜브(YouTube)와 사진 공유 서비스인 플리커(Flickr)에 대해 알아본다. 또한 지식 공유를 통해 집단지성을 가능하게 한 위키(Wiki)에 대해서 살펴본다.

8.1 유튜브

유튜브(YouTube) 서비스가 시작되기 전에는 일반 컴퓨터의 사용자가 올린 동영상을 다른 사람들에게 보여주는 것이 쉽지 않았다. 동영상의 공유는 주로 피투피(P2P) 공유 프로그램을 통해 이루어졌으며, 그 대상도 주로 저작권을 무시한 상업 영상물이었기 때문에 많은 문제점들이 지적되었다. 그러나 유튜브는 누구나 쉽게 동영상을 올릴 수 있으며, 몇 분 안에 수백만 명이 볼 수 있게 되었으며, 주로 개인 창작물과 같이 다양한 주제의 비디오 공유를 가능케하여 인터넷 문화에서 비중있는 한 부분으로 자리를 잡게 되었다. 유튜브 이외에 동영상 공유 서비스로는 전문가들이 선호하고 커뮤니티 생성이 쉬운 비메오(Vimeo) 그리고 국내의 서비스인 다음 TV팟 등도 많이 사용되고 있다.

8.1.1 유튜브란?

매일 일억 개의 비디오 조회수를 기록하는 유튜브는 세계 최대의 무료 동영상 공유 사이트다. 2005년 2월 이베이의 모회사인 페이팔의 직원이었던 채드 헐리(Chad Meredith Hurley), 스티브 첸(Steve Shih Chen), 자웨드 카림(Jawed Karim)에 의해 공동으로 창립되었다. 이들은 같은 해 11월에 정식 서비스를 시작하였으며, 2006년에는 타임지에 의해 최고 발명품으로 꼽히기도 하였으며, 그 해 10월 구글에 주식교환을 통해 인수되었다. 비디오 검색서비스인 구글 비디오(http://video.google.co.kr)를 서비스하고 있는 구글에 인수되면서 유튜브는 더욱 강력한 공유 사이트로 자리잡았다. 구글은 2007년 6월 프랑스 파리에서 열린 '구글 프레스데이2007' 행사에서 국가별 현지화 서비스를 시작한다고 발표했고, 유튜브 본사의 한국어 서비스는 2008년 1월에 시작하였다.

YouTube

[그림 8-1] 유튜브의 로고

유튜브는 네티즌 스스로가 동영상을 자발적으로 업로드하여 자신의 경험이나 생각을 공유하는 커뮤니티의 역할을 하고 있으며, 이러한 콘텐츠들은 전 세계의 사용자들에 의해 조회되고 평가된다. 또한 유튜브는 네티즌이라면 누구나 자신의 재능이나 창의성을 보여줄 수 있는 기회의 장으로도 사용된다. 실제로 유튜브에 영상을 올려 유명해지거나, 연예인으로 정식 데뷔를 하기도 하며, CF 촬영과 같은 기회를 얻기도 한다. 실예로, 우리나라 가수 싸이의 경우에 유튜브를 통해 노래 '강남스타일'이 2012년 7월 발표된 이래 12월에 유튜브 사상 최초로 10억뷰 조회를 돌파하는 성과에 힘입어 현재 국제적인 유명가수로 인정받고 있다. 이렇듯 유튜브는 단순한 비디오 공유를 넘어 인터넷 문화를 이끌어가는 중심으로 자리잡고 있다.

[그림 8-2] 유튜브 사이트 및 싸이의 강남스타일 비디오 (http://www.youtube.com/)

8.1.2 유튜브의 매력

1) 연쇄반응적 파급력

일괄적으로 무차별 배포되는 방송과 다르게 유튜브는 연쇄반응적인 파급력을 지니고 있다. 유튜브의 동영상들은 사용자들 스스로가 선정하여 인기 콘텐츠가 되면서 전 세계 사용자들을 대상으로 강력하게 연쇄반응적으로 파급이 되기 때문에 어떤 미디어에도 그 파급력은 뒤지지 않는다. 조회수로 대변되는 이러한 파급력은 유튜브의 가장 큰 매력이라 할 수 있으며, 최근 다양한 마케팅 도구로 이용되기도 한다.

2) 신개념 마케팅 기법으로의 활용

유튜브는 입소문을 통해 동영상이 퍼지는 바이럴 마케팅(viral marketing)을 활용하기에 최적의 공간을 제공한다. 기존 TV광고와 달리 기간이 한정돼 있지 않고, 전 세계를 대상으로 동시 노출이 가능한 유튜브는 비용 대비 엄청난 홍보효과를 지니고 있기 때문이다. 실제로 미국 자동차업체인 재너럴모터스(GM)와 글로벌 휴대폰 제조사인 모토로라의 광고를 본 소비자를 대상으로 설문조사를 진행한 결과, 유튜브를 활용했을 때 GM은 약 7%, 모토로라는 약 15%의 인지도가 증가했으며, TV를 시청할 때보다 유튜브로 시청할 때 주목도가 약 1.5배 높은 것으로 나타났다.

3) CCL로의 공유

유튜브는 이용자가 올린 동영상에 CCL(Creative Commons License) 표기를 적용할 수 있는 기능을 2011년 6월부터 공식적으로 실행하였다. CCL이란 저작권의 부분적 공유를 목적으로 결성된 비영리 기관인 크리에이티브 커먼즈(Creative Commons, CC)에서 지정한 라이선스 관리 표기법이다. 특정 조건에 따라 저작물 배포를 허용하는 범위를 콘텐츠 저작자 본인이 설정하는 일종의 저작권 라이선스 표기방식이다. 그 조건에는 저작자표시, 비영리, 변경금지, 동일조건 변경허락의 4가지 개별조건들의 조합으로 이루어져 있다. 이는 자칫 저작권 문제로 발목이 잡힐 수 있는 미디어 공유 서비스들을 위한 라이선스 관리기법이라 할 수 있다. 이를 통해 사용자들은 유튜브의 풍부한 콘텐츠들을 조건에 따라 자유롭게 즐길 수 있는 반면 라이선스를 적용한 콘텐츠 저작자는 불법으로부터 자신의 저작자 권리를 보장 받을 수 있다.

[그림 8-3] 크리에이티브 커먼즈 로고

〈표 8-1〉 CCL 의 개별조건

	저작자 표시 (Attribution; by)	저작물을 사용할 때에 원저작자를 꼭 표기해야 한다.
	비영리 (Noncommercial; nc)	저작물을 영리 목적으로 사용할 수 없다.
	변경 금지 (No Derivative Works; nd)	저작물을 변경할 수 없다.
	동일조건 변경 허락 (Share-alike; sa)	2차 저작물을 만들 때 그 저작물에도 원저작물과 같은 라이선스를 사용해야 한다.

출처: CCL Korea.

4) 영상 저널리즘의 대중화

유튜브는 영상 저널리즘의 대중화를 선도하고 있다. 카메라를 탑재한 스마트폰 등 다양한 휴대용 기기의 보급은 누구나 쉽게 영상을 촬영할 수 있게 하였으며, 이를 바로 인터넷 환경에 업로드 할 수 있다는 점은 그 어떤 미디어보다 빠르게 영상을 통해 뉴스를 전할 수 있다. 실제로 세계 각국의 사건사고들이 기존의 대형 미디어들보다 유튜브를 통해 더 빨리 전해지고 있으며, 유튜브의 영상을 이용해 뉴스를 전하기도 한다. 또한 기존 미디어에서 다루지 못하거나 등한시 되었던 주제나 사건에 대해서도 유튜브는 다양한 시각으로 전달할 수 있어 '유튜브 저널리즘'이라는 신조어까지 등장하였다.

5) 참여형 콘텐츠(UCC) 와 매스컴 틈새 콘텐츠

유튜브의 동영상들은 주로 UCC(User Created Contents)로 이루어져 있으며, 이러한 사용자 참여형 콘텐츠들은 누구나 주제와 형식의 구애 없이 콘텐츠를 제작하여 올릴 수 있다. 따라서 기존 미디어들을 통해 제작된 콘텐츠에 비해 참신하거나 개성 강한 작품들이 많으며, 매스컴에서 다루지 못하는 틈새 콘텐츠들을 통해 사용자들의 다양한 요구를 충족시켜주고 있다. 유튜브는 자신의 창의력이나 제작능력을 보여줄 수 있는 통로인 동시에 기존 미디어들이 충족시켜주지 못하는 다양한 문화적 소통이 가능한 공간을 제공하고 있다.

8.1.3 유튜브 실습

1) 유튜브 가입하기

① 유튜브 사이트(http://kr.youtube.com/)에서 [계정만들기]를 통해 계정을 만든다.

② 기존에 구글 계정이 있는 경우 이를 사용할 수 있다.

1

2

2) 유튜브에 동영상 올리기

유튜브의 경우 누구나 동영상을 올리고 공유 할 수 있다는 정책을 펼치고 있지만, 한 때 국가 설정이 우리나라로 되어있는 경우 실명인증 문제로 인해 업로드가 불가능한 적이 있었다. 그러나 2012년 8월 실명인증 의무화가 위헌으로 결정됨에 따라 현재는 문제없이 사용이 가능하다.

① 로그인 후 상단의 [업로드] 메뉴를 통해 동영상을 올릴 수 있다.
② 처음 동영상을 올리게 되는 경우 동영상의 채널 옵션을 설정하게 된다.

1

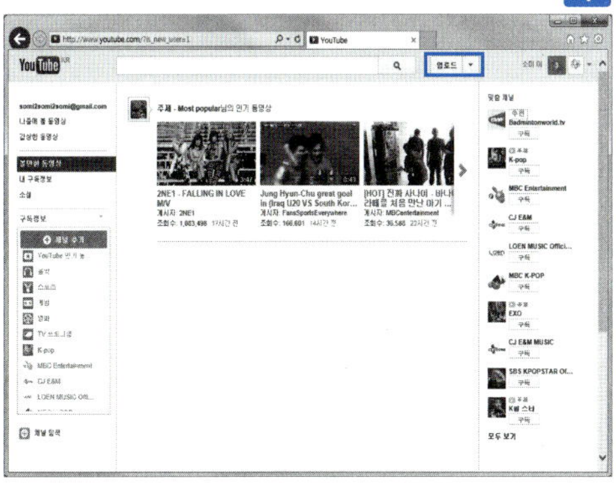

2

③ 동영상을 올릴 방법을 선택한다.
④ 주로 사용하게 되는 [컴퓨터에서의 파일 선택]을 누르면 업로드 하고자 하는 파일을 찾을 수 있다.

3

4

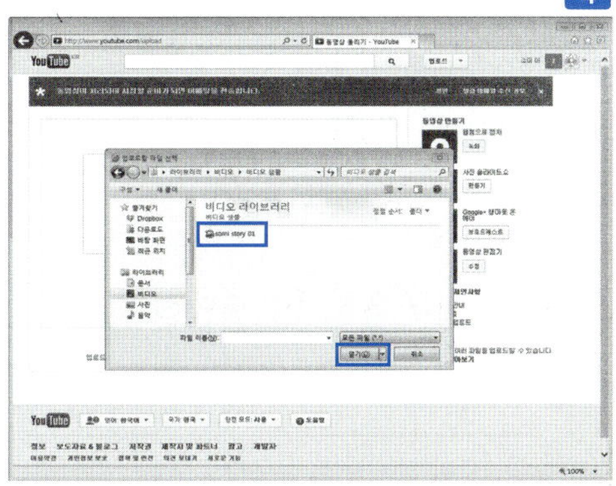

⑤ 파일을 선택하면 동영상을 업로드하는 동시에 기본정보 및 고급설정을 할 수 있다.

5a

5b

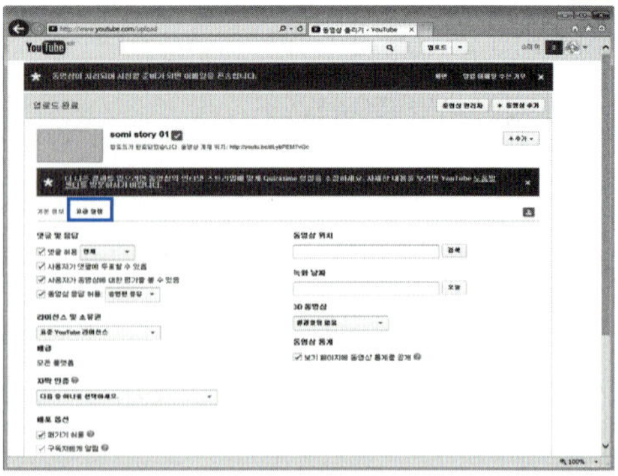

⑥ [공유] 메뉴를 통해 업로드된 동영상의 주소를 확인할 수 있다.

⑦ 업로드한 동영상을 다른 SNS에서 활용하기 위해 [소스코드] 메뉴에서 html 코드를 얻을 수 있다.

- 블로그 등의 SNS 입력창에서 html 에디터 모드에 직접 소스코드를 복사해 붙이게 되면 업로드한 유튜브의 동영상을 삽입할 수 있다.

6

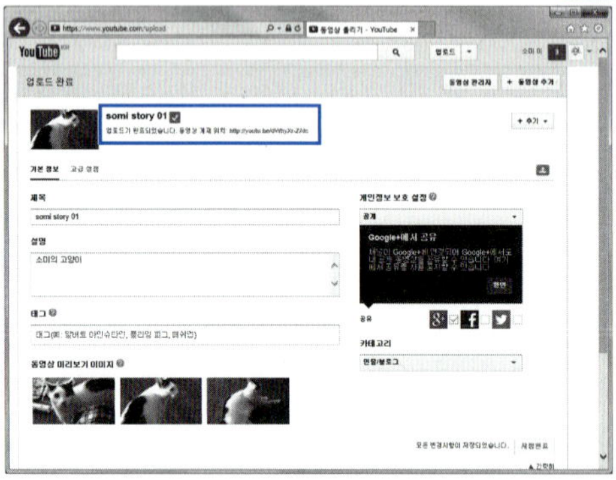

7

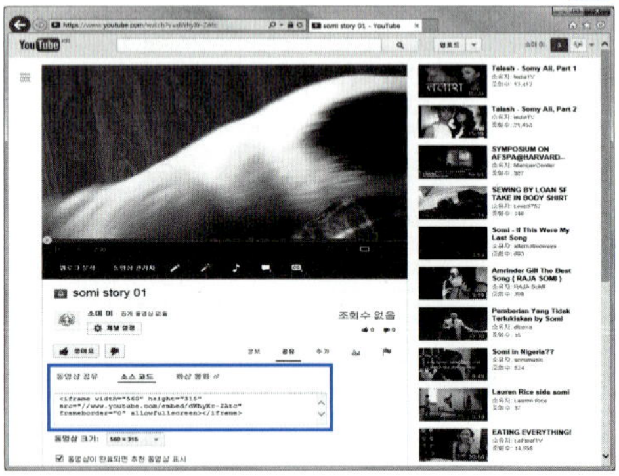

3) 유튜브에서 블로그로 동영상 퍼오기

① 유튜브에서 원하는 동영상을 선택한 후 [공유] 버튼을 누른다.

② 공유는 [동영상 공유], [소스코드], [화상통화]의 메뉴를 가지며 [동영상 공유]를 선택할 경우 친구에게 해당 동영상 링크를 이메일로 바로 보낼 수 있다.

1

2

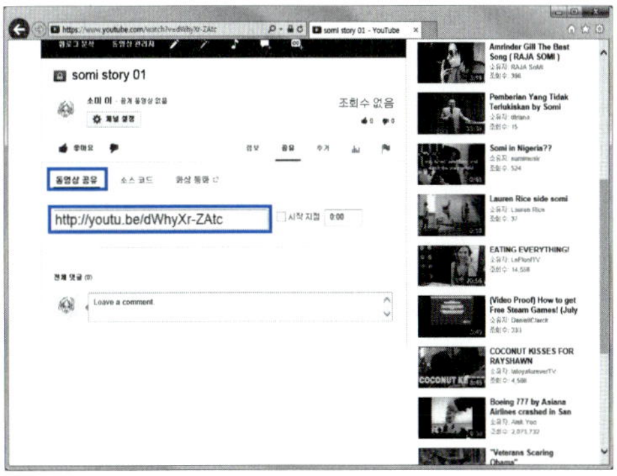

③ [소스코드]를 선택하면 직접 삽입해서 사용할 수 있는 html 코드가 나타난다.

- 소스코드는 아래의 설정내용에 따라 변경된다. 따라서 동영상의 크기 및 원하는 형태를 선택한 후 소스를 복사해서 사용할 수 있다.

④ 블로그 입력창에 에디터 모드를 html로 설정한 후 복사한 html 코드를 붙여넣기 한다.

3

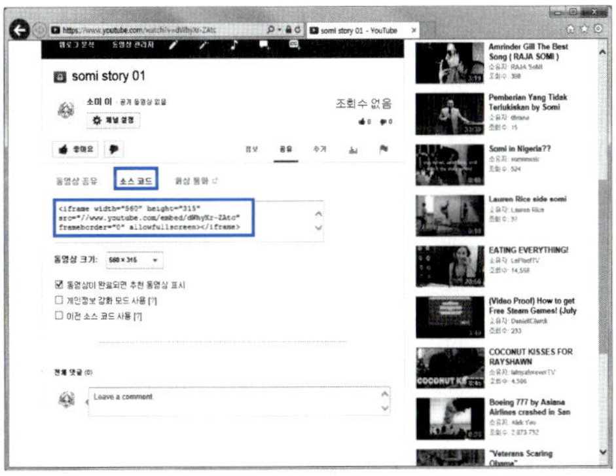

4

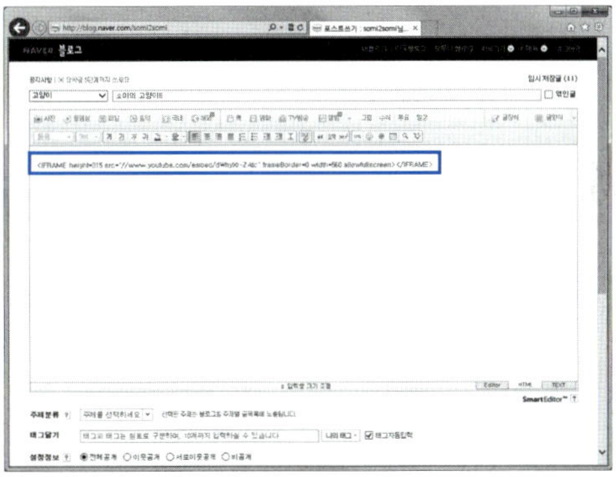

⑤ 입력 도중 에디터 모드를 기본으로 바꾸면 삽입된 동영상을 확인할 수 있다.

5

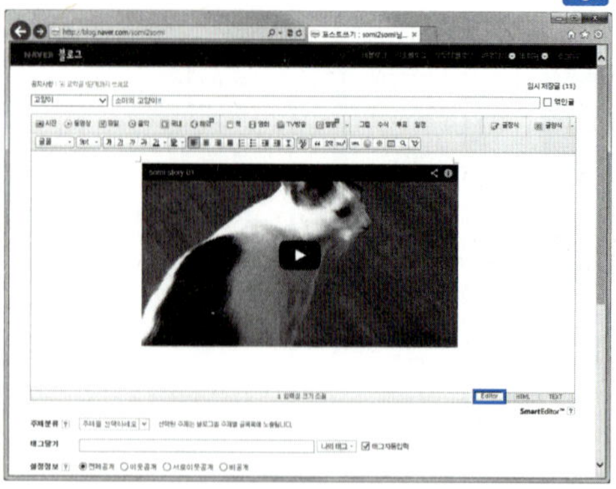

8.2 위키

위키(Wiki)를 이용한 대표적인 서비스인 위키피디아(Wikipedia)는 하루 2500만 명 이상이 사용하고 있다. 2012년 1월 미국 의회가 추진하는 저작권 관련 인터넷규제 법안에 대한 시위로 하루동안 정전(blackout)을 선언하자 학생들은 위키피디아 없이 하루 보내는 법을 경쟁적으로 만들어 낼 정도로 위키피디아의 영향력은 대단하다. 인터넷을 이용한 집단지성을 실현하기에 최적의 방법을 제공할 수 있는 위키에 대해 알아본다.

8.2.1 위키란?

위키란 위키위키(wikiwiki)의 줄임 말로 여러 명이 공동으로 문서를 작성할 수 있는 마크업언어(markup language)의 한 종류이며, 그런 문서를 작성하는 협력 프로그램을 지칭하기도 한다. 최초의 위키 소프트웨어라고 할 수 있는 위키위키웹을 시작한 사람은 미국의 컴퓨터 프로그래머인 워드 커닝엄(Ward Cunningham)이다. 커닝엄이 1995년에 특정 프로그램을 수행하고 있는 관련 분야의 전문가들의 의견을 효과적으로 수용하기 위해 개발한 프로그램을 토대로 위키위키웹을 만들기 시작하였다. 그가 처음으로 위키위키의 개념을 고안했고, 하와이어로 '빨리빨리'라는 의미의 위키라는 이름도 붙였다.

[그림 8-4] 위키의 개념을 만든 워드 커닝엄 [출처: 위키피디아]

위키는 웹브라우저 상에서 여러 명의 사람들이 공동으로 문서를 만들어 갈 수 있는 대표적인 협업 서비스라고 할 수 있다. 누구나 내용을 수정할 수 있어 인터넷을 통해 의견을 나누는 흥미로운 방식이며, 누구나 공동의 문서 즉 콘텐츠에 접근이 가능하며 이를 수정할 수 있어 제작자가 아닌 이용자 스스로 공동의 지식으로 콘텐츠를 발전해 나간다. 때로 이러한 개방성이 콘텐츠에 대한 신뢰도나 정확성을 위협하기는 하지만 악의적인 수정에 대한 다양한 대책방법을 수립하거나, 이용자들 스스로의 자정적인 노력을 통해 건전한 집단지성을 수립해 나갈 수 있다. 이렇게 누군가 만들어 놓은 콘텐츠를 그대로 수용하는 형태가 아닌 내 스스로 정보를 추가해 나간다는 의미에서 위키를 약어로 'What I Know Is'라고 해석하기도 한다.

함께 써내려 간 공동의 콘텐츠로서 글의 갯수가 가장 많은 위키는 위키피디아(Wikipedia)이다. 그러나 우리나라의 경우 위키피디아의 역할이 크게 성공적이지 못하다는 평가를 받고 있는데, 그 이유로는 위키피디아의 창업자 지미 웨일스(Jimmy Donal Wales)도 언급하였듯이 '지식in'이라는 강력한 경쟁자가 있기 때문이다. 2000년에 시작된 우리나라의 지식 검색 서비스는 현재 네이버의 '지식in'이 대표적이며, 위키와 같은 협업의 서비스는 아니지만 질문에 대한 다른 사용자들의 자발적인 답변이 제공되는 지식 교류 서비스이다. 그러나 웹 2.0 시대에 대표적인 집단지성 모델인 위키피디아의 협업적 성격은 교육적 측면에서나 집단지성의 활성화 측면에서 매우 활용가치가 높아 앞으로는 널리 사용될 것으로 전망되고 있다.

위키는 이렇게 공개된 웹사이트에서 정보를 공유하는 특징 이외에 개인 문서 저장소로도 활용이 가능하다. 계속된 수정과 반복적 기록에 대해 웹 상에서 개인의 정보를 쉽게 관리할 수 있다는 매력 때문이며, 단체 내의 의견교환을 위한 협업의 도구로도 매우 적합하다.

8.2.2 위키 기반의 웹 서비스

위키를 기반으로 한 대표적인 웹 서비스로 위키피디아와 스프링노트를 들 수 있다. 위키피디아의 경우 위키의 개념에 가장 부합할 수 있는 협업에 중점을 둔 서비스이며, 스프링노트의 경우 위키의 장점을 개인화에 적용한 개인 지향 위키 서비스라 할 수 있다. 여기서는 위키피디아에 대해 알아본다.

2001년 1월에 시작된 위키피디아는 무료 온라인 백과사전이다. 지미 웨일스(Jimmy Wales)에 설립되었으며, 비영리 단체인 위키미디어(Wikimedia) 재단에서 운영을 하고 있다. 기존 백과사전과는 달리 사용자 간의 창조와 협동 그리고 공유의 촉진을 목표로 만들어 간다는 점에서 웹 2.0 시대의 발전에 크게 기여하면서 성공을 거두었다. 전 세계 200여 개의 언어로 만들어져 가고 있으며 한국어 위키피디아의 경우 2002년 10월에 시작되었다. GNU 자유문서사용허가서(GNU free documentation license)에 따라 배타적인 저작권을 가지고 있지 않기 때문에 사용에 제약을 받지 않는다는 점에서 큰 호응을 얻고 있다. 그러나 누구나 참여할 수 있다는 개방성은 악의적인 편집이나 부정확한 내용을 유발할 수 있다는 책임성과 권위의 부족 등이 문제가 되어 백과사전으로서의 지위에 논란이 있기도 하다.

실예로 2012년 위안부에 대한 위키피디아의 내용이 일본인에 의해 왜곡되고 있다는 보도가 있었으며, 병영연기에 대한 반감으로 축구선수 박주영을 위키피디아에 모나코 대표로 기재되도록 하는 네티즌들의 장난 등이 문제되기도 하였다. 그러나 다양한 방면의 지식들이 방대한 분량으로 자세히 수록되어 있으며 내용이 끊임없이 업데이트 되어 무료로 누구나 접근이 편리하다는 점 때문에 이러한 논란에도 불구하고 애용되고 있다.

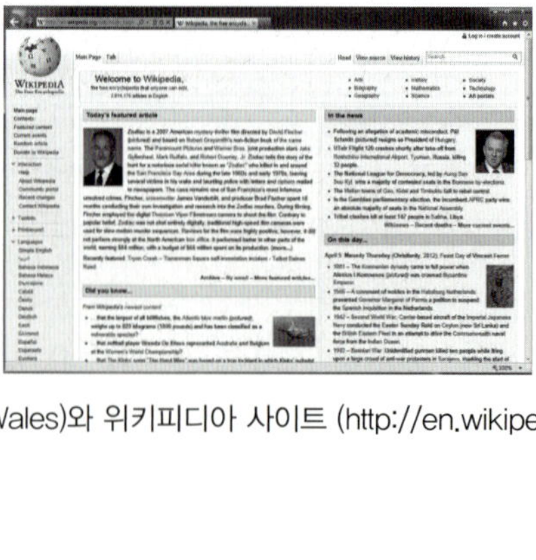

[그림 8-5] 지미웨일즈(Jimmy Wales)와 위키피디아 사이트 (http://en.wikipedia.org/)

8.2.3 위키피디아 실습

1) 위키피디아 로그인 및 검색하기

위키피디아에 참여하기 위해서 반드시 로그인 과정을 거쳐야 하는 것은 아니지만 로그인을 하지 않고 새로 만들기나 편집 작업을 하게 되면 자신의 IP 주소가 기록되어 공개된다.

① 계정 생성은 아래 화면과 같이 비교적 간단한 과정을 거치게 되며, 사용자의 참여를 권장하는 간단한 위키피디아의 설명을 확인할 수 있다.

1a

1b

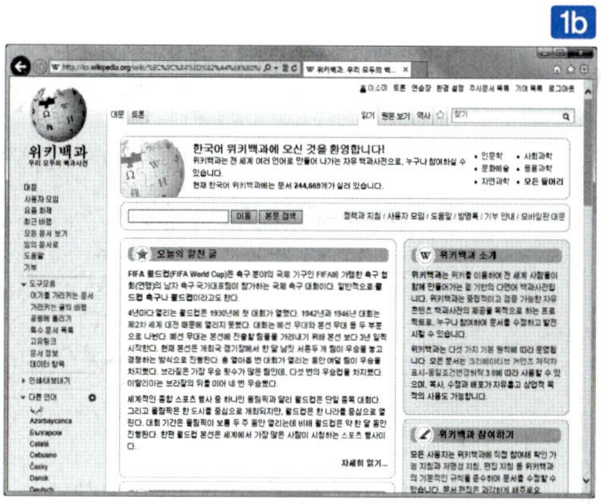

② 검색창에 표제어를 입력함으로써 원하는 정보를 찾을 수 있다.

③ 검색된 결과는 '읽기' 모드로 내용을 확인할 수 있다.

2

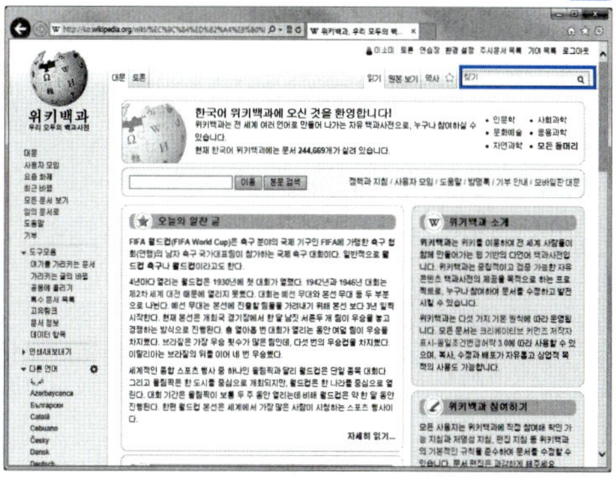

3

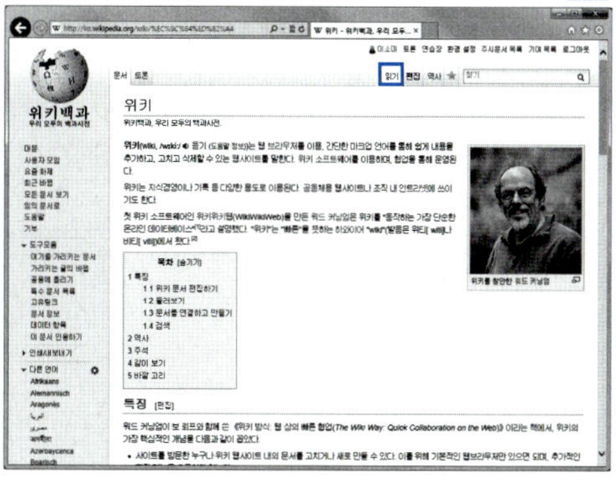

2) 위키피디아에 참여해보기(편집/새로만들기)

① 검색된 내용의 편집에 참여하고자 한다면 [편집] 메뉴를 통해 편집 모드로 들어가 직접 내용을 수정할 수 있다.

- 편집 내용은 신중히 작성해야 하며, 타인에 의해 영리적으로 이용되거나 수정 · 배포되는 것에 동의하지 않는다면 저장하지 않는다.

② [역사] 메뉴는 해당 표제어의 문서가 수정된 기록과 수정 전 문서들을 확인 할 수 있다.

- 위키피디아의 문서는 수정 시 매번 다른 파일로 저장되므로 악의적으로 문서 내용을 수정하거나 삭제하여도 수정 전의 내용으로 복구가 가능하다.

1

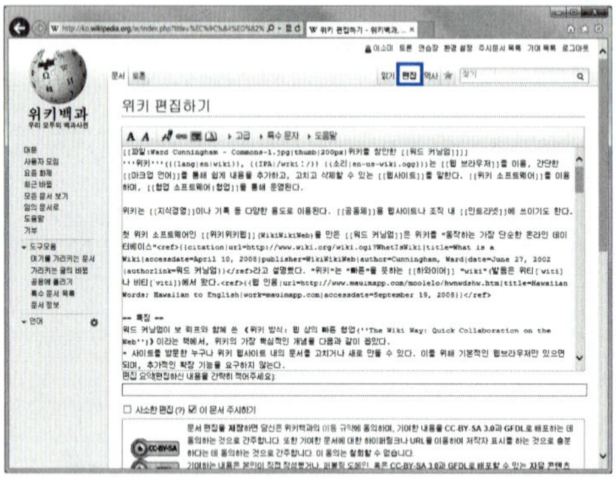

2

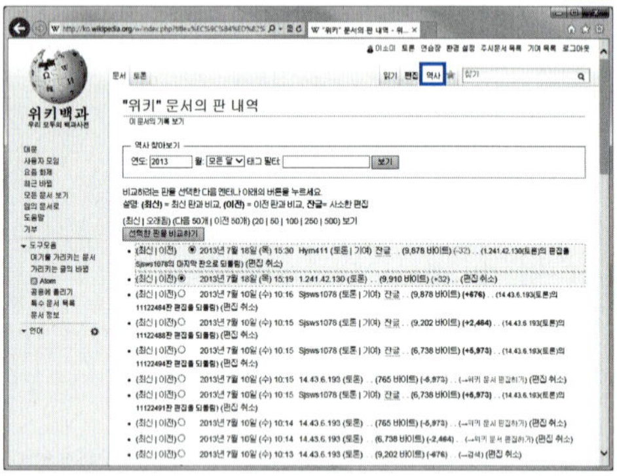

③ [★] 메뉴는 해당 문서를 주시문서 목록에 저장해 준다.

④ 주시문서 목록은 상단의 [내 주시문서 목록]에서 확인 할 수 있다.

- 주시문서는 관심을 가지고 차후 수정되는 사항을 확인하고 싶은 문서를 말하며 이를 목록화해서 최근 수정 사항 등을 한번에 파악할 수 있다.

3

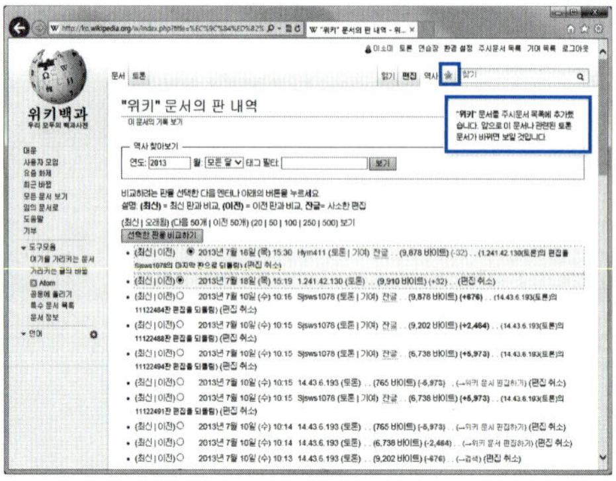

4

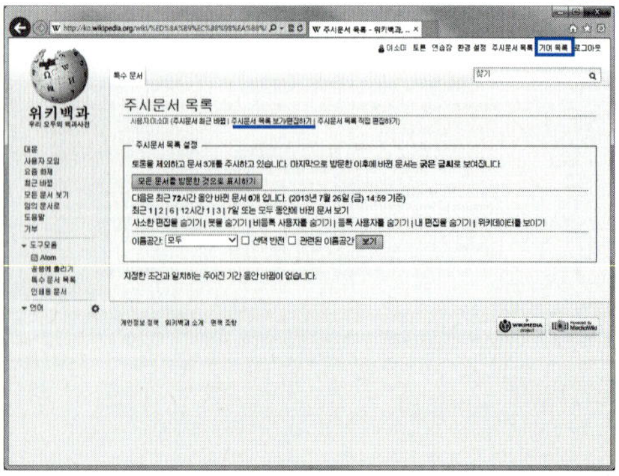

⑤ 아직 문서화 되지 못한 표제어에 대해서 새로 만들기가 가능하다. 이 경우 표제어가 빨간색으로 아래와 같이 표시된다.

⑥ 빨간색 표제어를 누르게 되면 해당 표제어의 문서를 작성할 수 있다.

5

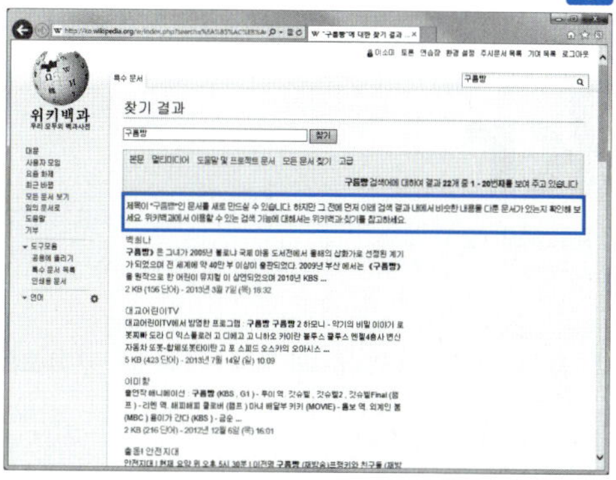

6

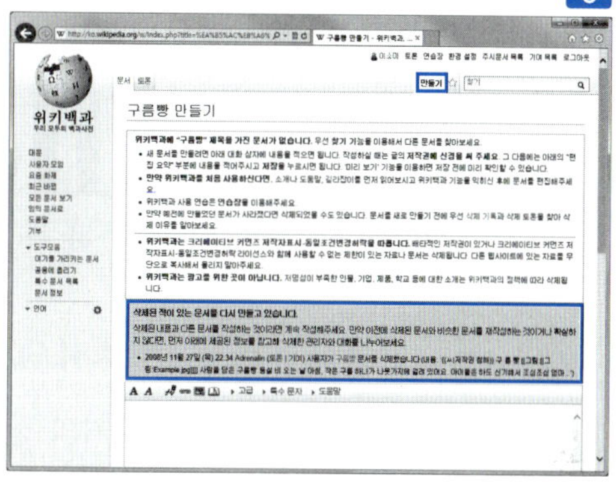

8.3 플리커

DSLR((Digital Single Lens Reflex)이나 각종 기기들에 장착된 디지털 카메라의 보급은 우리에게 풍성해진 사진 자료들을 제공하였고, 이러한 사진들은 다양한 콘텐츠에 사용되기도 하고 각종 소셜미디어에서 활용되기도 한다. 그러나 막대한 양의 사진들을 관리하는 일이나 웹에서 필요로 하는 사진을 찾는 일은 결코 쉽지 않았으며 이를 위해 사진 공유 서비스가 시작되었다. 사진 공유 서비스는 단순한 사진 자료의 관리 및 공유뿐 아니라 사진가들과의 커뮤니티 형성을 통해 사진을 매개로 하는 소통이 가능하다는 장점이 있다. 사진 공유 서비스로는 야후의 플리커(Flickr)나 구글의 피카사(Picasa) 등이 있으며, 이 절에서는 플리커에 대해 알아본다.

8.3.1 플리커란?

2004년 2월에 시작된 플리커는 캐나다 루디코프(Ludicorp)사에서 개발한 온라인 사진 공유 서비스이다. 플리커는 사진을 공유하는 목적 이외에도 개인적인 사진 관리를 위해 많이 사용되고 있으며, 다양한 플리커 사용자, 즉 사진가들과 소통할 수 있는 커뮤니티를 제공하고 있다. 2005년 3월 야후(Yahoo)에 의해 인수되었으며 하루 평균 150만장 정도가 업데이트되고 있다.

flickr

[그림 8-3] 플리커(Flicker)의 로고

플리커는 여타의 사진 공유 서비스가 가지고 있는 장점 이외에 태그를 이용한 고유의 분류 기능을 제공한다. 이러한 플리커의 장점들은 다음과 같다.

●안정된 사진 저장소 역할

플리커는 안정된 사진 저장소의 역할을 제공한다. 플리커의 스토리지 서버는 백업서버까지 갖추고 있어 해킹이나 하드웨어 오류에 의해 메인서버가 손상되더라도 2~3시간 만에 정상복구가 가능할 정도의 안정적인 사진 저장 서비스를 제공하고 있다. 비록 JPEG 포맷만 지원하고 있고, 원본 사이즈로 업로드하기 위해선 월 사용료를 지불해야 한다는 단점이 있으나 사진 손상의 위험성을 줄이고 언제 어디서나 사진을 업로드하거나 다운로드 할 수 있다는 장점이 있다.

●태그를 이용한 조직화

플리커만의 획기적인 특징은 태그를 이용한 자료의 조직화에 있다. 사진 제공자는 키워드가 되는 태그(tag)를 통해 사진을 분류할 수 있으며, 이는 다른 검색자가 장소의 이름이나 주제와 같은 키워드를 가지고 쉽게 원하는 사진을 찾을 수 있게 도와준다. 사용자가 만든 태그를 사용하기 때문에 자체 분류법적인 방식의 주요사례로 꼽히기도 한다. 또한 플리커 계정 하나에 대해, 그 계정에 속한 사진들을 조직화 해주는 웹 어플리케이션인 오거나이저(organizer)를 제공함으로써 사용자들은 자신의 사진들에 대한 정보를 손쉽게 작성하고 수정할 수 있어 관리를 용이하게 하였다.

● **이미지를 통한 세계와의 소통**

전 세계의 플리커 사용자들이 올리는 다양한 사진들을 감상하고 이를 활용할 수 있다는 점은 사진을 취미로 하는 이용자들에게는 사진을 보는 안목을 제공한다. 세계 곳곳의 사진들이나 사건사고의 사진들은 사진을 매개로 한 소통의 실마리를 제공하기도 한다. 또한 플리커와 각종 소셜미디어들의 연동을 통해 사진 뿐 아니라 사진 제공자와의 소통이 가능하며 이는 커뮤니티 형성으로 이어지기도 한다.

8.3.2 플리커 실습

플리커는 기존의 야후 계정이나 구글 또는 페이스북 계정과의 연동을 통해 로그인이 가능하므로 자신이 소유하고 있는 계정을 선택해 로그인 하면 된다. 그러나 이미지의 검색 및 다운로드는 로그인 과정 없이도 사용이 가능하다.

1) 플리커에서 저작권 없는 이미지 찾기

플리커는 저작권 형태에 따른 이미지 검색이 가능하므로, 저작권에 대한 걱정 없이 원하는 이미지를 다운로드해 사용할 수 있다.

① 플리커 사이트(http://www.flickr.com)에서 검색버튼[🔍]을 누르게 되면 '고급검색'을 선택할 수 있다.

② '고급검색'을 선택한다.

1

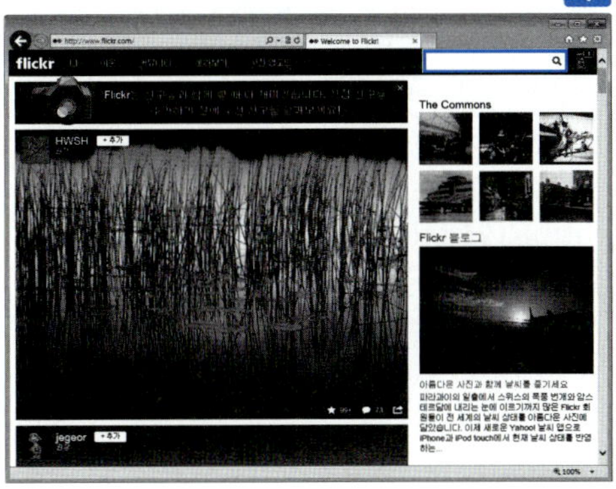

2

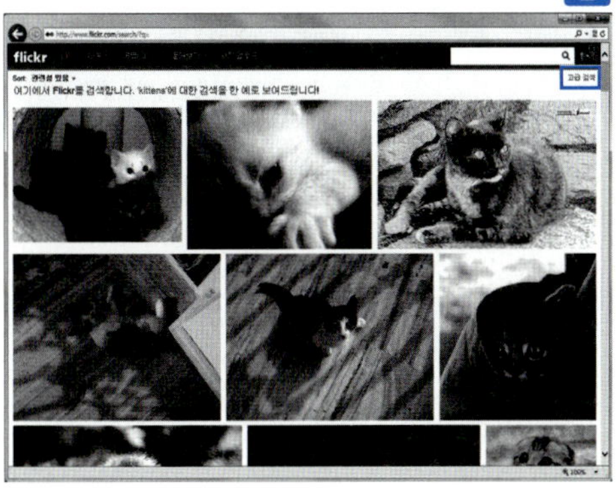

③ 고급검색에서는 다양한 검색 조건을 설정할 수 있다.

④ 고급검색 하단의 CC 사용권이 있는 사진 검색에 체크한 후 [검색]을 누른다.

3

4

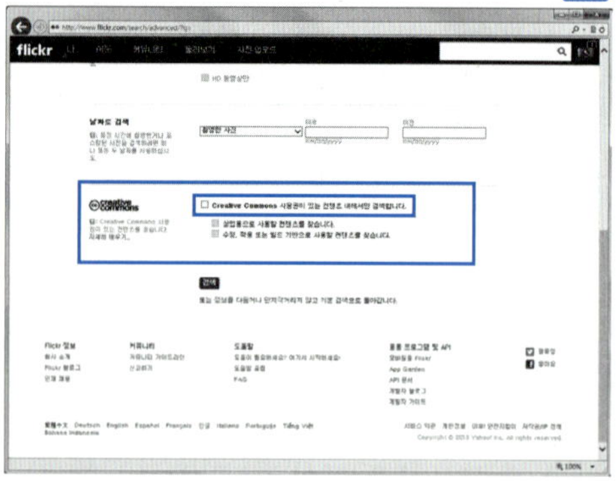

2) 플리커 이미지 사용하기

① 검색된 이미지들 중 원하는 이미지를 선택한다.

② 선택한 이미지는 아래의 메뉴들을 통해 즐겨찾기 하거나 이메일로 보내기 또는 페이스북이나 트위터에 공유시킬 수 있다.

1

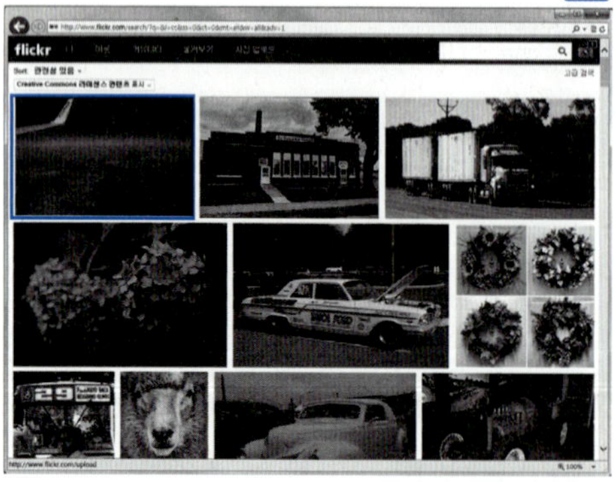

2

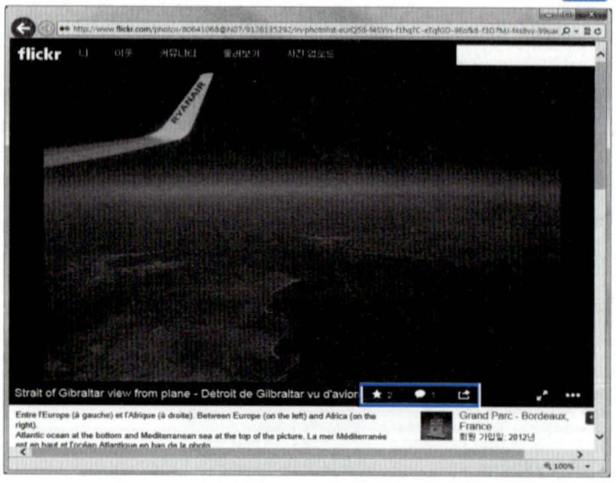

③ [공유] 메뉴는 이미지의 URL 주소 또는 html/BBcode 소스코드를 제공한다.

- BBcode는 빌트인 보드 코드(Built-in Board code)라고도 하며 전자 게시판에 글을 작성하는데 쓰이는 가벼운 마크업 언어로 html과 매우 유사하다.
- 제공되는 html 소스를 블로그 등의 html 편집모드에 붙여넣기 함으로써 이미지를 활용할 수 있다.

3a

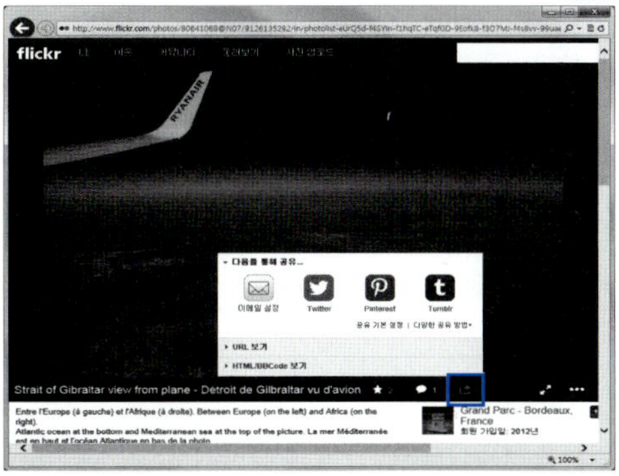

3b

④ 이미지를 다운로드하기 위해서는 이미지 위에서 오른쪽 마우스를 눌러 펼쳐진 창에서 이미지의 사이즈를 선택한다.

⑤ 선택한 크기의 이미지를 다운로드한다.

4

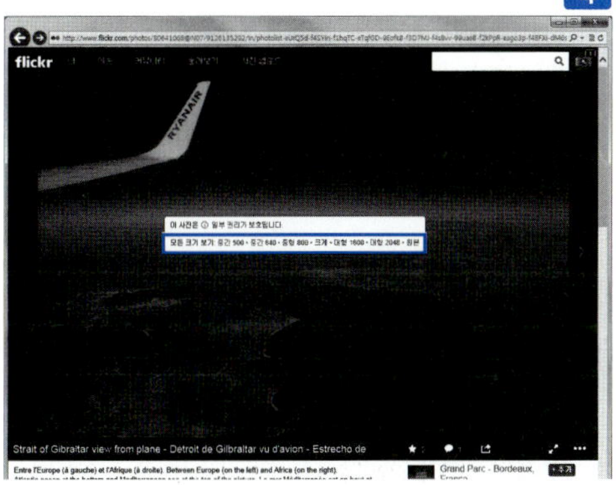

5

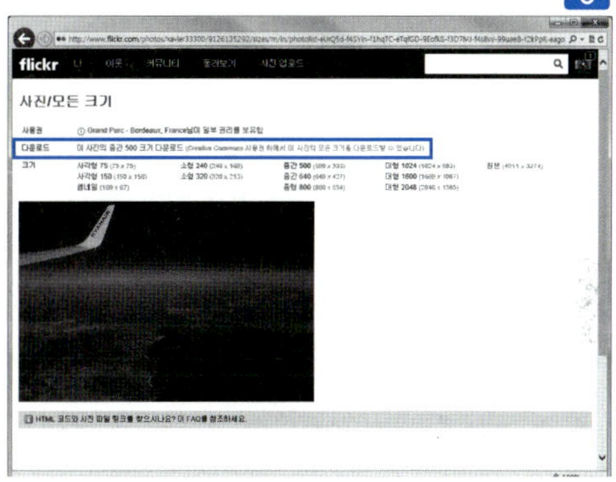

연습문제

■ **다음 괄호 안에 올바른 단어를 기입하시오.**

1. 초창기 공유 서비스들은 불법적 콘텐츠 유통의 주범으로 여겨졌지만, 최근엔 저작권에 대한 인식과 함께 (   )문화가 자리를 잡고 있다.

2. 유튜브는 주로 피투피(P2P) 공유프로그램을 통하여 공유가 되었던 (   )을 네티즌 스스로가 자발적으로 업로드하여 자신의 경험이나 생각을 공유하는 커뮤니티의 역할을 하고 있다.

3. 일괄적으로 무차별 배포되는 방송과 다르게 유튜브는 (   )을 지니고 있다. 유튜브의 동영상들은 사용자들 스스로가 선정하는 인기 콘텐츠가 되기도 한다.

4. 유튜브는 기존 TV광고와 달리 기간이 한정돼 있지 않고, 전 세계를 대상으로 동시 노출이 가능한 유튜브는 비용대비 엄청난 파급효과를 지니고 있기 때문에 (   )을 활용하기에 최적의 공간을 제공한다.

5. (   )이란 특정 조건에 따라 저작물 배포를 허용하는 범위를 콘텐츠 저작자 본인이 표기하는 일종의 저작권 라이선스 방식이다.

6. 유튜브의 콘텐츠는 주로 (   )로 이루어져 있으며, 이러한 사용자 참여형 콘텐츠들은 누구나 주제와 형식의 구애 없이 콘텐츠를 제작하여 올릴 수 있다.

7. 위키피디아는 위키의 개념에 가장 부합할 수 있는 (   )에 중점을 둔 서비스로, 누구나 내용을 수정할 수 있어 산발적인 의견을 네트워크를 통해 공유할 수 있다.

8. 위키피디아는 GNU 자유문서사용허가서(GNU free documentation license)에 따라 배타적인 저작권을 가지고 있지 않기 때문에 사용에 제약을 받지 않는다는 점에서 큰 호응을 얻고 있다. 그러나 누구나 참여할 수 있다는 (   )은 악의적인 편집이나 부정확한 내용을 유발할 수 있다.

9. 플리커는 (   )을 공유할 수 있는 서비스로, 단순한 자원의 관리 및 공유 뿐 아니라 커뮤니티 형성을 통해 (   )을 매개로 하는 소통이 가능하다는 장점이 있다.

10. 플리커만의 획기적인 특징은 (   )를 이용한 자료의 조직화에 있다. 이를 통하여 사진을 분류할 수 있으며, 이는 다른 검색자가 장소의 이름이나 주제와 같은 키워드를 가지고 쉽게 원하는 사진을 찾을 수 있게 도와준다.

■ **다음 질문에 대하여 간단히 서술하시오.**

1. CCL이란 저작권의 부분적 공유를 목적으로 결성된 비영리 기관인 크리에이티브 커먼즈(Creative Commons, CC)에서 지정한 라이선스 관리 표기법으로 일종의 저작권 라이선스 방식이다. 그 조건에는 4가지 개별조건들이 있는데, 각각은 무엇인지, 또 어떤 의미를 지니고 있는가?

2. 카메라를 탑재한 스마트 폰 등 다양한 휴대용 기기의 보급은 누구나 쉽게 영상을 촬영할 수 있게 하였으며, 이를 바로 인터넷 환경에 업로드 할 수 있다는 점은 그 어떤 미디어 보다 빠르게 영상을 통해 뉴스를 전할 수 있다. 유튜브의 이러한 특징은 무엇인가?

3. 위키위키는 하와이어로 빨리빨리라는 의미이고 위키(Wiki)를 약어로 'What I Know Is'라고 해석하기도 한다. 그렇다면 위키피디아란 무엇인가?

4. 위키피디아를 통하여 원하는 콘텐츠를 찾아본 경험이 있는가? 또한, 위키피디아에서 원하는 콘텐츠를 찾지 못한 경우, 위키피디아의 콘텐츠를 편집해본 경험이 있는가?

5. 유튜브를 사용해 본 적이 있는가? 있다면 어떤 용도로 사용해보았는가?

09 CHAPTER

유튜브를 위한 비디오 실습

CHAPTER

09 유튜브를 위한 비디오 실습

세계적인 월드스타로 도약한 가수 싸이의 새로운 타이틀곡 '젠틀맨(Gentleman)' 발표 현장은 인터넷 사이트 유튜브(YouTube)에서 실시간으로 생중계 되었다. 이처럼 인터넷 문화의 중요한 부분으로 자리 잡은 비디오 공유 서비스는 많은 정보를 효과적으로 전달할 수 있는 장점을 가지고 있을 뿐만 아니라, 일상에서 TV를 매일 접하는 우리에게 매우 익숙한 미디어이다.

이 장에서는 유튜브 활용을 위해 필요로 하는 전반적인 비디오의 이해와 유튜브 사이트에 비디오를 업로드하기 위한 비디오 편집 방법에 대해 실습해 본다.

9.1 유튜브 활용을 위한 비디오 개요

유튜브는 세계 최대의 비디오 공유 서비스를 제공하여 전 세계 네티즌들이 자신의 비디오를 공유할 수 있게 하고 있으며 이는 새로운 형태의 문화로까지 자리 잡아가고 있다. 이 절에서는 유튜브에서 동영상을 활용하기 위한 비디오의 기본 개념과 비디오의 압축기술, 스트리밍, 파일 형식 등에 대해 알아본다.

9.1.1 유튜브에서의 비디오 활용

과거에는 컴퓨터가 비디오를 실시간으로 처리하기에 메모리 용량 등 부족한 부분이 많았지만, 최근 컴퓨터의 성능이 향상되고 데이터 전송 속도가 빨라지면서 실시간으로 비디오 보기가 가능해 졌다. 유튜브에서도 비디오 스트리밍 서비스를 제공하여 실시간으로 비디오를 볼 수 있다. 유튜브에 올라오는 동영상으로는 음악, 스포츠, 게임, 영화,

TV 프로그램 등의 카테고리에 직접 제작한 영상물이나 기업에서 제작한 홍보용 영상물 등이 있다. 유튜브에 올라온 동영상을 보기 위해서 주제 또는 동영상을 검색하거나 카테고리별로 탐색하고 콘텐츠 유형별로 필터링할 수 있다. 또한, 유튜브 채널 탐색을 통해 좋아하는 동영상을 구독하여 볼 수도 있다. 구독할 수 있는 채널로는 유튜브 인기 동영상, 맞춤 동영상, 유료 채널, 애니메이션, 코믹/유머, 요리/건강, 게임 등 다양하게 제공되고 있다.

[그림 9-1] 유튜브에서 동영상 구독하기

이처럼 유튜브에서 비디오를 활용하기 위해서는 카메라나 휴대폰, 웹캠으로 동영상을 녹화하거나 애니메이션을 제작해야 한다. 이렇게 제작한 비디오나 애니메이션을 편집하여 완성도 높은 동영상을 유튜브 사이트에 업로드한다. 이렇게 일반 사용자들이 업로드한 동영상은 모든 사용자들에게 공유되며, 유튜브에 공유된 비디오는 스트리밍 서비스를 통해서 볼 수 있다.

9.1.2 비디오의 기본 개념

유튜브에서 비디오를 활용하기 위해선 먼저 유튜브의 핵심 요소라 할 수 있는 비디오에 대한 이해가 필요하다. 우리는 흔히 비디오를 영상, 동영상, 또는 동화상(moving image)이라고 부른다. 영상과 화상의 차이는 화상은 정지된 이미지 화면을 의미하고 영상은 이러한 정지 이미지들의 연속적인 집합을 의미한다.

유튜브에 동영상을 업로드하기 위해서는 원하는 비디오나 애니메이션을 제작해야 한다. 〈표 9-1〉에서 비교하였듯이 비디오는 디지털 카메라나 캠코더 등의 장비를 가지고 실제 세계를 촬영한 결과물로, 실제 움직이는 배우, 물체 및 장면을 촬영한다. 그에 반해 애니메이션은 애니메이션 만화와 같이 컴퓨터를 이용하여 인공적인 캐릭터를 생성하고, 이 캐릭터와 물체가 움직이는 일련의 장면을 인공적으로 생성한 것이다.

〈표 9-1〉 비디오와 애니메이션의 비교

구 분	비디오	애니메이션
공통점	인간의 감성에 직접적인 자극을 주는 방식 흥미를 유발 어떤 과정을 보이기에 적합한 방식	
차이점	과도한 정보를 동시에 제공실 실 예를 들어 보일 경우에 적절 제작비용이 많이 듦	주제에 초점을 맞추고 특징을 강조 제작비용이나 비디오보다는 저렴 이미지나 그래픽보다는 고비용

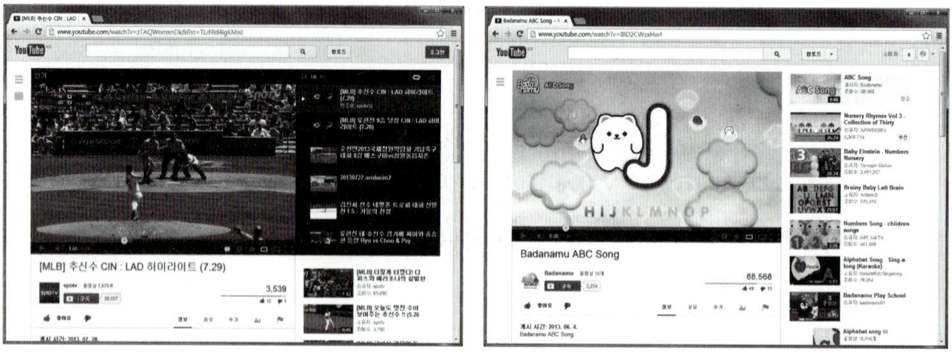

[그림 9-2] 유튜브에서의 비디오(좌측)와 애니메이션(우측) 활용

9.1.3 비디오의 압축

비디오는 영상과 사운드가 포함된 대표적인 종합 미디어이다. 사용자에게 끊김 없이 자연스럽게 비디오를 재생하기 위해서는 적어도 1초에 30개 이상의 정지화면이 필요하므로 비디오 파일의 크기는 매우 클 수밖에 없다. 유튜브에 비디오를 업로드하기 위해서는 비디오 파일의 크기를 관리해야 한다. 최근 유튜브에서는 휴대폰을 통한 계정 인증을 하면 길이가 15분 이상의 고용량의 비디오도 올릴 수 있도록 서비스를 제공하고 있다. 그러나 고용량일수록 업로드하는데 시간이 오래 걸리므로 파일의 크기를 줄일 수

있는 파일 압축이 매우 중요하다.

1) 압축과정

비디오의 압축은 크게 개별적인 화면에 대한 압축 과정과 중복되는 화면을 제거하는 과정을 거친다. 이 두 과정을 통해 압축된 비디오 파일의 전체적인 크기는 줄었으나, 실제 사람의 눈으로는 원본과 비교해도 쉽게 구별하기 어렵다.

일반적으로 비디오의 압축과정은 압축을 하기 위한 준비 작업 단계인 전처리(preprocessing), 영상이 가지고 있는 정보의 중복성을 찾아내는 단계인 변환(transformation), 변환 과정을 통해 얻은 화소 값을 일정 단계로 나누어 저장하는 단계인 양자화(quantization), 저장할 화소 데이터의 크기를 출현 빈도에 따라 가변적으로 저장하여 전체 파일의 크기를 줄이는 단계인 가변길이 부호화(variable length coding) 과정을 통해 이루어진다.

[그림 9-3] 비디오의 압축과정

2) 압축기술

비디오 압축기술은 비디오 품질의 하락을 최대한 보완하면서 파일의 크기를 줄이는 것이 중요하다. 비디오 파일의 크기를 줄이는 방법에는 픽셀당 컬러의 비트 수 축소, 프레임 크기의 축소, 그리고 프레임 수(fps)의 축소 방법이 있다. 대표적인 압축방식인 MPEG(Moving Picture Experts Group)은 비디오 압축과 오디오 압축 그리고 비디오와 오디오 간의 동기화에 관한 표준으로 ISO/IEC 국제표준기구에서 담당하고 있다.

MPEG 압축기법은 정지화상의 DCT 압축기술을 이용하여 앞 화면과의 차이점만 저장하여 공간적 중복(spatial redundancy)을 제거하고, 이동보상 압축기법을 이용하여 특정 물체의 이동정보를 별도로 저장하여 시간적 중복(temporal redundancy)을 제거하는 기법에 기반하고 있다.

3) 코덱(CODEC)

코덱은 코더(coder)와 디코더(decoder)의 합성어로써 압축(compression 또는 encoding)과 복원(decompression 또는 decoding)을 동시에 지원한다는 의미로 사용되며, 다양한 압축 방법을 지원하기 위한 소프트웨어 모듈이다. MPEG, MOV, AVI 등은 비디오 파일의 압축 형식이며, 코덱은 비디오 데이터의 압축 알고리즘 혹은 소프트웨어라고 할 수 있다. 대표적인 코덱으로는 H.264(MPEG), DivX, VP8 등이 있다.

9.1.4 비디오 스트리밍

유튜브에서 비디오를 재생하면 다운로드 하는 동시에 재생이 된다. 비디오 파일은 MPEG이나 코덱을 이용하여 압축을 하였어도, 본래의 비디오 파일의 용량이 매우 커서 서버 컴퓨터로부터 전체 비디오 파일을 다운로드 받는 동안 사용자는 기다려야 하는 지연시간(delay time)이 발생한다. 이런 문제점을 해결하기 위해 스트리밍 기술이 개발되었으며 유튜브에서도 동영상 스트리밍 서비스를 제공하고 있다.

스트리밍이란 다운로드 작업과 비디오 재생 작업이 동시에 진행되어 비디오 데이터를 받는 즉시 재생하여 보여주는 것을 뜻한다. 즉, 전송하고자 하는 비디오 데이터를 '데이터1, 데이터2, … 데이터n'으로 분할한 뒤, '데이터1'을 압축하고 '데이터2'를 압축할 동안, 수신자 측에서는 먼저 '데이터1'을 전송 받아 복원하여 재생시킨다. 이 과정을 전체 데이터에 적용하여 인터넷을 통해 정보 전달에 소요되는 시간을 줄어드는 것이다. 이렇게 스트리밍 기술을 적용했기 때문에 유튜브에서 비디오를 실시간으로 지연 없이 재생할 수 있는 것이다.

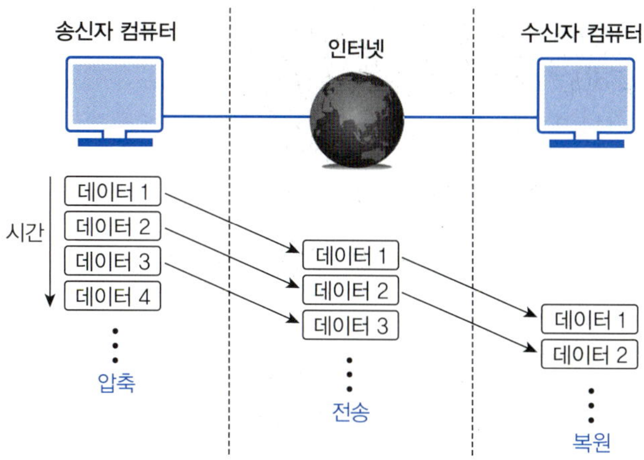

[그림 9-4] 스트리밍에 의한 이미지 전송

또한 스트리밍 서비스는 저장 공간이 부족한 각종 하드웨어에서도 문제없이 대용량의 비디오를 감상할 수 있다. 버퍼라는 공간에 쓰고 덮어쓰기를 반복하며 비디오를 다운받아 재생하기 때문에 저장 공간에 구애 없이 비디오를 감상할 수 있는 것이다. 비록 전체를 다운받아 언제든지 다시 볼 수 있는 것과는 달리 재시청 하려면 다시 처음부터 다운 받아 보아야 하지만, 휴대를 위한 작은 디바이스에 보다 빠른 실시간 콘텐츠 서비스를 원하는 모바일 사용자들에게는 스트리밍이 최적의 서비스이다.

스트리밍 서비스를 시청하려면 이를 지원하는 스트리밍 비디오 플레이어가 있어야 한다. 대표적인 소프트웨어로는 리얼네트워크 사의 RealPlayer, 마이크로소프트 사의 Windows Media Player, 그리고 국내 미디어 플레이어로는 다음 팟플레이어, 곰플레이어 등이 있다.

(a) 다음 팟플레이어 (b) 곰플레이어 (c) 윈도우 미디어 플레이어

[그림 9-5] 비디오를 위한 다양한 미디어 플레이어

9.1.5 비디오 파일 형식

유튜브에서 지원되는 파일 형식은 MOV, MPEG4, AVI, WMV, FLV, 3GPP, WebM 등이 있다.

- **MOV**

MOV는 애플사의 매킨토시 컴퓨터용으로 개발된 QuickTime 프로그램에서 지원되는 파일 형식이었으나, 현재는 윈도우 환경에서도 QuickTime Player를 통해 재생이 가능하다. 확장자는 *.mov이다.

- **MPEG4**

MPEG4는 ISO/IEC 국제표준으로서 비디오 저장, 화상회의, 디지털 TV 방송과 같은 비디오 응용분야에 자주 사용되며, 인터넷을 통한 스트리밍 비디오를 효율적으로 지원한다. 확장자로는 *.mp4를 가진다.

- **AVI(Audio Video Interleaved)**

AVI는 마이크로소프트 사가 개발한 파일 형식으로 오디오와 비디오 데이터가 내부적으로 번갈아 기록되기 때문에 'Interleaved'라고 명명되었다. 확장자는 *.avi이다.

- **WMV(Windows Media Video)**

WMV는 마이크로소프트 사의 동영상 편집 소프트웨어인 Windows Movie Maker를 통해 만든 비디오 파일이다. 확장자는 *.wmv이다.

- **FLV(Flash Video)**

FLV는 어도비 사의 플래시 파일의 비디오 형식이다. 플래시 비디오는 저용량이지만 화질은 최대로 유지하도록 개발되었으며, 인터넷 동영상에 적합하도록 스트리밍 기법으로 전송한다. 확장자는 *.flv이다.

● 3GPP

3GPP는 주로 휴대전화에서 사용되는 미디어 표준 파일 형식이다. MP4에서 파생되었으며 확장자는 *.3gp를 갖는다.

● WebM

WebM은 구글에서 새롭게 개발한 고화질의 웹 비디오 파일 형식으로 로열티 없이 사용할 수 있다. 확장자는 *.webm이다.

9.2 유튜브에 비디오 공유하기

이전에는 전문가의 영역으로만 여겨졌던 영상 제작 및 편집 작업이 소셜미디어 시대에는 누구나 자신만의 개성이 있는 영상물을 만들고 공유할 수 있는 것으로 되었다. 특히, 유튜브의 등장은 개인적인 비디오부터 시청각 자료가 필요한 업무 분야, 영화 방송 광고 홍보 등의 전문 분야까지 영상물을 공유할 수 있게 되면서 동영상 제작에 대한 대중들의 관심이 더욱 커지게 되었다.

이 절에서는 유튜브에 비디오를 공유하기 위해서 비디오를 편집하고 업로드하는 과정을 실습해본다.

9.2.1 유튜브 활용을 위한 비디오 제작하기

유튜브를 활용하기 위해서는 비디오 편집 기술을 알아야 한다. 자신이 촬영한 영상물을 그대로 올리면 다른 사람들에게 주목받을 수 없을 것이다. 따라서 한 편의 비디오를 제작하기 위해서는 어떤 내용의 비디오를 제작할 것인지 기획을 해서 편집하는 것이 효과적이다. 기획 단계에서 비디오의 제작 의도, 컨셉, 시나리오, 스토리보드를 작성한 다음에 편집을 하면 완성도 높은 비디오를 제작할 수 있다. 여러 비디오와 사진, 자막과 같은 텍스트 등 원하는 구성으로 비디오를 편집해보자.

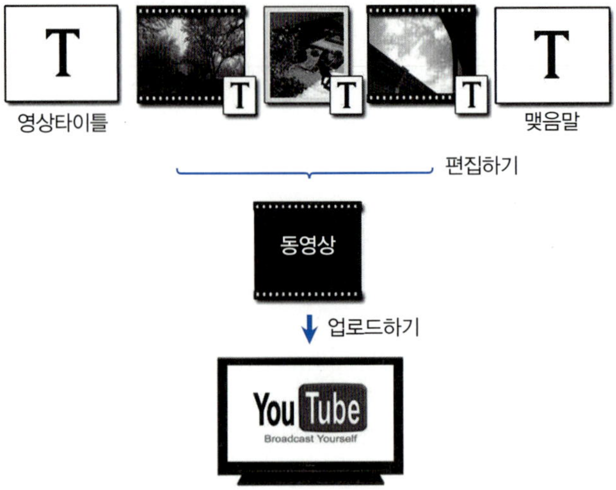

[그림 9-7] 유튜브 활용을 위한 비디오 제작 과정

이번 실습에서는 친구들과 벚꽃 축제를 보기 위해 진월로 여행가서 촬영한 영상물과 사진을 활용하여 제작한 비디오를 편집해서 유튜브에 공유하는 실습을 해보자. 실습에 사용할 동영상 편집 프로그램으로 비전문가도 손쉽게 동영상 편집이 가능하도록 간편한 기능을 제공하는 비디오 편집 프로그램인 '윈도우 무비 메이커'를 사용하도록 한다.

윈도우 무비 메이커(Windows Movie Maker)는 마이크로소프트 사의 동영상 편집 프로그램으로 다른 프로그램에 비해 간단하게 비디오를 편집할 수 있다. 동영상 편집을 위한 가장 기본적인 메뉴를 제공하여 처음 접하는 사람도 쉽게 조작하여 만들 수 있다는 것이 가장 큰 특징이다. 윈도우 무비 메이커는 프리웨어로 언제든지 인터넷에서 다운로드 받을 수 있다. 윈도우 XP에서 지원되는 윈도우 무비 메이커와 윈도우7이나 윈도우 비스타에서 지원되는 윈도우 라이브 무비 메이커가 있는데 이들은 서로 다른 코드로 작성되어 버전이 다르며, 구성된 메뉴와 작업 가능한 기능들이 약간 다르다. 본 실습에서는 윈도우7/비스타에서 지원되는 '윈도우 라이브 무비 메이커'를 사용한다.

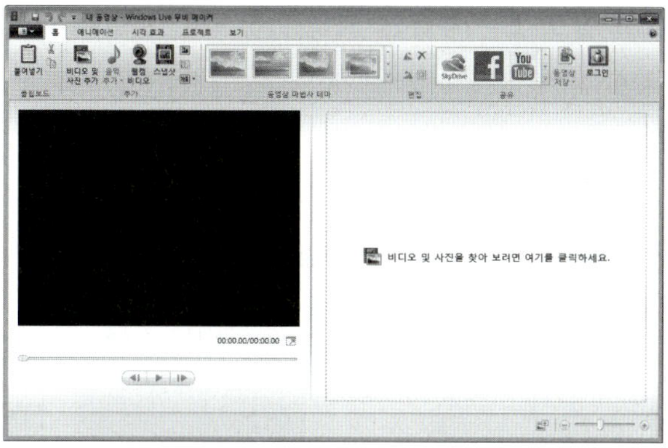

[그림 9-8] 윈도우 라이브 무비 메이커 메인 화면

9.2.2 비디오 편집하기

친구들과 여행가서 촬영한 여러 비디오와 사진을 편집하여 하나의 여행 비디오로 편집해보자. 짜임새 있는 여행 비디오로 구성하기 위해 장면을 분할하거나 원하는 부분만 추출하고, 분할된 장면 사이에 사진을 삽입하는 편집 과정을 실습해 본다.

1) 비디오 분할하기

비디오의 장면을 나누거나 원하는 장면만 추출하기 위해 비디오를 분할한다.

① 비디오 편집을 위한 비디오 파일을 불러온다.

② 비디오를 분할하기 위해 분할하고자 하는 위치에 정지한 뒤, 상단의 [편집] 메뉴에서 [분할]을 클릭한다.

1

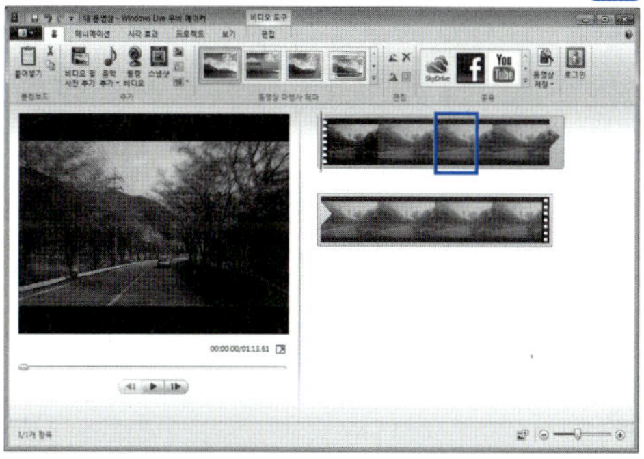

2

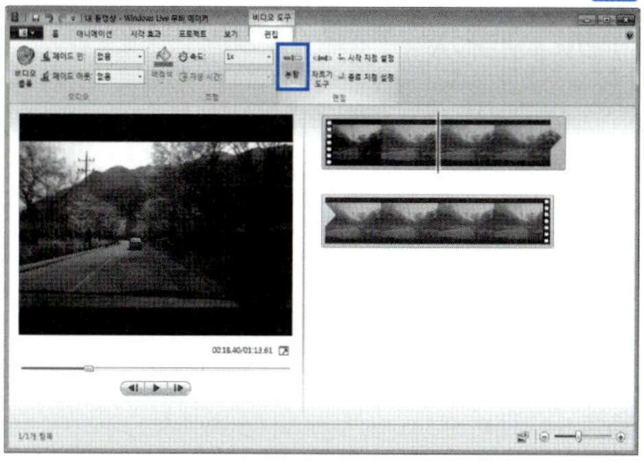

③ 분할된 영상에서 필요 없는 부분을 지우고 싶다면, 분할된 영상을 클릭해서 선택한 뒤 상단의 [홈] 메뉴에서 편집 탭에 있는 [제거]를 클릭하거나, 마우스 오른쪽 버튼을 클릭해서 [제거]를 선택한다.

3a

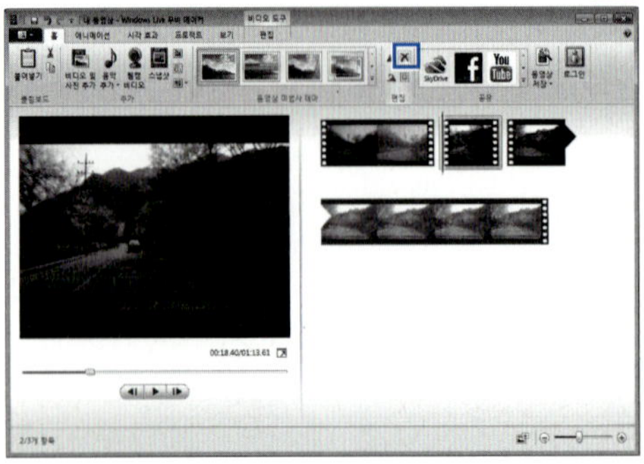

3b

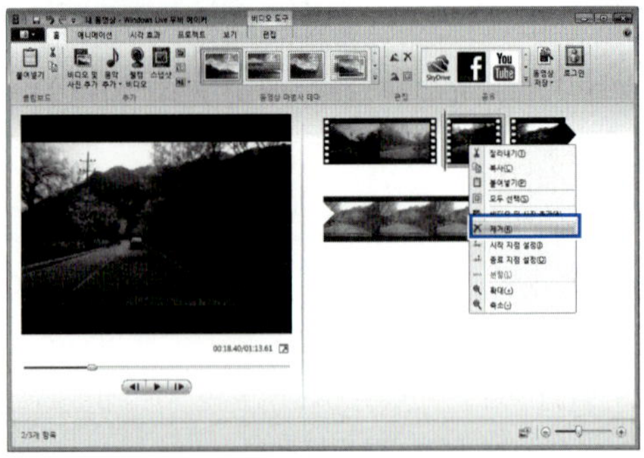

④ 비디오 영상에서 원하는 부분만 추출하고 싶다면, 상단의 [편집] 메뉴에서 [자르기 도구]를 활용한다. [자르기 도구]를 선택하면 [자르기] 메뉴로 넘어가서 시작 지점과 종료 지점을 설정하여 추출할 수 있다.

4a

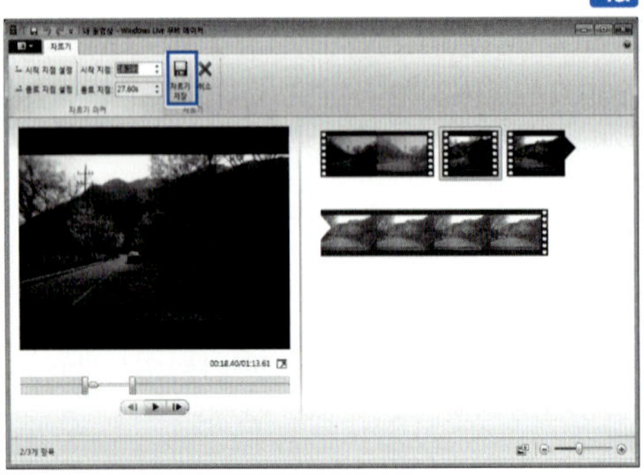

4b

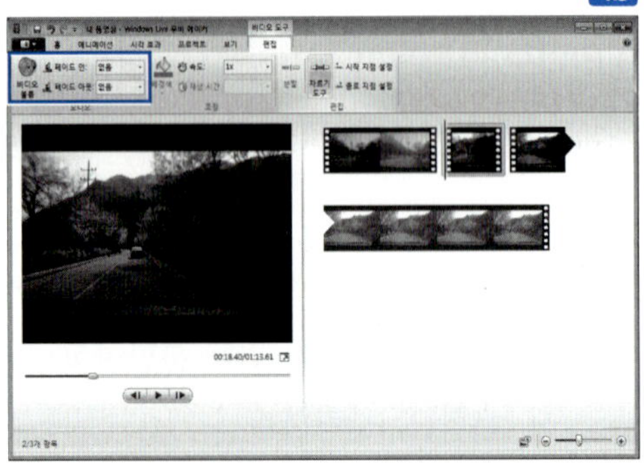

2) 비디오에 사진 삽입하기

원하는 장면 사이에 사진을 삽입하여 비디오를 편집할 수 있다.

① 편집을 위한 사진을 불러온다. 사진의 재생 순서는 사진을 마우스로 드래그하여 원하는 위치로 이동시킨다.

1a

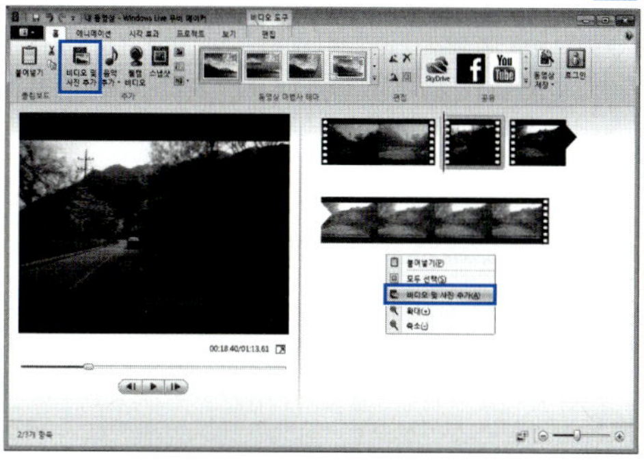

1b

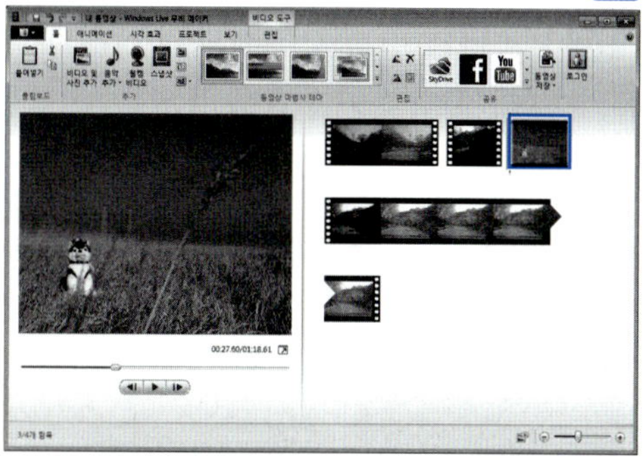

② 사진의 재생 시간을 조절하려면 상단의 [편집] 메뉴에서 재생 시간을 설정해준다.

2

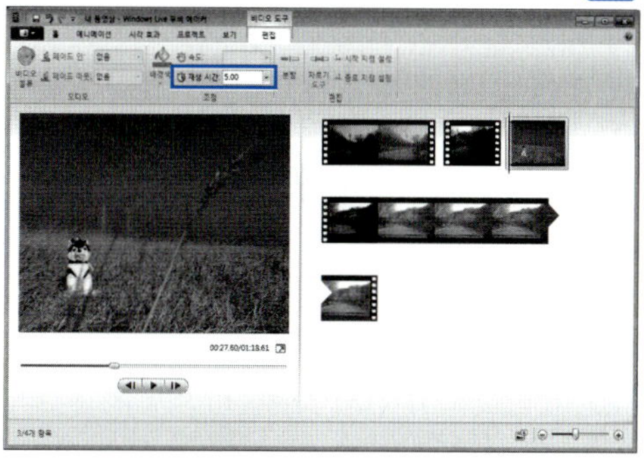

9.2.3 비디오 효과 삽입하기

이제 비디오를 더 화려하게 편집하기 위해 애니메이션과 시각 효과를 삽입해보자. 또한, 비디오 제목과 자막, 엔딩 크레디트와 같은 글자와 음악을 삽입하여 여행 비디오를 완성해보자.

1) 비디오 장면에 전환 효과 설정하기

분할된 영상의 장면이 다른 장면으로 전환(transition)될 때 다양한 애니메이션 효과를 삽입하여 비디오를 편집할 수 있다.

① 화면이 전환될 때 다양한 전환 효과를 주기 위해 상단의 [애니메이션] 메뉴를 클릭

한다.

② 부드럽게 영상을 시작하기 위해서 영상 가장 처음부분에 흐리게, 모자이크, 시네마틱 등의 애니메이션 효과를 적용할 수 있다.

1

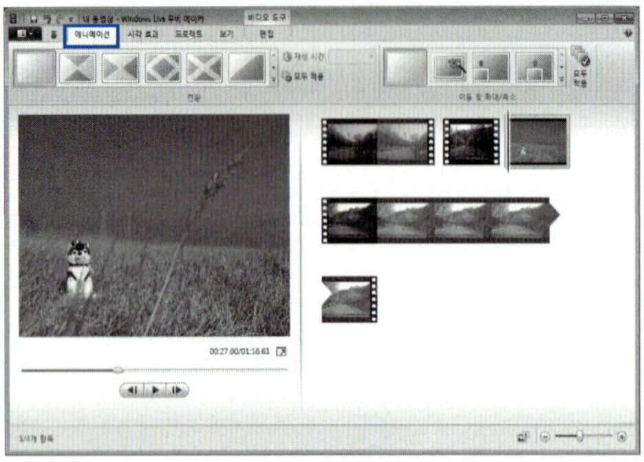

2

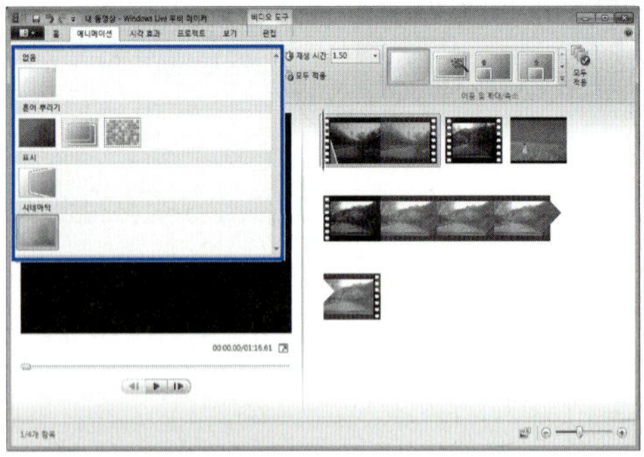

③ 분할된 영상의 장면에 전환 효과를 적용하려면, 효과를 넣고 싶은 장면을 선택한 후에 대각선, 흩어뿌리기, 패턴, 조각 등 원하는 애니메이션 효과를 클릭한다.

④ 효과의 길이를 설정하기 위해 활성화 된 재생 시간에서 시간을 조절한다.

3

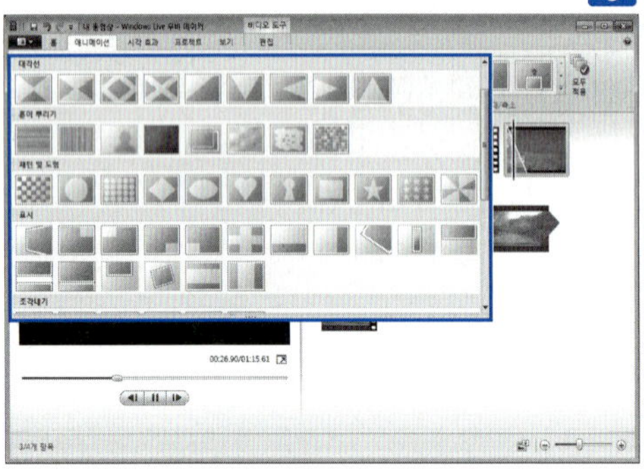

4

2) 비디오에 시각 효과 더하기

비디오에 흐리게, 포스터, 흑백, 세피아 톤 등 시각 효과를 적용할 수 있다.

① 시각 효과를 삽입하기 위해 상단의 [시각 효과] 메뉴를 클릭한다.

② 시각 효과를 삽입할 장면을 선택하여 원하는 시각 효과를 적용한다.

1

2

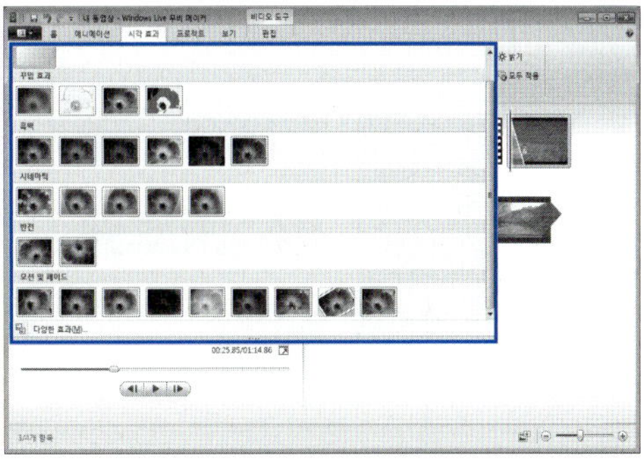

3) 제목, 자막, 엔딩 크레디트 삽입하기

비디오에 제목, 자막, 엔딩 크레디트와 같은 글자를 삽입할 수 있다.

① 선택한 장면 항목의 제목을 삽입하기 위해 상단의 [홈] 메뉴의 [제목]을 클릭한다. 그러면 영상 썸네일 아래에 주황색의 텍스트 바가 생긴다.

1a

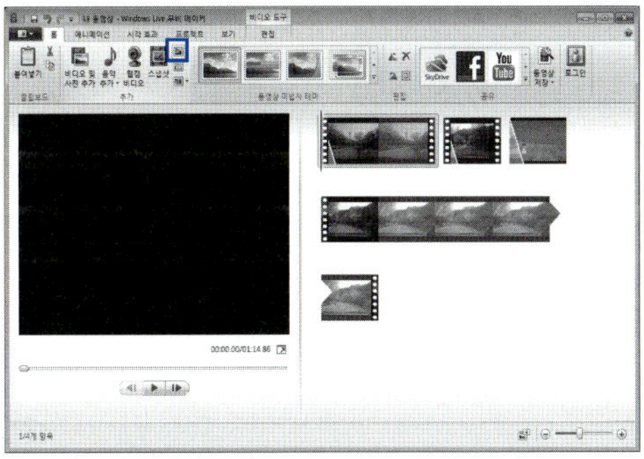

1b

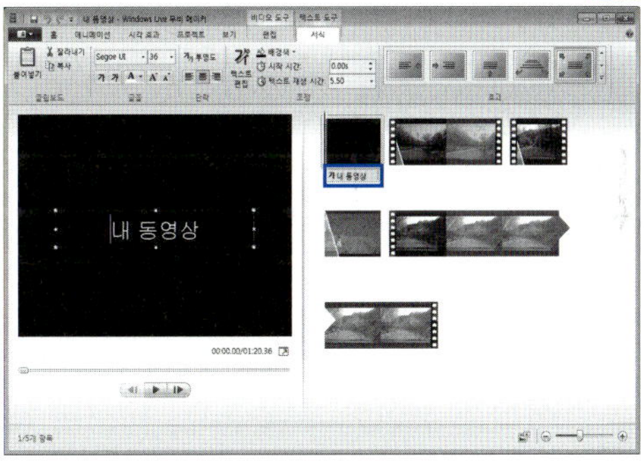

② 상단의 [텍스트 도구]의 [서식] 메뉴가 활성화되고, 글자 상자가 삽입된 장면이 추가된다. 폰트를 지정하고 배경색, 텍스트 재생 시간, 효과를 설정한다. 만약, 제목의 위치를 이동하고 싶다면 주황색의 텍스트 바를 드래그해서 이동시키면 된다.

2a

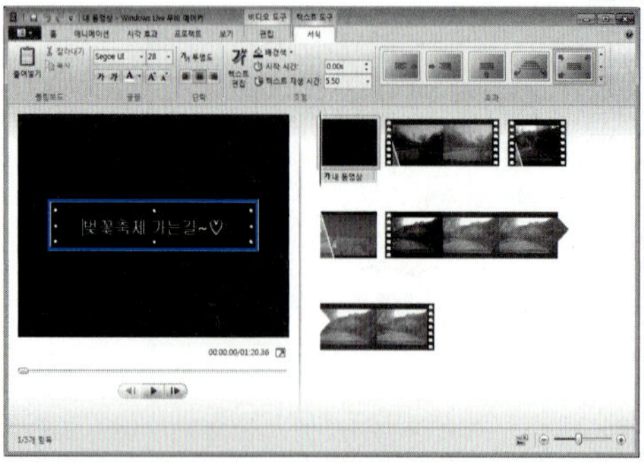

2b

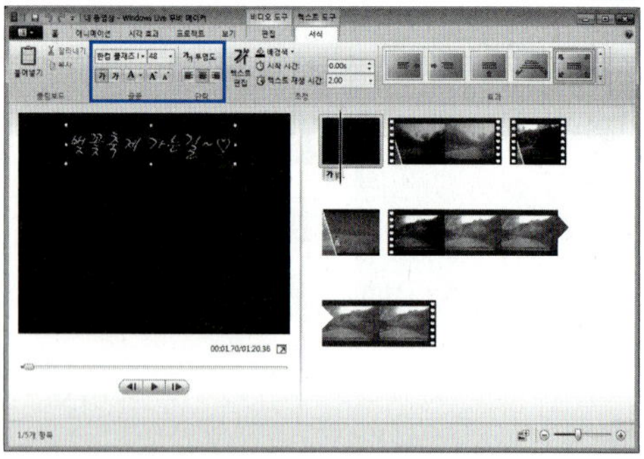

③ 자막을 삽입하기 위해 자막을 넣고자 하는 위치에 정지하고 [홈] 메뉴의 [자막]을 클릭한다.

3a

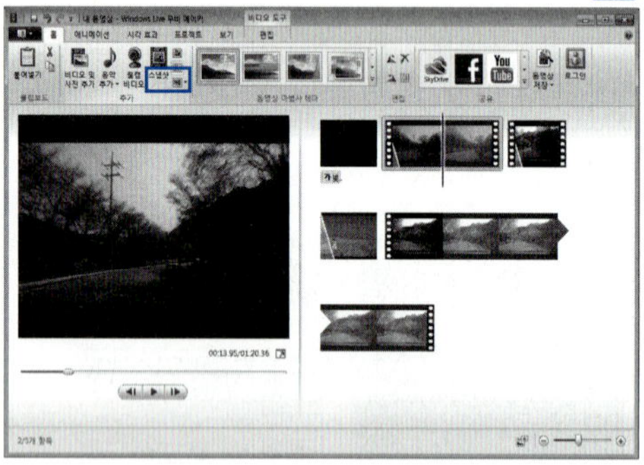

3b

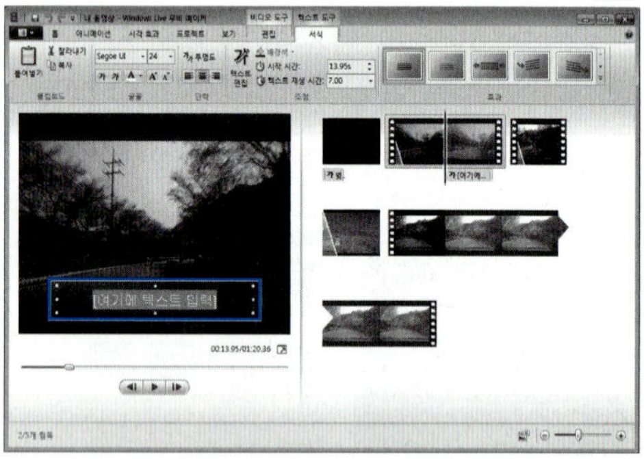

④ 상단의 [텍스트 도구]의 [서식] 메뉴가 활성화되고, 장면에 글자 상자가 삽입된다. 자막을 삽입한 후에 폰트, 텍스트 재생 시간, 효과 등을 설정한다. 자막의 위치를 이동하고 싶을 때는 영상 밑의 주황색의 텍스트 바를 드래그해서 원하는 위치로 이동하면 된다.

4a

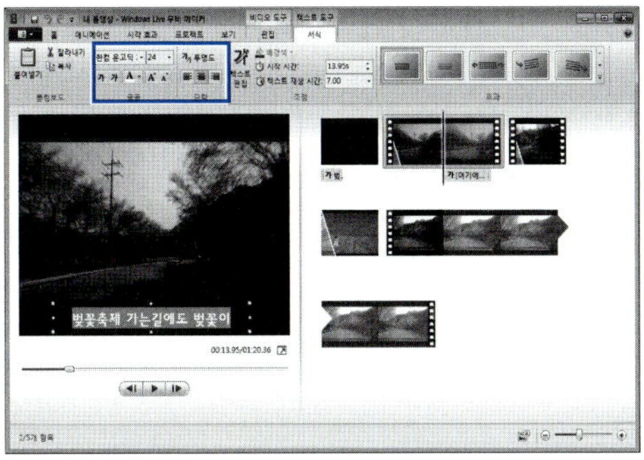

4b

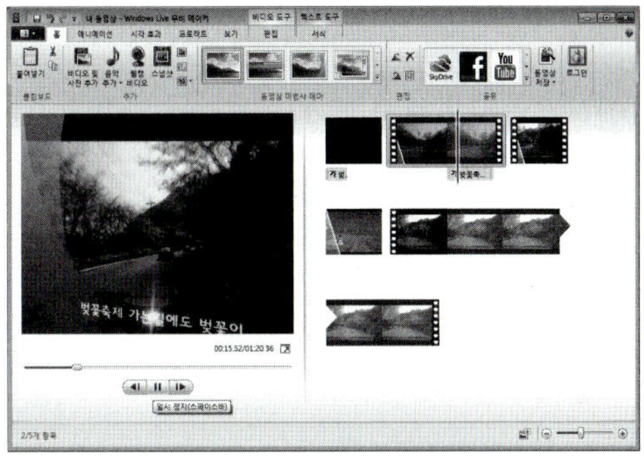

⑤ 엔딩 크레디트 또한 제목이나 자막 삽입과 같이 [홈] 메뉴의 [제작진]을 클릭한다. 옵션으로 제작진 이외에도 감독, 촬영지, 출연, 촬영지 등이 있다.

⑥ 상단의 [텍스트 도구]의 [서식] 메뉴가 활성화되고, 제작진을 삽입할 수 있는 장면이 추가된다.

5

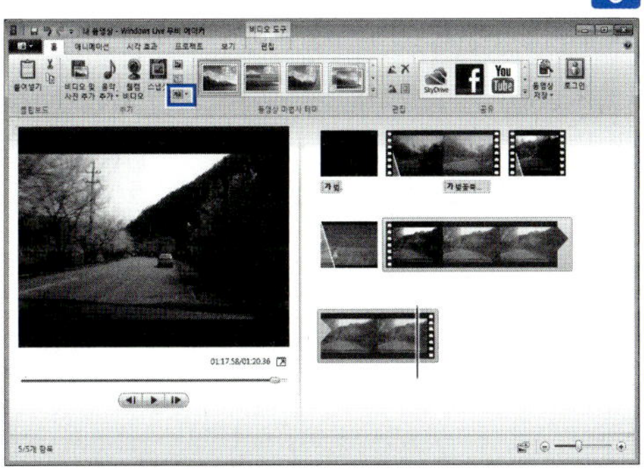

6

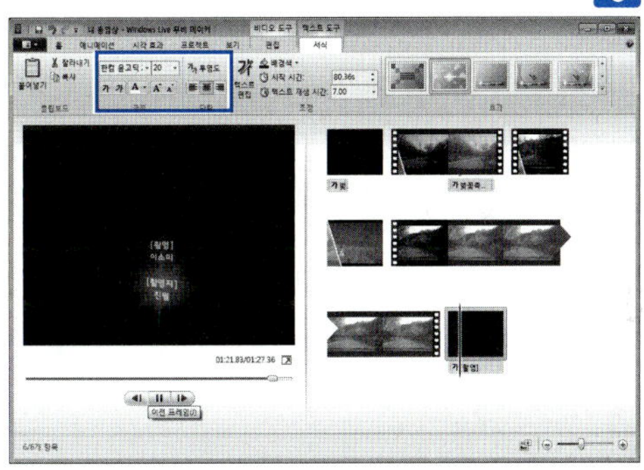

4) 배경음악 삽입하기

비디오에 배경음악을 삽입하여 지루하지 않는 비디오로 완성할 수 있다.

① 상단의 [홈] 메뉴의 [음악 추가]를 클릭하여 비디오에 삽입할 음악을 선택한다. 그러면 영상 위에 초록색의 음악 바가 생성되고, 상단에 [음악 도구]의 [옵션] 메뉴가 활성화된다.

② 음악의 볼륨 조절과 페이드인(Fade In), 페이드아웃(Fade Out), 분할 등의 다양한 설정을 한다.

- 페이드인 : 배경음악이 서서히 볼륨을 높여서 자연스럽게 시작된다. 기본 값으로 '없음'이 설정되어 있으며 느리게 / 보통 / 빠르게 3가지 옵션이 있다.
- 페이드아웃 : 배경음악이 서서히 작아지면서 자연스럽게 끝나는 효과이다. 페이드인과 마찬가지로 기본 값으로 '없음'이 설정되어 있으며 '느리게, 보통, 빠르게' 3가지 옵션이 있다.
- 분할 : 삽입한 음악을 나눠서 사용하기 위해 제공되는 메뉴이다.

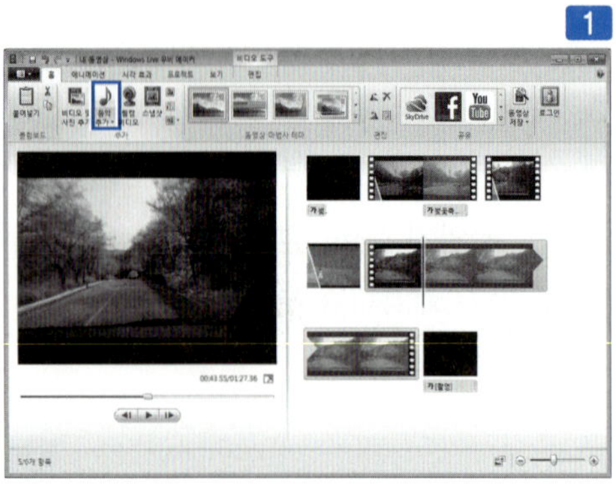

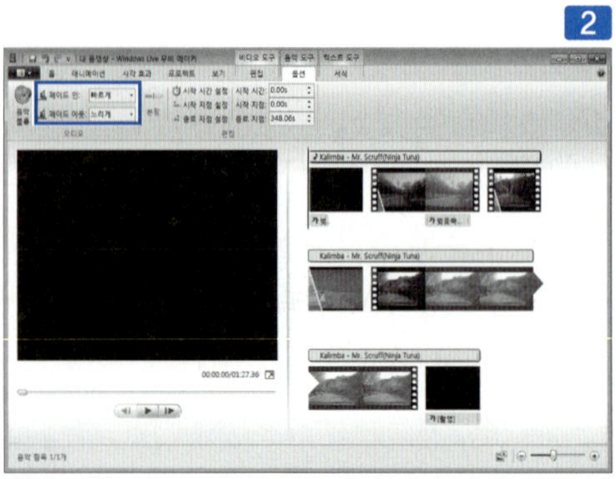

③ 삽입한 음악과 비디오에 녹음된 소리를 조합하고 싶다면, 상단의 [프로젝트] 메뉴의 [오디오 믹스] 메뉴를 활용한다. 음악과 비디오 중에 어떤 소리를 더 크게 들리게 할지 설정할 수 있다.

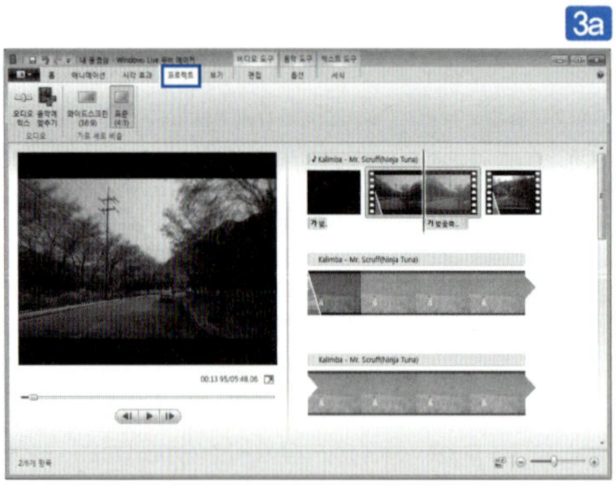

④ 음악의 길이를 비디오의 시간과 맞추고 싶다면, 상단의 [프로젝트] 메뉴의 [음악 맞추기]를 선택하면 음악과 비디오의 길이를 편집할 수 있다.

4

9.2.4 비디오를 유튜브에 공유하기

친구들과의 추억이 담긴 여행 비디오의 편집이 완료되었다면 다른 사람과 공유하기 위해 유튜브에 업로드 해보자. 유튜브 사이트에서 직접 업로드하는 방법은 앞의 8장에서 설명했으므로 본 절에서는 윈도우 라이브 무비 메이커를 통해 유튜브에 업로드하는 방법을 실습해본다.

1) Window Live에 로그인하기

유튜브 사이트에 편집한 비디오를 공유하기 위해서는 먼저 Window Live에 로그인을 해야 한다.

① 로그인 후에 상단의 [홈] 메뉴의 '공유' 탭에서 유튜브를 선택한다.
② 유튜브에 비디오를 게시하기 위한 유튜브 로그인 팝업 창이 나타난다.

1

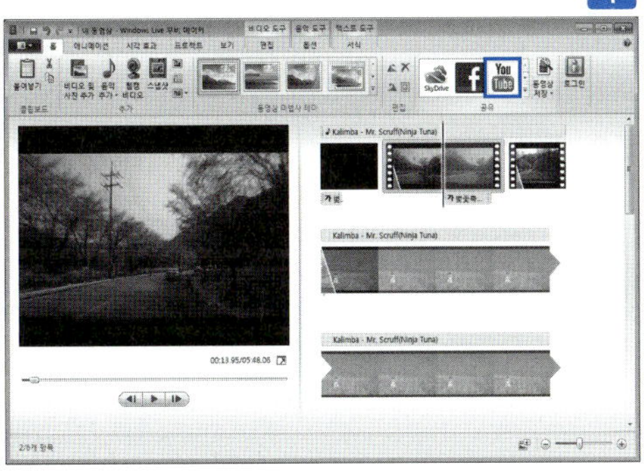

2

2) 유튜브에 비디오 게시하기

유튜브 계정에 로그인을 하면 비디오를 게시하기 위한 팝업 창이 뜬다.

① 팝업 창에 입력하는 정보로는 제목, 설명, 태그, 카테고리, 권한 등이 있다. 이는 유튜브 사이트에서 기본정보를 설정하는 것과 동일하다.

1

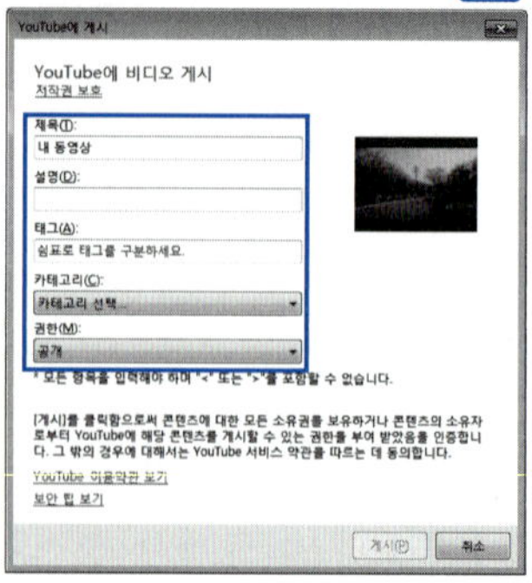

② 모든 정보를 입력한 다음에 [게시] 버튼을 클릭하면 동영상 저장이 실행되고, 저장이 끝난 후에 유튜브에 게시가 진행된다. 게시가 완료된 후에는 알림 창을 통해 그 결과를 확인할 수 있다.

2a

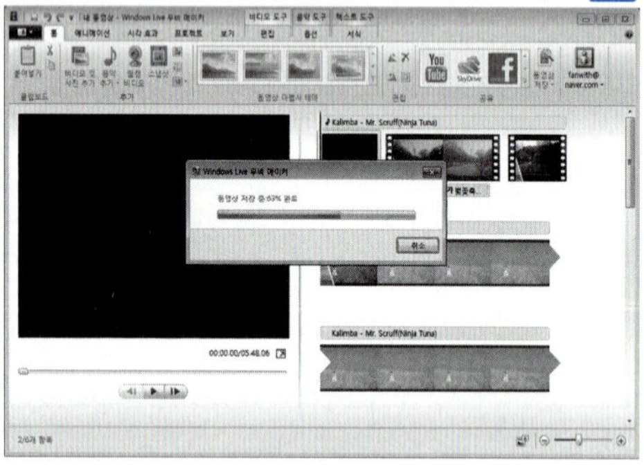

2b

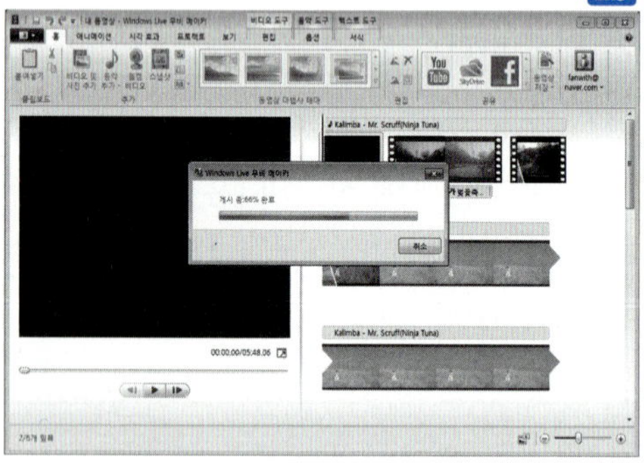

3) 유튜브에 공유한 비디오 관리하기

유튜브에 공유한 비디오의 설정을 변경하고 싶을 때에는 유튜브 사이트의 [동영상 관리자] 메뉴를 통해 관리할 수 있다.

① 상단의 [업로드] 메뉴의 풀다운 메뉴를 클릭해서 [동영상 관리자] 메뉴를 선택한다.

② 수정하고 싶은 동영상을 선택하여 [수정]을 선택한다. [수정]을 클릭하면 [정보 및 설정]으로 화면이 이동된다. 이외에도 '동영상 수정, 오디오, 특수효과, 캡션, MP4 다운로드' 등의 옵션이 있다.

1

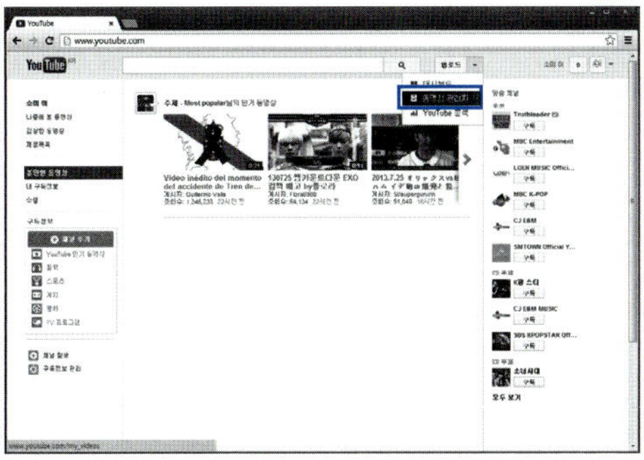

2

③ [정보 및 설정]은 동영상 정보를 볼 수 있으며 기본 정보 및 고급설정을 할 수 있다.

④ 이 외에도 동영상 편집을 할 수 있는 [동영상 수정], [오디오], [특수효과], [캡션] 등의 기능을 제공한다.

3

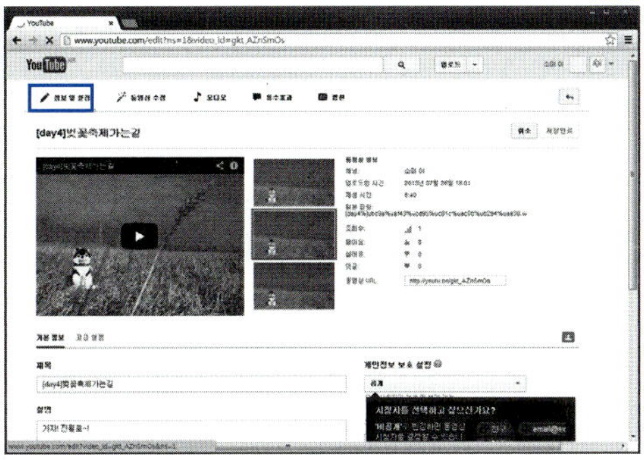

4

연습문제

■ **다음 괄호 안에 올바른 단어를 기입하시오.**

1. 화상은 정지된 이미지 화면을 의미하고, (　　　　)이란 이러한 정지 이미지들의 연속적인 집합을 의미한다.

2. 비디오 파일이 클수록 이를 처리하는 하드웨어의 성능이 좋아야 하지만, 무엇보다 중요한 것은 파일의 크기를 줄일 수 있는 (　　　　)이 매우 중요하다.

3. (　　　　)과정은 저장할 화소 데이터의 크기를 출현 빈도에 따라 데이터의 길이를 다르게 처리하는 방법이다. 출현 빈도가 높은 데이터는 길이를 짧게 하고 출현빈도가 낮은 데이터는 길이를 길게 하여 전체 파일의 크기를 줄인다.

4. 코덱은 코더와 디코더의 합성어로, 압축과 (　　　　)을 동시에 지원하기 위한 소프트웨어 모듈이다.

5. 비디오 파일을 MPEG이나 코덱을 이용하여 압축하더라도 비디오파일의 용량이 크기 때문에 비디오파일을 다운로드 받기위한 지연시간이 발생한다. 이러한 문제점의 해결을 위하여 (　　　　)이 있다.

6. 스트리밍이란 전송하고자 하는 데이터를 분할한 뒤, 하나씩 전송한다. 데이터1을 압축하여 전송하고, 전송되는 동안 데이터2를 압축한다. 데이터1이 수신되면 데이터를 복원하여 재생시키고, 데이터2를 전송한다. 동시에 데이터3을 압축한다. 이 과정을 전체 데이터에 적용하여 인터넷을 통해 (　　　　)을 줄일 수 있다.

7. 비디오 파일 형식 중의 하나인 MOV는 애플 사의 매킨토시 컴퓨터용으로 개발된 (　　　　) 프로그램에서 지원되는 파일 형식이다.

8. (　　　　)는 마이크로소프트 사에서 개발한 비디오 파일 형식으로 오디오와 비디오 데이터가 내부적으로 번갈아 기록된다.

■ **다음 질문에 대하여 간단히 서술하시오.**

1. 컴퓨터로 인공적인 캐릭터를 생성하고 이 캐릭터와 물체가 움직이는 일련의 장면을 인공적으로 생성한 애니메이션과 달리 카메라를 이용하여 실제 세계를 촬영한 결과물로 실제 움직이는 배우, 물체 및 장면을 촬영한 이것은 무엇인가?

2. 비디오는 영상과 사운드가 포함된 종합 미디어의 대표적인 장치이다. 비디오의 압축을 위한 준비단계로, 각각의 정지화면에 대한 압축과정으로 컬러스페이스변환, 필터링, 컬러서브샘플링 등의 3가지 작업을 수행하는 이 과정은 무엇인가?

3. 비디오 파일을 압축하게 되면, 파일의 크기는 줄어들지만 비디오의 질이 하락한다. 이 때 비디오의 질 하락을 최대한 보완하기 위해서 사용하는 방법으로, 비디오와 오디오압축 그리고 비디오와 오디오간의 동기화에 관한 표준이다. 앞 화면과의 차이점만 저장하는 공간적 중복제거, 특정 물체의 이동정도만 저장하는 시간적 중복제거 기법이 있다. 이 기술은 무엇인가?

4. 미디어 공유를 위해 비디오를 편집하고 싶다. 이 때 사용할 수 있는 소프트웨어는 무엇이 있는가?

5. 영상을 편집할 때 사진, 영상에 따라 원하는 시각 효과를 입력할 수 있으며 화면과 화면 사이에 효과를 추가할 수도 있다. 이러한 방법을 무엇이라 하는가?

SOCIAL MEDIA

10 CHAPTER

트위터

10.1 트위터의 이해

10.2 트위터의 성공과 수익 모델

10.3 트위터 사용법

10.4 트위터 파워유저 되기

10.5 트위터의 미래와 활용

CHAPTER

10 트위터

SOCIAL MEDIA

트위터는 짧은 문장으로 개인의 의견이나 생각을 공유하고 소통하는 사이트로써, 재잘거리듯이 일상의 작은 얘기들을 그때그때 올릴 수 있는 온라인 공간이다. 사람들이 의견, 생각, 경험을 서로 공유하기 위해 사용하는 블로그, 미니홈피, 메신저 등을 소셜네트워크서비스(Social Network Service; SNS)라 하는데, 트위터는 블로그의 인터페이스에 미니홈피의 '친구맺기' 기능, 메신저의 신속성을 한데 모아놓은 소셜네트워크서비스라고 볼 수 있다.

트위터 서비스의 핵심 기능은 관심 있는 사람을 팔로우(follow)하여 그 사람이 등록하는 정보나 생각, 관심사 등을 공유하는 것이다. 지금 내 친구가 무엇을 하고 있는지 알기 위하여 만들게 되었다는 창업자들의 이야기에서 알 수 있듯이 지금 일어나는 일, 내 주변에서 일어나는 일 등을 알 수 있다는 것이 트위터의 핵심 아이디어이자 기능이다.

이 장에서는 이런 트위터의 개념과 탄생 배경, 그리고 트위터가 성공할 수 있었던 이유에 대해서 설명하고, 트위터를 어떻게 활용할 수 있는지 그 사용법에 대해서 설명하고자 한다.

10.1 트위터의 이해

트위터는 140자의 단문을 통해 자신의 생각을 전달하는 마이크로블로그(micro-blog)로서, 2012년 2월 기준으로 전 세계 5억 명이 넘는 가입자 수를 확보하고 있다. 이 절에서는 트위터라는 서비스가 무엇인지에 대한 개념과 탄생 배경, 그리고 트위터만이 가지는 몇 가지 특징을 살펴본다.

10.1.1 트위터란?

트위터는 '지저귀다(tweet)'라는 단어의 뜻에서 나타나듯이 재잘거리듯이 하고 싶은 말을 그 때 그 때 짧게 올릴 수 있도록 만들어진 마이크로블로그(micro-blog)로서, 자신의 생각과 상태를 팔로워(follower)들에게 공유해주는 서비스이다. 트위터를 설명하기 위해서는 트위터의 콘텐츠 단위인 영문 140자(한글 70자)라는 문자 단위와 팔로우라는 개념이 중요하다.

초창기에 트위터가 북미에서 서비스 될 당시에는 휴대 전화의 문자메시지로 트위터를 갱신하고 작성하는 것이 가능했다. 문자메시지의 일반적인 문자 수 제한은 160자 이내였으므로, 사용자의 아이디와 콜론에 필요한 20자를 뺀 결과가 140자였던 것이다. 그러나 처음부터 140자의 문자 제한이 있었던 것은 아니다. 맨 처음 문자 수 제한이 없던 시절, 160자를 넘어가는 메시지로 인해 문자메시지 이용 요금이 과다하게 나오거나 예기치 않은 버그가 발생하는 등의 문제가 발생하게 되었다. 이로 인해 트위터에서는 한 번에 올릴 수 있는 메시지의 글자 수를 140자로 제한하게 되던 것이다.

[그림 10-1] 트위터의 로고

팔로우(follow)는 트위터 상에서 친구 관계를 맺는 것을 의미하는 단어로서, 트위터에서 내가 하고 싶은 말을 올림과 동시에 누군가가 올리는 말을 듣기 위해서는 상대방을 팔로우하고 있어야 한다. 다만 트위터에서는 서로 모르는 사람이어도, 또한 승인이라는 절차가 없이도 볼 수 있게 하고 있다. 이것은 트위터를 친구 관계 사이에서만 사용하는 폐쇄적인 서비스가 아닌, 나와 비슷한 관심사를 가지고 있다면 전 세계 그 누구와도 공유할 수 있도록 개방된 소셜네트워크서비스로 만들어 준 핵심 요소이다.

이 간단한 아이디어가 전 세계에 '140자의 혁명'이라고까지 불릴 정도의 영향력을 끼치는 서비스가 되었으며, 미국의 첫 흑인 대통령이 된 버락 오바마(Barak Obama)는 대통령 선거에서 승리하는데 트위터를 이용하여 홍보 효과를 크게 본 것으로 알려져 있다. 현재는 많은 기업들이나 정부 부처에서도 홍보나 고객 동향 파악 등을 위해 트위터를 이용하고 있으며, 홍보나 마케팅의 수단 외에도 실시간 정보 전달, 개인 관심사 관리, 일기장 등의 도구로도 활용되고 있다.

10.1.2 트위터의 탄생 배경

트위터는 미국의 에반 윌리엄스(Evan Williams), 비즈 스톤(Biz Stone, Christopher Isaac Stone), "(Jack Dorsey)가 공동으로 창립한 벤처기업 오비어스(Obvious Corp.)에서 처음으로 개발한 서비스로, 2006년 3월 개설되었다.

잭 도시가 휴대 전화의 문자메시지를 기반으로 실시간으로 자신의 상태를 알려주는 웹서비스라는 아이디어를 처음 내놓았는데, 이는 친구들이 전화할 때마다 "What are you doing? (뭐하고 있니?)" 이라고 물어보는 것에서 힌트를 얻었다고 한다. 잭 도시가 아이디어를 제시하자 에반 윌리엄스와 비즈 스톤이 이를 구체화 하였다. 이들은 블로거닷컴(blogger.com)이라는 유명한 블로그 서비스를 제공하는 사이트를 개발했던 핵심 인물로써, 아이디어가 나온 지 두 달 만에 오늘날 트위터의 베타 버전을 완성시킨 것으로 알려져 있다.

[그림 10-2] 에반 윌리엄스, 비즈 스톤, 잭 도시 (출처: http://abcnews.go.com)

트위터의 정식 서비스는 2006년 7월 개시되었다. 당시 트위터는 매년 등장하는 수많은 신생 서비스 중의 하나에 불과했으며, 인터넷을 통해 친구끼리 짧은 메시지를 주고받는 도구에 지나지 않았다. 그러나 2007년 들어 단순한 인터넷 메시징 서비스에서 소셜네트워크서비스로 거듭나는 대대적인 서비스 개편을 이루었고, 이런 트위터의 참신함에 네티즌이 몰리기 시작했다. 대선 출마를 위해 민주당 당내 경선을 진행하던 버락 오바마가 젊은 유권자에게 다가가기 위해 트위터 계정을 만든 것도 이 즈음으로 알려져 있으며, 2008년은 트위터 붐이 일기 시작한 원년이었다.

10.1.3 트위터의 특징

앞서 트위터의 탄생 배경에서 이야기했듯이 트위터는 지금 내 친구들이 무엇을 하고 있는지 굳이 전화를 하지 않아도 알 수 있도록 만들어진 서비스이다. 트위터의 특징을 유추하자면 '내 주변에서 일어나는 일, 지금 일어나는 일 등을 쉽게 알 수 있다'라는 정도가 될 것이다. 이 간단한 아이디어가 전 세계에 140자의 혁명이라고까지 불릴 정도로 영향력을 끼칠 정도의 서비스가 되었다. 이러한 간단한 아이디어에 숨어 있는 트위터의 몇 가지 특징을 구체적으로 살펴보자.

1) 실시간 정보

2009년 1월, 뉴욕 공항을 떠난 여객기가 문제를 발견하고 회항하다가 공항까지 돌아갈 여유가 없어 허드슨강에 비상 착륙하는 사건이 발생했다. 이 때 허드슨강의 여객선을 타고 있던 플로리다에 사는 제니스 크럼스(Janis Krums)라는 젊은 여행객은 아이폰과 트위터를 이용해 "There's a plane in the Hudson. I'm on the ferry going to pick up the people. Crazy." (허드슨강에 비행기가 있다. 나는 사람들을 구조하러 가는 배에 타고 있다. 미치겠다.)라는 한 마디를 올렸다. 이 사고는 트위터를 통해 일파만파로 퍼져나가게 되었으며, 이를 계기로 트위터는 CNN과 구글이 할 수 없는 일을 해냈다는 평가를 받았다.

[그림 10-3] 제니스 크럼스가 올린 사진과 트윗

이 사고에서 볼 수 있듯이 오늘날 우리는 하루가 다른 세상에 살고 있다. 하루 지난 정보조차도 믿을 수 없고, 내가 믿을 수 있는 일은 지금 바로 일어나는 일뿐인 것이다. 오늘날 정보의 가치는 현재라는 시간성과 맞물려 있다. 과거에는 일기 예보를 알고 싶어서 9시 45분까지 기상 캐스터를 기다렸고, 그 날 일어난 사건 사고를 알기 위해 뉴스 시간만을 기다렸지만, 오늘날은 더 이상 그런 현상은 찾아볼 수 없다. 언제 어디서나 내가 원하는 정보를 접할 수 있으며, 트위터는 실시간으로 정보를 받아보는 하나의 수단이 되고 있다.

2) 차별화 된 콘텐츠

월요일 아침 여의도에서 마포로 넘어가기 위해 마포대교를 앞두고 있다고 가정해보자. 그런데 마포대교 남단에서 무슨 일이 일어났는지 차가 꼼짝 하지 않는다. 이 때 마포대교에서 대체 무슨 일이 났는지 알아보기 위해 '마포대교' 라는 키워드로 포털 사이트와 트위터에서 검색을 한다면 어떤 결과를 얻게 될까?

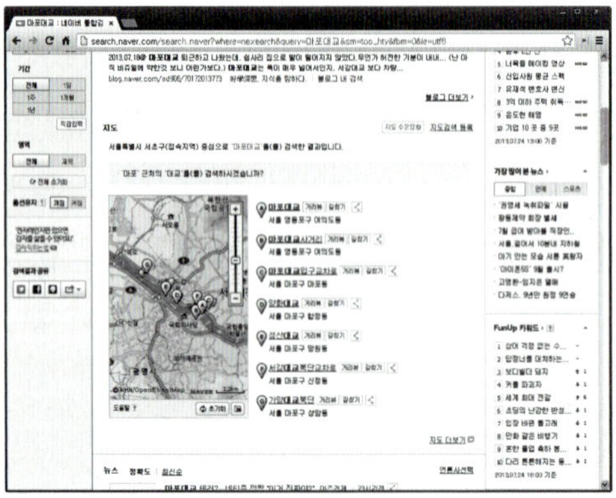

[그림 10-4] 포털사이트에서 마포대교를 검색한 모습

[그림 10-4]에서 보듯이 포털사이트에서는 지도, 이미지 검색과 더불어 마포대교가 언제 어떻게 만들어졌는지에 대한 지식, 마포대교라는 키워드가 들어가는 오래 전 뉴스 등이 검색된다. 반면 트위터에서는 지금 마포대교에 차가 많아 건너기 어려우니 우회하라는 소식, 지각을 해서 택시를 탔는데 마포대교에서 미터기만 올라가고 있다는 지인의 하소연 등이 검색 결과로 나온다.

즉, 트위터가 가질 수 있는 차별화 된 콘텐츠는 내 주변인들이 마치 기자가 되어 그들 주변에서 일어나고 있는 상황에 대한 정보를 실시간으로 알려주기에 가능한 것이라 할 수 있다.

3) 지식인의 대체

트위터를 사용하다 보면 흔히 접하게 되는 트윗의 종류가 바로 질문이다. "지금 서울에 눈이 오나요?", "이번에 새로 나온 스마트폰 어때요?" 라는 등의 트윗은 심심치 않게 눈에 띄며, 이 질문에 리트윗(Retweet) 또는 멘션(@mention)으로 응대해주는 사람들도 쉽게 찾을 수 있다.

이는 지금 발생하고 있는 일이 궁금할 때 이를 검색하지 않고도 주변인들을 통해 쉽게 지식을 획득할 수 있음을 의미하며, 지식을 획득하기까지의 걸리는 시간 또한 그리 길지 않음을 알 수 있다. 현재 일어나는 일들을 실시간으로 접할 수 있다는 점에서 트위터는 유명 포털사이트의 지식 서비스가 더 이상 지식이 아닌 광고의 장으로 변질된 시점에 이를 대체하는 좋은 수단이 되고 있다.

4) 정보 가치의 변화

트위터가 선풍적인 인기를 끌게 된 데에는 트위터에 유명 인사들이 가입을 하고 그들이 자신의 일상을 올리기 시작한 것도 중요한 요인이 되었다. 미국의 유명한 영화배우인 애쉬튼 커쳐(Ashton Kutcher)는 트위터에 자신의 사생활, 유명 인사들과의 이야기 등을 올려 많은 팔로워를 보유하고 있다. 애쉬튼 커쳐의 트위터가 유명해지면서, 애쉬튼 커쳐와 CNN이 누가 먼저 100만 팔로워를 모으느냐에 대한 내기는 유명한 일화다.

[그림 10-5] 애쉬튼 커쳐의 트위터(좌)와 CNN(우)의 트위터

과연 이 내기의 승자는 누가 되었을까? 이 내기의 승자는 CNN이 아닌 애쉬튼 커쳐였고, 이는 대중들이 뉴스에 나오는 객관적인 정보보다 영화배우라는 한 개인의 소소한 일상에 더 많은 관심을 가지고 있음을 나타내는 것이었다. 트위터는 내 주변에서 일어날 수 있는 소소한 일상을 접할 수 있게 해준다는 특징을 가지고 있다. 즉, 전통미디어가 전달하는 객관적이고 편집된 정보가 아니라 내가 알고 있는 누군가가 전달해주는 자신에 대한 이야기, 주변에서 일어나는 작은 일상에 대한 이야기도 충분히 정보로서의 가치를 가지고 있음을 트위터가 증명하고 있는 셈이다.

10.2 트위터의 성공과 수익 모델

많은 사람들은 트위터의 성공에 발맞추어 트위터가 왜 성공할 수 있었는지를 분석한 결과를 발표하였다. 이 절에서는 트위터가 지금같이 전 세계에서 널리 사용될 수 있었던 성공 요인과 트위터의 수익모델은 과연 무엇인지에 대해 살펴본다.

10.2.1 트위터의 성공 이유

이미 여러 연구 결과나 책, 뉴스 등을 통해 언급 된 트위터의 성공 이유는 여러 가지가 있으나 이는 결국 단순함과 개방성, 그리고 실시간성이라는 핵심 요인으로 귀결되는데, 본 절에서는 이 3가지 핵심 요인에 대해 구체적으로 살펴보고자 한다.

1) 단순함

트위터를 설명할 때 항상 수식어로 붙는 것이 바로 '140자의 매력' 이다. 140자 문자라는 최소한의 콘텐츠 단위는 언제 어디서나 실시간으로 빠른 소통을 가능케 하였다. 또한 140자 문자는 트위터라는 서비스에 가입하기 위한 최소한의 장벽이며, 인터넷 이용자 중에 140자(한글 70자) 문자 이내의 글을 적을 수 없는 사람은 아마 없을 것이다.

이전에는 자신의 생각을 표현하기 위한 방법으로 블로그가 많이 사용되었다. 블로그가 자신의 생각이나 의견을 웹에 올리기 위해 사용되는 서비스이지만, 급속한 성장과 더불어 영향력이 커지게 되면서 블로그는 간단하게 자신의 생각을 적는 공간을 넘어 다른 사람에게 중요한 정보를 전달하는 공간이 되고 있다. 이런 상황에서 사람들이 자신의 생각을 간단하게 표현하기 위해 블로그를 사용하는 경우, 다른 블로그에 비해 내 블로그가 초라해 보이게 된다면 더 이상 블로그에 글을 적는 것을 꺼리게 될 것이다. 반면 트위터는 140자라는 문자만 올리면 되기 때문에 간단한 의견도 초라해 보일 걱정 없이 올릴 수 있고, 언제든지 빠르게 투고할 수 있다.

[그림 10-6] 블로그의 글쓰기 화면(좌)과 트위터의 글쓰기 화면(우)

트위터의 기능은 단지 두 가지로, 트윗을 하는 것과 트윗을 읽는 것밖에 없다. 그렇기 때문에 다른 여타의 기능보다 중요한 것은 트윗을 올리는 '사람'이라는 콘텐츠이며, 트위터는 그 사람의 생각을 읽는 것과 그 사람의 이야기에 공감하는 것만이 중요해지게 된다. 가입과 사용 방법을 단순하게 만든 점 또한 트위터가 많은 사용자를 끌어 모으는 이유 중의 하나이다.

2) 개방성

트위터는 열린 서비스로서 개방성을 추구하고 있다. 트위터에 가입을 하기 위해서는 이메일 주소만 있으면 되고, 다른 사람이 올리는 글을 보기 위해서 승인을 받는 절차 없이도 쉽게 구독할 수 있다. 트위터에 올라오는 트윗은 다른 트윗에 영향을 끼치고 그것이 트위터라는 집단 전체의 움직임을 만들어 가게 된다. 이는 사람과 사람이 개방적으로 이어지지 않는다면 불가능한 것으로 트위터는 많은 소셜네트워크서비스 가운데서도 가장 개방된 특징을 보이고 있다.

또한 트위터는 다양한 오픈 API를 제공하여 다른 회사들이 트위터 계정과 결합된 부가 서비스를 쉽게 만들 수 있도록 하고 있다. 제 3의 개발자들은 트위터에서 제공받은 오픈 API를 통해 트위터를 다양한 어플리케이션으로 확장시키고 있으며, 이는 트위터의 성장 동력이 되고 있다.

3) 실시간성

트위터는 현재를 공유하는 서비스이다. 이 시대 정보의 가치는 '현재'라는 시간성과 맞물려 있으며, 지나간 정보에 대해서는 더 이상 집착하지 않는다. 트위터는 이런 실시간성을 반영하여 '현재' 우리 주위에서 일어나고 있는 일만 표시하며, 지금 내가 보지 못한 글은 없는 글로 간주하게 된다. 따라서 사용자들은 지금 내 주위에서 일어나는 일을 알기 위해 수시로 트위터에 접속하게 되고, 이는 사람들이 트위터에 열중하게 되는 이유가 되었다.

트위터가 140자 문자로, 즉 한 문장으로 표현할 수 있다는 점 또한 실시간성과 맞물려 트위터의 성공에 큰 영향을 미쳤다. 한 문장으로 표현되기 때문에 트위터의 내용은 매우 쉽고 빠르게 전파되어 유용한 뉴스와 정보의 전파 수단, 마케팅 도구로 각광받게 되었기 때문이다.

10.2.2 트위터의 수익 모델

전 세계에서 트위터에 등록된 계정과 하루에 올라오는 트윗이 각각 2억 개가 넘지만 트위터는 그동안 뚜렷한 수익모델을 찾지 못한 것이 사실이다. 웹을 통해 제공되는 대부분의 서비스들은 배너 광고 또는 검색 광고 등의 광고 매출이 기업 총 매출의 큰 비중을 차지한다. 트위터를 기반으로 한 수천 명의 제 3의 개발자(3rd-party)들이 광고를 통해 수익을 내는 동안에도 트위터는 별다른 수익 모델 없이 벤처 캐피털로부터 받은 자금에 의지해왔다.

그러나 투자자들의 투자자금으로 기업을 운영하는 것은 한계가 있다. 이에 따라 트위터는 2009년 야후에서 광고 마케팅을 담당했던 아나미트라 바너지(Anamitra Banerji)를 영입하여 새로운 수익모델을 준비하며 사업 확장에 대비해 왔는데, 이후 가장 먼저 트위터가 공개한 수익 모델은 '프로모티드 트윗(promoted tweet)'으로써, 이는 이용자들의 팔로워(follower) 성향을 분석해 관심 있는 분야의 광고를 트윗 형태로 노출하는 것이다. 이외에도 2012년 미국 대선과 관련해 정치 광고 확대를 기대하며 워싱턴DC에 사무실을 개설하는 등 광고영업에 주력하고 있다.

트위터는 많은 소셜네트워크서비스 중에서도 정보의 전파력이나 파급력에 있어 다른 서비스들을 압도한다. 따라서 기업이나 정치인 등이 광고나 홍보의 목적으로 트위터를 많이 이용하고 있는 만큼 일부 계정을 유료화 시키는 것 또한 하나의 수익 모델로 거론되고 있다. 사실 유료 계정을 파는 것은 매우 좋은 전략이고 실제로 많은 기업들이 가입을 하기 시작하고 있다. 트위터를 통해 고객들과의 능동적인 커뮤니케이션을 할 수 있게 되고, 또 이를 통해 더 많은 고객을 유치할 수 있다는 것이 증명되었기 때문이다. 만약 유료 계정을 위해 적절한 커뮤니케이션 수단이나 고객 데이터 통계 등을 유료 가입자에게 제공한다면 수익 창출에 보다 큰 도움이 될 수도 있을 것이다.

10.3 트위터 사용법

트위터의 사용법은 매우 간단하다. 그러나 트위터를 처음 접하는 사용자들이 트위터를 어렵게 느끼는 이유는 트위터에서 사용되는 용어들이 낯설기 때문이다. 본 절에서는 트위터를 사용하기 위해 필요한 기초 용어들을 설명하고, 기초 용어들을 기반으로 트위터의 기본적인 사용법을 설명한다.

〈표 10-1〉에 정리된 8가지 트위터의 기본 용어들은 트위터를 사용하기 위해 가장 먼저 알아야 할 기초 용어들이며 기본적으로 트위터의 기능과 연관되어 있다. 이 용어들은 앞으로의 실습 과정에서 지속적으로 사용될 것이므로 잘 기억해두도록 하자.

〈표 10-1〉 트위터의 기본 용어

용 어	의 미
트위터리안(twitterian)	트위터 사용자
트윗(tweet)	140자로 트위터에 글을 올리는 것
팔로우(follow)	트위터 상에서 특정 사용자의 글을 구독하는 것
언팔로우(unfollow)	내가 팔로우한 사용자의 글을 더 이상 보고 싶지 않아서 연결을 끊는 것
팔로워(follower)	트위터 상에서 내 글을 구독하는 사용자
맞팔(follow-back)	트위터 사용자끼리 서로를 동시에 팔로우하고 있는 상태
타임라인(timeline)	내가 트위터에서 등록한 글 또는 내가 팔로우한 트위터 사용자들의 글을 최신 순서대로 보여주는 곳
리트윗(retweet)	내가 구독하고 있는 트윗을 내 트위터 계정을 통해 다시 전달하는 것 (트위터에서는 리트윗이라는 방법을 통해 정보가 재배포 된다.)

10.3.1 트위터 계정 만들기

트위터를 시작하기 위해서는 우선 계정을 만들어야 한다. http://www.twitter.com에 접속하면 트위터 시작 화면이 나타난다. 초기 화면은 상황에 따라 계속 변화하므로, 로그인과 가입하기 버튼이 있는지 확인하면 된다. 만약 초기화면이 한국어가 아닌 다른 언어로 나타난다면, 우측 상단의 언어 부분을 클릭하여 한국어로 조정한다.

화면 하단에 위치한 가입을 위한 폼에 정보를 입력하면 신규 계정을 생성하기 위한 단계가 진행된다.

① 이름, 이메일 주소, 비밀번호를 입력하고, [트위터에 가입하세요] 라는 노란색 버튼을 클릭한다.
  - 각자의 이름이나 별명, 기업의 상호명, 제품명 등으로 등록 할 수 있다.
  - 이메일 주소는 계정을 생성한 후에 활성화시키기 위해 사용되므로, 실제로 사용하고 있는 이메일 주소를 입력하도록 하며, 등록 후 로그인을 할 때도 사용되므로 자주 사용하는 이메일 주소를 입력하는 것이 좋다.

② 트위터 아이디를 입력한 후, 하단의 [가입하기] 버튼을 클릭한다.
  - 여기서 입력하는 사용자 아이디는 언제든지 변경할 수 있으며, 다른 사용자들이 나를 팔로우하거나 멘션을 보낼 때 이용된다. 다만 트위터의 아이디는 영어로만

가능하다.

1

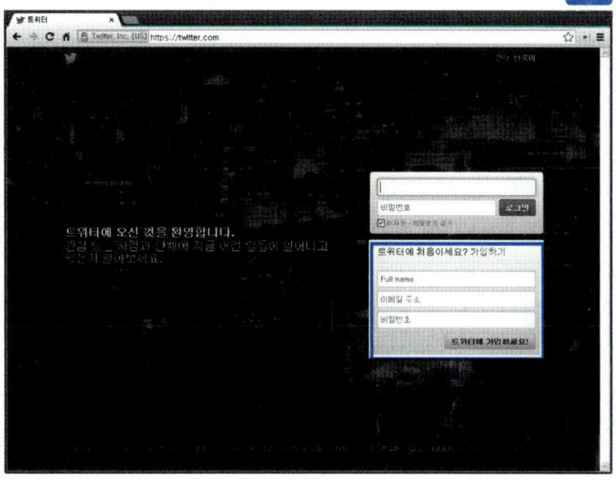

2

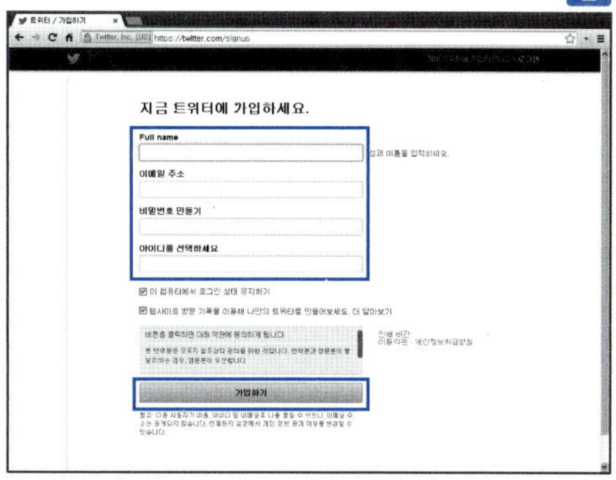

③ 스팸성 사용자 계정 등록을 막기 위해 자동가입 방지문자를 입력한 후 [가입하기] 버튼을 클릭한다.

- 트위터는 우리나라처럼 주민등록번호나 아이핀과 같은 실명인증번호를 사용하지 않기 때문에 방지문자 입력을 통해 프로그램을 통한 자동가입을 방지한다.

3

10.3.2 팔로우하기

팔로우는 관심 있는 사람을 찾아 그들이 작성한 글을 구독하는 것을 의미한다. 지인이 있다면 먼저 팔로우하고, 트위터에서 추천하는 사용자도 팔로우한다. 내 친구의 친구, 유명 인사 등 낯선 사람이라도 일단 팔로우를 하고, 그 사람들의 트윗을 보다 보면 내가 필요로 하는 팔로우가 누구인지 판단할 수 있게 된다. 더 이상 구독하고 싶지 않은 사람은 쉽게 언팔로우 할 수 있으며 이는 당사자에게 노출되지 않는다.

1) 계정 생성과 함께 팔로우하기

트위터에서는 사용자 등록 단계의 마지막에 사용자로 하여금 계정 생성과 동시에 팔로우를 할 수 있도록 하고 있다.

① 트위터 계정 생성 당시 자동 가입 방지 문자 확인을 마치면 다음과 같은 팔로우 지정화면이 나타난다. 여기서 [다음] 버튼을 클릭하여 다음 페이지로 이동한다.

② 팔로우하고 싶은 사용자 5명을 선택하여 사용자 옆에 있는 [팔로우] 버튼을 클릭하여 팔로우를 실행한다.

– 왼쪽에 트위터에서 추천하는 사용자 목록이 나타나게 되며, 이 중 팔로우하고 싶은 사용자 5명을 팔로우하게 되면 우측 트윗 란에 해당 사용자의 트윗이 나타나게 된다.

1

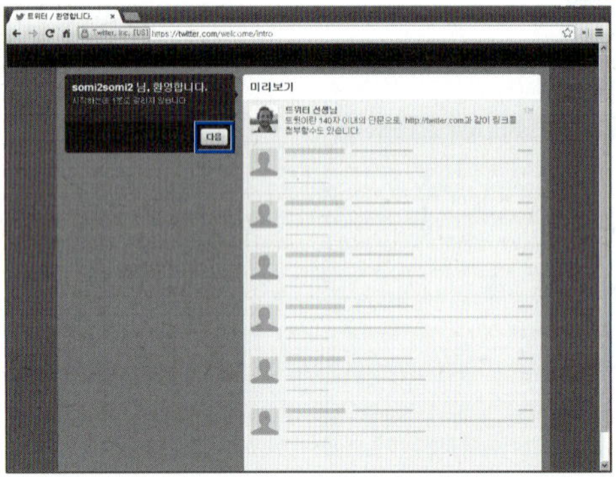

2

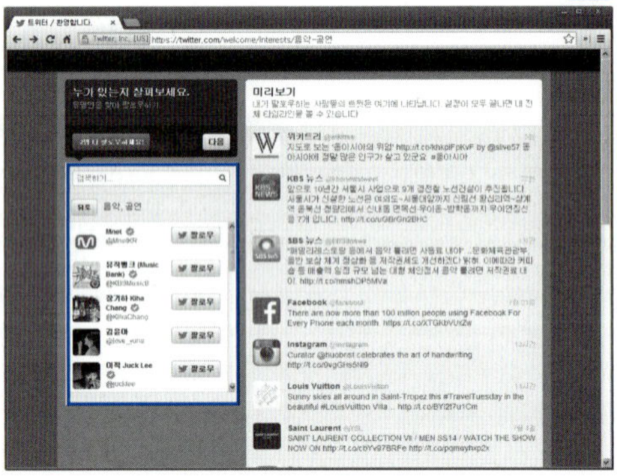

③ '좋습니다!' 라는 메시지와 함께 [다음] 버튼이 활성화 되면, [다음] 버튼을 클릭하여 페이지를 이동한다.

④ 5명을 팔로우한 후 [다음] 버튼을 클릭한다.

– 이 페이지에서는 연예오락, 음악공연, 영화드라마, 스포츠 등 분야 별로 유명한 트위터 계정을 추천하고 있다. 각자 관심 있는 분야를 선택하면 트위터 사용자 목록을 볼 수 있다. 이 단계를 건너뛰고 싶을 때는 언제든지 하단에 있는 [이 단계 건너뛰기]라는 메시지를 클릭한다.

3

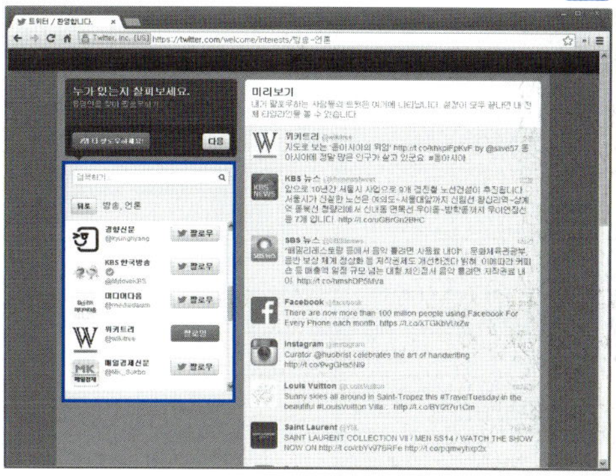

4

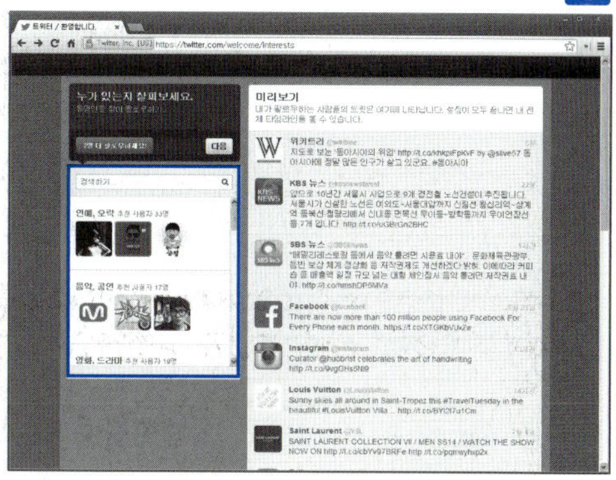

⑤ 지인을 검색하기 위해 나의 이메일 계정을 등록하여 검색한다.

– 각자의 다음, 지메일, 야후, 핫메일 등의 계정을 연결하면 나에게 이메일을 보냈거나 내가 이메일을 보낸 사용자들이 트위터 상에 등록되어 있을 경우 이들을 추천해준다.

⑥ 모든 과정을 마치고 나면 트위터의 기본 화면이 나타난다.

– 본격적으로 트위터 활동을 하기 전 자신이 입력한 이메일 주소로 트위터에서 보낸 인증 메일이 발송되었음을 확인할 수 있다.

5

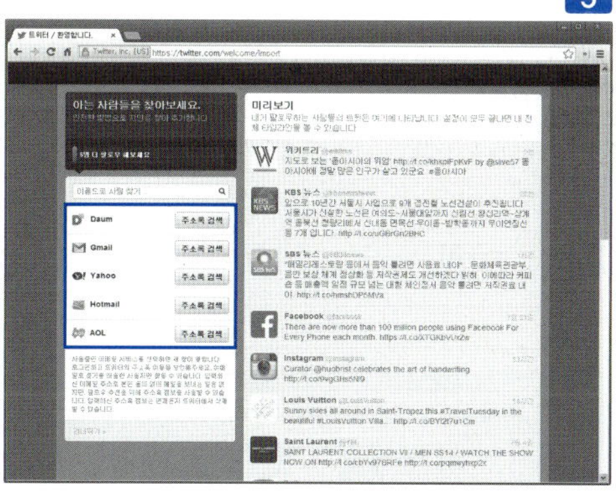

6

⑦ 각자의 메일 계정에 로그인하여 인증 메일에 적혀있는 주소로 이동하여 사용자 인증을 마치면 계정이 활성화된다.

7

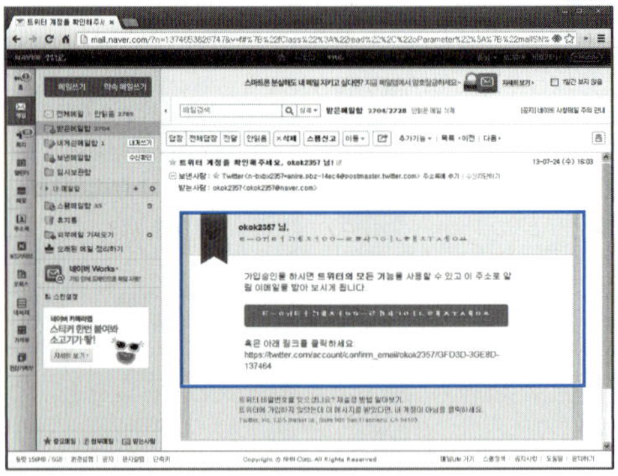

2) 트위터 사용 중에 다른 사용자를 팔로우하기

최초 가입 단계에서 사용자를 팔로우하는 과정 외에도, 트위터를 사용하는 동안 트윗이나 인물을 검색하여 다른 사용자를 팔로우하는 경우가 있다. 여기에서는 본 교재에서 다뤄 온 '여행' 이라는 주제로 트윗과 트위터 계정을 검색해보기로 한다.

① 검색 창에서 '여행' 이라는 키워드를 입력한다.
- 트위터 기본 화면에는 화면 상단에 '검색' 이라는 이름으로 검색 창이 제공된다. 여행 이라는 키워드를 입력하고 엔터키를 누르면 다음과 같이 여행에 해당되는 트윗들과 인물, 사진, 동영상 등이 검색된다. 좌측 인물 란에는 여행과 관련된 트위터 계정들이 나타나게 된다.

② 인물란의 가장 오른쪽에 보이는 한국관광공사의 계정을 클릭한다.
- 해당 계정의 최근 트윗이 나타나고 팔로우할 수 있는 버튼이 나타난다.

1

2

이렇게 계정을 팔로우하게 되면 앞으로 한국관광공사에서 올리는 트윗은 물론이고 기존에 한국관광공사에서 올린 트윗도 함께 나의 타임라인에서 볼 수 있게 된다. 계정이 아닌 트윗을 기준으로 사람을 팔로우하는 경우도 있는데, 우측에 검색되는 트윗 중에 자신이 마음에 드는 트윗을 올리는 사람이 있다면 그 사람의 계정을 클릭하여 팔로우하면 된다.

10.3.3 프로필 입력하기

트위터는 사람과 사람간의 소통을 주목적으로 하고 있기 때문에 자신이 누구인지를 알리는 것이 중요하다. 앞서 트위터 계정 생성 단계에서도 언급했듯이 트위터는 자신의 실명이 아닌 다른 이름으로도 가입할 수 있고, 별도의 실명 인증 절차를 거치지 않는다. 따라서 자신의 트위터임을 증명하고 관계를 맺기 위해서는 프로필을 성실하게 작성하는 것이 중요하다.

① 프로필을 작성하기 위해서는 우선 트위터에 로그인한다.
- 트위터에 로그인하면 나의 기본 화면이 나타나고, 이 기본 화면으로 이동하기 위해서는 언제든지 상단의 [ ]홈 버튼을 클릭하면 된다.

② 프로필 입력 페이지로 이동하기 위해 자신의 이름 밑에 있는 [내 프로필 페이지 보기]를 클릭한다.

1

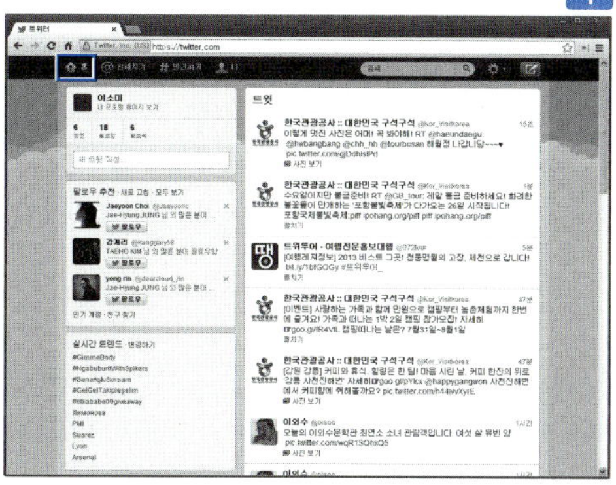

2

③ 우측의 [프로필 수정] 버튼을 클릭한다.

– [프로필 수정] 버튼을 클릭하면 프로필을 수정할 수 있는 페이지로 이동한다. 프로필 항목에는 사진, 이름, 위치, 웹, 자기소개, 페이스북 등이 있다.

3

- 사진 : 이름과 더불어 개인의 신뢰도를 높일 수 있는 중요한 항목이므로 가급적 자신을 나타낼 수 있는 사진을 사용하도록 한다.
- 위치 : 자신이 거주하고 있는 지역을 기준으로 입력한다.
- 웹 : 자신의 홈페이지나 블로그 주소를 입력한다. 본 교재에서는 블로그를 개설한 바 있으므로 자신의 블로그 주소를 입력하도록 한다.
- 자기소개 : 자신은 어떤 사람인지, 어떤 이야기를 주로 나누는지 등을 입력해 놓으면 다른 사용자들이 해당 정보를 확인할 수 있게 된다.
- 페이스북 : 내가 트위터에 올리는 글을 페이스북에도 자동으로 등록해주는 기능으로, 아직 페이스북 계정이 없으므로 생략하도록 한다.

④ 변경사항 [적용]하기 버튼을 클릭한다.

⑤ 우측 상단의 '사람모양' 버튼 [ ]을 클릭한 후 [내 프로필 페이지 보기] 메뉴를 클릭한다. 이 버튼을 통해 언제든지 프로필 페이지로 이동할 수 있다.

4

5

10.3.4 트윗, 답글, 리트윗 하기

트위터에서 현재 나에게 일어나고 있는 일을 글로 써서 올리는 것을 '트윗한다' 또는 '트윗을 올린다'라고 한다. 이 때 트윗(tweet)은 내가 올리는 하나의 메시지 즉, 하나의 콘텐츠를 의미하며 140자 이내로 작성한다.

1) 트윗하기

① 좌측의 [새 트윗 작성]이라고 적혀 있는 폼을 클릭한다.

- 새 트윗을 올리고 싶을 때는 이 창에 마우스 커서를 옮기면 아래와 같이 네모 상자가 커지면서 [트윗하기] 버튼도 나타난다.

② 우측 상단의 깃털 펜 모양의 버튼 [ ]을 클릭한다.

- '무슨 일이 일어나고 있나요?' 라는 제목의 팝업 화면이 나타나면, 이 화면에서 새로운 메시지를 작성하여 [트윗하기] 버튼을 클릭하면 된다.

• 카메라 : 사진이나 동영상과 같은 멀티미디어 콘텐츠를 업로드 할 수 있다.
• 나침반 : 현재 나의 위치를 입력할 수 있다.

1

2

2) 답글(리플라이)하기

트위터의 타임라인에는 내가 팔로우하고 있는 팔로워의 트윗이 올라온다. 이 때 어떤 팔로워에게 할 말이 있다면 답글 기능을 통해 자신의 의견이나 생각을 전달할 수 있는데, 이것을 답글하기 또는 멘션하기라고 한다.

① 자신의 타임라인에서 답글을 해주고 싶은 팔로우의 트윗에서 [답글] 버튼을 클릭한다.

② 답글하기 창이 띄워지게 되고, 전달할 말을 입력한 뒤 [트윗하기] 버튼을 클릭한다.

- 답글은 서로 팔로우 상태가 아니어도 상대방에게 메시지를 전달할 수 있는데, 상대방의 아이디만 알고 팔로우는 하지 않고 있다면 트윗 창에서 바로 '@유저이름 할말'의 형태로 입력하면 된다.

1

2

3) 리트윗하기

리트윗은 자신이 보았던 트윗 중에서 자신을 팔로우하고 있는 사용자들에게 보여주고 싶은 트윗을 재전송하는 기능으로써 많은 사람들이 리트윗을 통해 정보를 전달한다. 리트윗을 통해 정보가 전파되는 구조는 다음 설명과 같다.

모든 사람이 100명의 팔로워가 있다고 가정하자. 이 때 A라는 사람이 "가"라는 글을 전송한다. 그렇게 되면 100명의 사람들은 A가 올린 "가"라는 글을 보게 된다. 이 때 100명이 모두 리트윗을 한다면 "가"라는 글은 100명 × 100명 = 10,000명에게 전달된다. 10,000명이 다시 리트윗을 하게 되면 10,000명 × 100명 = 1,000,000명에게 전달된다. 이렇듯 리트윗의 힘은 우리가 생각하는 것보다 훨씬 강력한 것으로 트위터가 어마어마한 정보의 전파력을 가지게 된 데에는 이 리트윗 기능이 결정적인 역할을 했다고 볼 수 있다.

① 타임라인에서 자신이 리트윗하고 싶은 트윗에서 [리트윗] 버튼을 클릭한다.

② '팔로워들에게 리트윗 할 것이냐'는 확인창이 나타나면 [리트윗] 버튼을 클릭한다.

– 리트윗이 된 글은 아래 그림과 같이 우측에 리트윗이 되었다는 표시가 나타난다.

1

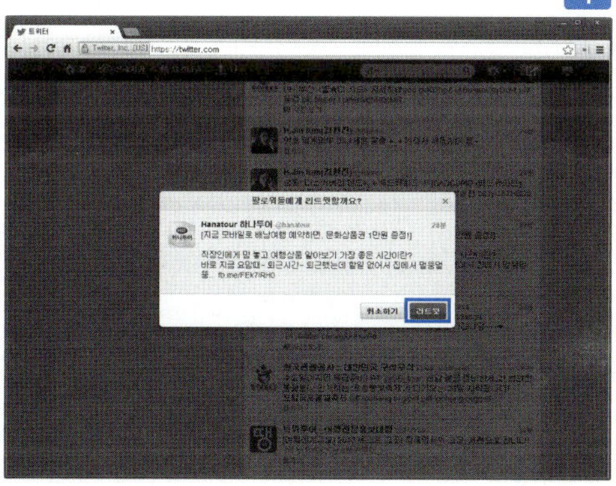

2

10.4 트위터 파워유저 되기

트위터는 사용법이 간단하므로 앞절에서 설명한 팔로우 설정, 트윗, 답글, 리트윗 등 기본적인 사용법으로 충분히 트위터를 사용할 수 있다. 그러나 트위터를 보다 유용하게 활용하려면 몇가지 추가적인 기능을 알아두면 매우 유익하다. 이 절에서는 트위터를 제대로 활용하기 위해 팔로우 리스트를 관리하고, 쪽지를 보내며, 트윗을 검색하는 기능을 설명하고 실제로 유명인사와 트윗봇을 하는 실습을 한다.

10.4.1 리스트 생성 및 구독하기

1) 트위터 리스트 만들기

트위터를 하다보면 팔로우가 늘게 되어 팔로우한 모든 친구들의 트윗을 모두 감당하기 힘든 시기가 생긴다. 이럴 때 필요한 것이 리스트를 생성하여 구독하는 방법이다. 리스트라는 것을 간략히 설명하자면, 유용한 정보를 자주 올리는 사람, 자주 이야기를 나누는 사람 등을 한군데에 이름 지어 묶어서 분류할 수 있는 기능이다.

① 상단 메뉴 바에 위치한 설정 메뉴의 [리스트]를 클릭한 뒤 '리스트 만들기'를 누른다.

② 리스트 만들기 창이 뜨면 리스트명에 원하는 그룹 이름을 써 넣고 리스트에 대한 설명을 간단하게 적는다. 그리고 공개 여부를 '공개'로 할지 '비공개'로 할지 지정하고 [리스트 저장하기]를 클릭하여 리스트를 만든다.

1

2

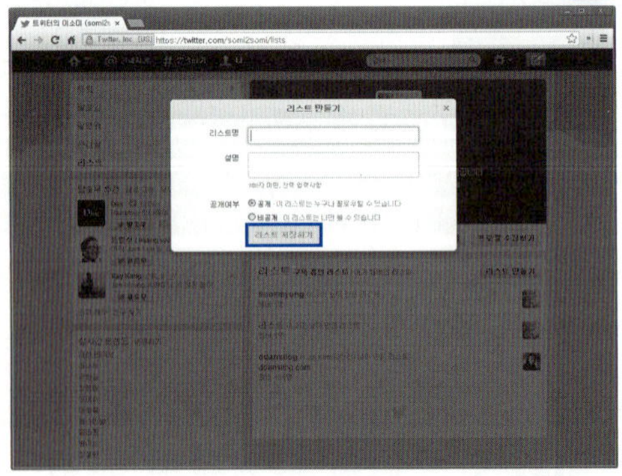

③ 리스트 생성 작업이 끝나면 아래와 같이 새로운 리스트가 생성된 것을 확인할 수 있다.

3

④ 크게 두 가지로 분류된 리스트를 확인할 수 있다.

- 구독 중인 리스트: 자신이 직접 생성하고 리스트를 만든 경우
- 내가 멤버인 리스트: 다른 사용자가 생성한 리스트를 팔로우하는 경우

4a

4b

2) 리스트에 사용자 추가하기

트위터에는 우리가 좋아하는 유명 연예인들이나 정치인, 소설가, 음악가 등 많은 유명 인사들이 있다. 많은 유명인들은 팬들과의 소통을 위해 트위터를 이용하고 있다. 그럼 리스트에 트위터의 대부 이외수님을 추가해보도록 한다.

① 상단의 검색창에서 사용자 이름으로 검색하여 대상을 찾은 뒤, [리스트에 추 가 혹은 삭제]를 클릭한다.

- 대상을 팔로우하지 않아도 리스트에 추가하는 것이 가능하다.

② 리스트를 클릭하여 아래와 같은 작은 옵션창이 열리면, 자신이 원하는 리스 트에 체크를 하거나 새로 리스트를 만들어 사용자를 추가한다.

1

2

③ 내 리스트 목록에서 유명인을 추가 시켰던 리스트를 클릭하여 확인한다.

3

3) 다른 사용자의 리스트를 구독하기

마지막으로 다른 사용자의 리스트를 구독하는 방법에 대해 설명한다. 리스트 목록을 공개로 설정해 놓으면 다른 사람의 트위터에서 그 사람이 생성한 리스트를 볼 수가 있다. 만약, 그 리스트가 마음에 든다면 [구독하기] 버튼을 클릭하여 그 리스트를 통째로 팔로우할 수 있다. 리스트를 팔로우한다고 그 안에 있는 모든 사람들을 팔로우하는 것은 아니다. 다음 화면은 다른 사용자의 리스트를 구독하는 경우이다.

① 다른 사용자의 리스트를 구독하기 위해 원하는 대상의 홈 화면에 들어간 뒤, 리스트 목록에서 마음에 드는 리스트를 클릭한다.

- 오른쪽 트윗 화면에서는 리스트에 포함된 사용자들이 올린 트윗들을 읽어볼 수 있다.
- [리스트 멤버]를 클릭하여 리스트에 포함된 사용자들을 확인할 수 있으며, [리스트 구독자]를 클릭하여 리스트를 구독한 사용자들을 확인할 수 있다.

② 리스트를 구독하기 위해 [구독하기] 버튼을 클릭한다.

- [구독하기] 버튼을 클릭하면 구독자 수가 올라가며, [구독하기] 버튼이 [리스트 구독 취소] 버튼으로 변경된다.

1

2

이처럼 트위터에서 리스트를 생성하여 구독하는 기능은 내 홈에서 따로 관리하고 싶은 그룹을 나누어 원하는 대로 새로운 리스트를 생성하여 관리할 수 있기 때문에 매우 편리하고 유용하다. 이제는 친구들, 회사 동료들, 좋아하는 연예인, 유명인 등을 나누어서 관리할 수 있다.

10.4.2 쪽지 보내기

트위터는 소셜네트워크서비스 중의 하나로 사용자 사이에 상호작용이 존재하게 되는데, 다른 사용자를 팔로우(구독)하는 것이 곧 상호작용 할 수 있는 방법이다. 이 방법 외에도 다른 사용자들과 상호작용 할 수 있는 방법이 하나 더 있는데, 바로 쪽지라고 하는 다이렉트 메시지를 보내는 것이다. 다른 말로 '메시지 직접 보내기', 'DM(Direct

Message) 보내기'라고 하는 기능을 이용하여 사용자들 사이에 쪽지를 주고받을 수 있다. 이 때 서로 팔로우를 할 경우에만 쪽지 기능을 이용할 수 있다. 즉, 나에게 보내진 쪽지들을 볼 수 있고, 다른 사용자들에게 쪽지를 보낼 수 있고, 쪽지에 쪽지로 답을 할 수도 있다.

1) 메인 화면에서 쪽지 보내기

① 트위터의 메인 화면에서 상단 메뉴의 설정을 선택하여 [쪽지]라는 하위 메뉴를 선택한다.

② 새로운 쪽지를 보내기 위해 [새 쪽지]라는 버튼을 클릭하면 작은 입력창이 뜬다.

1

2

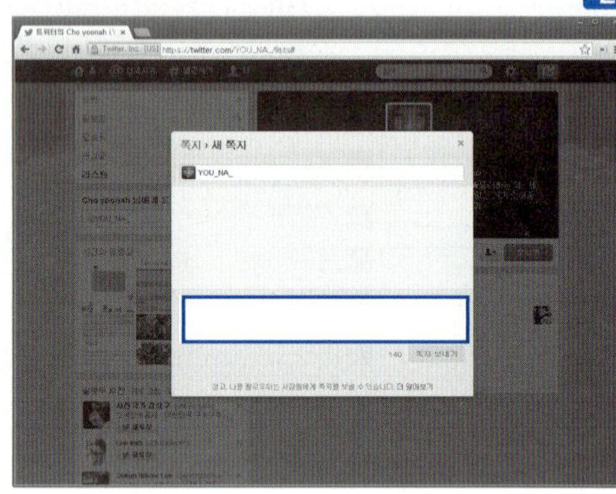

③ 쪽지 내용을 모두 입력하고 [보내기]를 클릭하여 쪽지를 보낸다.

- 쪽지도 다른 트윗과 같이 140자까지만 작성할 수 있다.

④ 아래와 같이 쪽지를 주고받은 사람들의 목록을 확인할 수 있으며, 쪽지 입력 상자를 이용하여 바로 답장을 쉽게 보낼 수 있다.

3

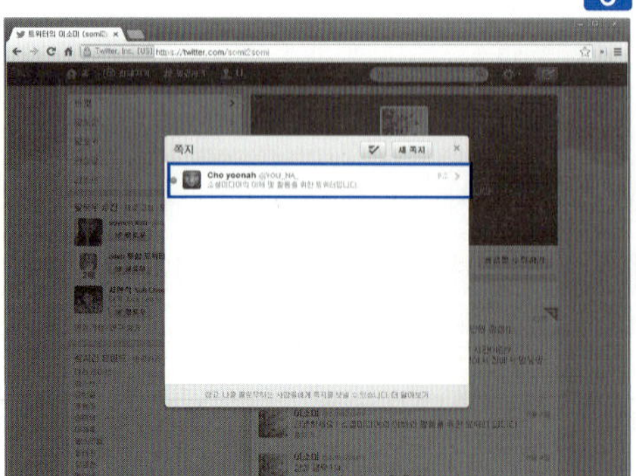

4

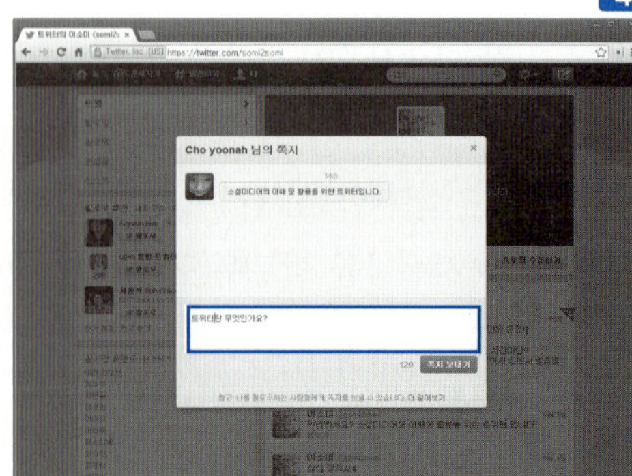

⑤ 새로운 쪽지를 보내기 위해 [새 쪽지]라는 버튼을 클릭한 뒤, 달갈 모양 옆의 입력창에 보내고 싶은 상대의 아이디를 써 넣고 아래 쪽 입력칸에 쪽지 내용을 써 넣는다. [쪽지 보내기] 버튼을 눌러 메시지를 보낸다.

5

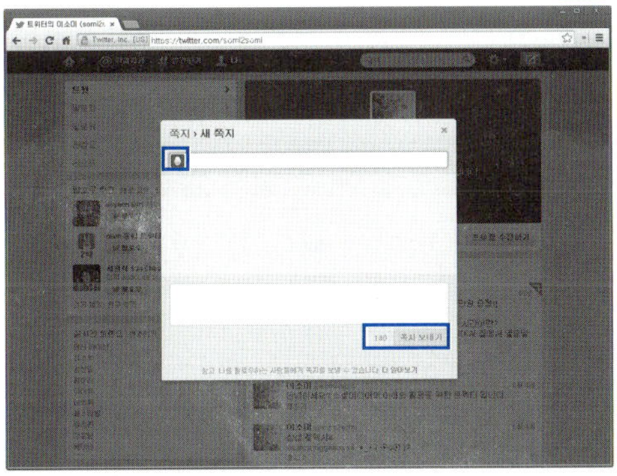

2) 타임라인에서 쪽지 보내기

다음은 나의 타임라인에서 팔로우한 사용자에게 쪽지를 보낼 수 있는 방법에 대해 설명한다.

① 타임라인에서 쪽지를 보낼 사용자의 아이디를 클릭하고 오른쪽에 해당 사용자에 대한 정보가 뜨면, [쪽지] – [새쪽지] 메뉴를 선택한다.

② 쪽지를 보낼 수 있는 작은 입력창이 나타나고, 내용을 기입한 후 [쪽지 보내기]를 클릭하여 전송한다.

1

2

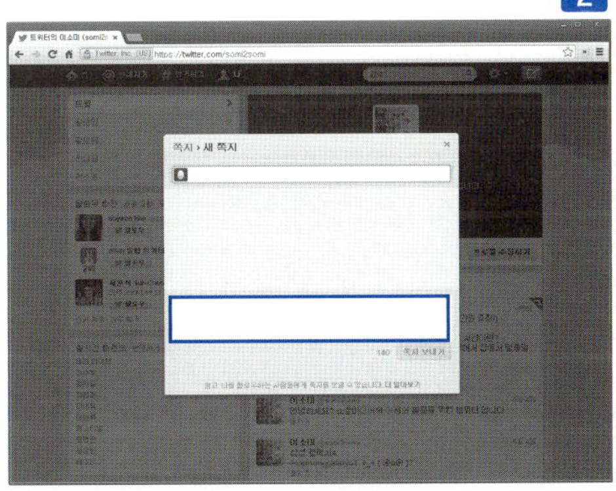

3) 팔로우하지 않은 대상과 소통하기

주의할 것은 쪽지는 나를 팔로우하고 있는 유저에게만 보낼 수 있다. 만약 팔로우하고 있지 않은 사람에게 보내고 싶다면, 멘션(mentions)을 이용해야 한다. 트위터에서 쪽지와 멘션을 분리해서 제공하는 이유는 공개와 비공개의 여부이다. 멘션을 이용하여 사용자끼리 대화를 할 경우에는 그 내용이 불특정 다수에게 공개된다. 이 경우 나의 사생활이 인터넷 상에 노출될 가능성이 높아지게 되며 특히 전화번호 같은 개인정보를 주고받을 일이 있을 때에 멘션을 이용하게 되면 좋지 않은 결과를 만들 수도 있다. 참고로 멘션을 관리하는 화면을 보기 위한 방법에 대해 설명한다.

① 트위터의 메인 화면에서 상단의 [@친해지기] 메뉴를 선택한 뒤, 왼쪽 사이드 바의 [멘션]을 클릭하여 아래와 같은 공개적인 멘션 내용을 확인한다.
② 공개적인 멘션과 비공개적인 쪽지 보내기 기능을 서로 비교해본다.

1

2

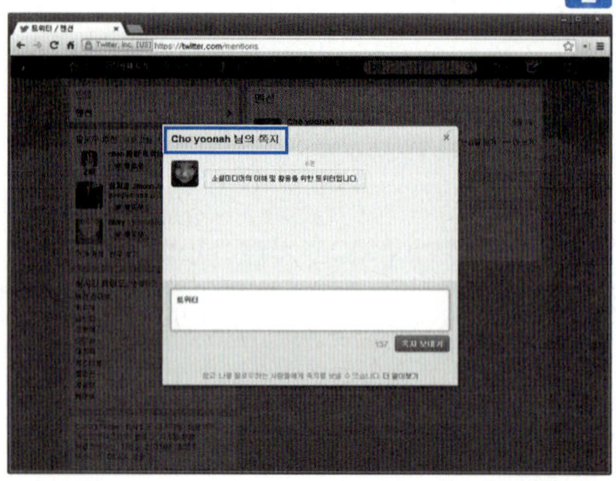

10.4.3 트윗 검색하기

일반적으로 블로그에서의 태그는 블로그 포스트 하단에 포스트를 잘 설명할 수 있는 핵심 키워드로, 같은 태그가 붙어있는 포스트를 손쉽게 볼 수 있도록 엮어 주는 기능을 말한다. 트위터에도 비슷한 해쉬태그라는 기능이 있다. 해쉬태그(hash tag)는 특정 주제나 관심사를 키워드로 만들고 키워드 앞에 #를 넣어 사용하는 일종의 검색어로 비슷한 여러 트윗들을 모아서 볼 수 있도록 한다.

해쉬태그의 형식은 [그림 10-7]과 같이 # 다음에 키워드를 입력하는 것이다. 트위터

문장 속에 #이 들어간 단어가 있다면 모두 해쉬태그라고 생각하면 되며, # 뒤에 단어가 붙으면 파란색으로 링크가 생기는 것을 볼 수 있다.

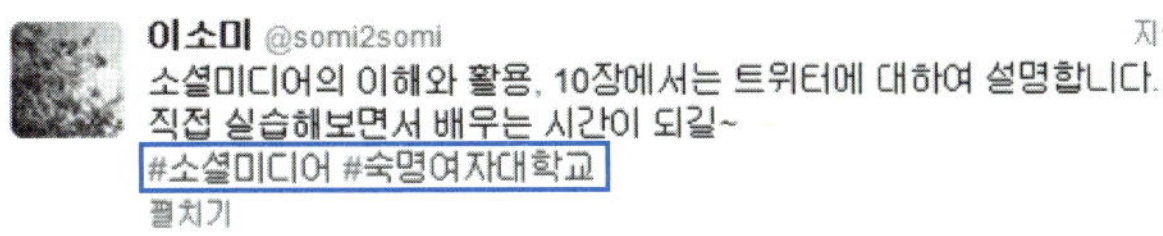

[그림 10-7] 해쉬태그의 사용 예

1) 해쉬태그 사용하기

먼저 해쉬태그를 사용하는 방법에 대해 살펴본 뒤, 해쉬태그를 검색하고 활용하는 방법 순서로 설명한다. 해쉬태그는 누구나 만들어 사용할 수 있다. 만일 나만의 해쉬태그를 사용하려면, 우선 사용하려는 해쉬태그를 다른 사람이 사용하고 있는지 검색해야 한다.

① 트위터의 메인 화면 상단의 검색 상자에 사용하고자 하는 해쉬태그를 입력하고, 돋보기 [🔍] 아이콘을 클릭하여 검색한다.

– 검색 결과 "모든 트윗에서 찾을 수 없다"는 내용이 출력되면 유일한 자신만의 해쉬태그로 사용할 수 있게 된다.

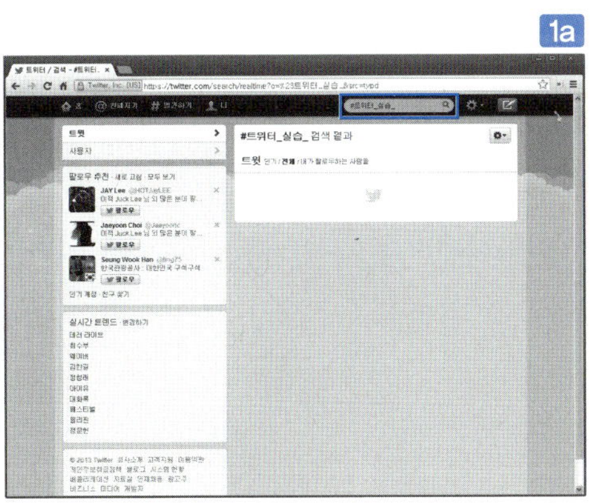

② 삼성에서 사용하고 있는 해쉬태그 '#samsunggalaxys4'를 넣어 트윗을 작성하고, [작성하기]를 클릭하여 트윗을 올린다.

– 해쉬태그 키워드는 대소문자를 구분하지 않으며, 보통 내용의 가장 뒤쪽이나 앞쪽에 입력하지만 문장 중간에 언급하는 형식으로도 사용한다. 문장 내에 삽입하

는 해쉬태그는 앞, 뒤에 한 칸씩을 띄어주어야 제대로 인식할 수 있다.

③ 다음 그림과 같이 해쉬태그에 링크가 걸려 있는 것을 확인할 수 있다.

- 링크가 걸린 해쉬태그를 클릭하면 같은 해쉬태그가 들어있는 트윗들을 검색해 모아서 보여준다.

2

3

2) 해쉬태그 검색하기

다음은 해쉬태그를 검색하는 방법에 대해 알아본다. 해쉬태그는 두 가지 방법으로 검색할 수 있으며, 링크가 걸린 해쉬태그를 클릭하여 바로 검색하는 방법과 일반적인 검색처럼 검색 상자에서 해쉬태그를 입력하여 검색하는 방법이 있다. 그리고 검색한 해쉬태그들을 즐겨찾기처럼 저장해두고 계속 업데이트 되는 트윗들을 읽어볼 수도 있다.

① 상단 검색 창에 트윗에 있는 해쉬태그 '#devfestw'를 입력한 뒤, 돋보기 아이콘을 클릭하여 해쉬태그가 들어간 트윗들을 볼 수 있다.

② 아래 그림과 같이 [검색어 저장]을 클릭하여 해쉬태그를 검색어로 저장할 수 있다.

- 검색된 해쉬태그를 즐겨찾기처럼 저장해 두고 읽어볼 수 있다.

1

2

이처럼 트위터에 해쉬태그를 달게 되면 같은 해쉬태그를 클릭해서 검색하는 사람들에게 자신의 트윗을 노출 시킬 수 있다는 장점이 있다. 많은 사람들에게 자신의 트윗을 노출 시키게 되면 결국 팔로우를 늘릴 수 있게 되는 기회도 늘어난다.

10.4.4 유명인사와 트윗봇하기

트위터에는 우리가 좋아하는 유명 연예인들이나 정치인, 소설가, 음악가 등 많은 유명 인사들이 있다. 많은 유명인들은 팬들과의 소통을 위해 트위터를 이용하고 있으며, 정치인 또는 기업에서는 소통뿐만 아니라 홍보의 목적으로 트위터를 이용한다. 많은 홈페이지에서 유명인들의 트위터 목록을 모아 제공하고 있으며 이들 중 자신이 평소 존경하거나 좋아했던 유명인을 찾아 팔로우하면 된다. 특히 자신이 미래에 몸담고 싶은 분야의 전문가를 팔로우하면 관련 분야에 대한 많은 지식과 정보를 얻을 수 있고, 전문가와의 인맥도 쌓을 수 있다.

트위터에서의 봇(bot)이란 일반적으로 쓰이는 의미의 말 그대로 '자동 운행'을 하는 계정이라는 의미도 있지만, RPA(Role Playing Account), 즉 역할극 계정이라는 의미로 쓰이기도 한다. 간단히 정리하자면, 트위터에서 여러 가지 목적이나 용도를 가지고 계정을 개설해서 특정 누군가가 그 용도에 맞게 연기를 하거나 봇을 운영하는 것을 말한다. 예를 들어 퇴근을 재촉하는 퇴근봇, 닭을 주제로 수다를 늘어놓는 치킨봇, 한 줄 유머를 지속적으로 올리는 하이개그봇 등 다양한 봇이 있다.

본 실습에서는 자동계정 설정을 위한 트윗봇(http://twittbot.net)을 설정해본다.

① 트위터광장 홈페이지(http://twtagora.com)에 접속하여 트윗봇을 검색한다.

1

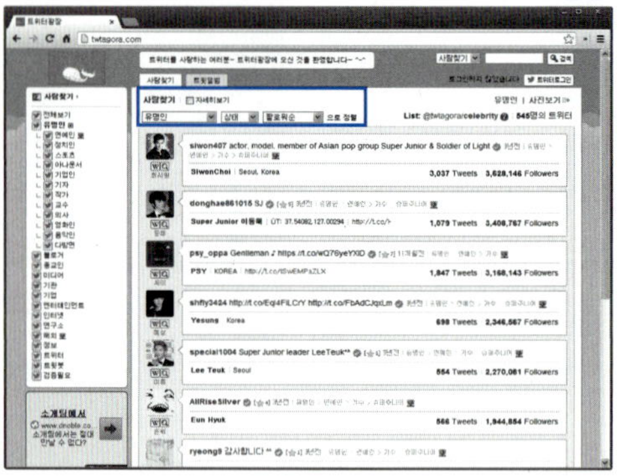

- 트위터 관련 서비스 중 하나인 트위터광장은 직업과 업종에 대한 다양한 분류와 소분류를 제공하여 각 분야별로 사람찾기 기능을 제공한다. 평소에 관심 있는 유명인이 트위터를 하는지, 혹은 유명인들의 근황이 궁금할 경우 트위터광장에서 확인할 수 있다.

② 원하는 트윗봇을 검색하여 팔로우 해본다.

- 닭을 주제로 수다를 늘어놓는 치킨봇, 한 줄 유머를 지속적으로 올리는 하이개그봇을 팔로우하여 사소한 재미를 추구하는 패러디부터 시작하여 정보 전달, 지식, 심지어 평소에는 쉽게 접할 수 없었던 독특한 취미까지 트위터를 통해 접해본다.

2a

2b

트위터를 하지 않는 연예인이 트위터를 하는 것처럼 꾸민 봇이나, 드라마나 영화 주

인공의 트윗봇 계정도 있다. 트윗봇은 처음 트위터를 시작하는 이들에게 보다 빨리 트위터에 익숙해질 수 있도록 하는 장점이 있지만, 중요하지 않은 내용들이 꾸준히 올라오는 경우도 있으므로 주의해야 한다.

10.5 트위터의 미래와 활용

앞 절에서 트위터가 사용하기에는 매우 간단하지만 그 사회적인 영향력은 매우 크다는 사실을 몇 가지 사례를 통해 알 수 있었다. 이 절에서는 트위터가 어떤 방향으로 발전할 것인지 예측해 보고, 각자 개인에게 도움이 되려면 어떻게 활용하면 좋을지 트위터의 활용방안을 살펴본다.

10.5.1 트위터의 미래

우리가 트위터의 미래를 정확하게 예측하기는 어렵다. 그러나 트위터가 자신이 가진 장점을 극대화 하는 방향으로 점차 발전할 것이라는 것은 누구도 이견이 없을 것이다. 그런 점에서 보자면 트위터는 실시간 정보 공유의 공간, 그리고 다양한 사용자 계층이 만나는 접점으로의 역할을 할 것이라 예상할 수 있다.

1) 실시간 정보 공유의 공간

트위터의 가장 큰 장점은 실시간으로 정보를 전달하고 획득할 수 있다는 점이다. 실제로 지드래곤은 미투데이에서 자신의 솔로 앨범 신곡 음원을 최초 발표한 바 있으며, 2009년 7월을 기점으로 백악관에서는 대통령의 뉴스 컨퍼런스 일정을 트위터에서 최초로 발표하기 시작하였다. 이는 기자나 언론사들에 의해 정보가 왜곡되거나 편집되는 일을 방지하는 측면도 있지만, 속보의 효과를 극대화 한다는 효과도 가지고 왔다. 이처럼 트위터는 실시간 정보의 전달 측면에서 미디어나 기자, 사람들이 가장 먼저 정보를 얻어가는 곳으로 더욱 그 영향력을 키워나갈 것이다.

2) 다양한 사용자 계층 간의 소통 공간

트위터의 또 다른 장점으로는 고객과 기업이, 또는 국민과 정부가 직접 만날 수 있는 공간을 제공한다는 것이다. 이는 기업이 고객을 대상으로 중간에 텔레비전이라는 미디어를 거치지 않고 바로 기업 홍보나 제품 광고를 할 수 있음을 의미한다. 실제로 포춘이 선정한 100대 기업의 73% 이상이 트위터를 이용하고 있다는 통계가 발표된 바 있다. 기업이 트위터를 하는 이유는 브랜딩을 위한 고객과의 커뮤니케이션은 물론이고 마케팅, 경쟁사 분석에 이르기까지 제품이나 기업 홍보를 위해 중요한 데이터를 얻을 수 있는 좋은 수단이 되기 때문이다. 트위터는 또한 입소문 마케팅을 하기에 좋은 도구가 되며, 기업의 제품이나 광고에 대한 고객 반응을 분석하기에도 더할 나위 없이 좋은 도구가 된다.

정부 또는 국가 행정기관에서는 민원을 접수하는 창구로 이용할 수 있다. 특히 사람들이 직접 행정기관을 방문해야 하거나, "굳이 내가 하지 않아도 누군가 하겠지"라고 생각할 수 있을만한 귀찮고 사소한 일들을 트위터를 통해 접수함으로써 국민 편익을 향상시킬 수 있다. 또한 이렇게 접수된 민원들은 그 처리 과정 또한 트위터를 통해 알려줌으로써 민원 처리에 대한 국민의 신뢰를 높일 수 있다.

정당에서는 이미 트위터를 중요한 선거 운동의 수단으로 활용하고 있으며, 대법원에서도 트위터를 이용한 선거 운동이 불법이 아니라고 판결한 판례가 있어 앞으로 그 중요성은 더욱 커질 것이다. 시간과 공간의 제약이 많은 오프라인 선거 운동에 비해 트위터를 이용한 선거 운동은 비용을 절감하면서도 동시에 보다 자세하고 효율적으로 정책을 홍보하는 수단이 될 수 있다. 또한 트위터를 이용하는 유권자의 목소리에 귀를 기울임으로써 시민과의 소통에 좋은 대안이 될 수 있다.

10.5.2 트위터의 활용 방안

누군가 트위터를 혼자 가는 파티에 비교한 글을 본 적이 있다. 적극적인 사람이라면 자신이 먼저 나서서 인사를 하고 친해지기 위해 노력할 것이며 그런 과정을 통해 즐거운 파티를 보낼 수 있을 것이지만 소극적인 사람이라면 누군가가 자신에게 먼저 다가오기를 기다리다가 지쳐 지루하기 짝이 없는 파티가 될 것이라는 것이다.

트위터는 지인들과의 관계에서 시작되기도 하지만 내가 평소에 친분이 없는 사람과도 교류가 가능하다는 점이 큰 장점이므로, 트위터를 잘 활용하기 위해서는 적극적으로 다른 트위터 계정을 검색하고 찾아 볼 필요가 있다. 그 중 몇 가지 자신에게 도움이 되는 방향으로 트위터를 활용하는 방안을 제시한다.

1) 트위터는 뉴스보다 빨리 최신 정보를 얻는 공간이다.

트위터를 통해 최신 정보를 실시간으로 접할 수 있다. 특히 자신이 관심 있는 분야의 최신 정보가 업데이트되는 계정을 팔로우하고 있다면 인터넷이나 신문, 텔레비전 보다 먼저 최신 정보를 접하는 공간이 될 수 있다. 뉴스 사이트에서 운영하는 트위터 계정을 팔로우하는 것도 좋은 방법이다. CNN(@cnn)이나 타임즈(TIMES, @time), 월스트리트저널(Wall Street Journal, @wsj)과 같은 해외 유명 언론사 계정을 팔로우하거나 국내 방송 3사는 물론이고 유명 신문사들의 계정을 팔로우함으로써 매번 여러 뉴스 사이트를 방문해야 하는 번거로움도 피하면서 최신 정보를 받아볼 수 있다.

기업에서 운영하는 계정이나 채용 팀의 계정을 팔로우한다면 보다 빠르게 구직 정보를 접할 수 있고 동시에 기업에서 알려주는 조언도 접할 수 있다. 실제로 대부분의 기업은 트위터 계정을 운영하고 있으며 트위터를 통해 구직자와 소통하기 위해 노력하고 있다. 자신이 평소에 궁금해 했던 부분이 있다면 트위터를 통해 질문함으로써 보다 친근하게 다가가는 계기가 될 수도 있다.

2) 자신을 알리는 도구로 활용하라.

오늘날 일부 기업에서는 신입사원을 채용할 때 자기소개와 더불어 개인 소셜네트워크서비스 계정을 요구한다. 이 때 만약 계정은 있으나 아무 것도 하지 않은 구직자와 열심히 자신의 지식을 알리는 공간으로 활용해 온 구직자가 있다면, 당신은 누구를 뽑을 것인가?

트위터는 짧은 문장을 통해서 자신의 의견을 그 때 그 때 개진할 수 있기 때문에 굳이 길게 논리적으로 쓰지 않아도 된다. 자신이 오늘 어떤 경험을 했으며, 그로 인해 무엇을 배우고 얻었는지 짧은 한 줄이면 된다. 또한 자신의 관심사에 대한 뉴스가 있을 때, 그것에 대한 자신의 의견은 무엇인지도 짧은 한 줄로 나타낼 수 있다. 트위터에서는 하루하루 짧게나마 꾸준히 자신의 의견을 개진하는 것이 중요할 뿐이며, 그것이 쌓여 자신을 알리는 자기소개서 한 장보다 더 큰 효과를 발휘할 수 있다.

3) 미래의 나를 만날 수 있다.

우리가 텔레비전이나 신문, 인터넷에서만 보는 연예인이나 우리 사회의 유명 인사들이 직접 계정을 만들어 활동을 하고 있다는 것은 이미 앞에서 언급한 바 있다. 그러나 많은 사람들에게 알려지지는 않았지만 내가 미래에 몸담고 싶어 하는 세계에서 일하고 있는 전문가들 역시 트위터에서 활동을 하고 있다. 어떤 특정 분야의 전문가들은 자신이 속해 있는 분야에 대해 최신 정보를 가장 먼저 업데이트하기도 하며, 중요한 일들에 대해서도 트위터를 통해 언급하곤 한다. 트위터에서 이런 전문가들의 계정을 팔로우하여 미래에 내가 몸담을 세계에서 일어나는 일을 미리 접해 볼 수 있으며, 더 나아가 전문가들과의 맞팔을 통해 관계를 맺어 자신이 미래를 준비해 나가는데 직접적인 도움을 받을 수도 있다.

연습문제

■ 다음 괄호 안에 올바른 단어를 기입하시오.

1. 트위터는 영문 140자 (한글 70자) 이내의 단문으로 개인의 의견이나 생각을 공유하고 소통하는 사이트로써, 관심 있는 사람이 등록하는 정보나 생각, 관심사 등을 공유하는 일종의 ( )이다.

2. ( )는 트위터 상에서 친구 관계를 맺는 것을 의미하는 단어로, 어떤 사람의 생각과 상태를 듣기 위해서는 상대방을 ( )하고 있어야 한다.

3. 오늘날 정보의 가치는 현재라는 시간성과 맞물려 있다. 트위터는 언제 어디서나 내가 원하는 정보를 접할 수 있는 ( )를 받아보는 하나의 수단이 되고 있다.

4. 트위터를 통하여 '질문'을 하는 트윗을 접하기도 한다. 이럴 경우 질문에 대한 질문을 ( ) 또는 ( )으로 받을 수 있다.

5. 트위터를 통하여 전통 미디어가 전달하는 객관적이고 편집된 정보가 아니라, 내가 알고 있는 누군가가 전달해주는 ( ), ( )를(을) 접할 수 있다.

6. 트위터는 이용자들의 팔로워 성향을 분석하여 관심있는 분야의 ( )를 트윗 형태로 노출한다.

7. 트위터는 열린 서비스로써 ( )을 추구하여, 다른 사람이 올리는 글을 보기 위해서는 승인절차 없이 쉽게 구독할 수 있다.

8. 트위터는 실시간 정보 전달과 획득의 공간, 그리고 ( )의 역할을 할 것이다. 그 예로 여러 행정기관 또는 일선 공무원들을 거치지 않고 국민의 소리를 직접 들을 수 있다.

9. 트위터 사용자들을 ( )이라고 하며, 140자로 트위터에 글을 올리는 것을 ( )이라고 한다.

10. 트위터를 사용하기 위해서는 ( )이 있어야 한다. 그러나 주민등록번호나 아이핀과 같은 실명인증번호는 사용하지 않는다.

■ **다음 질문에 대하여 간단히 서술하시오.**

1. 트위터는 친구 관계 사이에서만 사용하는 폐쇄적인 서비스가 아닌, 나와 비슷한 관심사를 가지고 있다면 전 세계 그 누구와도 공유할 수 있도록 개방된 소셜네트워크서비스이다. 그렇다면 트위터는 어떻게 생기게 되었는가?

2. 트위터가 성공할 수 있었던 이유에는 여러 요인이 맞물려있다. 그 중 '140자의 매력'이 대표적인 성공 요인이라고 손꼽히는데, 단순함을 강화시키는 데에는 트위터가 제공하는 간단한 기능도 한 몫 한다. 트위터에서는 어떤 기능을 제공하는가?

3. 트위터를 사용해본 경험이 있는가? 있다면 어떤 목적으로 사용하는가?

4. 트위터는 차별화된 콘텐츠를 갖고 있다. 내 주변인들이 마치 기자가 되어 그들 주변에서 일어나고 있는 상황에 대한 정보를 실시간으로 알려주기에 가능한 것이다. 트위터를 통하여 특정 콘텐츠를 접해본 경험이 있는가? 있다면 어떠한 경험이었나?

5. 트위터는 페이스북과 다르게 쉽게 팔로우 및 언팔로우를 할 수 있다. 트위터를 사용한다면 어떤 인물을 팔로우하고 있는가? 또는 사용하지 않는다면 어떤 인물을 팔로우하고 싶은가? 그 이유는 무엇인가?

SOCIAL MEDIA

11 CHAPTER

페이스북

CHAPTER

11 페이스북

전 세계 8억명 이상의 사용자들을 보유하고 있는 페이스북은 현재 서비스 되고 있는 소셜네트워크서비스(SNS) 중에 가장 성공한 서비스로 알려져 있다. 페이스북은 다른 SNS와 마찬가지로 사용자들이 서로의 일상 및 관심사에 대한 정보, 또는 사진이나 동영상 등을 공유하는 서비스이다. 2004년 2월 마크 주커버그(Mark Zuckerberg)라는 하버드대 학생에 의해 개발 되었으며, 2012년 5월 현재 미국 나스닥에도 상장될 만큼 큰 회사로 성장하였다.

본 장에서는 전 세계에서 가장 많은 사용자를 확보하고 있는 페이스북의 탄생 배경과 페이스북이 큰 성공을 거둘 수 있었던 이유에 대해 설명하고, 이런 페이스북을 사용하기 위한 기본적인 사용법에 대해 알아보도록 한다.

11.1 페이스북 개요

페이스북은 온라인에서 친구 관계를 맺어 개인의 사생활과 관심사를 공유하는 소셜네트워크서비스(SNS)로써, 2012년 4월 기준으로 전 세계 8억 명이 넘는 가입자 수를 확보하고 있다. 이 절에서는 페이스북 서비스의 개념과 탄생 배경, 그리고 전 세계 8억 명이라는 사람이 왜 그토록 페이스북에 열광하는지 그 이유에 대해 살펴보도록 한다.

11.1.1 페이스북이란?

페이스북이란 소셜네트워크서비스의 일종으로 친구들과 대화하고 정보를 교환할 수 있도록 도와주는 서비스이다. 13세 이상이면 누구든 이름, 이메일, 생년월일, 성별 등을 기입하는 것만으로 간단하게 회원으로 가입할 수 있다. 페이스북에서는 '친구 맺기'를 통하여 친구가 올린 글이나 사진, 동영상 등을 접할 수 있고 또한 각종 관심사와 정보, 자료 등을 교환하고 공유할 수 있다.

페이스북은 친구를 맺어 서로의 사생활을 공유한다는 점에서 우리나라의 싸이월드와 비슷한 특징을 가지고 있으며, 정보를 공유하고 교환한다는 점에 있어 트위터와도 유사한 점을 가지고 있다. 그러나 140자 단문으로 정보를 전달하므로 단편적이고 휘발성이 강하다는 약점을 가진 트위터에 반해 페이스북은 420자까지 표현할 수 있으며 프로필이나 페이지 화면 내에 그간의 게시물이 빠짐없이 담겨 있기 때문에 스토리의 연속성을 보장받을 수 있고, 또 이전의 싸이월드에 비해서 간단하게 글과 사진을 올릴 수 있다는 장점이 있다.

11.1.2 페이스북 탄생 배경

페이스북이 어떻게 시작되었는지는 영화 '소셜네트워크'를 통해 세상에 알려진 바 있다. 마크 주커버그(Mark Zuckerberg)가 여자 친구를 곯려주기 위해 하버드대 전산 시스템을 해킹하여 빼낸 학생들의 프로필로 만든 사이트인 페이스매쉬(FaceMash)가 시작이었다. 페이스매쉬는 학교 제일의 미남, 미녀를 가리는 프로그램으로써 여자 2명, 혹은 남자 2명의 사진을 나란히 보여주고 누가 더 매력적인지 투표하게 하여 결국 마지막 한 사람이 1위를 차지하게 만드는 프로그램이었다. 그러나 페이스매쉬는 해킹에 의해 가져온 사진을 기반으로 하고 있고, 또한 이런 프로그램이 엄격한 하버드 대학의 학칙에 어긋난다는 교수들의 평가 때문에 곧 폐지되었다.

[그림 11-1] 페이스북 로고와 마크 주커버그

그러나 마크 주커버그는 순식간에 사람들이 몰리는 현상을 보고 학생들의 관음증적인 시각과 자신을 알리고 싶어 하는 본능적인 욕구를 감지하게 된다. 그리고 이 아이디어를 발전시켜 또 다른 프로그램을 구현하게 되는데 그것이 바로 페이스북이다. 페이스북은 2004년 2월, 더스틴 모스코비츠(Dustin Moskovitz), 크리스 휴즈(Chris Hughes) 등이 동업자로 합류한 후 하버드 대학의 이메일 계정을 가진 사람들만 가입할 수 있는 제한된 소셜네트워크서비스로서 '더페이스북' 이라는 이름으로 서비스되기 시작하였다. 이후 아이비리그의 대학들과 스탠포드 대학 등으로 확장되었고, 2005년 말에는 2000개 이상의 일반 대학과 2만 5000개 이상의 고등학교 네트워크를 형성하였다. 2006년 9월에는 13세 이상이라면 누구나 가입할 수 있도록 서비스의 문이 개방되었다.

페이스북이 무서울 정도의 성장 속도로 사람들을 끌어 모으게 되자 많은 기업에서 페이스북을 인수하겠다는 제의가 들어왔다. 2006년 10월 야후에서는 페이스북의 미래 가치를 보고 10억 달러에 인수하겠다는 제안을 했으나 마크 주커버그는 단호하게 거절하였다. 그 이유는 자신의 아이디어에 대한 확신과 장기간의 계획을 가지고 자신의 소셜네트워크서비스를 완성하기 위한 꿈 때문인 것으로 알려져 있다. 이후에도 계속 성공가도를 달린 페이스북의 2013년 현재 시장가치는 100억 달러 이상으로 평가를 받고 있다.

11.1.3 페이스북에 열광하는 이유

앞서 페이스북의 탄생 배경에서도 언급했듯이 마크 주커버그는 페이스매쉬라는 사이트를 통해 사람들이 남에게 자신을 드러내고 싶어 하는 욕구와 남이 무엇을 하는지 보고 싶어하는 욕구가 있음을 알아차렸다. 그리고 사람들의 그런 욕구를 채워주기 위해 만든 것이 바로 페이스북이다.

1) 남에게 나를 보여주고 싶은 욕구

페이스북의 기본 기능은 그 내용이 무엇이 되었건 간에 글, 사진, 또는 동영상 등을 올리는 것이다. 사람들은 자신의 일상을 올리기 위해 사용할 수도 있고, 친구들에게 정보를 전달하기 위해 사용할 수도 있으나, 대부분의 사람들은 자신의 일상을 올리기 위해 페이스북을 이용한다. 그리고 페이스북의 '댓글'과 '좋아요'와 같은 기능을 통해 친구들과 소통한다.

사람들이 페이스북에 자신의 일상을 올리고 댓글을 통해 소통을 하는 것은 자신의 일상을 남들에게 보여주고 싶고, 또 자랑하고 싶어 하는 욕구 때문이다. 특히 많은 사람들은 내가 올린 글에 좋아요 수가 많기를 바라고 댓글이 많이 달리기를 바라는데, 이 또한 남이 나를 봐주었으면 하는 욕구에 기반한다.

페이스북은 이렇게 사람들이 자신을 과시할 수 있는 공간을 제공함과 동시에 자신을 알아주는 사람들이 있다는 것을 알 수 있도록 댓글과 좋아요와 같은 소통 공간을 동시에 제공함으로써 사람들로 하여금 자신의 과시 욕구를 충족시킬 수 있도록 하고 있다.

2) 남이 무엇을 하는지 보고 싶은 욕구

페이스북을 통해 사람들은 친구들이 무엇을 하고 있는지 실시간으로 확인할 수 있다. 친구들이 올린 글과 사진, 동영상을 통해 친구들의 일상을 엿볼 수 있으며 동시에 그것에 대해 자신의 이야기를 남길 수도 있다. 페이스북은 친구들의 이야기를 보기 위해 그들의 페이스북 공간에 방문하지 않더라도 자신의 뉴스피드에서 "나는 지금 이런 일을 하고 있는데(혹은 아무 것도 하지 않는데) 내 친구는 무엇을 하고 있을까?" 라는 궁금증을 쉽게 해결할 수 있도록 한다. 친구가 무엇을 하고 있는지 알기 위해서는 직접 전화를 걸어서, 또는 직접 친구의 홈페이지를 방문해야만 했던 것들을 페이스북에서는 간단하게 알 수 있도록 해줌으로써 남이 무엇을 하고 있는지 보고 싶어 하는 욕구를 충족시켜주었다.

이처럼 페이스북은 자신의 이야기를 글이나 사진, 동영상과 같은 다양한 미디어 요소를 이용하여 올릴 수 있도록 함과 동시에 다른 사람들이 자신의 이야기에 대해 함께 소통할 수 있는 공간을 제공함으로써, 사람들의 두 가지 욕구를 동시에 충족시켜주었다. 오늘날 전 세계 사람들이 페이스북에 열광하는 이유는 맨 처음 마크 주커버그의 생각과 전혀 다르지 않다.

11.1.4 페이스북 수익 모델

페이스북의 수익 모델은 크게 2가지로 분류할 수 있는데, 하나는 페이스북을 통한 광고 수익이고, 다른 하나는 어플리케이션 프로그램의 연동에 따른 수수료이다.

1) 광고 수익

페이스북은 사용자가 페이지에 접속했을 때 우측 공간에 스폰서라는 광고 영역을 배치하여 사용자에게 노출시킴으로써 광고주로부터 광고 수익을 얻는다. 스폰서 영역에는 사용자의 페이스북 사용 성향(자신 또는 친구들의 관심 분야, 친구들이 '좋아요'를 클릭한 경우 등)을 파악하여 그 기준에 따라 무작위로 나타난다. 스폰서 영역에서 관심이 가는 광고에 대해 '좋아요'를 클릭하게 되면 해당 광고는 내 친구들의 스폰서 영역에도 나타나므로, 광고에 관심을 가질만한 사용자들에게 지속적으로 노출되는 효과를 가진다.

2012년 4월 기업 공개를 앞두고 페이스북의 2011년 매출은 약 37억 달러, 우리나라 돈으로 4조 1천억에 달하는 것으로 발표되었는데 그 중 32억 달러를 광고가 차지하고 있다. 전 세계에서 사용되고 있는 대부분의 소셜네트워크서비스가 광고 수익에 의존하고 있는 상태에서 페이스북도 다른 소셜네트워크서비스와 수익 모델이 크게 다르지 않다. 현재는 웹 플랫폼에서만 광고가 게재되고 있지만 향후 모바일 어플리케이션에서의 광고까지 시작하게 될 경우 광고 수익은 더욱 극대화될 전망이다.

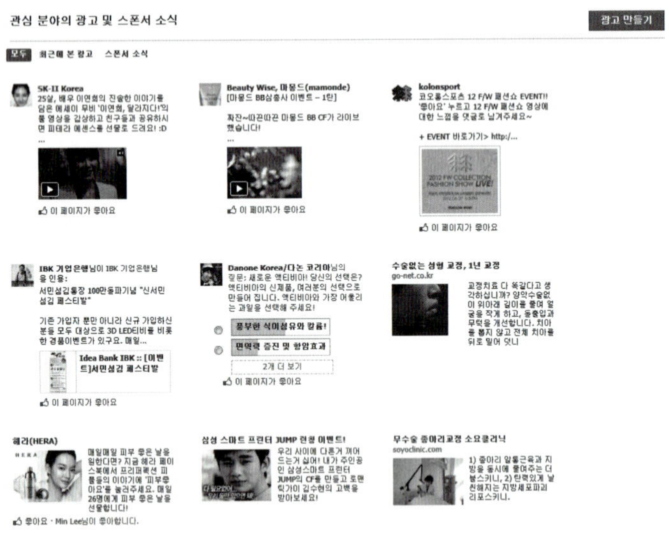

[그림 11-2] 스폰서 광고 페이지 (개인의 feed list 우측의 스폰서를 클릭했을 경우)

2) 어플리케이션 연동을 통한 수수료

페이스북은 자사의 고객 데이터를 고객의 동의하에 어플리케이션 프로그램 개발사에서 사용할 수 있도록 API를 제공하고 있다. 제 3의 개발사에서는 게임을 비롯한 각종 어플리케이션을 개발하고, 이를 페이스북이 제공하는 API를 이용하여 페이스북 고객 정보와 연동함으로써 페이스북 사용자들을 고객으로 끌어들이게 된다. 페이스북 사용자들이 해당 어플리케이션을 사용할 경우 개발사에서는 어플리케이션의 기능 또는 광고를 통해 수익을 얻을 수 있는데, 이를 통해 매출이 발생할 경우 페이스북에서는 개발사 수익의 일정 부분을 수수료로 받게 된다. 이렇게 벌어들이는 수익은 페이스북 총 매출의 15% 정도를 차지하고 있으며, 2011년 매출 기준 약 5억 달러를 어플리케이션 프로그램 연동을 통해 거두어들인 것으로 나타났다.

11.2 페이스북 성공 이유

페이스북은 가장 단 시간에 가장 많은 사용자 수를 확보한 서비스 중의 하나로 손꼽힌다. 본 절에서는 페이스북이 이렇게 짧은 시간에 어마어마한 사용자 수를 확보할 수 있었던 이유가 무엇인지에 대해 설명한다.

11.2.1 구독과 피드(Feed)

페이스북은 가입과 동시에 자신만의 페이스북 공간이 생성된다. 이를 뉴스피드라고 하는데, 이 뉴스피드에서는 자신이 올린 글뿐만 아니라 온라인 상에서 친구를 맺은 모든 사람들의 이야기들이 업데이트 되는 공간이다. 이는 앞서 언급했던 페이스북에 전세계 사람들이 열광하는 이유와 맞닿아 있는데, 뉴스피드를 이용하면 내가 직접 친구들의 페이스북 공간을 찾아가지 않고도 그들의 이야기를 한 곳에서 일목요연하게 확인할 수 있다. 마치 구독과 피드(feed)의 개념처럼 내 친구들이 어딘가에서 올리고 있는 그들의 이야기를 페이스북이 대신하여 지속적으로 업데이트를 해주기 때문에 나는 하나의 공간에만 접속하면 모든 친구들의 이야기를 확인할 수 있는 것이다.

[그림 11-3] 뉴스피드에 업데이트 되는 친구의 글

구독과 피드가 페이스북의 성공 요인 중 하나라고 말할 수 있는 것은 싸이월드와의 차이점에서 들 수 있다. 사실 페이스북에서 제공하는 친구 맺기와 글, 사진, 동영상 업데이트의 기능은 우리나라의 싸이월드에서 먼저 시작한 것으로 페이스북이 시작된 2004년보다 3년 빠른 2001년에 처음 시작되었다. 미니홈피의 개념을 적용한 싸이월드는 자신만의 공간에 자신의 이야기와 사진을 올릴 수 있도록 하였으며, 일촌 맺기를 통해 친구 간에 서로 소통을 할 수 있도록 하였다. 싸이월드는 지금의 페이스북과 별반 다르지 않은 기능을 제공하였으나, 현재 소셜네트워크서비스 상에서 페이스북과 싸이월드의 위치를 결정지은 가장 큰 차이점은 바로 글에 대한 접근 방식이다.

초기의 싸이월드에서는 친구가 올린 글을 보기 위해서 친구의 미니홈피에 직접 방문해야 했다. 처음에는 친구들의 미니홈피를 즐겨 방문하던 사용자들도 점차 친구가 많아짐에 따라 방문에 대한 귀찮음과 부담감으로 인해 방문 횟수가 줄어들게 되고, 이는 결국 친구들과의 소통이 줄어드는 것으로 이어져 점차 흥미를 잃어가게 되었다. 반면 페이스북의 경우에는 친구의 페이스북 공간에 방문하지 않아도 친구가 올린 글을 나의 뉴스피드에서 바로 확인할 수 있으며, 그 자리에서 바로 댓글을 달고 '좋아요'를 클릭하는 등의 소통을 할 수 있다. 마치 트위터가 블로그에 글을 올리기 위한 부담감을 줄여주도록 만든 것처럼 페이스북은 다른 사람과의 소통을 위한 귀찮음과 부담감을 줄여주었는데, 그 방법이 바로 구독이자 피드(feed)이며 새롭지도 않고 단순한 이 기능 하나가 전 세계 8억 명이라는 사용자를 끌어 모을 수 있었던 비결 중의 하나인 것이다.

11.2.2 기타 성공 요인

구독과 피드 외에도 페이스북이 성공한 요인은 여러 군데에서 찾을 수 있다.

1) 사람과 사람의 연결

첫 번째는 사람과 사람의 연결이다. 페이스북에서는 나의 계정과 다른 친구들과의 소통, 그리고 내가 어떤 친구와 관계를 맺음에 따라 그 가지를 뻗어 또 다른 사람을 연결시켜 준다. 최근 소셜네트워크서비스가 발달함에 따라 '식스 픽셀(six pixel)' 이론이 부상하였는데, 이 법칙은 모든 사람이 클릭 6번이면 연결 될 수 있다는 것이다. 페이스북은 이런 식스 픽셀 이론과 더불어 클릭 한 번으로 내가 알 수도 있는 사람들을 추천해줌으로써 사람과 사람을 연결해주고, 또한 그 안에서 쉽게 소통할 수 있도록 하였다.

2) 감정의 공유

두 번째는 페이스북을 통해 사람들은 지식을 공유하는 것이 아니라 감정과 경험을 공유한다는 것이다. 페이스북의 프로필 페이지에는 학력, 자기소개, 연애 상태, 관심사 등 다양한 정보를 입력하고 공개할 수 있도록 하고 있으며, 이를 통해 친구들은 내 친구가 무엇을 좋아하는지, 무엇에 관심이 있는지 알게 된다. 또한 친구들이 올린 이야기들에 댓글을 달고 '좋아요'를 클릭하면서 정서적 공감대를 형성하게 되고, 이것이 친구들 간의 원활한 소통에 중요한 요인이 되고 있다.

3) 높은 확장성

페이스북을 사용하다 보면 앱이라고 불리는 어플리케이션 프로그램을 접하게 된다. 이들 어플리케이션 프로그램은 페이스북이 아닌 다른 전문 어플리케이션 프로그램 개발사에서 제작하여 페이스북이라는 플랫폼을 통해 제공하는 것이다. 페이스북에서는 보다 많은 개발사들이 페이스북에 연동되는 어플리케이션을 개발할 수 있도록 오픈 API를 제공한다. 오픈 API를 이용하여 누구나 쉽게 페이스북 서비스를 자신들만의 서비스로 확장시킬 수 있으며, 이는 친구들과 관계를 맺고 글과 사진을 올리는 단순한 페이스북의 기능을 보다 풍부하게 하여 사람들로 하여금 페이스북 페이지에 오래 머무르도록 하는 요인이 되고 있다.

4) 사용의 편리성

마지막으로는 사용의 편리성이다. 페이스북은 PC는 물론이고 모바일에 이르기까지 페이스북을 사용하기 위한 다양한 방법을 제공한다. 또한 처음 시작하는 사용자를 위해 프로필을 입력하고 친구를 추천하는 단계에 이르기까지 차근차근 따라 하도록 하여 쉽게 익숙해 질 수 있으며, 익숙한 사용자도 더욱 편리하게 사용하도록 지속적으로 인터페이스를 개선하는 등의 노력을 기울이고 있다.

페이스북의 성공에는 이처럼 여러 가지 요인이 복합적으로 작용했기 때문이라고 많은 전문가들이 분석하고 있다. 그러나 여러 가지 성공 요인들은 결국 쉽고 빠르게 사람과 사람 간의 소통이 가능한 공간을 제공했다는 점으로 귀결될 수 있을 것이다.

11.3 페이스북 사용법

페이스북은 트위터와 같이 페이스북에서만 사용되는 용어가 거의 없고, 또 트위터 사용법을 익힌 사용자라면 페이스북도 쉽게 익힐 수 있다. 이 절에서는 페이스북의 기본 사용법을 설명하고, 다음 절에서는 페이스북을 다양하게 활용하는 방법에 대해 설명한다.

11.3.1 계정 만들기

페이스북 사이트 http://www.facebook.com에 접속한다.

1) 신규 계정 생성하기

이미 계정이 있는 경우라면 상단 이메일, 비밀번호 란을 이용해 로그인 할 수 있다. 계정이 없을 경우 화면 가운데의 가입하기에 나타난 입력 항목들을 입력함으로써 계정을 생성할 수 있다.

① 화면 가운데에 있는 입력 항목들을 입력한 후 [가입하기] 버튼을 클릭한다.

- 페이스북의 가입을 위한 입력 항목은 이름, 이메일 주소, 비밀번호, 성별, 생일이다. 원하는 경우 프로필에서 정보를 숨길 수 있다.
- 가입이 완료되면 친구를 추가하기 위한 정보를 입력하는 단계를 거친다.

1

② 친구추가 1단계 : 자신의 메일 주소로 연락하는 사용자를 검색

- 네이버 메일, 다음 메일, 네이트온, 기타 자신이 주로 사용하는 이메일 주소와 비밀번호를 입력하면 자동으로 페이스북을 사용하는 사용자를 찾아준다. 이 단계를 건너뛰고자 할 때는 하단의 [건너뛰기]를 클릭한다.

2a

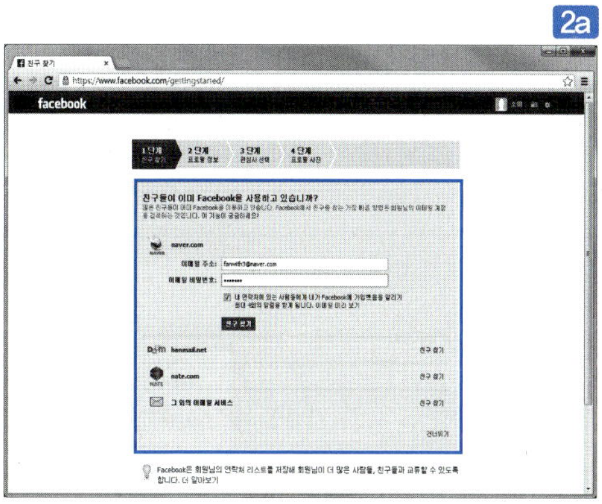

2b

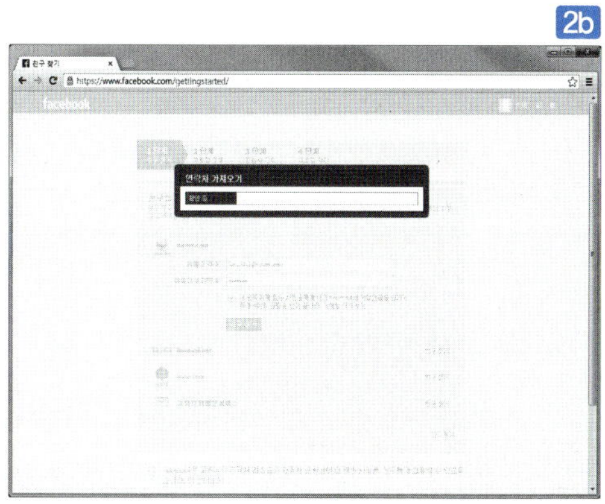

③ 친구추가 2단계 : 프로필 정보를 입력하여 검색

- 자신의 출신 학교를 입력하는 단계이다. 고등학교, 대학교, 직장 정보를 입력하고 졸업 연도를 입력하면 같은 년도에 같은 학교를 졸업한 친구들을 우선으로

추천해 준다.

3a

3b

④ 친구추가 3 단계 : 프로필 사진 올리기

– 사용자들은 프로필 사진과 이름을 토대로 이 사람이 내 친구인지 아닌지를 판단하게 되므로 가급적 자신을 잘 드러낼 수 있는 사진으로 입력한다.

4a

4b

⑤ 계정 생성 완료

– 3단계의 과정을 거치고 나면 다음과 같이 나의 페이스북 페이지가 로딩되며, 이 화면이 나타나게 되면 모든 계정 생성이 마무리 된 것다.

2) 프로필 작성하기

다른 소셜네트워크서비스와 마찬가지로 페이스북에서도 프로필을 잘 작성하는 것이 중요하다.

① 메인 화면 상단의 사용자 이름 또는 왼쪽 사진을 클릭한다.

- 가입 당시 자신이 입력한 기본 정보가 나타나게 되고, 빈 칸으로 되어 있는 부분들이 내가 추가로 입력할 수 있는 프로필 항목들이다.
- 프로필 항목에는 기본 정보, 프로필 사진, 친구 및 가족, 학력 및 경력, 철학, 예술 및 엔터테인먼트, 스포츠, 활동 및 관심사, 연락처 정보 등이 있다.

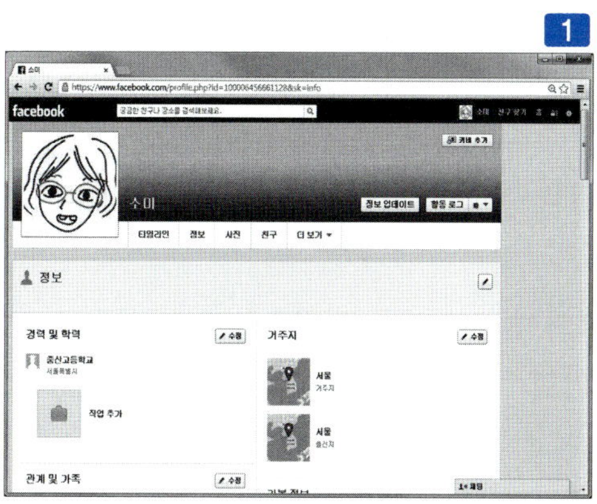

② [프로필 편집] 버튼을 클릭한다.

- [프로필 편집] 버튼을 클릭하지 않더라도 프로필 각 항목을 입력하기 위해서는

굵은 글씨로 되어 있는 각 항목의 우측에 [수정] 버튼을 클릭하면 된다.

2a

2b

③ 프로필 작성이 끝나면 [변경 내용 저장] 버튼을 클릭한다.

3

11.3.2 친구 추가하기

페이스북은 기본적으로 친구 관계를 기반으로 하고 있으므로, 내가 등록한 글을 친구가 볼 수 있도록 하기 위해서 그리고 내 친구가 올린 글을 보기 위해서는 친구를 찾아서 등록해야 한다. 페이스북에서는 친구를 추가하도록 하는 몇 가지 방법을 제공하고 있는데, 각각의 방법에 대해 살펴보자.

1) 이메일 또는 메신저 계정을 이용한 친구 찾기

페이스북 계정을 생성하고 난 후 새로운 글을 한 번도 작성하지 않은 상태라면 나의 뉴스피드에는 아래와 같이 친구를 추가하도록 하는 안내가 나타난다.

① 페이스북 계정으로 사용하고 있는 이메일 주소를 활용하여 친구를 찾는다.
- 본 실습에서는 네이버 계정을 사용하여 가입을 했기 때문에 네이버 계정을 입력하는 것이 가장 먼저 나타난다.
- 나의 이메일 주소는 자동으로 입력이 되어 있으며, 이메일 계정의 비밀번호를 입력하게 되면 페이스북에서는 나의 이메일을 스캐닝하여 나와 한 번이라도 메일을 주고받았던 사용자들을 친구로 추천하게 된다.
- 화면에서 보이듯이 비밀번호를 입력한다고 하여 페이스북에서 따로 나의 이메일 비밀번호를 저장하지는 않으니 걱정하지 않아도 된다.

② 이와 같은 방법으로 다음, 네이트, 네이트온 등의 계정을 입력하여 기존에 해당 이메일 또는 메신저로 연락을 취했던 친구들을 찾아볼 수 있다.

1

2

2) 알 수도 있는 사람

두 번째는 내가 입력한 프로필을 기반으로 알 수도 있는 사람을 추천해주는 방식이다. 앞의 추천하기 화면의 우측에 있는 '알 수도 있는 사람' 란에 나타나게 되는데, 나의 출신 학교, 내 친구의 친구 등이 주로 추천된다.

① '알 수도 있는 사람' 우측에 있는 [전체보기]를 클릭한다.

② 좌측의 대학교를 클릭한다.

- 내가 입력한 프로필을 기반으로 출신지, 거주지, 고등학교, 대학교, 직장, 대학원 등을 기준으로 추천된 친구를 볼 수 있다. 출신지와 거주지의 경우에는 범위가 크므로, 고등학교나 대학교, 대학교의 출신 학과, 직장 등을 기준으로 범위를 줄여서 보는 것이 좋다.

1

2

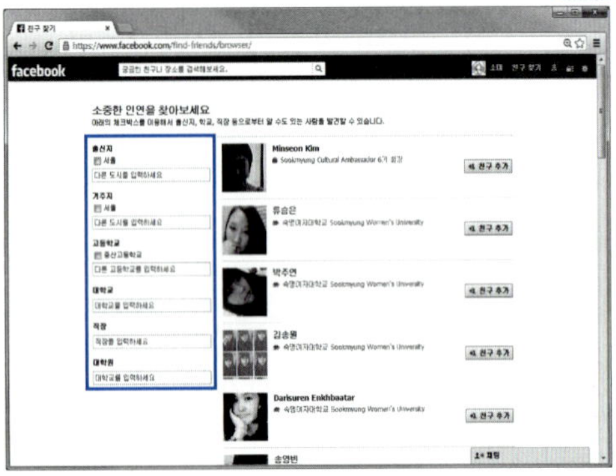

3) 직접 찾기

마지막으로는 직접 이름을 입력하여 찾아보는 것이다. 페이스북의 가장 상단에는 검색창이 하나 있는데, 이 검색창에 자신이 알고 있는, 자신이 친구로 추가하고 싶은 사용자의 이름을 입력하는 것이다.

① 상단 검색창에 자신이 검색하고자 하는 사용자의 이름을 입력한다.

- 본 교재에서는 '눈송이'라는 키워드를 사용하였다.
- 사람 이름을 입력하게 되면 페이스북에서는 해당 이름에 대한 검색 결과를 보여주고, 이 때 나타나는 사진과 이름을 보고 친구를 찾을 수 있다.
- 해당 이름에 대한 검색 결과는 수십, 수백 건에 이를 수 있으므로, [검색 결과 더 보기]를 클릭하면 더 많은 검색 결과를 확인할 수 있다.

1a

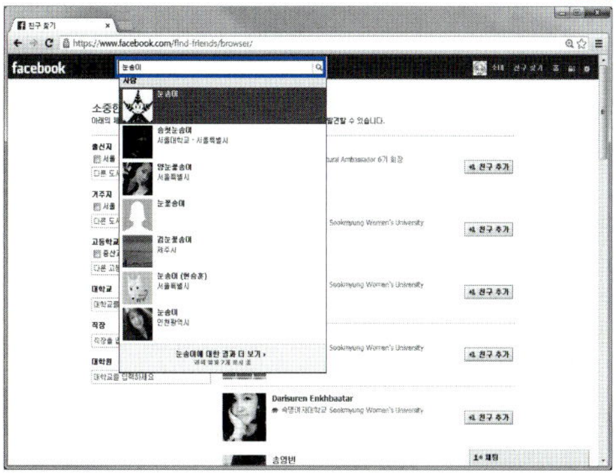

2b

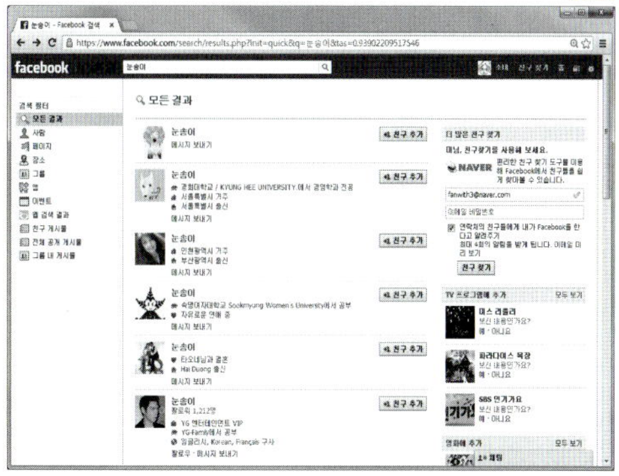

그러나 이렇게 친구를 찾으려고 할 경우 친구의 이름이 흔해서 쉽게 찾을 수 없는 경우가 많다. 페이스북에서는 이메일 주소를 입력할 경우에도 해당 계정을 가진 사용자를 찾아주므로, 이메일과 같은 유일한 아이디 값을 가지고 검색하는 것이 좋다.

4) 친구로 추가하기

위와 같은 방법으로 친구를 찾았다면, 친구로 추가하는 단계를 거쳐야 한다.

① 검색 된 친구의 이름을 클릭한다.

- 아래와 같이 해당 친구의 페이지가 나타나게 된다. 친구가 등록해 놓은 프로필, 사진 등을 보고 내가 정말 찾고 있는 사람이 맞는지 확인한 후에 [친구 추가] 버튼을 클릭한다.

② [친구 추가] 버튼을 클릭하면 친구 요청이 발송되었다는 버튼으로 변경되며, 친구가 요청을 수락하면 그 때부터 친구가 올리는 글을 볼 수 있게 된다.

1

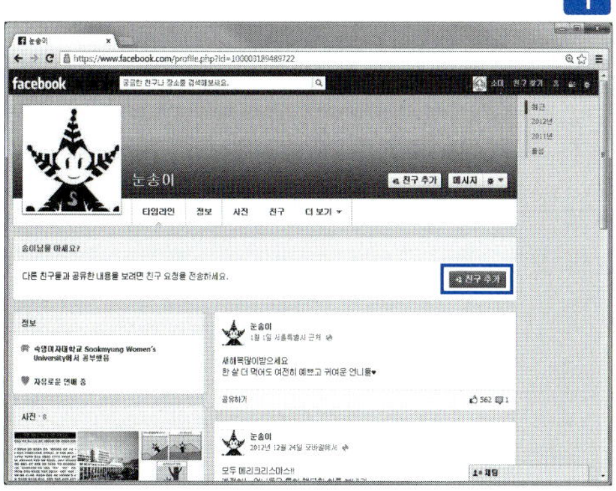

2

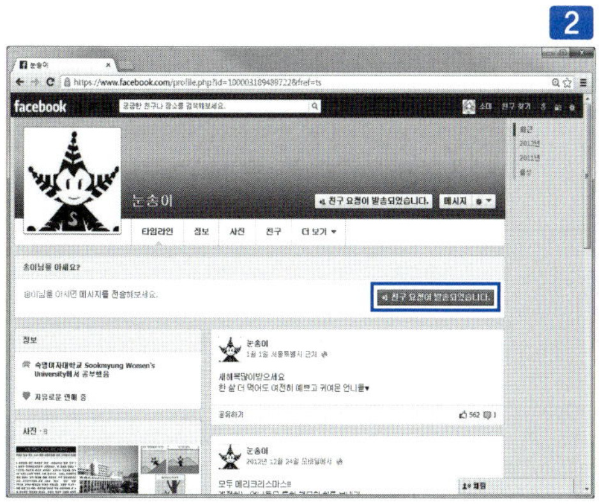

11.3.3 상태 업데이트하기

내가 올린 글, 내 친구가 올린 글이 타임라인으로 정렬되어 나타나는 곳이 '뉴스피드'이다. [뉴스피드] 메뉴를 클릭하게 되면 내 친구들이 올린 소식을 볼 수 있으며, 동시에 상단 텍스트 입력창을 통해 나의 소식도 게시할 수 있다. (현재는 친구가 등록되지 않은 상태이므로 나타나지 않는다.)

1) 글 올리기

① 상단 텍스트 입력창에 메시지를 입력한다.

② 추가 정보를 입력한다.

- 내가 지금 누구와 있는지, 어디에 있는지 등에 대한 정보도 함께 입력할 수 있도록 팝업창이 뜨게 되는데 이것은 꼭 입력하지 않아도 된다.
- 우측의 [전체공개] 버튼을 클릭하면 내가 지금 입력하고 있는 이 메시지를 친구가 아닌 모든 사람에게 공개할 것인지, 또는 친구만 볼 것인지, 나만 볼 것인지, 또는 특정 사용자들만 보게 할 것인지에 대한 설정을 할 수 있다.

1

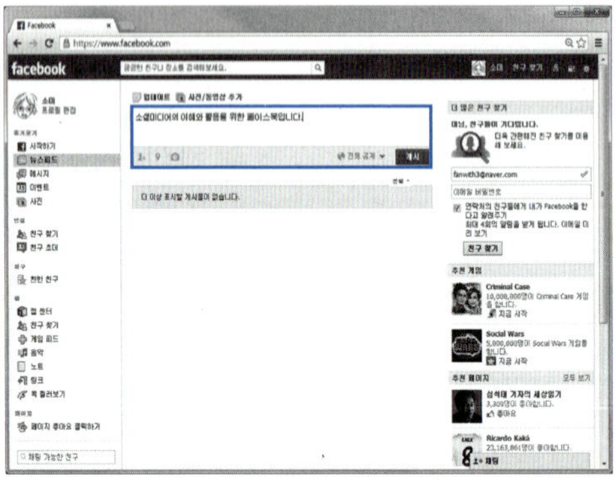

2

③ [게시] 버튼을 클릭한다.

- 아래와 같이 뉴스피드 란에 내가 방금 업데이트 한 소식이 게시된다.

3a

3b

2) 멀티미디어 콘텐츠 올리기

페이스북에서는 일반 텍스트뿐만 아니라 이미지나 동영상 등의 멀티미디어 자료도 쉽게 업로드 할 수 있다.

① [사진/동영상] 메뉴를 클릭한다.

– 이미 저장된 사진이나 동영상이라면 왼쪽의 [사진/동영상 업로드]를 클릭하면 되고, 지금 바로 사진을 찍어서 올리고자 할 경우 [웹캠 사용] 버튼을 클릭하면 된다. [사진첩 만들기]를 클릭하면 앨범과 같은 사진첩을 만들 수 있다.

1a

1b

② 나머지 과정은 글 올리기와 동일하다.

11.4 페이스북 파워유저 되기

페이스북은 글과 사진, 동영상 등을 업데이트함으로써 사람과 사람이 서로 양방향 커뮤니케이션을 할 수 있는 공간을 제공해주는 단순한 서비스이지만 사람들의 욕구를 잘 파악하여 큰 성공을 거둘 수 있었다. 이 절에서는 사람들이 페이스북을 활용하는데 요구되는 기능에 대해 설명하고, 페이스북을 보다 유용하게 사용하기 위한 몇 가지 방법을 실습해 본다.

11.4.1 페이스북 활용의 핵심 기능

페이스북의 기본 기능은 자신의 상태에 대해 글을 쓰고 그와 관련된 사진이나 동영상을 올리는 것이다. 그러나 페이스북에는 이런 기본 기능 외에도 부가적이지만 페이스북을 다양하게 활용하는데 필요한 몇 가지 핵심 기능을 제공하고 있다.

1) 그룹

그룹은 기존 포털사이트에서 카페의 형태로 제공되는 온라인 커뮤니티와 같은 모임을 의미한다. 그룹을 개설하게 되면 그룹의 회원들은 '담벼락'을 통해서 회원 간의 공통적인 관심사를 공유하게 된다. 또한 그룹 회원들만 내용을 공유하도록 설정할 수 있어 내부적으로 공유해야 할 자료도 쉽게 제어할 수 있다는 장점이 있다.

기존 온라인 커뮤니티가 운영자가 회원들이 커뮤니티에 가입하기를 기다리는 운영자 중심의 구조인 반면 페이스북은 회원들이 자신의 친구들을 자유롭게 가입시킬 수 있는 회원 중심의 열린 구조라는 차이점이 있다.

2) 페이지

페이지는 기업이나 브랜드와 같이 사람뿐 아니라 사물까지도 주인공으로 할 수 있는 브랜드 홍보용 프로필 페이지로서 광고가 아닌 페이스북 친구라는 네트워크에 기반한 홍보 채널이라고 할 수 있다. 이미 홈페이지를 운영하고 있는 기업에서도 상업적 목적을 가지고 페이지를 운영하고 있는데 그 이유는 소통과 정보 전달의 측면에서 홈페이지보다 페이스북이 훨씬 유용하기 때문이다. 기업이 직접 운영하는 경우 외에도 팬들이 모여 자발적으로 만드는 경우도 있다. 야구나 축구와 같은 스포츠 팀이 대표적인데, 이들은 팬들이 스스로 구단을 홍보하고 구단과 관련된 소식을 전달하는 역할을 하고 있다.

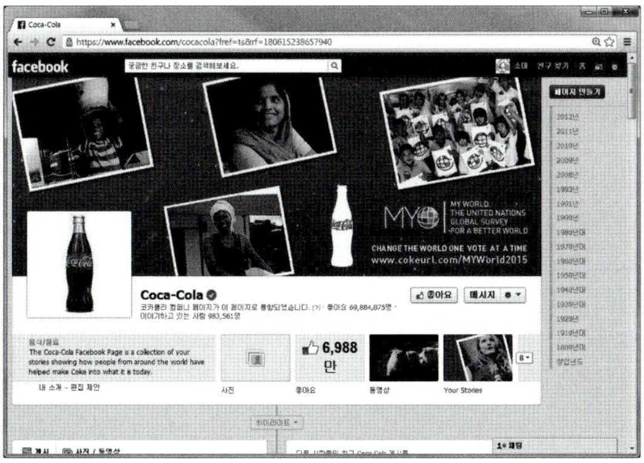

[그림 11-4] 코카콜라의 페이지

3) 좋아요

'좋아요'는 페이스북 내에서 친구들과의 소통을 위해 사용되기도 하지만, 페이스북이 아닌 다른 사이트에서도 종종 보게 된다. 요즘 인터넷 웹사이트를 돌아다니게 되면 '좋아요' 버튼이 없는 경우를 찾아보기가 어려울 정도인데, 페이스북에서는 이 '좋아요' 버튼을 통해 웹상에서 이루어지는 나의 모든 온라인 활동을 페이스북과 연동하고 있다.

내가 어떤 인터넷 뉴스를 보고 '좋아요'를 누르게 되면, 누르는 즉시 그 기사는 나의 담벼락에 게시되고, "OOO님이 이 링크를 좋아합니다." 라는 메시지가 페이스북에 업데이트 된다. 그리고 그 게시물은 친구들의 뉴스피드에 뜨게 되는데, 이것이 바로 '좋아요'의 마법이다. 내가 어떤 특정 링크를 '좋아요'를 눌러 공유하게 되면 나의 친구들도 그 링크를 보게 되고, 해당 기사를 제공한 언론사는 나의 친구들의 숫자만큼 조회수를 더 기록할 수 있게 된다. 그 링크에 나의 친구 중 또 한 명이 '좋아요'를 누르게 되면 그 링크는 친구의 친구에게로 노출되게 되므로 그 전파력은 매우 커지게 된다.

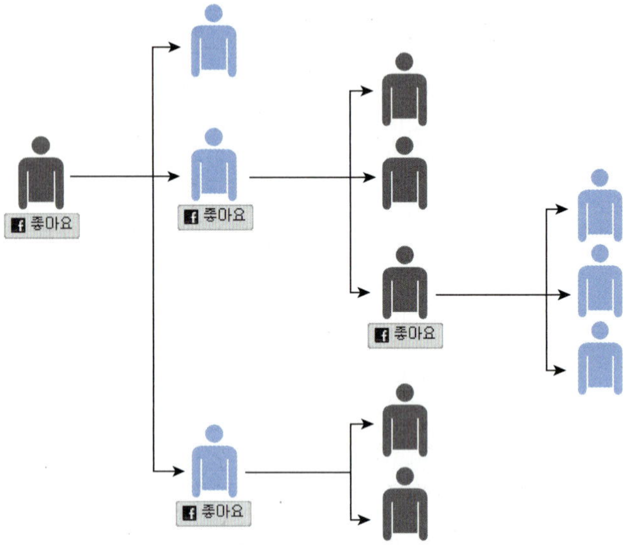

[그림 11-5] '좋아요'를 통해 링크가 퍼져나가는 원리

4) 어플리케이션

어플리케이션은 페이스북 커뮤니케이션의 핵심이라 할 수 있을 만큼 중요하면서도 페이스북을 더욱 풍부하게 해주는 기능이다. 어플리케이션은 자신이 원하는 다양한 프로그램들을 마음껏 설치하여 사용하는 것으로, 페이스북에서는 어플리케이션을 통한 지속적인 기능 확장으로 페이스북 사용자로 하여금 재미와 관심을 유도한다.

현재 페이스북 내에 존재하는 어플리케이션은 약 60만 개가 넘는데, 이는 모두 페이스북에서 개발한 것이 아니라 제3자(3rd party)에 의해 개발되는 것들이다. 페이스북에서는 소프트웨어 개발업체가 페이스북과 연동되는 응용 프로그램을 개발할 수 있도록 오픈 플랫폼을 지원하여 100만 명 이상의 개발자들이 자발적으로 페이스북에서 동작하는 어플리케이션을 개발하고 있다. 이는 페이스북이라는 서비스사와 응용 프로그램 개발사간의 상호 이익이 되는 수익모델의 기초이다. 페이스북은 개발비가 없이도 프로그램을 확장할 수 있으며, 개발자는 처음부터 8억 명의 잠재 고객을 확보하게 되는 셈이다.

페이스북 어플리케이션 중 대표적인 것으로는 징가(Zynga)에서 제공하는 게임이 있는데, 징가는 페이스북에서 발생하는 수익의 30%를 페이스북에 수수료로 지불하고 있다. 이런 수익 모델은 페이스북 급성장의 원동력이 되기도 했다.

[그림 11-6] 징가에서 개발한 페이스북의 게임 어플리케이션 시티빌

11.4.2 그룹 만들고 친구 추가하기

앞서 설명한 바와 같이 그룹은 기존 포털사이트에서 카페의 형태로 제공되는 온라인 커뮤니티와 같은 모임을 의미한다. 그러나 포털사이트에서 카페를 만들기 위해서는 여러 가지 정보를 입력하는 복잡한 단계를 거치고, 회원을 늘리기 위해 사용자들을 초대하고 승인을 받아야 한다. 이와 달리 페이스북은 그룹 이름 입력만으로도 간단하게 만들 수 있으며, 승인의 과정 없이 친구들을 그룹에 쉽게 추가할 수 있다. 대부분의 경우 누군가가 나를 그룹에 초대하면 내가 승인해야 그룹에 가입된다고 생각하지만, 페이스북의 그룹은 그룹 멤버가 나를 초대하면 내가 즉시 그 그룹의 멤버가 되는 것이다. 이는 빠른 시간에 그룹 회원을 늘릴 수 있다는 장점이 됨과 동시에, 사용자의 의사와 관계없이 무분별하게 가입되어 버리는 단점이 되기도 한다.

1) 그룹 만들기

① 그룹 카테고리에 있는 [그룹 만들기]를 클릭한다.

1a

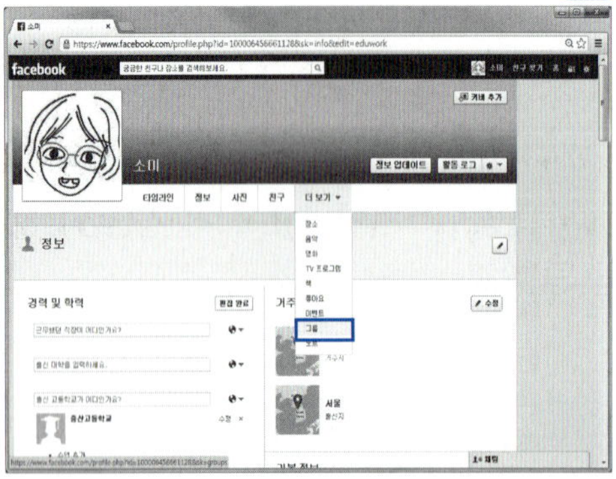

1b

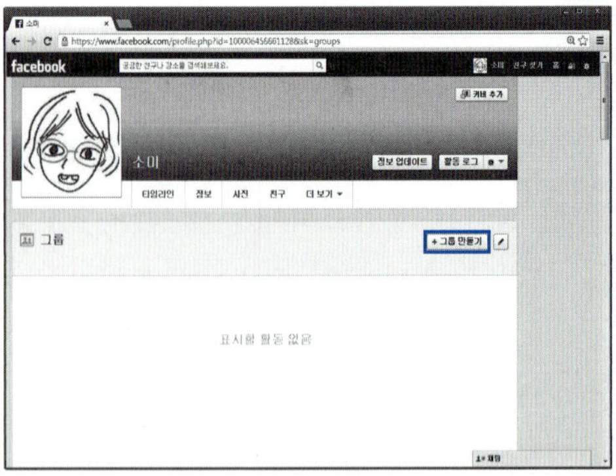

② 그룹이름, 그룹에 추가할 친구를 입력하고 그룹의 공개 여부를 설정한다.

- 그룹 이름 : 내가 만들고자 하는 그룹의 이름이다. 따로 그룹에 대한 설명을 입력하지 않으므로 그룹의 성격을 잘 나타내는 이름을 입력하는 것이 좋다.
- 멤버 : 그룹에 추가할 친구를 입력한다. 페이스북의 그룹은 커뮤니티가 목적이기 때문에 1명 이상의 친구를 추가하지 않으면 그룹을 생성할 수 없다.
- 개인 정보 : 그룹을 공개할 것인지에 대해 설정한다. 공개를 선택하면 그룹에 대한 모든 정보가 공개되나, 비공개를 선택하면 그룹과 그룹 멤버는 공개되어도 게시글은 비공개로 나타난다. 그룹과 그룹 멤버도 공개하지 않기를 원하는 경우 비밀로 설정한다.

2

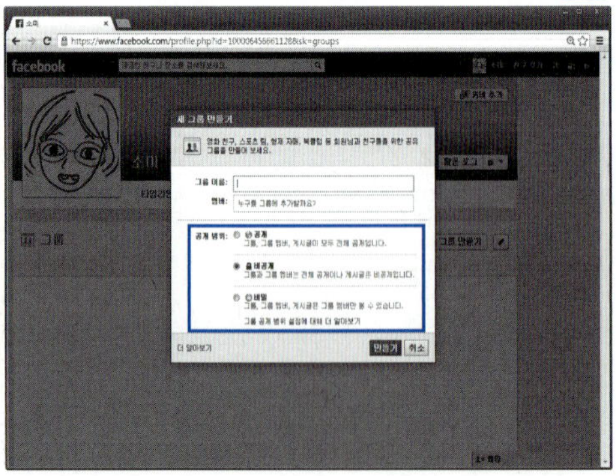

③ 아이콘을 선택한 후 [확인] 버튼을 클릭한다.

– 아이콘은 그룹 이름 앞에 붙는 이미지를 나타내며, 그룹의 성격을 잘 나타내는 것으로 고르면 된다. 아이콘을 선택하지 않고자 할 때는 하단의 [skip]을 클릭한다.

④ 그룹 생성이 완료된다.

– 그룹의 뉴스피드에 그룹을 생성하였다는 메시지와 그룹에 추가된 친구가 나타나면 그룹이 정상적으로 생성된 것이다.

3

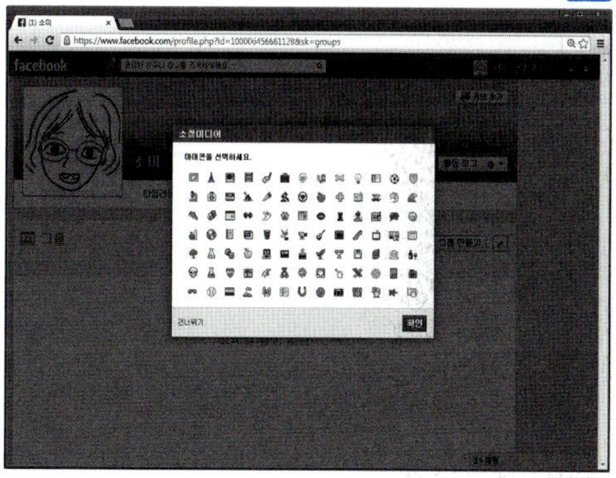

4

2) 그룹에 친구 추가하기

그룹을 생성하고 난 후에라도 언제든지 친구를 추가할 수 있다.

① 그룹 이름을 클릭하여 그룹으로 이동한다.

② 화면 우측에 '그룹에 사람들 추가'라는 메시지가 입력 된 폼을 클릭한 후 추가하고자 하는 친구의 이름을 입력한다.

– 친구의 이름을 입력하면 자동으로 해당 이름에 맞는 사용자가 추천되며, 원하는 친구를 클릭하기만 하면 추가가 완료된다.

2a

2b

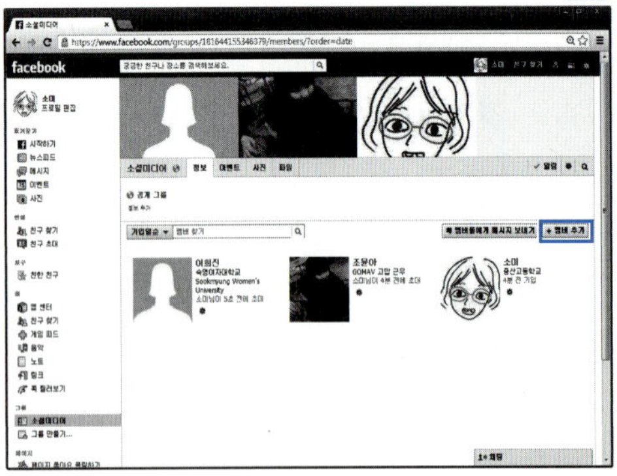

11.4.3 관심 있는 페이지 구독하기

페이스북은 개인이 친구들과 개인적인 이야기를 나누는 프로필 계정과 기업들이 상업적으로 사용하기 위해 만드는 페이스북 페이지로 구분할 수 있다. 페이스북 페이지의 경우에는 다양한 어플리케이션을 설치할 수 있고, 페이스북 이벤트 진행 또한 가능하다.

1) 페이지 구독하기

앞서 설명한 것과 같이 기본적으로 페이스북 페이지는 해당 페이지를 좋아하는 팬(고객)을 중심으로 운영된다. 즉, 페이지를 구독하는 것은 회사, 제품, 유명인 등 해당 페이지의 팬이 되는 것과 같으며, 팬이 되는 것은 '좋아요'를 클릭하는 것이다.

① 페이스북 페이지(http://www.facebook.com/pages)에 접속한다.
- 다음 화면과 같이 내가 좋아할만한 페이스북 페이지가 추천된다.

② 상단 검색창에 '여행' 이라는 키워드를 입력하고 [결과 더 보기]를 클릭한다.
- 상단 검색창은 프로필, 그룹, 페이지 등 페이스북의 모든 계정과 콘텐츠를 검색하는데 사용된다.
- 키워드를 입력한 후 엔터를 클릭하지 않으면 해당 키워드에 대한 결과가 나타난다.

1

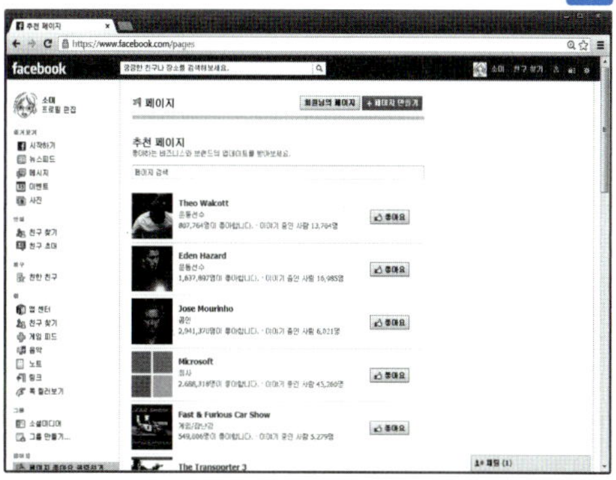

2

③ [페이지]를 클릭한다.

– 좌측 검색 필터 영역에 [페이지]를 클릭하면 여행 이라는 키워드에 매칭되는 페이지만 검색된다.

④ '여행이 좋다' 페이지를 클릭한다

– 이번 실습에서는 여행 키워드 검색 결과 중 '여행이 좋다' 라는 페이지를 구독해 보자. 검색 결과에서 [결과 더 보기]를 클릭하면 쉽게 찾을 수 있다.

3

4

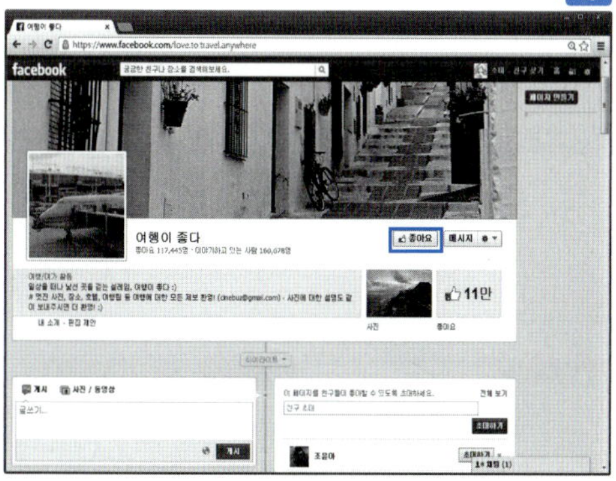

⑤ '좋아요'를 클릭한다.

– 해당 페이지로 이동하였다면 페이지에서 제공하는 정보를 확인할 수 있다. 내가 원하는 페이지가 맞다면 [좋아요] 버튼을 클릭한다.

2) 페이지 만들기

① 페이스북 페이지(http://www.facebook.com/pages)에 접속하고, 우측 상단의 [페이지 만들기]를 클릭한다.

② 내가 만들고자 하는 페이지의 성격을 선택한다.

- 지역 비즈니스 / 회사, 기관, 연구소 / 상표 또는 제품명 / 예술가, 밴드, 공연 / 엔터테인먼트 / 비영리, 자선단체 등이 있다. (본 실습에서는 엔터테인먼트를 선택한다.)

1

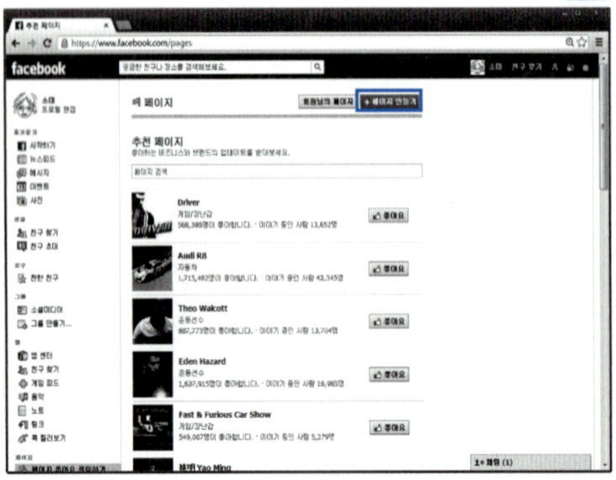

2

③ 카테고리 및 이름을 입력한다.

- 책 카테고리를 선택하고 '소셜미디어의 이해와 활용'이라고 책 이름을 입력한다.

④ 페이지 소개를 등록한다.

3

4

⑤ 프로필 사진을 등록한다.

⑥ 페이지 생성을 완료한다.

– 아래와 같이 관리자 화면이 나타나면 페이지 생성이 완료된 것이다.

5

6

11.4.4 페이스북 앱 설치 및 사용하기

앞서 설명한 것과 같이 페이스북의 어플리케이션 기능은 자신이 원하는 다양한 프로그램들을 페이스북 내에서 설치하여 사용하는 것으로, 현재 페이스북 내에 존재하는 어플리케이션은 약 60만 개가 넘는다. 어플리케이션에 따라 그 기능과 특징이 다르므로 자신이 원하는 어플리케이션을 잘 선택하여 사용하면 페이스북을 보다 풍부하게 활용할 수 있다.

① 페이스북 앱 센터에 접속한다. (http://www.facebook.com/appcenter)

– URL을 통해서 접속하거나 메인 화면 좌측의 앱 메뉴에서 [앱 센터]를 클릭하여 이동할 수 있다.

② 카테고리를 선택한다.

– 페이스북 어플리케이션에서 가장 많은 수를 차지하는 것이 게임이다. 이번 실습에서는 시뮬레이션 카테고리를 선택하였다.

1

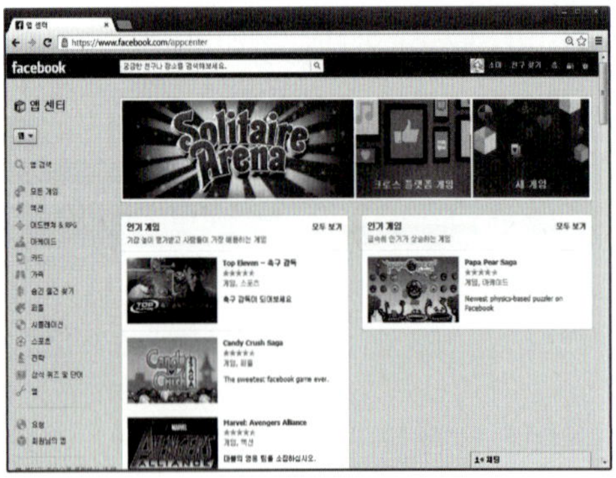

2

③ 씨티빌(CityVille)을 선택한다.

– 해당 앱의 페이지로 이동하게 되고, [게임하기] 및 [모바일로 전송하기] 기능을 사용할 수 있다.

④ [게임하기] 버튼을 클릭한다.

– [게임하기] 버튼을 클릭하게 되면 해당 게임을 할 수 있는 페이지로 이동하게 된다.

3

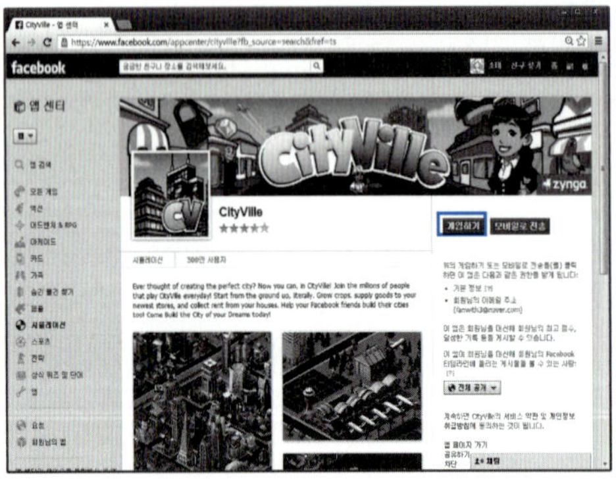

4

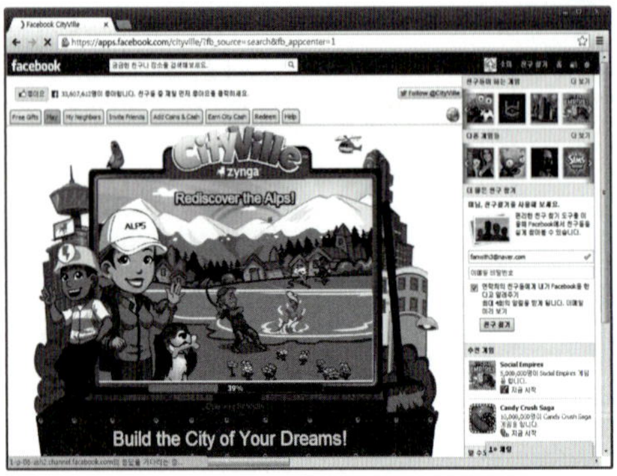

이렇게 앱을 실행하는 것이 곧 앱을 설치하는 것이며, 앱을 한 번 실행하고 나면 자동으로 나의 앱 목록에 해당 어플리케이션이 등록되므로 이후에는 쉽게 어플리케이션에 접근할 수 있게 된다.

11.5 페이스북의 미래

페이스북은 전 세계에서 가장 많은 가입자를 보유한 소셜네트워크서비스로 우뚝 서 있으며, 현재 어떤 IT 기업보다 미래를 앞서나가기에 유리한 위치에 서있는 것이 사실이다. 8억이라는 천문학적인 숫자의 가입자, 오픈 API를 이용한 수많은 매쉬업 서비스들, 그리고 다른 사이트로 쉽게 넘어갈 수 없는 인맥까지 결합한다면 페이스북이 앞으로 추진해나갈 사업은 엄청난 기반을 가지고 시작하는 것이라 할 수 있기 때문이다.

페이스북이 앞으로 어떤 방향으로 더욱 발전할지는 모르나, 마크 주커버그의 인터뷰에서 어느 정도 예상을 해볼 수 있다. 마크 주커버그는 "이제 인터넷 웹사이트의 기본이 SNS가 되고, 구글이 주도해온 데이터 중심의 웹이 인간 중심의 소셜 웹으로 진화할 것"이라고 언급하였다. 이를 비추어 볼 때 앞으로 페이스북은 단순 소셜네트워크서비스를 넘어 모든 웹사이트에서 페이스북의 좋아요 버튼을 볼 수 있도록 점차 발전시켜 나갈 것이며, 소셜 웹 시장을 주도하기 위해 노력할 것이다.

그러나 페이스북이 앞으로도 지금과 같은 성장 가도를 달릴 수 있을까? 구글이나 트위터와 같은 경쟁자들은 새로운 서비스를 내놓으며 1위 자리를 지속적으로 위협하고 있고, 사용자가 급증하면서 발생하는 부작용도 만만치 않은 것이 현실이다. 특히 사용자가 증가하면서 속출하고 있는 개인 정보 유출이라는 부작용은 페이스북이 넘어야 할 큰 산이다. 페이스북 앱으로 게임을 개발하고 있는 게임 업체들은 사실상 고객 정보를 그대로 가져가 사용하고 있으며, 심지어 페이스북 사용자의 정보가 1인당 25센트 정도에 거래되고 있다는 소문도 있다. 사용자의 정보가 실시간으로 노출되면서 여행을 간다거나, 잠시 외출하는 등의 정보가 빈집털이 등에 이용되기도 한다. 물론 이를 페이스북의 책임으로 돌릴 수 없으며, 페이스북을 사용하는 사용자들이 각별히 주의해야 하지만 이런 문제가 지속 될 경우 페이스북을 떠나는 사람이 늘어날 것은 자명한 일이다.

그럼에도 불구하고 사람들이 페이스북의 미래를 긍정적으로 보는 것은 페이스북이 아직 성장 단계에 있기 때문일 것이며, 아무도 페이스북의 미래를 정확하게 예측하기는 어려울 것이다.

연습문제

■ **다음 괄호 안에 올바른 단어를 기입하시오.**

1. 페이스북은 (　　　　)를 통하여 상대방이 올린 글이나 사진, 동영상, 각종 관심사와 정보 등을 접할 수 있다.

2. 페이스북의 개발자 마크 주커버그는 페이스매쉬라는 사이트를 통해 사람들이 남에게 자신을 드러내고 싶어 하는 욕구와 (　　　　)가 있음을 알아냈다.

3. 페이스북 수익모델은 크게 두 가지로, (　　　　)과 (　　　　)이다.

4. 페이스북은 가입과 동시에 자신만의 페이스북 공간이 생성된다. 이를 (　　　　)라고 하는데, 이 (　　　　)에서는 자신이 올린 글뿐만 아니라 온라인상에서 친구를 맺은 모든 사람들의 이야기들이 업데이트 되는 공간이다.

5. 트위터가 블로그에 글을 올리기 위한 부담감을 줄여주도록 만든 것처럼 페이스북은 다른 사람과의 소통을 위한 귀찮음과 부담감을 줄여주었는데, 그 방법이 바로 (　　　　)과 (　　　　)이다.

6. 페이스북은 글과 미디어를 게시하는것과 동시에 친구의 글에 반응을 할 수 있다. 그 대표적인 방법으로는 댓글과 (　　　　)가 있다.

7. 페이스북은 오픈 API를 제공하여 사용자로 하여금, 응용 프로그램 개발사에서 개발한 소프트웨어를 쉽게 접근할 수 있도록 한다. 이러한 서비스를 (　　　　)서비스라고 하며, 웹서비스 업체들이 제공하는 각종 콘텐츠와 서비스를 융합하여 새로운 웹서비스를 만들어내는 것을 의미하는 말이다.

8. 페이스북에는 (　　　　)이라는 응용프로그램을 접할 수 있다. 이는 페이스북이 아닌 다른 전문 응용 프로그램 개발사에서 개발하여 페이스북을 통해 제공하는 것이다.

9. 다른 소셜네트워크서비스와 마찬가지로 페이스북에서도 (　　　　)을 사용한다. 기본정보와 사진, 친구 및 가족, 학력 및 경력 등의 정보를 저장하여 공유할 수 있다.

10. 페이스북은 (　　　　)를 제공하기 때문에 처음 시작하는 사용자도 쉽게 익숙해질 수 있으며, 익숙한 사용자도 더욱 편리하게 사용할 수 있다.

■ **다음 질문에 대하여 간단히 서술하시오.**

1. 페이스북은 자신을 과시할 수 있는 공간과 자신을 알아주는 사람들이 있다는 것을 알 수 있도록 댓글과 좋아요와 같은 소통 공간을 동시에 제공한다. 이러한 공간의 원인은 무엇인가?

2. 페이스북에서는 나의 이메일 계정과 다른 친구들과의 소통, 친구와 친구의 관계에 따라 그 가지를 뻗어 또 다른 사람을 연결시켜준다. 이러한 연결을 설명해주는 이론은 무엇인가?

3. 페이스북에서는 친구와 서로 승인을 하여 정보를 공유할 수 있다. 이 때, 친구맺기를 위한 방법으로는 무엇이 있는가?

4. 페이스북은 전세계 8억명 이상이 사용하고 있다. 당신도 페이스북을 사용하는가? 당신이 페이스북을 사용하는 정도를 점수척도로 나눈다면, 몇점이 되겠는가?
   0점(사용하지 않음)~10점(적극적으로 사용함)

5. 페이스북 가입자는 천문학적 숫자이며, 오픈 API를 이용한 수많은 매쉬업 서비스가 제공된다. 당신은 페이스북의 미래가 어떻게 될 것이라 생각하는가?

12 CHAPTER

국내외 소셜미디어

CHAPTER

SOCIAL MEDIA

12 국내외 소셜미디어

트위터와 페이스북의 성공과 함께 그 후발 주자를 꿈꾸는 수많은 소셜네트워크 서비스들이 생겨나고 있다. 우리나라의 경우도 대표 포털 3사가 모두 소셜네트워크서비스를 제공하고 있는데 NHN의 '미투데이', SK커뮤니케이션즈의 '싸이월드'와 '©로그', 그리고 다음의 '요즘'이 그것이다. 또한 카카오톡 앱을 기반으로 하는 카카오 스토리도 인기를 끌고 있다.

이 장에서는 한국형 트위터라 불리워지는 미투데이(Me2day), 구글이 여러 번의 실패 끝에 내놓은 구글플러스(Google+), 그리고 비즈니스 인맥관리에 특화된 링크드인과 폭넓은 세대에서 인기를 끌고 있는 카카오 스토리에 대해 알아본다.

12.1 미투데이

한국형 트위터라고 평가받고 있는 미투데이는 주로 10대에서 20대 그리고 여성층에게 인기를 끌며 국내에서 대표적인 마이크로블로그로 자리를 잡았다. 이 절에서는 이러한 미투데이에 대해 알아보고, 트위터와의 차이점과 간단한 사용법에 대해 살펴본다.

12.1.1 미투데이란?

미투데이(Me2day)는 마이크로블로그 서비스로써 기존 블로그와 달리 일상생활에서 벌어지는 다양한 상황에 대해 형식을 따지지 않는 짧은 글을 올릴 수 있다. 또한 이런 글들에 대해 미투(me2)를 눌러 동감을 나타내거나 댓글을 추가함으로써 쌍방향 소통의 공간을 제공한다. 블로그라고 하면 왠지 긴 글을 써서 올려야 한다는 부담감을 가지기

마련인데 미투데이는 이 부분을 파고들어 "바쁜 블로거를 위해 태어났다."라는 슬로건을 내걸고 미투데이에 입력할 수 있는 글자 수를 150자로 제한함으로써 국내 최초 마이크로블로그 서비스를 시작했다.

me2day

[그림 12-1] 미투데이 로고

12.1.2 미투데이의 탄생 배경

미투데이는 2007년 2월 탄생하여 2009년 1월 NHN에 의해 인수되었다. 이후 국내에 트위터 붐이 시작된 2009년 4월 이후, 한국형 마이크로블로그 서비스라는 이름으로 급성장하게 되었다. 미투데이의 가입자 수는 2011년 700만 명을 넘는 것으로 발표되었는데, 이는 국내 트위터 가입자 수와 국내 페이스북 가입자 수를 합친 것만큼의 숫자이다. 그러나 이 숫자는 NHN의 포털 서비스인 네이버 아이디만 있으면 따로 회원 가입을 하지 않고도 바로 사용할 수 있기 때문에, 실제로 미투데이를 사용하는 회원의 수를 의미하지는 않는다. 즉, 네이버는 하루 10억 페이지 뷰를 자랑하는 우리나라 최대 포털인 만큼 미투데이의 많은 회원 수는 당연할 것이다.

12.1.3 미투데이와 트위터

미투데이와 트위터는 마이크로블로그라는 동일한 컨셉을 내세우고 있어 자주 그 비교 대상이 된다. 그러나 미투데이와 트위터가 같은 컨셉을 가진 서비스라고 하더라도 핵심적인 부분에서 몇 가지 차이점을 지니고 있다.

1) 메시지 확장 방식에 따른 속도 차이

첫 번째는 메시지가 퍼져나가는 방식이다. 트위터에서는 누군가가 트윗(메시지)을 올렸을 때, 그 메시지에 대한 회신이나 의견을 리플라이나 리트윗의 형태로 나의 트위터에 다시 게재하는 방법을 이용한다. 그러나 미투데이에서는 친구가 올린 글에 댓글의 형태로 의견을 게재하거나 미투(페이스북의 '좋아요'와 비슷한 기능)를 클릭하는 것으로 의견을 표시하도록 되어 있다.

미투데이에서는 하나의 이야기에 딸린 다른 친구들의 의견이 사방에서 한 곳, 즉 하나의 이야기로 모이도록 만드는 반면 트위터에서는 특정 트윗에 대한 의견은 리트윗을 타고 사방으로 퍼지게 만든다. 이는 하나에 딸린 글까지 포함하여 퍼져나가는 것을 의미하므로 전체적인 글의 양이 많아짐을 뜻한다.

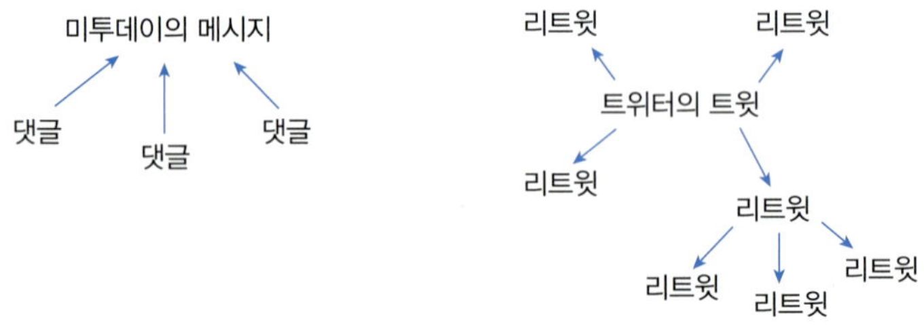

[그림 12-2] 미투데이와 트위터의 메시지 확장 방식 비교

2) 인맥 맺기의 서로 다른 관계 구조

미투데이와 트위터는 친구와의 관계를 맺는 구조에서도 차이점을 보인다. 미투데이는 친구의 글을 보기 위해 친구 신청을 하고 수락하는 과정을 거쳐 관계를 맺게 되지만, 트위터는 팔로우라는 개념을 통해 상대방이 수락을 하지 않아도 친구의 글을 볼 수 있도록 되어 있다. 따라서 미투데이에서는 기본적으로 친구를 맺은 다음 관계가 시작된다고 볼 수 있지만 트위터는 어느 한 사람이 일방적으로 팔로우를 하면 그 때부터 관계가 시작된다. 이런 이유에 의해 미투데이는 내 글을 보는 사람의 수와, 내가 구독하는 글의 사람 수가 1:1의 비율에 가깝다. 하지만 트위터에서는 내 글을 구독하는 사람의 수와 내가 구독하는 글의 사람 수가 현저히 차이가 나는 경우를 종종 볼 수 있다. 물론 미투데이에도 트위터의 팔로우와 같은 구독하기 기능이 있지만 여전히 트위터에 비해서 대칭적인 친구 관계 구조가 강한 편이다.

12.1.4 미투데이 사용법

미투데이는 처음 접할 때 그 사용법이 다른 소셜네트워크서비스에 비해 쉬운 편이다. 또한 인터페이스가 다른 소셜네트워크서비스들과 크게 다르지 않으므로, 앞서 트위터나 페이스북의 사용법을 숙지하였다면 미투데이도 쉽게 사용할 수 있다. 아래 표는 미투데이에서 사용되는 몇 가지 기본 용어들을 나타낸 것이다.

〈표 12-1〉 미투데이의 기본 용어

용 어	의 미
미친	• '미투데이 친구'의 줄임말 • 페이스북의 친구, 싸이월드의 일촌과 동일한 개념
관심친구	• 친구가 올린 소식을 휴대폰에서 실시간 문자로 받기 위해 등록하는 것 • 상대방과 먼저 서로 친구로 등록되어 있어야 관심친구로 등록 가능
소환	• 글 내용에서 상대방을 지칭하거나 상대방의 미투데이로 연결하는 방법 • /아이디/ 또는 ₩닉네임₩ 의 형태로 사용 예) 
미투지식인	• 실시간으로 질문하고 바로 답변을 받기 위해 사용 • 글을 쓸 때 태그에 '미투지식인'을 입력
미투도우미	• 미투데이 담당자에게 질문하고 답변을 받기 위해 사용 • 글을 쓸 때 태그에 '미투도우미'를 입력

1) 계정 만들기

① 미투데이를 사용하기 위해 http://me2day.net 접속한다.

1

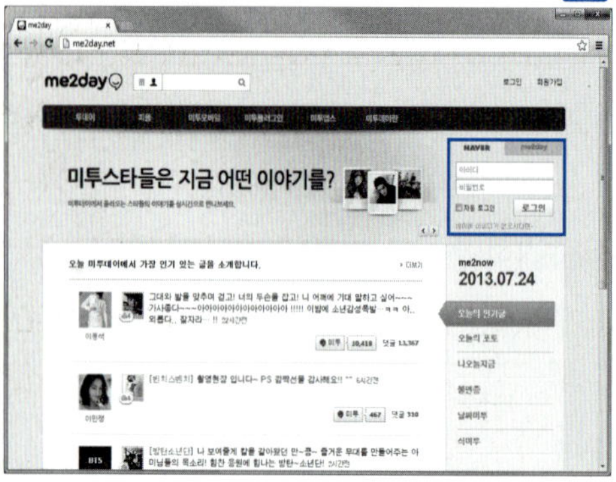

② 신규 계정 생성

– 네이버 계정이 기존에 있다면 자동으로 미투데이에 가입되어 있으므로 네이버 계정을 통해 로그인한다. 네이버 계정을 그대로 사용하지 않고 미투데이에서만 별도로 아이디를 만들어 사용하기를 원한다면 me2day 탭에서 아래 [미투데이 아이디로 회원가입]을 클릭하여 회원 가입 절차를 진행한다.

2a

2b

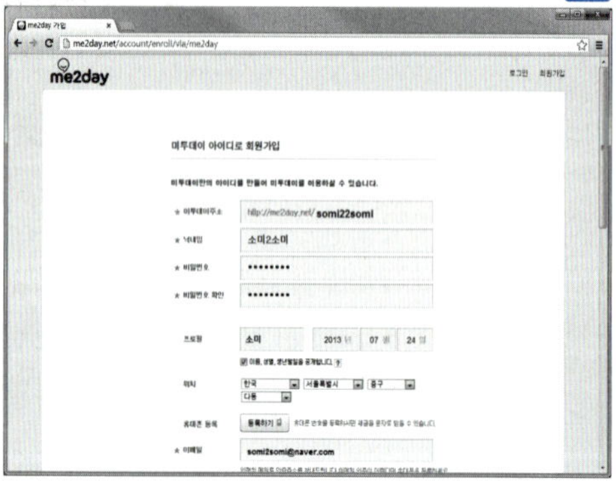

2) 미투데이 프로필 작성하기

미투데이의 다양한 기능을 써보기에 앞서 다른 사람들이 내가 누구인지 알 수 있도록 프로필을 작성해보자.

① 상단 [마이미투]–[환경설정]–[프로필] 메뉴를 선택하여 프로필을 작성한다.

– 프로필에는 간단한 개인정보와 학교, 회사, 관심사 등을 입력할 수 있다.

1a

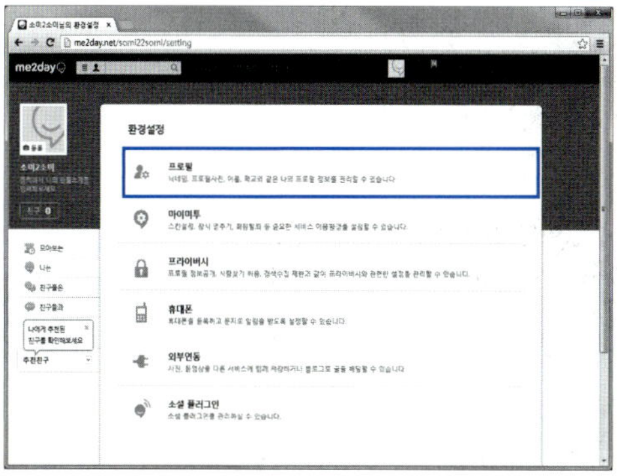

1b

② 모든 항목을 입력한 후에 [적용] 버튼을 클릭하면 나의 프로필이 저장된다.

2a

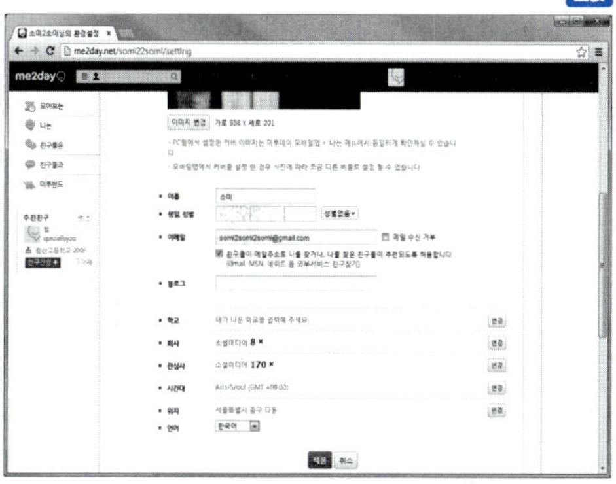

2b

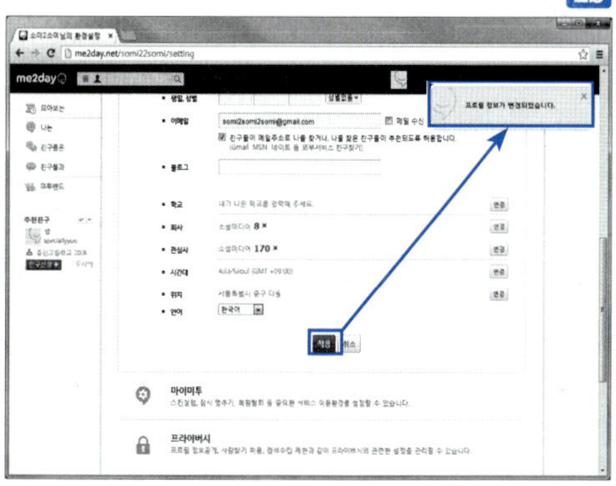

3) 친구 신청하기

미투데이는 친구와 함께 즐길 수 있다. 친구를 찾아 적극적인 소셜네트워킹을 해보자. 미투데이에서 친구를 찾는 방법에는 친구를 추천받는 방법과 사용자가 직접 친구를 찾는 방법이 있다.

●추천 친구

미투데이에서도 다른 소셜네트워크서비스와 마찬가지로 내가 입력한 정보를 토대로 내가 알 수도 있는 사람을 친구로 추천해 준다.

① 추천친구를 클릭한다.

– 화면 좌측의 메뉴 영역에 위치한 [추천친구]를 클릭하거나, 화면 상단에 위치한 [내친구들] 메뉴를 클릭한 후 드롭다운 메뉴에 나타나는 [친구추천]을 클릭하면 된다.

1a

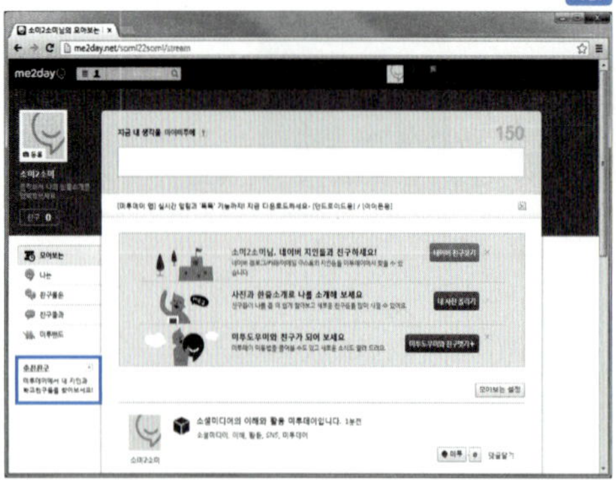

1b

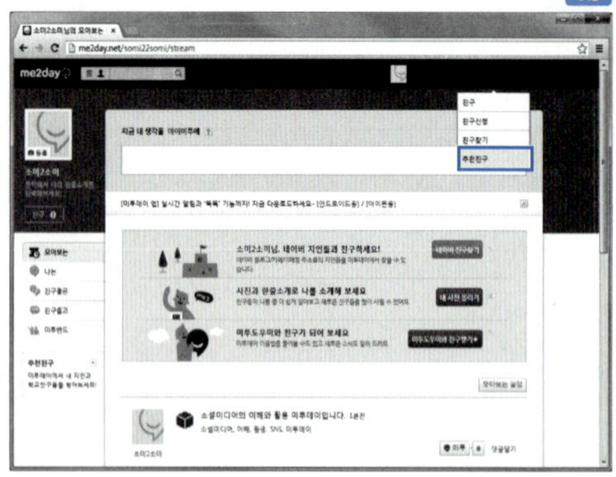

② 학교 정보를 입력한다.

– 미투데이에서는 네이버 블로그, 까페, 이메일 주소록 등을 검색하여 자동으로 친구를 추천해주며 나의 학교 정보를 입력하여 추천친구를 찾아보도록 한다.

2

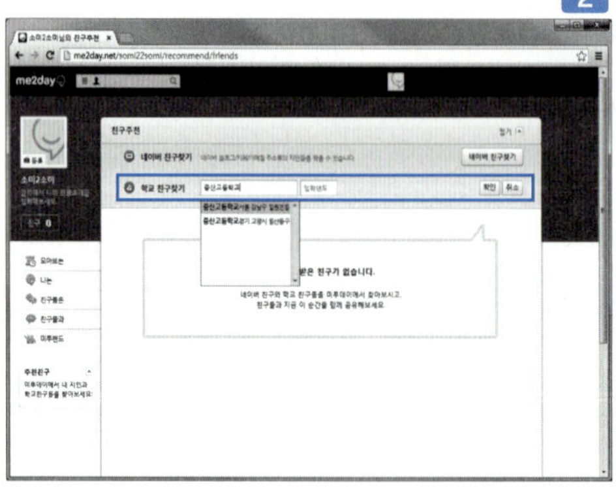

③ [친구신청+] 버튼을 클릭한다.

– 내가 아는 친구를 찾았다면 우측의 [친구신청+] 버튼을 클릭한다. 메시지 입력창이 나오면, [확인] 버튼을 클릭하여 친구 신청을 완료한다.

3a

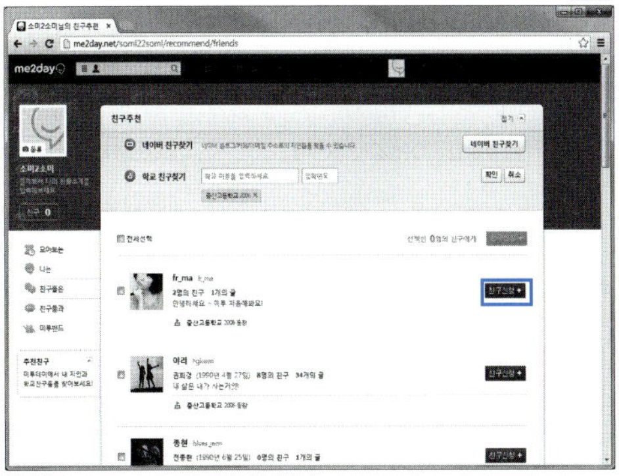

3b

● 직접 친구 찾기

직접 미투데이 상에서 활동하는 친구를 찾아볼 경우에 미투데이 회원찾기를 통하여 친구를 찾는다.

① [친구찾기]를 클릭한다.

– 화면 상단에 위치한 [내친구들] 메뉴를 클릭한 후 [친구찾기]를 선택한다.

② 미투데이 회원찾기

– 이름, 출생 연도, 학교명, 회사명 등을 입력함으로써 회원을 찾을 수 있다.

1

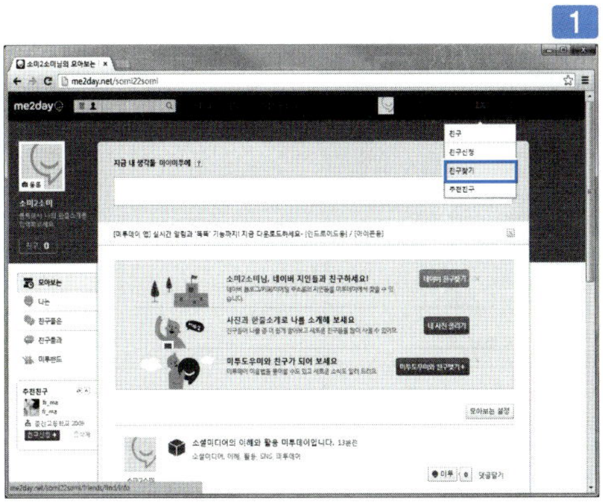

2

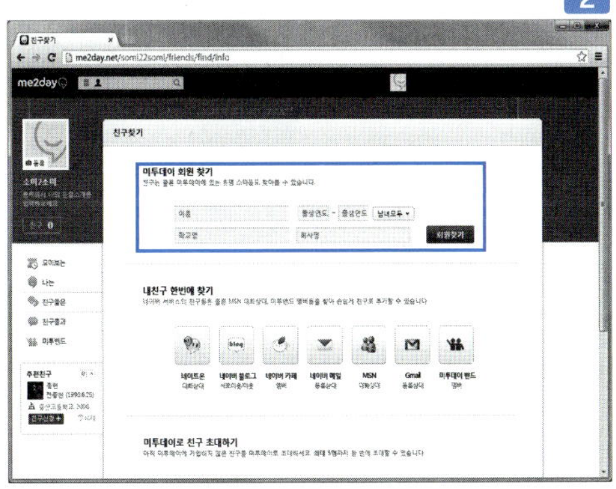

③ 내 친구 한 번에 찾기

– 네이트온 친구, 네이버블로그 이웃, 네이버 카페의 멤버, MSN 메신저 친구, G메일 등을 검색함으로써 나와 한 번이라도 연락을 취했던 친구를 찾아볼 수 있다.

3

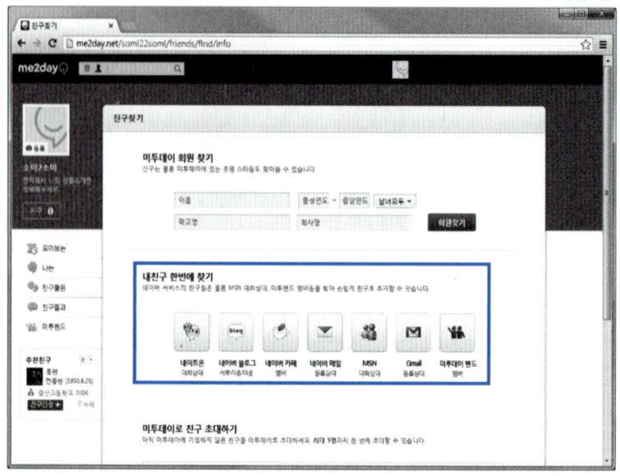

4) 글쓰기

글쓰기는 나의 상태와 생각을 표현할 수 있는 가장 기본적인 방법이다. 미투데이에서 나의 상태와 생각을 친구들에게 알려보자.

① 나의 미투데이 화면 상단에 있는 입력창을 클릭한다.

- 현재 자신이 가지고 있는 생각이나 의견 등을 작성한 후 [올리기] 버튼을 클릭한다.

1

② 부가정보를 입력한다.

- 미투데이에 내 생각을 올릴 때 다양한 부가정보를 입력할 수 있다. 다음은 부가정보에 대한 간단한 설명이다.

• 글의 성격 : 글쓰기에 사용하는 아이콘으로, 글쓰기 창 왼쪽에 보이는 스마일 모양의 캐릭터 이미지를 누르면 물음표, 마이크 모양 등 자신이 올리고자 하는 글의 성격에 따라 변경할 수 있다. 또한 [관리] 메뉴에 들어가면 자신이 직접 아이콘을 올릴 수 있으므로, 자신의 개성에 맞게 아이콘을 만들어 사용할 수도 있다.

2a

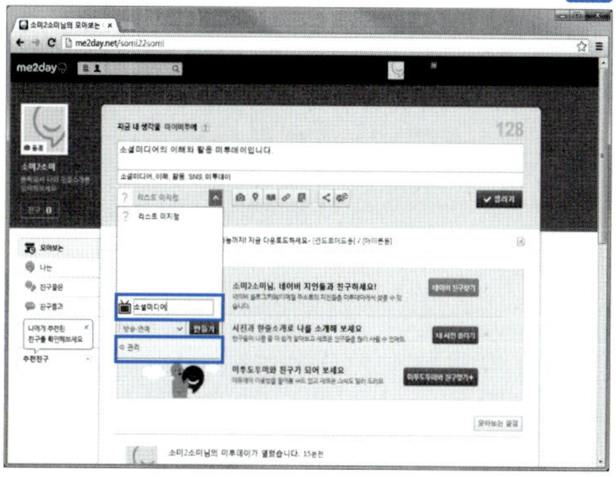

2b

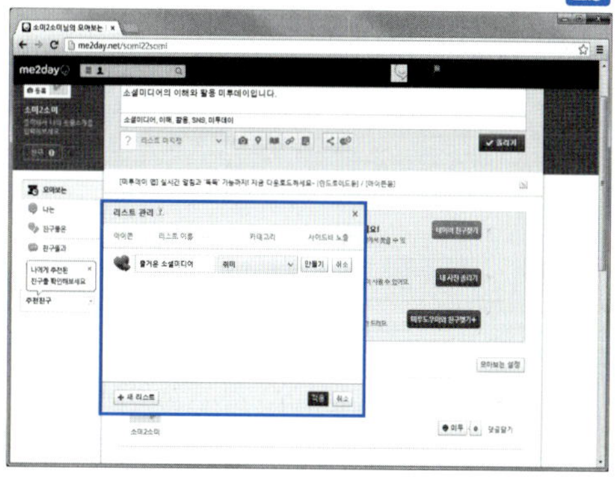

• 태그 : 내 글이 어떤 내용을 담고 있는지 간략한 태그로 입력해 놓으면 다른 사람들이 글을 검색할 때 도움이 된다.
• 글감 : 내가 지금 올리고자 하는 글에 다양한 정보를 첨부하는 것으로서, 이 기능을 통해 영화나 음반, 책, 맛집, 친구 등과 정보를 첨부할 수 있다.

2c

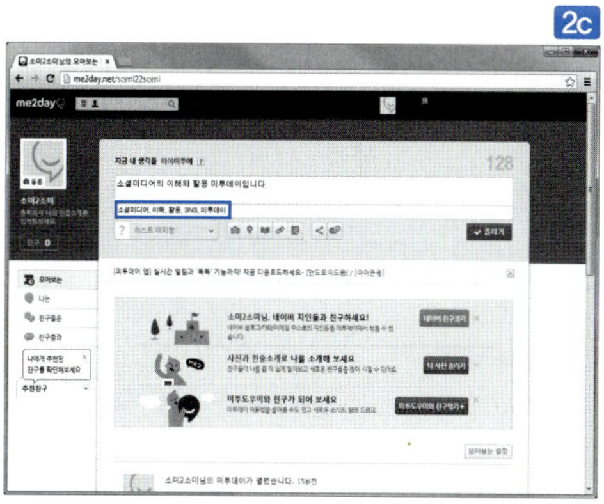

2d

12.2 구글플러스

구글이 만들었다는 자체만으로 폭발적인 관심을 받으며 역사상 가장 빠르게 성장한 구글플러스는 여전히 주목받고 있는 소셜네트워크서비스이긴 하지만 아직까지 페이스북에 대적되기에는 부족한 것이 사실이다. 이 절에서는 이러한 구글플러스에 대해 알아보고, 그 특징과 간단한 사용법에 대해 살펴본다.

12.2.1 구글플러스란?

구글플러스(Google+, Google Plus)는 구글이 운영하는 소셜네트워크서비스로 기존의 구글 지메일(Gmail) 계정만 있으면 사용할 수 있다. 이용자는 올리는 정보 공개의 수준을 결정할 수 있으며 주제별로 사용자가 쓴 글과 웹 정보를 동시에 검색할 수 있다. 또한 최대 10명의 사용자가 함께 영상 채팅을 할 수 있으며, 영상채팅을 하면서 협업 문서를 작성할 수도 있어 협업 작업에 매우 효율적으로 사용할 수 있다.

구글은 2011년 6월부터 초청받은 사람에 한해 구글플러스 시범서비스를 제공하였으며, 시범서비스 기간에도 2주 만에 사용자가 1000만 명에 달할 정도로 인기를 끌었다. 3개월 만인 9월에는 일반인들도 쓸 수 있도록 서비스를 공개하고 개방하였다. 구글플러스는 페이스북과 같으면서도 차별화된 콘텐츠를 제공하는 동시에 트위터, 페이스북, 블로그 등 기존 서비스들의 특징도 골고루 갖추었다.

2012년 1월 기준으로 구글플러스의 사용자는 9천만 명을 넘는 것으로 집계되는 등 초반에는 선전하였지만 그해 2월 월스트리트저널이 가입자 수만 많을 뿐 머무는 시간이 너무 짧아 페이스북과 비교하면 '가상 유령도시'와 같다고 보도하기도 하였다. 실제로 페이스북에 머무는 시간이 한 달에 평균 7~8시간인데 반해 구글플러스는 3분 정도에 불과해 기존 페이스북 사용자들을 유혹할 수 있는 획기적인 기능이 필요하다는 평이다.

Google+

[그림 12-3] 구글플러스 로고

12.2.2 구글플러스 탄생 배경

구글이 소셜네트워크서비스 시장에 진출한 것은 이번이 처음이 아니다. 구글 버즈, 오르컷, 구글웨이브 등 구글이 개발하고 출시한 소셜네트워크서비스들은 이전에도 있었으나 대부분의 서비스가 가입자 확보에 실패하고 서비스를 중단하였다. 오르컷은 페이스북보다 한 달 앞서 출시된 소셜네트워크서비스였지만, 브라질과 인도에서만 주로 쓰였으며 미국 내 가입자 확보는 실패하였다. 이어 출시한 자이쿠는 트위터와 유사한 서비스로 2007년 10월 구글에 인수되었지만 이후 오픈소스로 전환되어 구글의 앱 엔진 플랫폼으로 재탄생되었다. 2009년 9월에는 구글 웨이브가 출시되었는데 너무 많은 기능으로 인해 사용하기 복잡하고 실행 속도가 느려 사용자들의 호응을 받지 못하고 서비스를 중단하였다. 2010년 2월 출시된 구글 버즈는 이용자 수도 적었지만 프라이버시 문제로 사회적 논란을 일으켜 서비스가 중단되기에 이르렀다.

매번 실패를 거듭한 구글이 가장 최근에 내놓은 서비스가 바로 구글플러스이다. 구글이 이토록 실패를 많이 경험하였음에도 불구하고 소셜네트워크서비스 시장을 계속 공략하고 있는 이유는 바로 콘텐츠 유통 경로의 변화 때문이다. 최근까지 인터넷 이용자들은 일반적으로 구글과 같은 검색 엔진에서 검색을 통해 정보나 뉴스와 같은 콘텐츠를 획득하였다. 그러나 실시간 소셜네트워크서비스가 각광을 받으면서 서비스 내에서 콘텐츠를 공유하거나 친구로부터 추천을 받아 소비하는 등의 행위들이 점차 늘어나고 있다. 2010년 AddThis의 통계에 따르면 콘텐츠 유통 경로가 페이스북이 44%, 구글이 7.2%로 집계된 바 있으며, 페이스북은 평균 375분, 구글은 평균 231분 동안 웹사이트에 체류하고 있다는 통계도 나온 바 있다. 심지어 전세계 웹사이트를 페이스북과 페이스북을 제외한 나머지 웹으로 구분하면, 나머지 웹의 경우 체류 시간이 점차 감소하고 페이스북만 증가하고 있다는 통계가 나올 정도이기 때문에 구글은 더 이상 소셜네트워크서비스의 진출을 늦출 수 없는 것이다.

이처럼 소셜네트워크서비스를 통한 콘텐츠 유통이 증가하는 현상은 사용자들의 체류 시간이 곧 광고 수익과 연결되기 때문에 중요하다. 사용자들의 웹사이트 체류 시간은 광고 노출과 직접적으로 연결되고, 이는 광고주가 광고 플랫폼을 선택할 때 중요한 결정 요인으로 작용한다. 광고 수입이 기업의 매출에 절대적인 영향을 미치는 인터넷 서비스 기업의 특성 상, 기업의 존속을 위해서도 구글의 입장에서 소셜네트워크서비스 시장에 진출하는 것은 어찌 보면 당연한 일이라 할 수 있다.

12.2.3 구글플러스의 특징

1) 구글 검색 엔진 및 기존 서비스와의 연계

구글은 구글플러스 이전에 이미 구글 사이트에서 수많은 서비스들을 제공해왔고, 실제로 많은 사용자들이 구글의 서비스를 이용하고 있다. 지메일로 대표되는 이메일 서비스는 물론이고 블로그 플랫폼도 가지고 있으며, 문서를 저장하고 편집하는 서비스인 구글독스, 채팅서비스 등이 그것이다. 구글플러스에서는 단순히 소통을 위한 공간만을 제공하는 것이 아니라 기존에 자사에서 제공하던 수많은 서비스들을 구글플러스와 연계시키려는 노력을 하고 있다. 이메일 서비스를 연동하여 구글플러스 내에서 상대방을 태그하면 자동으로 이메일 수신자에게 전송이 되도록 하며, 구글플러스 내의 친구끼리 모여서 구글독스를 통해 협업하여 문서를 편집할 수도 있다. 기존에 지메일에서 제공하던 채팅 기능을 구글플러스에도 그대로 적용시켰으며, 안드로이드 플랫폼에서도 채팅이 가능하도록 제공하고 있다.

이뿐만이 아니라 구글 검색 엔진 및 광고 서비스와의 연계도 구글플러스만의 특징으로 꼽을 수 있는데, 구글플러스에서 수집 된 데이터는 구글 검색 엔진을 통해 직 · 간접적으로 사용되고 있으며, 이는 구글플러스 뿐만 아니라 구글의 검색에 대한 경쟁력까지 강화시키는 방법이 되고 있다. 또한 구글플러스는 사용자들이 등록하는 개인 프로필이나 활동 내역으로 타겟 광고 등에 활용하려는 시도를 하고 있다. 구글플러스 사용자들이 개인 프로필 설정(성별, 지역, 나이, 학력, 관심사 등)을 통해 입력한 모든 정보를 데이터베이스화함으로써 이를 구글의 타겟 광고 영역으로 확대시키고 궁극적으로 광고 매출 증가를 기대할 수 있다. 이런 점에서 구글플러스와 기존의 구글 서비스와의 연계는 구글 전체에 플러스 요인으로 작용하고 있는 셈이다.

[그림 12-4] 다양한 구글 서비스

2) 구글플러스만의 기능적 특징

기능적인 측면에서 구글플러스의 가장 특징은 서클(circle)이다. 말 그대로 그룹을 의미하는데, 내 주변의 사람들을 그룹으로 묶어서 구분하는 기능이다. 페이스북이나 트위터에서는 친구나 팔로워라는 하나의 개념 아래 가족, 직장동료, 학교 친구가 섞여있는 반면, 구글플러스에서는 내가 등록한 친구들을 그룹화하여 인간관계를 현실 세계와 같이 구분해 놓은 것이다. 사용자는 서클을 통해 내가 포스팅하는 자료를 모든 친구들과 공유하는 것이 아니라 원하는 서클에만 보이도록 할 수 있으며, 특정 그룹 내의 사람들끼리만 커뮤니케이션 할 수 있다.

구글플러스의 스파크(sparks)는 자신의 관심사를 수집하고 관리하며 공유하는 기능이다. 스파크에 관심사(예를 들면 '제주도 여행')를 등록해두면 이것과 관련된 새로운 뉴스나 글 등의 콘텐츠들이 자동으로 수집된다. 그 중 내가 원하는 정보들은 언제라도 지인들과 공유할 수 있으며, 이에 대해 나의 친구들이 댓글을 달거나 플러스원(+1) 버튼을 클릭하여 소통할 수 있다.

행아웃(hangouts) 기능은 원하는 방에 들어가 화상채팅을 하는 기능으로 최대 10명까지 그룹으로 채팅이 가능하며, 함께 유튜브 동영상을 감상하거나 실시간으로 유튜브에 공개하게도 설정할 수 있다. 말하고 있는 사람이 가장 큰 화면에 자동적으로 포커스되어 노출되기도 한다. 이 외에도 +Talk과 같은 스마트폰 메신저 어플리케이션을 제공하여 서클에 등록된 사람들과 그룹 채팅을 할 수 있도록 하는 것도 구글플러스에서만 제공되는 특징이라 할 수 있다.

이러한 기능들은 서클을 중심으로 돌아가며, 글과 사진을 서클 별로 공유하는 것은 물론이고, 행아웃도 서클 별로 만들 수 있다. 결국 구글플러스는 서클이라는 개념을 중심으로 모든 기능이 구성되어 있다고 볼 수 있다.

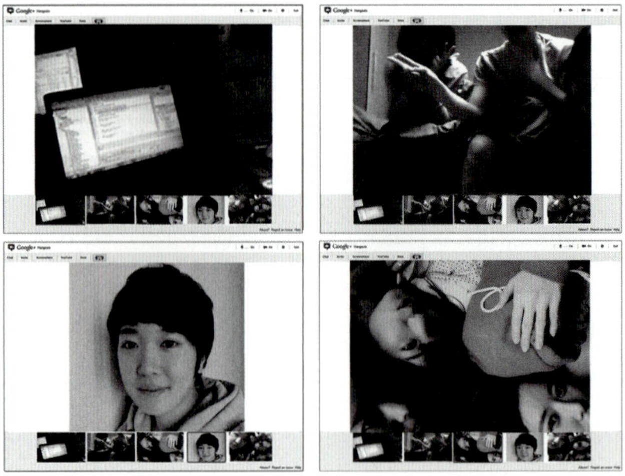

[그림 12-5] 행아웃 실행 화면

3) 페이스북과의 비교

시장에서는 구글플러스가 출시되었을 때부터 공공연하게 페이스북과 비교를 해왔다. 이를 의식이라도 하듯 페이스북의 마크 주커버그는 “특정 분야에 집중한 기업은 모든 것을 하려고 하는 기업보다 강하다.”는 말로 구글플러스를 견제했다. 동시에 구글플러스에서 특징으로 내세우는 서비스를 새롭게 추가하는 등의 행보를 보였다. 스카이프와 제휴하여 화상 통화를 할 수 있도록 하였으나 1:1 통화만 가능한 수준에 그쳤으며, 영상 품질은 뛰어나지만 기능에 있어서는 구글플러스를 따라가지는 못했다. 구글플러스의 핵심이라고 할 수 있는 서클에 대항하기 위해서 그룹도 개편했다. 커뮤니티나 토픽 별로 사용자를 조직화 할 수 있도록 하였으며, 사용자들이 스스로 자신의 그룹을 만들 수 있도록 하여 정보 공개의 범위를 지정할 수 있게 하였다. 아래 표는 이렇게 개선된 서비스를 기준으로 구글플러스와 페이스북의 기능을 비교한 것이다.

〈표 12-2〉 구글플러스와 페이스북의 비교

기능	구글플러스	페이스북
인맥의 그룹화	서클	그룹
화상통화	행아웃 (최대 10명)	비디오 콜링 (1:1)
그룹 메시징	플러스톡	모바일채팅(Chat for mobile)
추천	+1	좋아요(like)
콘텐츠 게시 및 공유	포스트	담벼락

활동 정보	스트림	뉴스피드
관심사 추천 및 공유	스파크	–
게임	게임	게임

12.2.4 구글플러스의 현재와 미래

구글플러스는 역사적으로 가장 빠른 성장세를 이루고 있는 소셜네트워크서비스 매체가 되었다. 시범서비스 24일 만에 2,000만 사용자를 확보하였으며, 시범서비스 이후 미국을 비롯한 전 세계 방문자 수치도 계속적으로 증가하고 있는 추세이다. 또한 서클과 행아웃 기능에 대한 호의적인 반응과 함께 현재까지 구글플러스에 대한 전반적인 시장의 평가는 좋은 편이다.

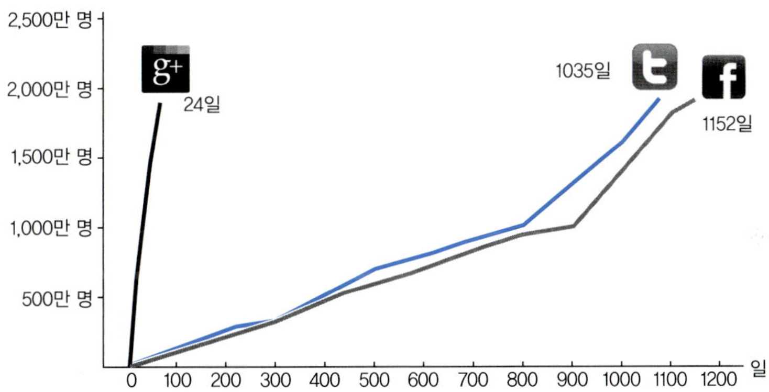

[그림 12-6] 2,000만 사용자 달성에 걸린 기간 (출처 : Leon Haland)

그러나 동시에 구글플러스가 성공 할 것이냐에 대한 부분에 대해서는 회의적인 시각도 많다. 그 이유는 구글플러스가 결국은 소셜네트워크서비스인 만큼 가능한 많은 사용자들이 구글플러스에서 소통을 해야 하는데, 이미 페이스북이 8억명, 트위터가 2억명의 네트워크를 구축하고 있는 상황에서 사용자들이 굳이 구글플러스로 소통의 장소를 옮길 필요가 있겠느냐는 것이다. [그림 12-7]에서와 같이 2011년 8월 트래픽 추이를 보면 구글 서비스 방문자 중에서 구글플러스의 트래픽이 출시 한 달 만에 급격하게 하락하는 모습을 보인다. 이는 처음에 지메일 계정을 가진 사용자들이 대거 가입함으로써 가입자 수는 확보하였지만 사용자의 활동이 실제로 활성화되고 있지 않다는 뜻이며, 이것으로 볼 때 당분간은 구글플러스가 페이스북을 따라잡기에는 시간이 걸릴 것이라는 예측을 가능케 한다.

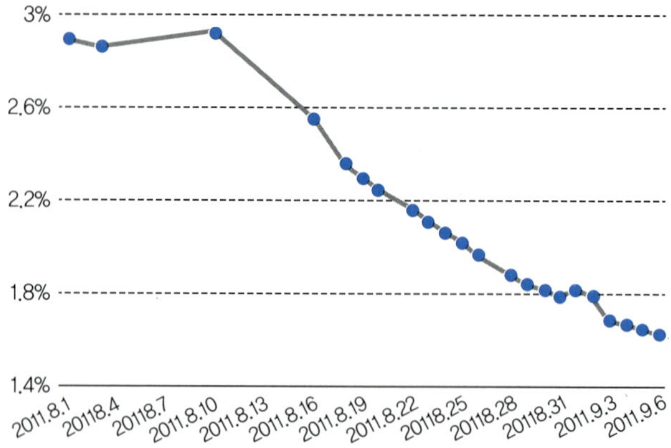

[그림 12-7] 구글 방문자 중 구글플러스의 트래픽 추이 (출처: dreamgrow.com)

트위터와 페이스북을 섞어놓은 것 같은 구조 또한 구글플러스에서 넘어야 할 산이다. 구글플러스에서 친구를 추가하거나 누군가와 관계를 맺는 방식은 트위터의 팔로우와 유사하다. 그러나 스트림에 글을 보여주고 소통을 하는 방식은 페이스북과 비슷해서 겉만 보아서는 구글플러스만의 특징을 찾기 어렵다는 것이다.

그러나 구글플러스는 엄연히 그 나름의 특징을 가지고 있다. 서클이라는 개념이 대표적인데, 친구들을 서클로 분류하고 글이나 사진, 동영상 등을 공유할 때 공개 할 서클을 지정할 수 있다는 점은 누군가에게는 분명 다른 소셜네트워크서비스에서는 찾아 볼 수 없는 유용한 기능일 것이다. 행아웃과 같은 다중 화상 채팅 기능 역시 많은 사용자들을 컴퓨터 앞으로 불러 모으기에 좋은 기능일 수 있다. 그러나 무엇보다 구글은 여전히 검색엔진 보유 업체로써 세계 수준의 경쟁력을 가지고 있는 만큼 이를 얼마나 소셜네트워크서비스와 잘 접목시키느냐가 중요할 것이다. 또한 구글은 기존에 이미 구축해놓은 서비스가 많기 때문에 이를 얼마나 구글플러스와 잘 연동시켜 페이스북이나 트위터와 차별화 된 서비스를 제공하느냐가 구글플러스의 미래를 결정지을 것이다.

12.2.5 구글플러스 사용법

1) 구글플러스 시작하기

구글플러스의 경우 구글 계정이 있다면 자동으로 가입되어 구글 계정으로 로그인 할 수 있다.

1a

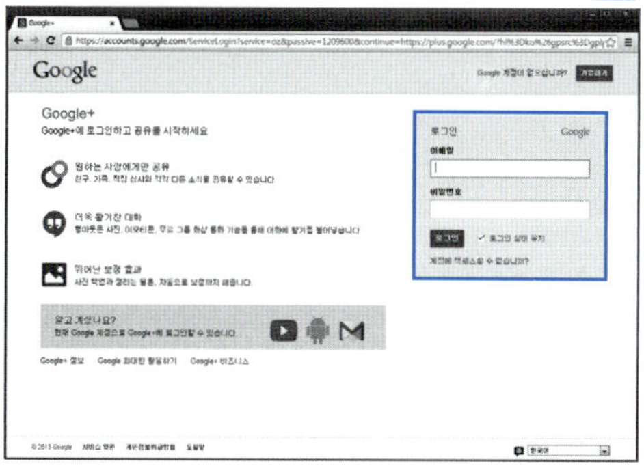

1b

2) 사용자 추가하기

① 사람 찾기

– 구글플러스 탭의 [사용자]에 들어가면 [사람 찾기]메뉴를 통하여 사용자를 찾을 수 있다. '알 수도 있는 구글플러스 사용자'를 추천받을 수도 있으며, 직장 동료나 학교 친구 찾기 과정을 진행할 수 있다.

1a

1b

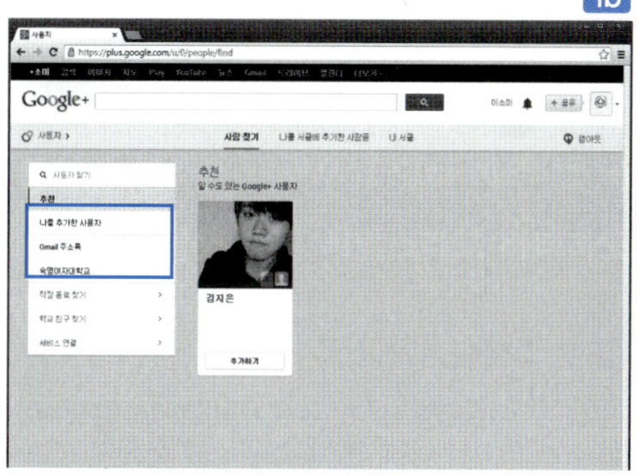

– 또한, 다른 서비스와 연결하여 연락처를 보거나 주소록을 열어서 사람을 찾을

수도 있다.

1c

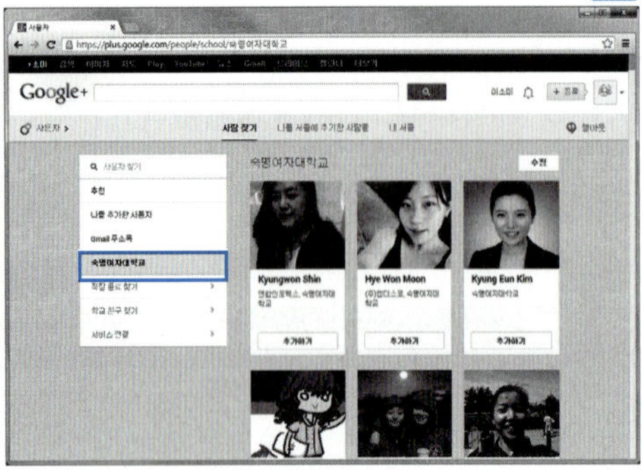

1d

② 유명인, 기업 찾기

– 사람 찾기에서는 지인을 찾는 과정과 더불어 유명인, 기업 등을 추가할 수 있다. 구글플러스에서 추천하는 인물도 있으며, 게임, 기술, 여행 등 분야 별로 나누어져 있으므로 자신이 원하는 사용자를 클릭하여 팔로우한다. URL (https://plus.google.com/getstarted/follow)을 통하여 관심 있는 인물과 페이지를 팔로우 할 수 있다.

2a

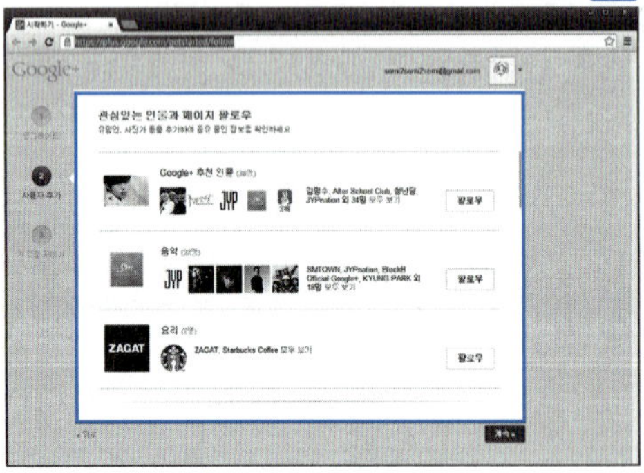

2b

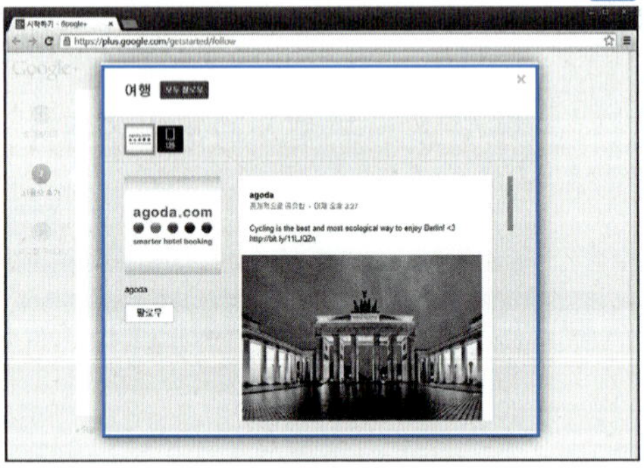

③ 프로필 꾸미기

– 이름 및 사진은 구글 계정 생성 시에 입력된 정보로 나타난다. 직장, 학교, 거주지 정보를 입력하도록 한다. 프로필 꾸미기 과정은 구글플러스 탭의 [프로필]이나 URL(https://plus.google.com/getstarted/profile)에서 추가하거나 수정할 수 있다.

3a

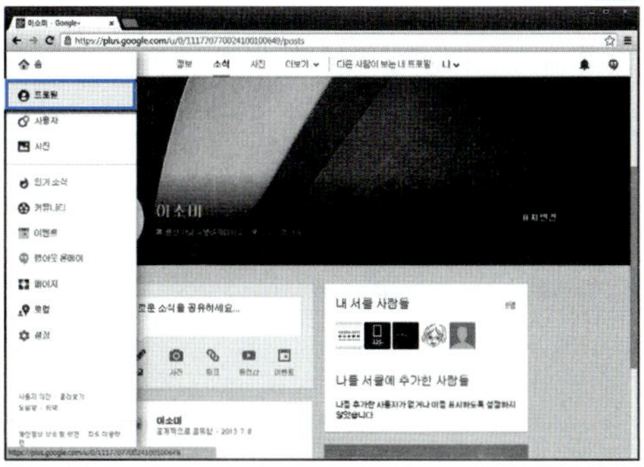

3b

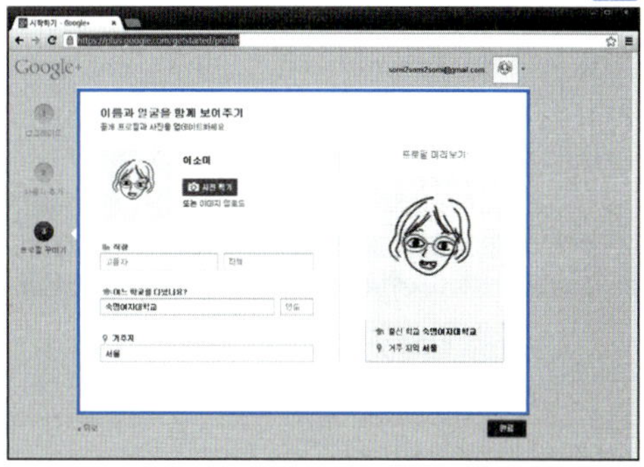

3) 서클 만들기

① 구글플러스 탭의 [사용자] 페이지에서 [내 서클] 메뉴를 통하여 서클을 관리할 수 있다.

1a

1b

- 파란색 동그라미는 이미 만들어진 서클을 의미하며, 기본적으로 구글플러스에서는 다음 4개의 기본 서클을 만들어놓고 있다. 이 외에 새로운 서클을 만들기 위해서는 서클 만들기 과정을 진행한다.
  - 친구 : 나와 친한 친구들을 모아놓는 서클이다.
  - 가족 : 가족들을 모아놓는 서클이다.
  - 지인 : 안면이 있지만 친하지는 않은 사람들을 모아놓는 서클이다.
  - 팔로잉 : 개인적으로 잘 모르지만 재미있는 소식을 올리는 사람을 모아놓는 서클이다.

② [서클 만들기]를 클릭한다.

- 가장 왼쪽에 위치한 +가 적혀있는 동그라미[+] 안에 커서를 위치하면 안내문구로 변환되면서 [서클 만들기]를 실행할 수 있다.

2a

2b

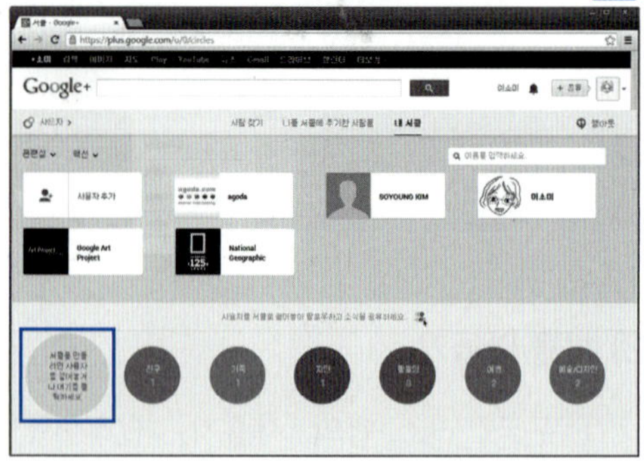

③ 서클 이름을 입력한 후 추가 할 회원을 추가한다. 아직 추가할 구성원이 없을 경우 [멤버가 없는 서클 만들기]를 클릭한다.

3a

3b

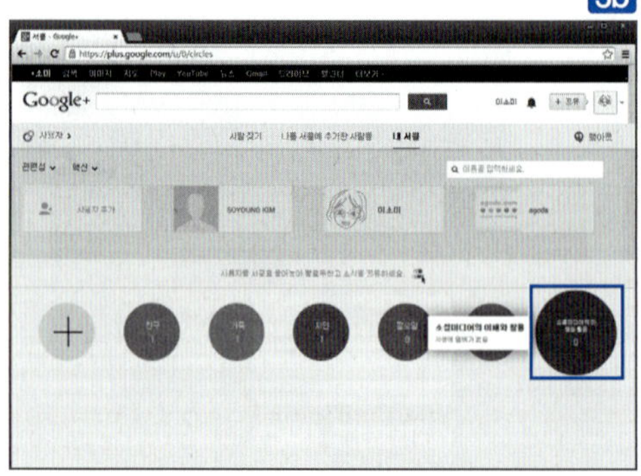

4) 서클에 새 멤버 추가하기

① 서클 페이지의 상단에 위치한 [새 멤버 추가] 버튼을 클릭한 후 이름 또는 이메일을 입력한다.

1a

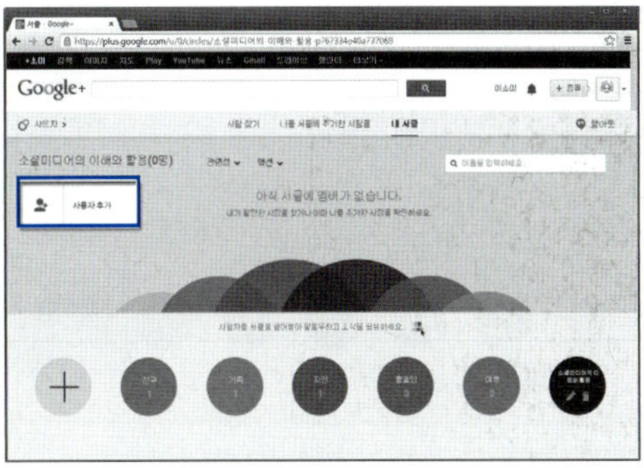

1b

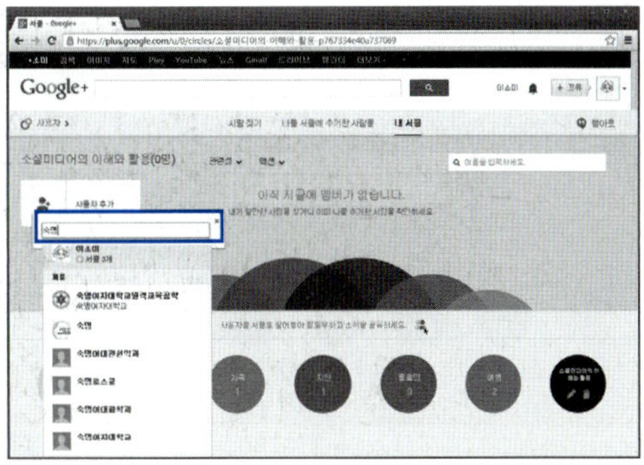

② 서클 선택

- 서클 선택을 하는 방법에는 사용자를 먼저 선택하는 방법과 서클을 먼저 선택하는 방법이 있다. 먼저 전체 서클 페이지에서 임의의 서클에 사용자를 추가하려면, 사용자를 검색한 후 해당 서클을 선택한 후 [저장] 버튼을 누른다. 임의의 서클페이지를 먼저 선택한다면, 해당 페이지에 들어간 후 사용자를 검색하여 선택하면 자동으로 해당 서클에 사용자가 추가된다.

2a

2b

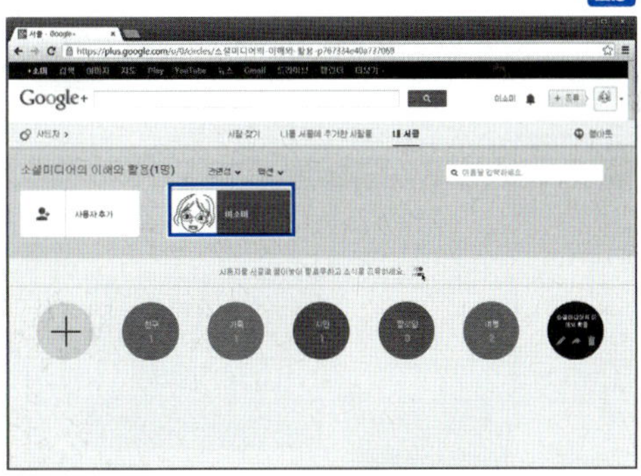

③ 드래그를 이용하여 사용자 추가

- 한 명의 사용자는 여러 개의 서클에 동시에 속해질 수 있다. 다른 서클에 사용자를 추가하기 위해서는 네모로 된 사용자를 클릭하여 동그라미의 서클로 드래그 앤 드롭(drag&drop) 함으로써 추가한다.

3a

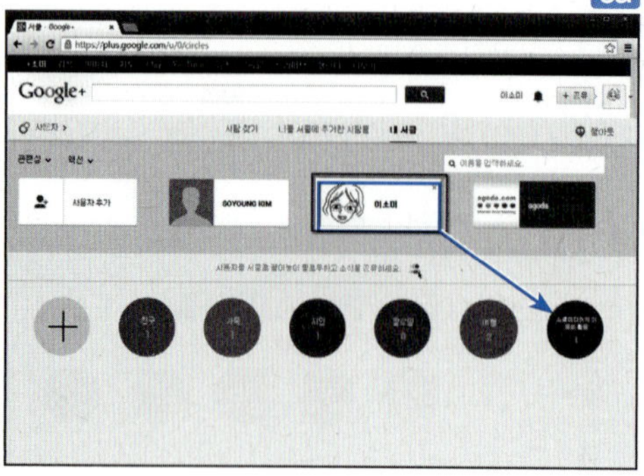

3b

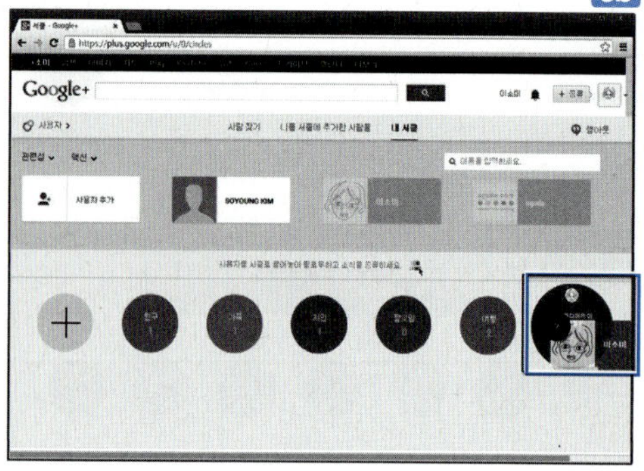

5) 스트림에 글 쓰기

① 홈 탭 클릭

- 구글플러스의 메인페이지에 접속하면 항상 홈 탭으로 이동한다. 만약 다른 페이지에 있다면 홈 탭을 클릭한다.

② 상단 입력창 클릭

- 상단 메시지 입력창을 클릭하여 메시지를 입력한다.

1

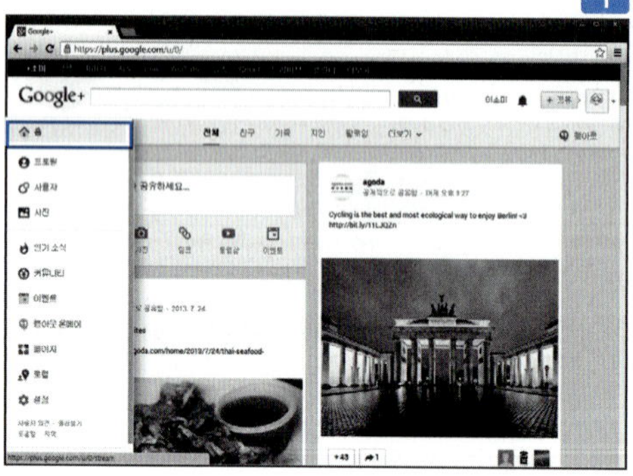

2

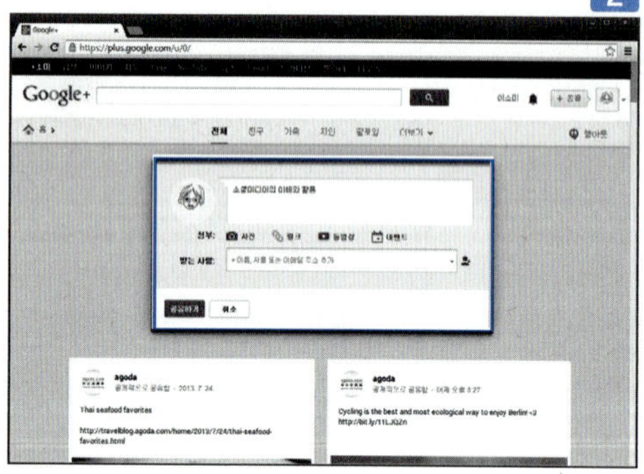

③ 공유 할 대상 선택

- 방금 입력한 메시지를 누구에게 공개할 것인지를 선택한다. 공개 범위는 다음과 같이 설정할 수 있다.

3a

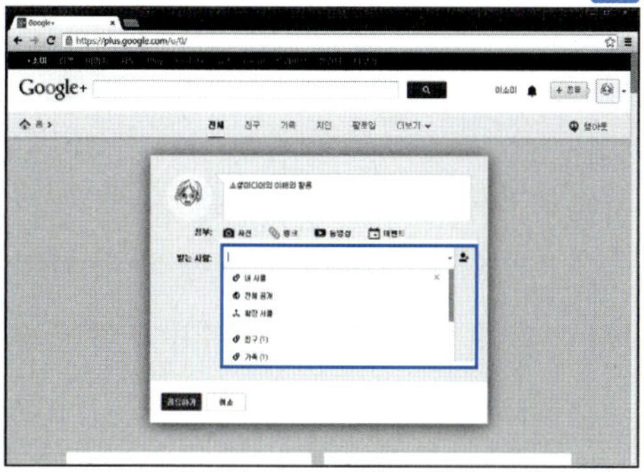

3b

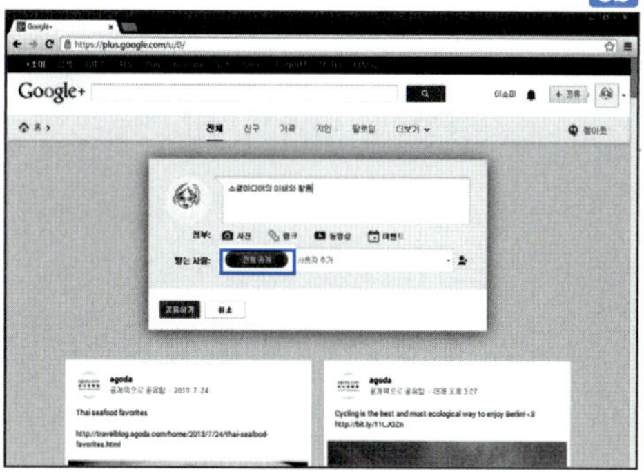

- 내 서클 : 나의 서클에 추가되어 있는 모든 사용자에게 공개한다.
- 공개 : 나의 서클에 추가되어 있는 사용자는 물론이고, 내 프로필 페이지에도 공개되어 모든 사람들이 볼 수 있게 된다.
- 확장 서클 : 나의 서클에 추가되어 있는 모든 사용자와, 그 사용자들이 추가되어 있는 다른 서클의 사용자에게도 공개된다.

12.3 링크드인

애플이 2013년 6월 모바일 운영체제인 'iOS7'에서 페이스북과 트위터에 이어 링크드인을 운영체제 내에 통합할 계획이라고 발표했다. 통합 방식은 iOS 내에서 해당 SNS 서비스 계정에 한 번에 로그인할 수 있는 방식으로, 기존의 페이스북과 트위터의 통합 방식과 같은 형태가 될 것으로 보인다. 이는 링크드인이 전세계 2억 2500만명의 가입자를 지니며 미국 내 최고의 비즈니스 도구로 손꼽히는 그 영향력을 고려한 것이다. 이 절에서는 링크드인이란 무엇이며, 이를 활용하기 위한 간단한 사용법에 대해 알아본다.

12.3.1 링크드인이란?

링크드인(Linkedin)은 비즈니스와 구인구직에 관심이 집중되어 있는 소셜네트워크서비스이다. 링크드인은 단순히 인맥을 늘리는 다른 소셜네트워크서비스와는 다르게 개인 프로필을 구직을 위한 이력서 수준으로 작성하여 구인, 구직, 신규바이어 개척 등에 사용할 수 있다는 점이 가장 큰 차별화 부분이다. 2002년 리드 호프먼(Reid Hoffman) 회장이 자택에서 창업을 했으며, 2013년 200개국 2억 명이상이 가입한 세계 최대 비즈니스 전문 소셜네트워크서비스이다. 현재 영어, 프랑스어, 독일어, 이탈리아어, 한국어 등을 비롯해 총 19개 언어를 제공하고 있다. 초기에는 구인구직 관련 소셜네트워크서비스로 시작하였지만, 구인구직의 네트워크 기능뿐만 아니라 기업인들의 바이어 발굴과 신규시장 개척, 비즈니스 파트너 물색 등까지 범위를 넓혀 활용되고 있다. 한국에도 링크드인의 영향을 받아 한국형 비즈니스 소셜네트워크서비스인 링크나우(www.linknow.kr) 등이 개발되었지만, 미국처럼 활발하게 사용되지 않는 실정이다.

[그림 12-8] 링크드인의 로고

12.3.2 링크드인의 탄생 배경

링크드인은 2002년 현 CEO 제프 위너(Jeff Weiner)와 이전 CEO였던 리드 호프먼(Reid Hoffman)이 공동 창업하여 출발한 회사이다. 자신의 전공분야가 아닌 분야의 전문가를 찾는 것은 생각보다 쉽지 않은 일이다. 직접적인 이해관계를 가진 사람이 없을 뿐더러 인맥을 이용한다 하더라도 다른 분야에까지 인맥이 연결되어 전문가를 빠르게 확보하는 것은 무척 어려운 일이다. 호프먼은 이 고민을 풀어줄 수 있는 서비스가 있다면 시장에 어필할 수 있을 것이라고 생각했고, 이 생각이 바로 링크드인의 출발이었다. 링크드인의 임원진은 야후, 구글, 마이크로소프트, 페이팔(Paypal), 일렉트로닉 아츠(Electronic Arts), 티보(TiVo)에서 근무했던 임원으로 구성되어 있다. 링크드인은 2011년 광고 수입에서 1억 5460만 달러를 벌어 트위터의 1억3950만 달러를 능가하였으며 현재 전 세계 200여개 국가에서 1억 3500명 이상의 회원을 보유하고 있다. 앞으로 링크드인의 가입 회원 수는 더욱 증가할 것으로 예상된다.

12.3.3 링크드인의 특징

링크드인의 가장 큰 특징은 역시 비즈니스를 목적으로 하는 소셜네트워크서비스라는 것이다. 따라서 다음의 세가지 특징은 링크드인의 비즈니스적 목적에 부합할 수 있는 성공요인인 셈이다.

● **비즈니스형 소셜 미디어 서비스**

링크드인이 다른 SNS와 차별화 된 점은 이력서 수준의 자기소개서라는 점이다. 기존의 SNS 서비스에서 입력하는 프로필에 비해 링크드인에서는 관심사, 학력, 취업 경력, 전문 기술 등의 내용을 이력서에 못지않게 꼼꼼하게 기록한다. 또한 사용자가 다녔던 회사의 동료나 상사, 지인들이 이 사용자에 대해 어떻게 생각하는 지를 적는 추천 서비스가 존재하여 일종의 추천서의 역할도 한다.

● **활발한 구인 구직 활동**

북미 지역 채용의 40% 이상이 성사될 만큼 대규모 취업 활동이 링크드인을 통해 일어난다. 그 이유로 미국 경제전문지 포춘이 선정한 500대 기업의 간부가 모두 링크드인 회원이며, 대부분 인사 및 사업 결정권을 갖고 있다고 한다. 이는 링크드인이 체계적인 검색서비스를 구성하고 있어 사용자가 원하는 정보에 맞게 검색이 가능하고, 검색결과 또한 세부적인 정보를 제공하여 사용자들에게는 한 번의 검색으로 기업정보, 기업담당자 정보, 관련그룹 정보 등 많은 정보를 얻을 수 있기 때문이다.

● **실시간 소통으로 시간의 절약**

최근 국내에서 링크드인을 통해 수출에 나선 중소기업들이 눈에 띄는 성과를 도출하면서 해외 판로 개척을 위한 수단으로 주목받고 있다. 링크드인이 수출의 새 창구로 주목받는 것은 실시간 소통이 가능해 계약까지 걸리는 시간이 짧고, 프로필 작성 시 엄격한 인증을 요구해 신원보장에 대한 신뢰성이 높기 때문이다.

12.3.4 링크드인 사용법

링크드인 인터페이스 역시 다른 소셜네트워크서비스들과 크게 다르지 않아 소셜네트워크서비스 경험자라면 쉽게 사용할 수 있다.

1) 링크드인 시작하기

① 링크드인을 사용하기 위해 사이트(http://www.linkedin.com/)에 접속한다.
- 화면 우측의 '링크드인에 가입하세요'에서 회원 가입 절차를 진행한다.

② 간략한 개인정보를 입력한다.

1

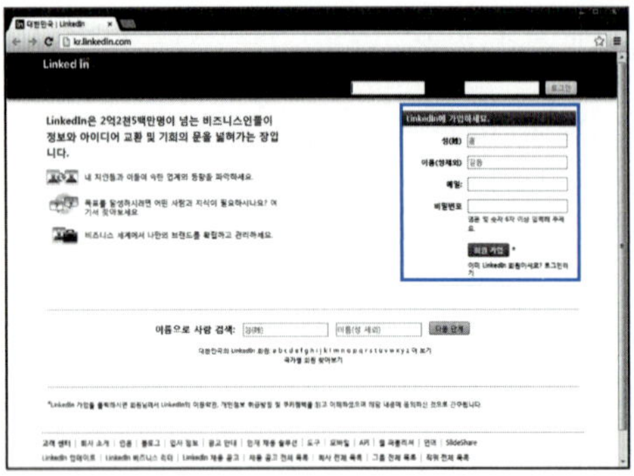

2

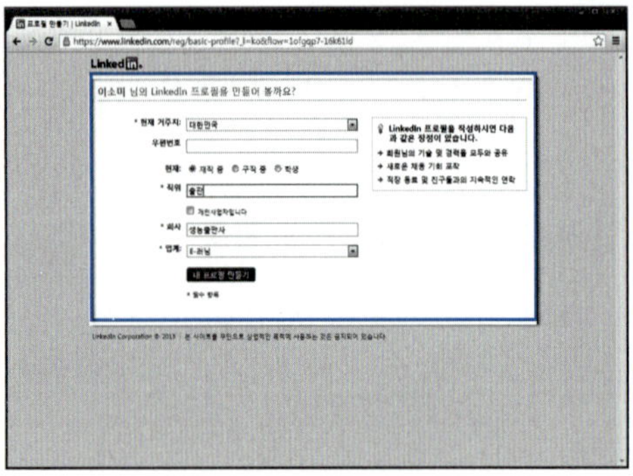

③ 확인 메일을 위한 이메일 주소를 입력한다.

④ 메일을 확인하여 인증을 완료한다.
- 구글 계정으로 인증을 진행한다면, 구글 계정 확인으로 인증 메일 받기를 대신할 수 있다. 또한 이 과정에서 주소록 검색기능을 이용하여 링크드인에 가입한 지인을 손쉽게 찾을 수 있다.

3

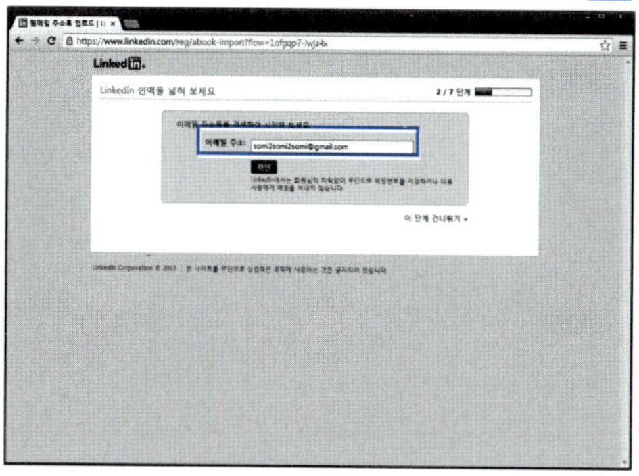

4

⑤ 생성한 계정으로 로그인한다.

5

2) 링크드인 프로필 작성하기

링크드인에 가입하면 개인의 프로필을 작성하게 된다. 생성된 프로필은 특정 URL을 지니게 되며, 페이스북이나 트위터 등의 다른 SNS를 통하여 프로필을 공유할 수 있다. 메인 화면의 프로필 메뉴에서 개인 프로필의 입력과 수정이 가능하며, 개인 프로필로는 간단한 프로필과 보다 세부적인 프로필을 작성할 수 있다.

① 상단의 [프로필]–[프로필 수정] 메뉴를 통하여 프로필 수정 페이지에 접근한다.
  – 여기에서 신상정보 및 경력사항, 학력 등 자기소개에 관한 모든 항목을 입력한다. 이는 기존 채용 포털사이트의 개인정보수정과 거의 비슷하여 어렵지 않게 작성할 수 있을 것이다. 이 외에 프로젝트, 외국어 능력, 논문 및 저서 등 다양한 항목의 자신을 알릴 수 있는 정보를 입력할 수 있다.

1a

1b

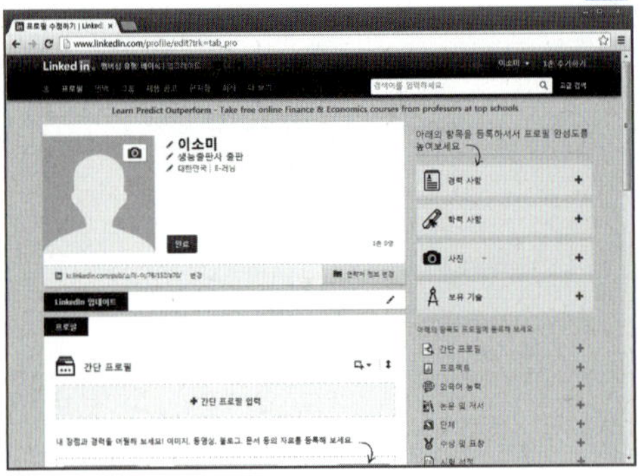

② 간단 프로필 입력

– 자신이 직접 프로필을 입력하는 란으로, 보통 자신의 장점과 경력을 어필할 수 있는 간단한 프로필을 입력한다.

2a

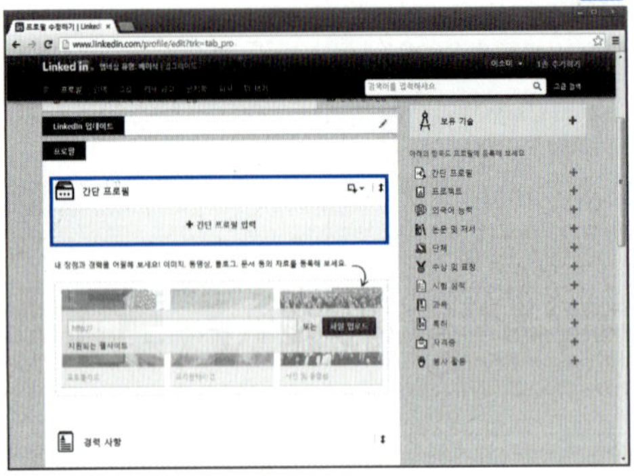

2b

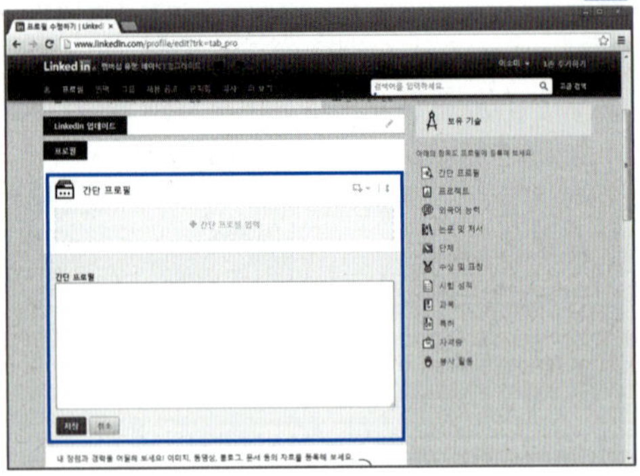

③ 세부 프로필 입력

– 간단 프로필 외에 보다 구체적인 프로필을 작성해본다. 링크드인에서는 프로젝트, 외국어능력, 논문 및 저서, 단체, 수상 및 표창, 시험 성적, 특허, 자격증, 보유 기술, 학력 사항, 경력 사항, 봉사활동 등으로 구분하여 프로필을 작성할 수 있다.

3a

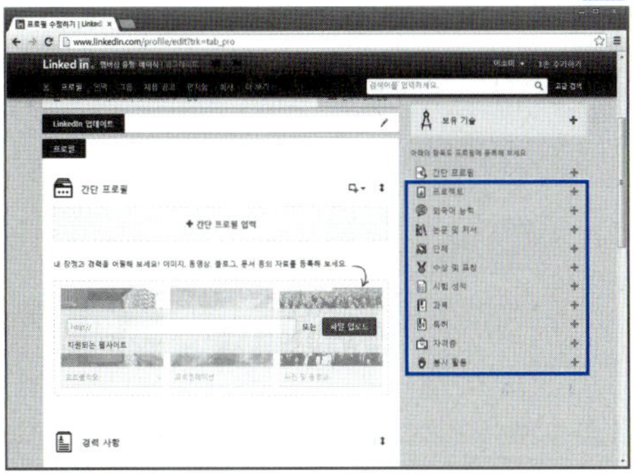

3b

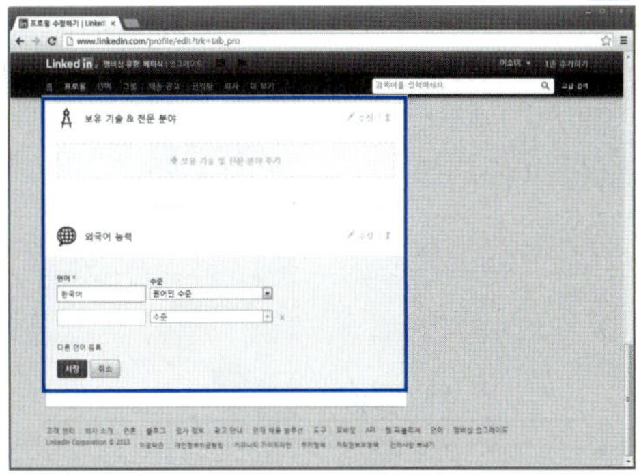

④ 프로필 공유하기

– 작성한 프로필은 특정 URL을 지니게 되며, 페이스북이나 트위터 등의 다른 SNS를 통하여 프로필을 공유할 수 있다.

4a

4b

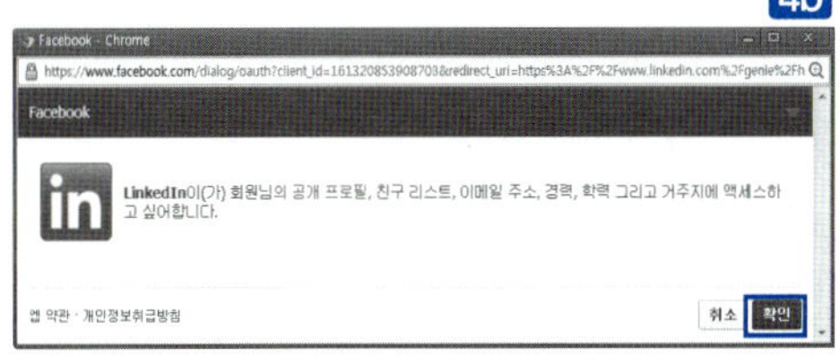

3) 링크드인 추천서 관리하기

링크드인의 추천서는 직장동료나 상사가 프로필에 추천의 글을 쓸 수 있다. 본인이 쓴 이력 이외에 제 3자의 추천서를 통해 검증을 할 수 있기 때문에 프로필의 신뢰도가 높아질 것이다.

① 추천서 관리 시작하기

– 추천서는 구직자의 신뢰를 높이는데 매우 유용한 기능이다. 상단의 [프로필]–[추천서] 메뉴에서 추천서를 관리한다.

1

② 추천서 부탁하기

– 자신의 구직 정보를 좀 더 충실히 채우기 위해, 또는 구직활동에 도움을 받기 위하여 지인에게 추천서를 부탁할 수 있다.

2a

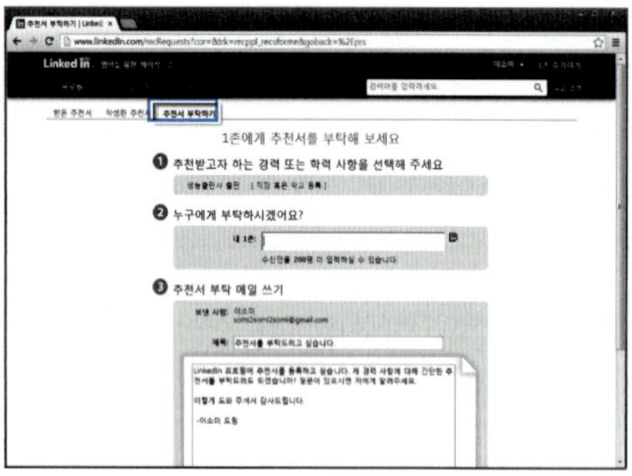

2b

③ 추천서 작성하기

– 추천서를 부탁한 상대방이 채용하고, 채용되는 등의 구직활동에 도움이 될 수 있도록 추천서를 작성할 수 있다. 자신과 직장 동료, 서비스 제공자, 비즈니스 파트너, 학생 등의 관계가 있는 지인에게 추천서를 작성해 준다.

3a

3b

4) 링크드인 인맥 관리하기

링크드인은 본인의 인맥을 확인하고 추가할 수 있는 기능을 제공한다. 본인의 이메일 주소록에 있는 친구들을 링크드인에 초대할 수 있으며 그 외에 회사, 학력 정보 등을 이용해서도 인맥을 추가할 수 있다.

① 상단의 [인맥] 메뉴를 통하여 인맥을 관리할 수 있다.

② 이메일 주소록을 검색하여 링크드인에 가입한 지인을 찾는다.

1

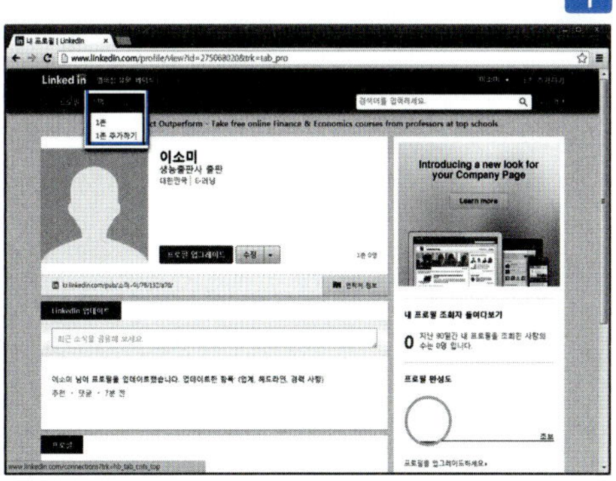

2

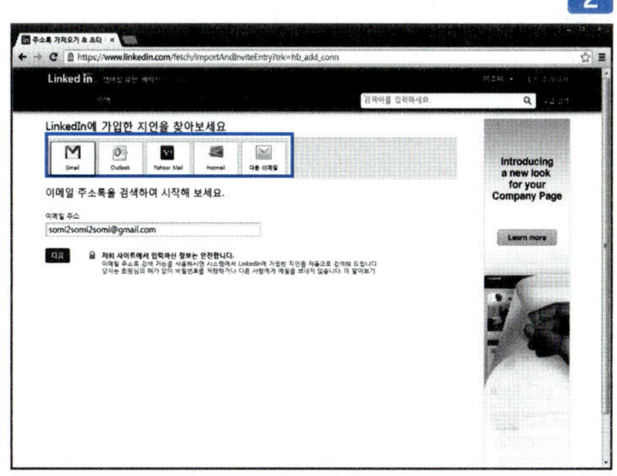

5) 그룹 가입 및 그룹 만들기

① 그룹 가입하기

- [그룹 전체 목록] 메뉴를 사용하여 원하는 그룹을 찾아서 가입할 수 있다. 키워드 검색이 가능하며 카테고리를 정하고 검색할 수 있는 상세 검색 기능도 제공

한다. 다음 그림과 같이 링크드인에서 추천해주는 그룹을 검색하여 가입할 수 있다.

1a

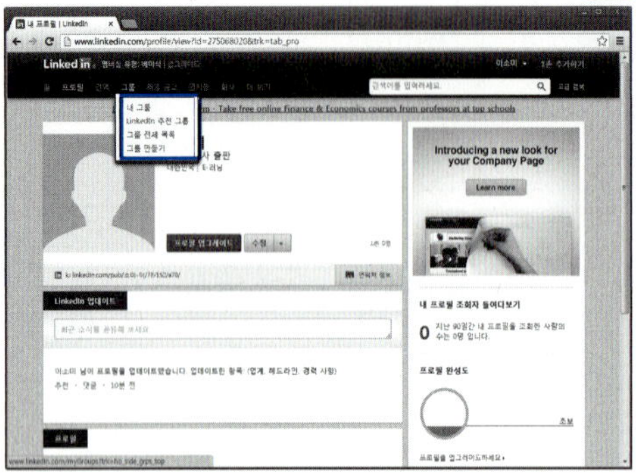

1b

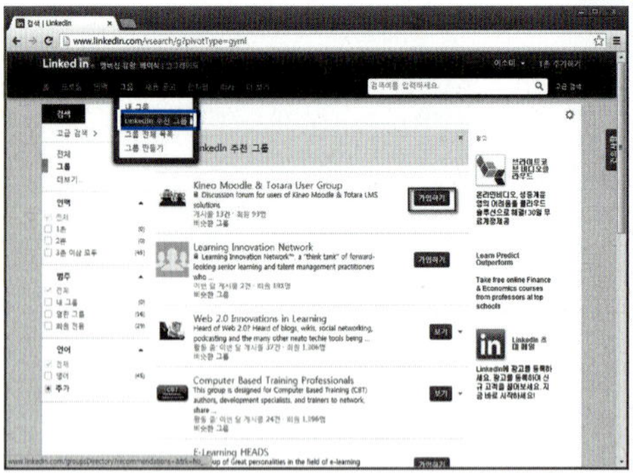

② 그룹 만들기

- 그룹을 만들 수 있는 기능은 일반적인 채용공고를 입력하는 방식과 유사하다. 주목할 만한 점은 그룹을 만들면서 트위터와 연동시켜 트위터를 통해 그룹을 홍보하거나 공지 사항을 전달 할 수 있다는 점이다.

2a

2b

6) 구직 및 채용하기

① 채용공고 검색하기

- 링크드인은 이 메뉴를 사용해서 채용공고를 확인하고 지원할 수 있다. 고급 검색 기능의 지원으로 여러 항목을 선택 체크하여 원하는 정보를 정확하게 얻을 수 있다. 또한, 확인한 구직 공고를 저장하고 관리할 수 있는 기능을 제공한다.

1a

1b

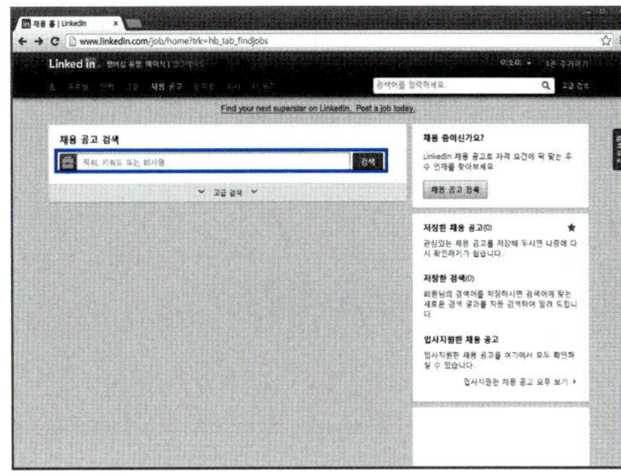

② 채용공고 등록하기

– 링크드인에 근무환경, 채용공고 내용 등의 채용공고를 등록할 수 있다. 채용공고 등록 과정에서는 채용공고 등록을 위한 소정의 수수료가 부과된다.

2a

2b

12.4 카카오스토리

카카오스토리는 일상을 담은 사진과 이야기를 나누고 공감하는 서비스로서, 스마트폰의 대표적인 인스턴트 메신저인 카카오톡을 기반으로 한다. 따라서 카카오톡을 사용하는 다양한 세대의 사용자들에게 쉽게 어필할 수 있었으며, 사진을 기반으로 한 매우 간단한 인터페이스는 페이스북이나 트위터를 어려워하는 사용자들에게도 쉽게 적응할 수 있게 하였다.

이 절에서는 카카오스토리란 무엇이며, 성공할 수 있었던 이유에 대해서 알아보고, 그 사용법에 대하여 살펴본다.

12.4.1 카카오스토리란?

카카오스토리(Kakao Story)는 (주)카카오가 개발한 모바일 메신저인 카카오톡과 연계된 소셜네트워크서비스이다. 카카오스토리는 국내 스마트폰 사용자의 대다수가 설치하고 있는 카카오톡의 힘을 등에 업고 시작되었다. 2012년 3월에 출시되어, 9일 만에 가입자 1000만 명을 돌파하였으며, 2013년 2월에는 3천400만 가입자를 돌파했다. 스토리(포스팅)수도 11억 건, 댓글은 108억 개로 이용자 참여가 지속적으로 증가하고 있다. 카카오스토리는 카카오톡에 친구로 등록된 상대방을 그대로 가져올 수 있으며, 사진이나 메시지 등을 공유할 수 있다.

[그림 12-9] 카카오스토리 시작화면

카카오스토리의 사진 공유기능은 카카오톡 사용자 중 상당수가 하루에도 몇 번씩 프로필 사진과 프로필 메시지를 바꾸는 습관을 보이는 데 착안하여 만들어졌다. 기존의 카카오톡은 프로필 사진을 바꾸면 기존의 사진은 사라졌지만, 카카오스토리는 이 프로필 사진들을 전문적으로 관리하고, 하나의 스토리 보드를 만들어 주는 역할을 한다.

12.4.2 카카오스토리의 특징

카카오스토리의 특징은 단순함과 카카오톡과의 연동 그리고 개인 스토리 앨범으로써의 활용을 들 수 있으며 간단한 사용법에 따른 사진 필터 기능과 소통을 위한 섬세한 감정표현 역시 카카오스토리의 특징이라 할 수 있다.

1) 단순함

카카오스토리는 카카오스토리에 게시하는 글과 사진은 사용자가 업로드하는 시점을 기준으로 페이지에 쌓이며 친구들과 실시간으로 공유한다. 주로 사진 콘텐츠만을 다루는 실시간 공유 서비스라는 점에서 복잡한 기능이나 정보에 관심 없는 사용자들에게 오직 사진과 메시지만을 제공하며, 이는 새로운 기능들을 앞다투어 내세우는 여타의 소셜네트워크서비스와는 다른 단순함의 매력을 가지고 있다.

[그림 12-10] 카카오스토리의 소식기능

2) 카카오톡과의 연동

카카오톡 프로필에서 '스토리 방문' 버튼을 누르면 손쉽게 해당 프로필 사용자의 카카오스토리를 방문할 수 있게 하여 카카오톡에서의 접근성을 높였다. 이러한 특징은 앞에서도 언급하였듯이 막대한 가입자 수과 사용빈도를 자랑하고 있는 카카오톡의 사용자들을 그대로 카카오스토리로 유입할 수 있게 하는 가장 큰 특징이자 강점이다. 또한 카카오스토리에서 '친구신청' 버튼을 누르면, 해당 사용자에게 카카오톡 메시지를 전송하여 알려준다. 상대방과 친구가 되면 카카오톡을 통하여 사진과 상태 업데이트를 공유하고 공감할 수 있다.

[그림 12-11] 카카오톡과 카카오스토리의 연동화면

3) 개인의 스토리 앨범

카카오스토리는 나만의 스토리 앨범을 꾸밀 수 있다. 각각의 글과 사진은 '친구공개', '전체공개'로 공개범위 설정이 가능하며, '친구공개'시에는 단계를 거쳐 친구등록이 된 사용자끼리만 공유된다. 카카오스토리가 사진의 공유 그리고 개인 앨범으로서의 기능, 이 두 가지에 집중하는만큼 개인이 기록하고 싶은 사진과 메시지를 앨범에 모아 관리한다는 점은 단순함과 편리함을 동시에 지니고 있다.

[그림 12-12] 카카오스토리의 개인 스토리 화면

4) 사진 필터 기능

카카오스토리는 사진 업로드 시 사진 필터와 간단한 자르기 기능을 제공함으로써 사용자의 콘텐츠 만족도를 높였다. 자신의 일상을 사진으로 드러낼 때, 이를 통해 소통하고 싶어 하는 욕구와 동시에 자신을 대변하는 사진을 좀 더 부각하고 포장하고 싶은 욕구 또한 증가하기 마련이다. 따라서 매우 간단한 조작으로 사진을 편집하고 꾸밀 수 있는 필터 기능은 사용자에게 매우 매력적이며, 카카오스토리를 사용하는 매우 다양한 세대와 계층이 사용하기에 무리가 없을 정도로 편리하다.

[그림 12-13] 카카오스토리의 사진필터 기능

5) 감정표현

카카오스토리는 친구의 게시글에 댓글을 달 수 있고 다섯 가지 감정 표현을 선택해 감상평을 전할 수 있다. 페이스북에서는 사람들이 남긴 글에 단순히 '좋아요'라는 공감을 표현할 수 있지만, 카카오스토리는 '좋아요, 멋져요, 기뻐요, 슬퍼요, 힘내요' 등 5가지의 감정표현을 통하여 느낌을 표현할 수 있어, 보다 섬세하고 감성적인 소통을 이루어 낼 수 있다는 평이다.

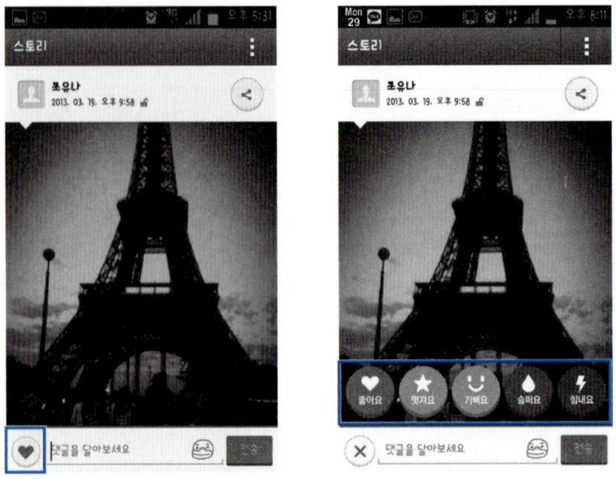

[그림 12-14] 카카오스토리의 감정표현

12.4.3 카카오스토리 성공 요인

카카오스토리의 성공요인은 그 특징으로 짐작할 수 있듯이 단순함과 카카오톡이라는 든든한 지원군 덕분이라 할 수 있다.

● 단순함

카카오스토리는 사용하는 방법이 상당히 간단하고 지원하는 기능도 한정적이다. 카카오스토리는 최대한 단순하게 만드는데 집중한 서비스이다. 사용자들이 모바일에서 단시간에 서비스를 이용하려면 우선 쉬워야하기 때문이다. 단순함에는 쉽게 적응할 수 있다는 장점이 있다. 페이스북, 싸이월드 등 PC와 모바일에서 할 수 있는 소셜네트워크 서비스와 달리 카카오스토리는 모바일에서만 즐길 수 있기에 기본적으로 사용법이 쉬워야 했다. 따라서 아무리 뛰어난 기능이라도 어렵고 번거롭다면 외면한다는 사실을 토대로, 사용자들이 화면을 보고 바로 사용법을 알고 손쉽게 쓸 수 있게 하는 것이 카카오스토리의 최우선 목표였다. 그리고 이러한 목표는 결국 카카오스토리의 성공요인으로 작용하였다.

● 카카오톡을 통한 접근성 향상

카카오톡은 '무료문자'라는 카드를 들고 거침없이 시장을 선점했다. 기존에는 카카오톡과 같은 서비스가 없었고 '무료문자'라는 매혹적인 서비스 네임과 더불어 3G 무제한 요금제까지 합쳐지며 시기상으로 엄청난 폭발력을 가졌다. 먼저 만들고 선점하여 후발 주자가 이를 따라잡기 어렵게 하는 선점효과를 제대로 이용한 경우라고 할 수 있다. 카카오스토리는 이러한 카카오톡이 지닌 압도적인 네트워크 효과를 누리는 기반을 가지고 있고 이는 카카오스토리의 가장 큰 성공요인이라고 볼 수 있다.

12.4.4 카카오스토리 사용법

1) 카카오스토리 가입하기

카카오스토리는 카카오계정으로 별도의 계정 가입 없이 간편하게 서비스를 시작할 수 있다. 카카오계정은 카카오가 만든 서비스들을 하나의 계정으로 간편하게 이용 할 수 있는 카카오 통합 계정이다.

① 카카오계정이 없는 경우

– 아직 카카오스토리 계정이 없는 경우는, 평소에 자주 사용하던 이메일 주소와 비밀번호로 간편하게 새로 만들 수 있다. 간편하게 카카오톡에서 카카오계정을 만든 후 그 계정을 통해 카카오스토리로 로그인 할 수 있다.

② 카카오계정이 있는 경우

– 기존 카카오톡 계정이 있으면 [카카오톡으로 시작하기]를 통해 바로 간편하게 시작할 수 있다.

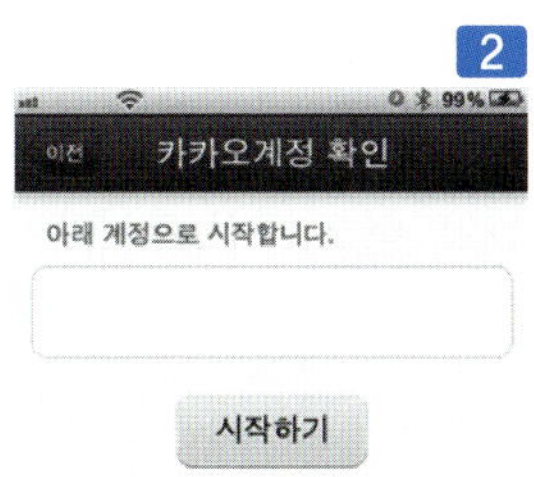

2) 카카오스토리 친구맺기

① 친구 신청하기

– [친구] 탭의 [친구추천] 메뉴에서 친구들에게 친구신청을 한다. 친구들이 신청을 수락하면 스토리 친구가 된다.

② 친구 신청 수락하기

– [친구] 탭의 [받은 신청] 목록을 확인해서 이미 받은 친구 신청이 있다면 수락하면 된다.

1

2

3) 내 스토리에 정보 올리기

① 하단 중앙 탭을 눌러 [앨범에서 선택]을 선택한다.

– 촬영 : 카메라를 실행 시켜 바로 사진을 찍어 올릴 수 있게 해준다.

– 앨범에서 선택앨범에서 기존에 있는 사진을 선택해 올릴 수 있다.

– 글쓰기 : 사진을 제외한 글을 입력할 수 있다.

② 앨범에서 업로드할 사진을 선택한다.

③ 상단의 [원본] 또는 [정사각형]을 이용하여 자르기를 하거나 하단에서 원하는 필터를 적용한다.

1

2

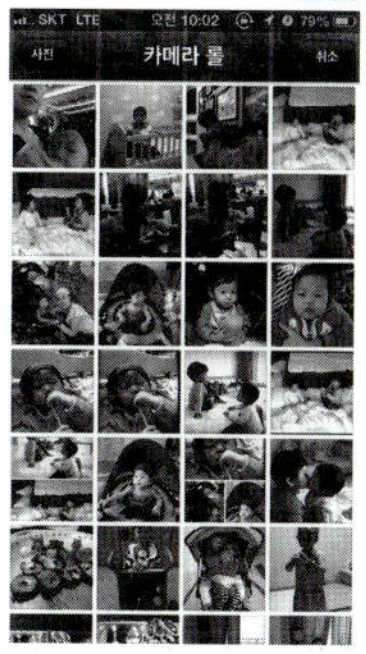

3

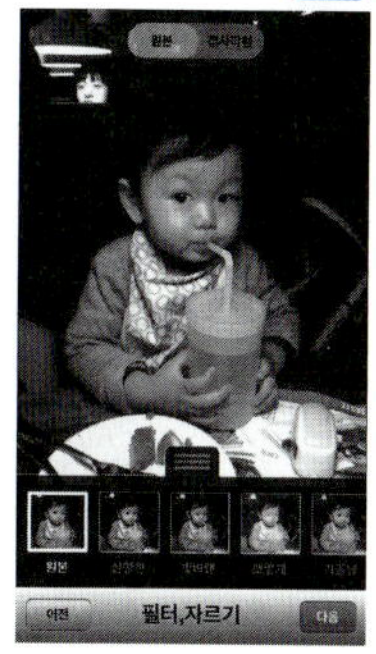

④ 사진을 확인하고 사진과 함께 게시할 글을 작성한다.

– 함께하는 친구 : 해당 포스트를 공유할 친구들을 선택할 수 있다. 선택한 친구에게 알림이 전송되어 해당 친구가 포스트를 확인할 수 있게 도와준다.

– 친구 공개 : 해당 포스트를 누구에게 공개할 것인가를 선택할 수 있다. [전체공개]와 [친구공개]를 선택할 수 있다.

⑤ 올리기를 통해 게시된 포스트를 확인한다.

4

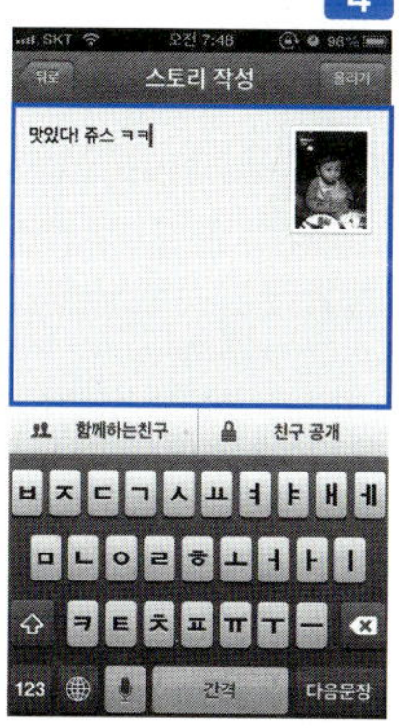

5

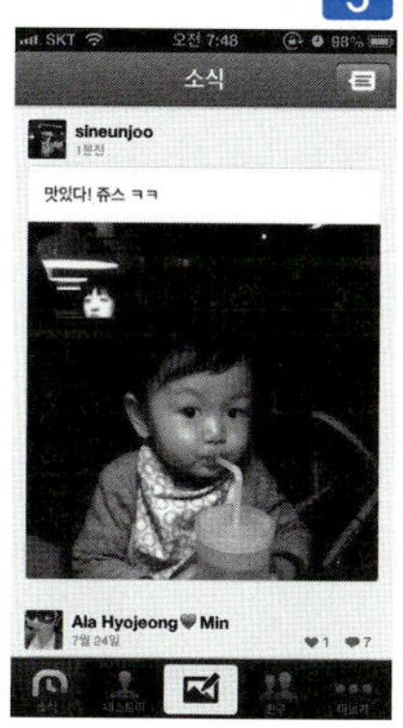

⑥ 해당 스토리의 오른쪽 상단 [···] 메뉴를 통해 스토리 공개 사항을 변경하거나 삭제할 수 있다.

⑦ 또한 최초 작성자의 친구들만 보고 이를 다시 친구가 공유할 수 없도록 원할 경우 [친구의 공유 허용] 옵션을 OFF 하면 된다.

6

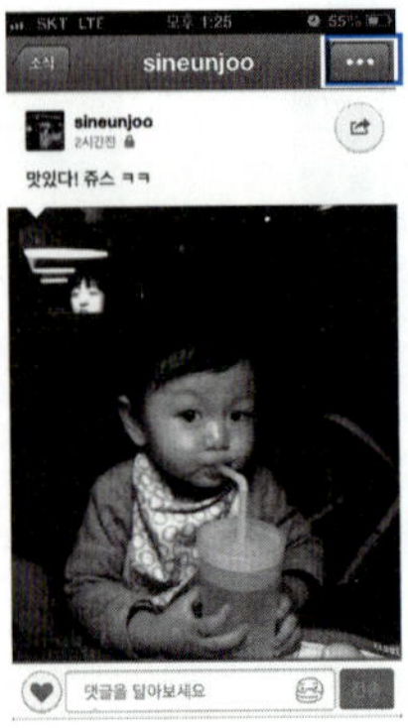

7

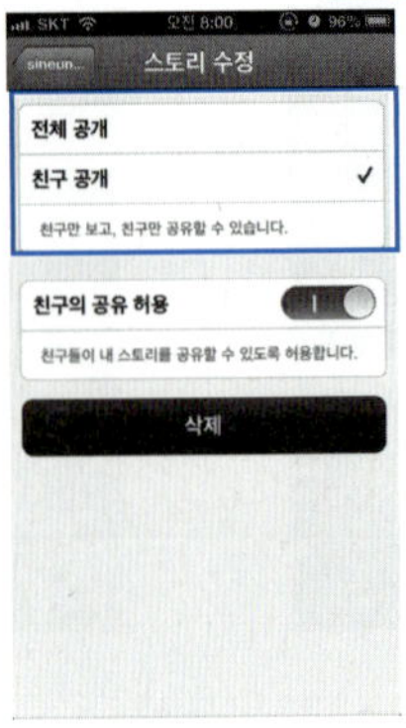

5) 공유하기와 카카오톡으로 보내기

공유하고 싶은 친구의 스토리에 접근하여 스토리의 오른쪽 상단에 공유하기 [ ] 메뉴를 누르면 '스토리'나 '카카오톡'을 선택할 수 있다.

① 공유대상 선택하기

- 스토리 : 다른 사람의 스토리도 공유를 하여 자신의 스토리 앨범으로 가져올 수 있다. 친구가 스토리를 올릴 때에 공개 설정에 따라서 활성화 여부가 결정된다.
- 카카오톡 : 카카오톡 메신저 실행과 함께 해당 스토리를 보낼 친구를 선택할 수 있다.

② 공유하기

- 친구의 스토리에서 첫 번째 메뉴가 활성화되어있다면 나의 카카오스토리로 공유가 가능하다. [올리기] 버튼을 누르면 원하는 글과 함께 친구의 스토리를 나의 카카오스토리로 공유할 수 있다.

1a

1b

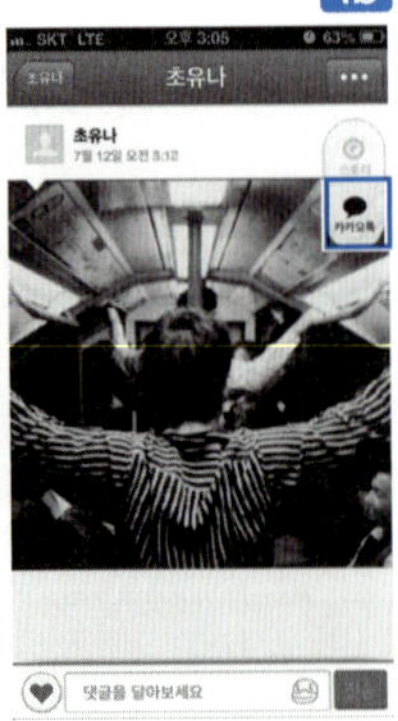

2

③ 공유 확인하기

– 공유한 친구의 스토리를 내가 원하는 글과 함께 공유한 경우, 나의 카카오스토리에서 해당 내용을 확인할 수 있다. 또한 친구의 스토리에는 공유가 되었다는 표시가 나타난다. 다음 화면을 통하여 해당 스토리가 공유되었음을 알 수 있다.

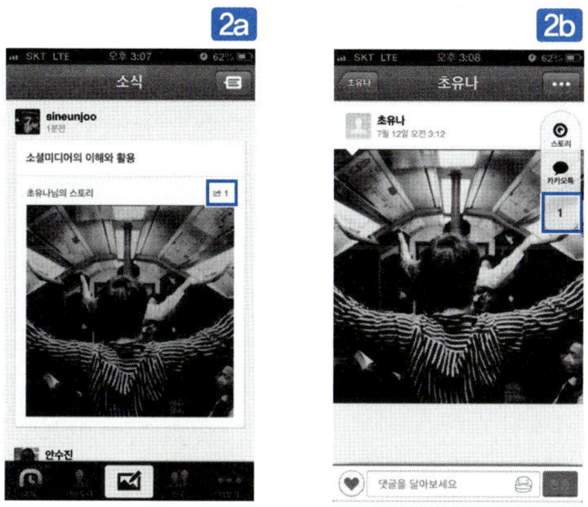

5) 댓글 달기, 감정 표현하기

스토리를 보고 댓글을 달거나 감정을 표현하고 싶을 때는 하단의 감정 아이콘이나 댓글 창을 통해 입력이 가능하다. 좋아요, 멋져요, 기뻐요, 슬퍼요, 힘내요 총 다섯 가지로 감정 표현이 가능하며, 카카오톡에서 사용하는 이모티콘과 함께 댓글을 남길 수도 있다.

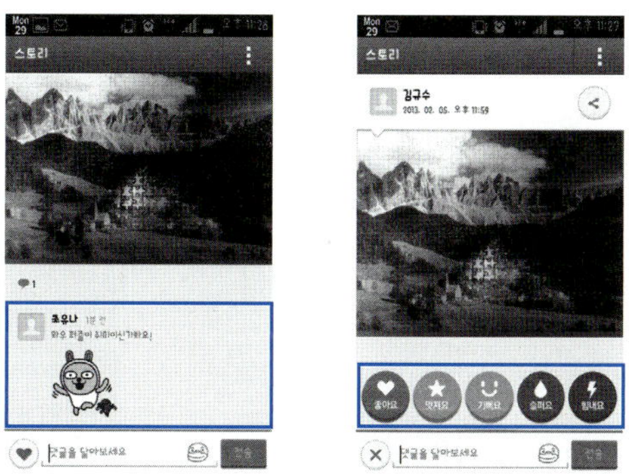

연습문제

■ **다음 괄호 안에 올바른 단어를 기입하시오.**

1. 미투데이는 한국형 (　　　　)로써 기존 블로그와 달리 일상생활에서 벌어지는 다양한 상황에 대해 형식을 따지지 않는 짧은 글을 올리며 쌍방향 소통의 공간을 제공한다.

2. 미투데이 친구를 뜻하는 (　　　　)은 페이스북의 친구, 싸이월드의 일촌과 동일한 개념이다. 또한 실시간으로 질문하고 바로 답변을 받기 위해서는 글을 쓸 때 태그에 (　　　　)을 입력하면 된다.

3. 구글플러스(Google+, Google Plus)는 구글이 운영하는 소셜네트워크서비스로써, 기존 (　　　　)만 있으면 사용할 수 있다.

4. 구글플러스에서 (　　　　)이란 말 그대로 그룹을 의미하는데, 내 주변의 사람들을 그룹으로 묶어서 구분하는 기능이다.

5. 구글플러스에서 (　　　　)는 자신의 관심사를 수집하고 관리, 공유하는 기능이다. 자신의 관심사를 등록해두면 그것과 관련된 새로운 뉴스나 글 등의 콘텐츠가 자동으로 수집된다.

6. 링크드인은 단순히 인맥을 늘리는 다른 소셜미디어와는 다르게 (　　　　)을 구직을 위한 이력서 수준으로 작성하여 활발한 구인구직 활동이 성사되는 (　　　　)형 SNS이다.

7. 카카오스토리의 성공요인은 단순함과 카카오톡을 통한 (　　　　) 향상에 있으며 필터를 통한 사진 편집 기능을 제공한다.

8. 소셜네트워크서비스의 사용자들은 (　　　　) 소통으로 시간을 절약할 수 있다.

■ **다음 질문에 대하여 간단히 서술하시오.**

1. 국내와 해외의 소셜미디어 서비스에는 무엇이 있는지 조사하라.

2. 미투데이와 트위터는 동일한 컨셉을 가진 서비스라고 하더라도 핵심적인 부분에서 차이가 있다. 미투데이와 트위터를 비교하여 그림을 통해 간단히 설명하라.

3. 구글버즈, 오르컷, 구글웨이브 등 구글이 개발하고 출시한 소셜네트워크서비스는 이전에도 있었으나 대부분의 서비스가 가입자 확보에 실패하고 서비스를 중단하였지만, 소셜 네트워크 시장을 계속적으로 공략하고 있다. 그 이유는 무엇인가?

4. 구글플러스의 특징에는 구글 검색엔진 및 기존 서비스와의 연계와 구글플러스만의 기능적 특징이 있다. 구글플러스 만의 기능적 특징은 무엇인지 설명하라.

5. 흔히 구글플러스는 페이스북과 비교된다. 구글플러스와 페이스북의 차이점은 무엇인가?

13 CHAPTER

소셜미디어의 활용

CHAPTER

SOCIAL MEDIA

13 소셜미디어의 활용

우리 일상의 한 부분으로 자리 잡고 있는 소셜미디어는 네트워크뿐 아니라 다양한 활용분야에서도 그 영향력을 발휘하고 있다. 개인 커뮤니케이션에서부터 공공기관의 업무, 교육, 의료, 방송 분야 등 활용 영역은 점차 확대되고 있으며, 최근에는 위치기반 서비스와 함께 융합 서비스로도 발전해 나가는 추세이다. 이 장에서는 이러한 다양한 활용 분야 중 대표적으로 소셜커머스, 소셜마케팅 그리고 소셜게임에 대해 알아본다.

13.1 소셜커머스

소셜미디어의 등장으로 온라인상의 인맥관리와 소통에 열을 올리던 사람들은 이제 소셜커머스로 합리적인 소비생활에 집중하고 있다. 이전에는 쇼핑사이트의 구매 댓글이나 블로그의 후기 포스트 등이 소비로 연결되었으나, 근래에는 트위터나 페이스북 등 SNS의 인기와 모바일 기기의 생활화로 인하여 소셜커머스가 폭발적인 성장을 하고 있다. 이절에서는 이러한 소셜커머스의 개념과 유형 그리고 그 활용 사례에 대해 알아본다.

13.1.1 소셜커머스의 개념

소셜커머스(social commerce)란 소셜미디어를 활용하여 이루어지는 커머스를 의미한다. '소셜'은 소셜미디어나 소셜네트워크서비스(SNS)의 온라인 인맥이나 그 미디어를 의미하며 '커머스'란 상업 즉 상품 및 서비스를 판매하기 위한 모든 행위를 의미한다. 트위터나 페이스북을 통해 상품을 홍보하여 구매로 이어지거나 SNS를 기반으로 공동구매가 이루어지는 등의 다양한 형태가 모두 소셜커머스라 할 수 있다. 소셜 웹의 등장과 함께 일반적인 전자상거래(e-commerce)는 소셜커머스의 형태로 빠르게 변모하고 있다. 소셜커머스 시스템은 다음 그림에서 보듯이 상품이나 서비스에 대한 정보를 SNS상의 친구들을 통해 얻고, 이를 바탕으로 소셜 플랫폼을 통해 추천받은 상품이나 서비스를 쉽게 구매할 수 있도록 한다.

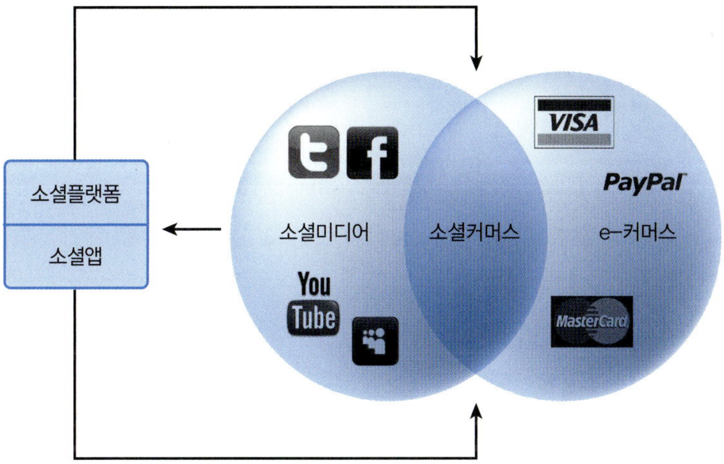

[그림 13-1] 소셜커머스 시스템의 개념

특히 그루폰(Groupon)과 같은 공동구매형 소셜커머스를 소셜 쇼핑이라 부르는데, 주로 지역 사업자의 상품이나 서비스를 소셜 서비스 사업자가 유치하여 SNS를 통해 홍보하고 공유하게 함으로써 상품이나 서비스를 구매하도록 하는 것이다. 특정 상품이나 서비스를 일정 수 이상의 구매자가 신청하게 되면 가격을 할인해 주는 비즈니스 모델로 2008년 그루폰이 처음 만들어 성공을 거두었다.

그루폰과 같은 단체구매형 소셜커머스의 경쟁력은 '단체구매의 영향력(collective buying power)' 개념을 기반으로 한다. 또한 소셜커머스 사이트의 시의적절한 상품선택이나 각종 SNS의 상품추천은 많은 사람들이 선호하는 유행 상품을 구매하게 하는 '밴드웨건 효과(band wagon effect)'를 극대화 시킬 수 있다. 네트워크 효과의 일종인 밴드웨건 효과는 특정 상품에 대한 어떤 사람의 수요가 다른 사람들의 수요에 의해 영향을 받는 현상으로 소셜미디어로 인하여 소셜커머스가 발전할 수밖에 없는 이유를 설명해준다. 2010년 12월 구글로부터 60억 달러의 인수 제안을 거절해 화제가 되기도 했던 그루폰은 2012년 현재 세계 44개국 500여개 도시에 진출해 있다. 국내에도 2010년 초 처음 도입되어 티켓몬스터, 쿠팡, 위메이크프라이스, 쿠펀지, 세일폰, 쿠폰모아 등의 업체들이 치열하게 경쟁하고 있다.

(a) 그루폰 (http://www.groupon.kr)

(b) 티켓몬스터 (http://www.ticketmonster.co.kr)

[그림 13-2] 대표적인 소셜커머스 기업의 예

13.1.2 소셜커머스의 유형

현재 소셜커머스는 다양한 개념을 기반으로 웹 환경에서 실현되고 있다. 이 절에서는 이러한 소셜커머스의 유형을 공동구매형, 소셜미디어 연동형, 프로모션형, 그리고 소호형으로 나누어 살펴본다.

1) 공동구매형 소셜커머스

공동구매형 소셜커머스는 앞에서 설명한 그루폰과 같이 일정 수 이상의 판매가 발생할 경우 큰 할인폭으로 상품이나 서비스를 제공하는 방식을 말한다. 공동구매 사이트와 소셜미디어가 결합하여 구매자 스스로 입소문에 동참하여 원하는 상품을 저렴한 가격에 구입할 수 있게 해줌으로써 소셜커머스의 열풍을 만들어낸 주역이라고도 할 수 있다.

이러한 소셜커머스의 비즈니스 모델은 여타의 인터넷 비즈니스 모델과 달리 광고수익이 아닌 직접적인 수익을 발생시킨다. 또한 쿠폰으로 상품을 판매하고 실제 쿠폰이 사용되었을 때 업체에 지불되는 방식을 따르고 있기 때문에 일시에 큰 자금이 들어오는 반면 지출은 서서히 일어나며 통상적으로 5% 내외의 낙전수입(기한내에 쿠폰을 사용하지 않는 경우)이 발생한다는 점에서 매우 주목받고 있는 온라인 비즈니스 모델이라고 할 수 있다. 그러나 진입장벽이 매우 낮아 수많은 경쟁 사이트들이 생겨나고 있으며 이벤트성 상품에만 구매자가 몰리는 등 지속적인 고객 유지의 어려움을 안고 있다.

국내에는 티켓몬스터, 쿠팡, 위메이크프라이스 등이 대표적이다.

[그림 13-3] 국내 소셜커머스 업체의 로고

2) 소셜미디어 연동형 소셜커머스

소셜미디어 연동형은 소셜커머스는 사실상 넓은 의미에서 쇼핑사이트의 구매 댓글이나 블로그의 후기 포스트 등도 포함 된다고 할 수 있다. 즉 소셜미디어의 영향력을 토대로 이루어지는 소셜커머스를 말하는데 최근에는 SNS를 기반으로 하는 쇼핑정보 공유 기능이나 추천 시스템으로 구체화 되고 있다.

추천(recommendation) 시스템은 유사한 취향의 이용자나 친구의 추천에 의해서 제품이나 서비스에 관한 정보를 제공하는 방식이다. 소셜커머스 뿐만 아니라 마케팅이나 각종 미디어 매체에서도 활용되고 있는 기능으로 추천하는 방식에 따라 협력 필터링(collaborative filtering) 방식과 그래프기반 추천(graph-based recommendation)이 있다.

협력 필터링은 가장 많이 사용되는 추천 시스템으로 이용자의 프로파일 정보, 과거 구매 히스토리, 방문한 웹 페이지 등의 정보를 분석하여 이와 가장 유사한 다른 이용자들을 찾아서 이들이 만족스럽게 구매한 제품들을 제시하는 방식이다. 아마존(Amazon)에 의하면 연매출액의 25%에 해당하는 약 50억 달러에 해당하는 책, 음악 등이 추천시스템에 의해서 구매되었다고 한다. 이 외에도, 아이튠즈(iTunes)의 Genius는 음악을, 넷플릭스(Netflix)의 CineMatch는 비디오를, 라스트 애프엠(Last.fm)은 라디오 스트림을 추천하는데 협력 필터링 기법을 바탕으로 하고 있다.

(a) 아마존 (https://www.amazon.com)　　(b) 넷플릭스 (https://signup.netflix.com)

[그림 13-4] 협력필터링 기반의 추천시스템의 예

그래프기반 추천 시스템은 이용자들 또는 제품들 간의 연관관계를 그래프를 통해서 표현한다. 그래프는 노드와 링크로 구성되어 있으며, 노드(node)는 사람 또는 사물을 의미하며 링크(link)는 이들 간의 연결 상태를 표현한다. 그래프기반 추천 기법은 이렇게 구성된 그래프에 기반하여 제품이나 서비스를 추천하는 방식이다.

추천시스템 이외에 소셜미디어와 연동된 공동 브라우징 기법(co-browsing technology)도 많이 사용된다. 공동 브라우징 기법이란 온라인 방식으로 몇 명의 이용자가 같이 그룹으로 쇼핑을 하는 방식으로 스크린 창에 실제 상점의 모습과 제품을 실시간으로 보여주며 이용자들 간에 서로 의논하며 선택할 수 있게 해준다. 이용자들은 주로 페이스북과 같은 소셜네트워크서비스를 이용하여 친구들을 초대할 수 있다. 2008년에 설립된 샵위드유어프랜즈(ShopWithYourFriends)라는 웹사이트에서 적용되고 있다.

[그림 13-5] 공동 부라우징 기법의 예 : 샵위드유어프랜즈 (http://www.swyf.com)

3) 프로모션형 소셜커머스

프로모션형 소셜커머스란 소셜미디어를 통해 다양한 이벤트나 프로모션을 진행하여 직간접적으로 매출을 증가시키는 방식을 말한다. 소셜미디어 마케팅의 일환이라고도 할 수 있으며 직접적으로 할인 쿠폰 이벤트를 진행하거나 기업과 고객과의 소통을 통해 좋은 관계를 만들고 유지하는데 목적을 두고 있다.

작년 국내 도미노피자는 자사의 공식 페이스북을 통해 '코리아 도미노스 데이'를 개최해 전국 도미노피자 매장에서 베스트셀러 피자를 50% 할인된 가격에 구매할 수 있는 이벤트를 마련했다. 이 행사는 검색어 순위 1위에 오르는 등 각종 SNS를 통해 퍼졌으며 서버가 다운되는 등 소비자들에게 큰 인기를 끌었다. 그 결과 2012년에 전년대비 영업이익 2배, 당기순이익 3배 가까이 증가하는 성과를 얻었다. 이에 따라 꾸준히 다양한 이벤트를 진행 중에 있으며 페이스북에 페이지를 운영하는 다양한 기업들이 이러한 프로모션을 이용한 소셜커머스에 도전하고 있다.

[그림 13-6] 도미노 피자 페이스북 페이지 (https://www.facebook.com/dominostory)

4) 소호형 소셜커머스

소호형 소셜커머스란 소셜미디어 내에서 자체적으로 커머스를 시도하는 경우를 말한다. 인터넷의 옥션이나 G마켓과 같은 오픈 마켓에서 개인이나 중소기업의 제품을 판매하거나 카페를 이용하는 소호형 인터넷 비즈니스는 이미 오래전부터 자리를 잡고 있다. 이러한 형태 중에서도 개인들이 물건을 파는데 가장 많이 사용되는 카페의 경우 진정으로 해당 제품을 필요로 하는 대상을 찾기 어렵다. 따라서 판매자는 불특정 다수를 대상으로 홍보를 해야 하며, 구매자의 경우 해당 카페에 대해 신뢰할 수 없다는 점과 추후 발생하는 문제에 대한 해결책이 쉽지 않다는 어려움이 있다.

이에 비해 소셜미디어에서 이루어지는 커머스는 지인들 사이의 신뢰를 바탕으로 할 수 있으며 친구의 친구를 통해 추천되는 네트워크 효과를 얻을 수 있다. 실제로 트위터 친구들에게 제품을 팔 수 있는 사이트인 '트윗모아'도 있으며, 페이스북 내에도 직접 판매가 가능한 서비스와 어플리케이션들이 많이 나와 있다. 이러한 어플리케이션이나 사이트를 이용하지 않더라도 주부들 사이에 인기를 끌고있는 카카오스토리에 제품 사진을 올리고 지인들 간에 판매하는 간단한 형태의 커머스도 활발히 이루어지고 있다.

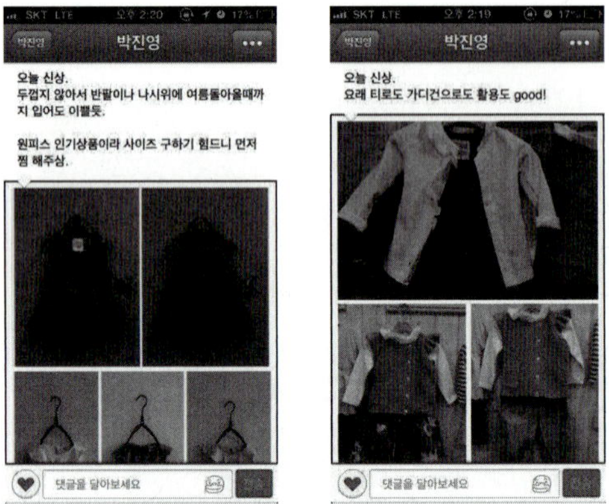

[그림 13-7] 카카오스토리를 이용한 소호형 소셜커머스의 예

13.1.3 소셜커머스의 활용사례

소셜미디어만큼이나 뜨겁게 등장하여 성장하고 있는 소셜커머스는 기존의 온라인 시장구조를 재편할 만큼 빠르게 성장하고 있으며 제2의 벤처 붐을 일으키고 있다고 할 만큼 활발한 창업이 이루어지고 있다. 여기에서는 이러한 소셜커머스의 국내외 대표 사례에 대해 알아본다.

1) 국내 사례

2008년 11월 미국에서 그루폰이 등장한 이후 1년 반 정도의 시간이 지나서 국내에도 등장하기 시작한 국내 소셜커머스 업체들은 빠른 성장세와 치열한 경쟁을 치루고 있다. 2011년~2012년 국내 소셜커머스 4개사의 월방문자수 집계에서 쿠팡과 위메이크프라이스(위메프), 티켓몬스터(티몬)가 성장세를 기록한 반면 그루폰은 하락세를 기록한 것으로 나타났다.

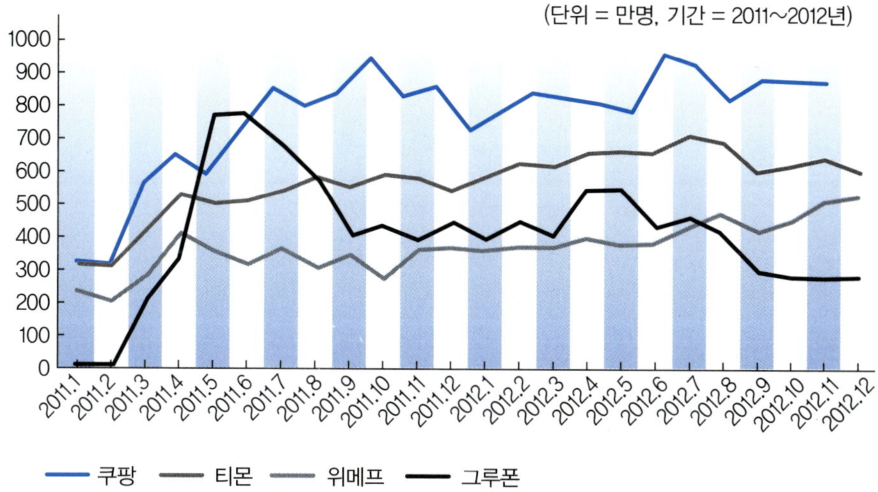

[그림 13-8] 국내 소셜커머스 월 방문자수 추이 (출처: 코리안클릭)

● 쿠팡

빠른 성장세로 현재 최다 방문자 수를 보이고 있는 쿠팡은 주로 20대 후반에서 30대 초반의 직장 여성들을 주 고객층으로 하여 회원 중 이들의 비중이 60%가 넘는다고 한다. 레스토랑이나 맛집 소개뿐 만 아니라 다양한 문화 체험 행사 등을 다루면서 입소문을 통해 주부들에게까지 어필하여 매출 향상에 긍정적인 역할을 하고 있다. 매출액에 있어서 티켓몬스터와 치열한 공방전을 치룰 정도로 업계 1위의 자리를 놓고 티켓몬스터와 경쟁 중에 있다.

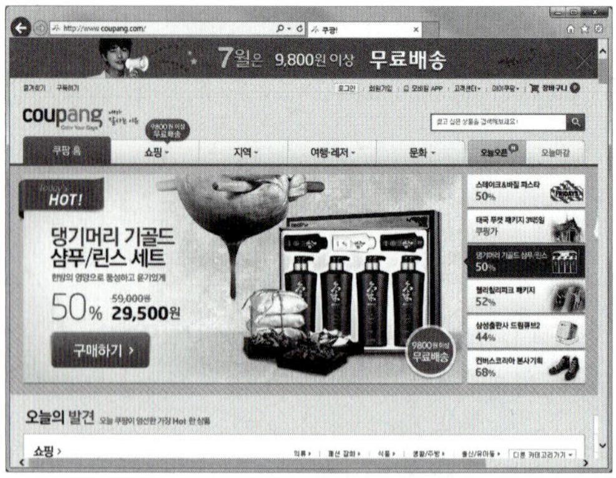

[그림 13-9] 소셜커머스 쿠팡

● 티켓몬스터

2010년 12월 매경이코노미의 발표에서 누적매출액과 회원수면에서 1위를 차지한 티켓몬스터는 강력한 딜 파워와 높은 신뢰도로 고객에게 어필하고 있다. 2010년도에 매출액 100억원을 돌파했으며, 회원수도 50만 명을 넘어섰다. 티켓몬스터 특징은 '티몬토크'나 '티몬후기'와 같은 사이트 내의 커뮤니티 기능을 통해 고객과의 소통을 이끌어냈다는 것이며 이는 사이트에 대한 고객의 신뢰도 향상에 영향을 주었다는 평가가 있다.

[그림 13-10] 소셜커머스 티켓몬스터

● 위메이크프라이스

위메이크프라이스는 서비스 첫날 60% 할인된 에버랜드 자유이용권을 10만장 모두 판매함으로써 2010년 10월 화려하게 등장하였다. 그 이후에도 하루 거래량 1만건 이상

되는 슈퍼 딜을 수차례 진행하면서 시장에 위메이크프라이스를 알렸으며 막강한 자본력을 바탕으로 첫 달에만 10억 원의 마케팅 비용을 지출했다고 한다. 이벤트성 대기업 상품 딜을 계속 이어나갈 수는 없겠지만 초기 회원유치와 사이트 홍보에는 매우 성공적이었다. 연중무휴의 고객센터 운영과 내실 있는 딜로 계속 성장해 나가고 있다.

[그림 13-11] 소셜커머스 위메이크프라이스

2) 국외 사례

2008년 그루폰으로 시작된 소셜커머스의 열풍은 해외에서도 여전히 이어지고 있다. 소매업자에게 적합한 소셜커머스 플랫폼을 제공한다는 턴투(TurnTo), 세계적인 호텔 휴양지들을 소개하는 젯세터(JetSetter), 회원들이 구매정보를 공유하는 블리피(Blippy), 아마존의 대규모 투자로 유명한 리빙소셜(LivingSocial), 매일매일 그날의 특정 상품을 딜하는 우트(Woot) 등 수많은 사이트들이 저마다의 특징들을 내세워 경쟁하고 있다. 그 중에서 가장 대표적인 그루폰을 소개한다.

● 그루폰

공동구매를 소셜커머스에 처음으로 적용한 그루폰은 초기엔 주로 외식업이나 서비스업에 치중하여 딜을 진행하였지만 최근엔 다양한 분야의 상품들을 다루면서 그 영역을 확대해 나가고 있다. 2010년 NBC TV 보도에 따르면 1년간 미국 소비자들은 그루폰으로 400억 원을 절감했으며, CBS에서는 그루폰이 사업주나 소비자가 모두 윈윈하는 소셜네트워크의 최대 부산물이라고 평하였다. 2012년 현재 세계 44개국 500여개 도시에 진출해 있는 그루폰은 계속 성장해 나갈 것으로 예상된다.

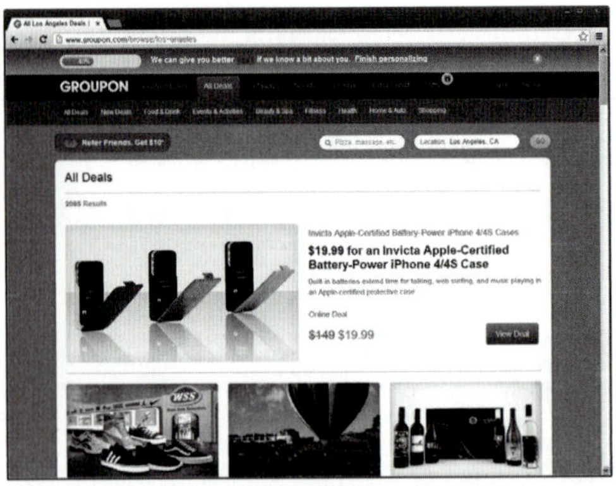

[그림 13-12] 소셜커머스 그루폰

13.2 소셜미디어 마케팅

이 절에서는 소셜미디어를 통한 마케팅에 대해 알아본다. 흔히 소셜마케팅이라고도 언급되고 있지만, 사실 소셜마케팅이라는 용어는 1971년 필립 코틀러와 제럴드 잘츠만에 의해 주창된 마케팅 기법의 응용 방식 중 한가지다. 일반적인 마케팅이 상업적 성과에 초점을 맞추는 반면, 소셜마케팅은 공공의 이익 향상에 초점을 맞춘 것으로 소셜미디어를 활용한 마케팅의 개념과는 다소 다른 개념의 용어이다. 따라서 이 책에서는 소셜미디어 마케팅이라고 명명하겠다.

13.2.1 소셜미디어 마케팅의 개념

소셜미디어 마케팅이란 말 그대로 소셜미디어를 활용한 다양한 형태의 마케팅을 의미한다. 소셜미디어가 개인에게 인맥관리나 네트워크의 확장이라는 이점으로 다가왔다면 기업에게 소셜미디어는 사람이 모이고 집중한다는 그 자체만으로 마케팅의 장으로 여겨졌을 것이다. 실제로 기업들은 이를 활발히 활용하고 있다. 소셜미디어 마케팅이 기존의 마케팅과 다른 가장 큰 차이점은 일방향적인 마케팅과 달리 고객과 소통하는 양방향적인 마케팅이 가능하다는 것이다. 이는 소셜미디어 마케팅이 주목받는 가장 큰 이유이기도 하다. 또한 2012년 시장조사기관인 이마케터(eMarketer)는 12억명이 현재 SNS를 사용하고 있다는 연구를 발표하였는데 이는 전세계 인구 5명 중 1명이 SNS를 사용하고 있는 셈이다. 이 자료에 따르면 앞으로 2년간 전세계 SNS 이용자수 성장이 두자릿수를 기록할 것을 예상하였으며 이로 인해 소셜미디어가 마케팅 도구로 더욱 성장할 것이라는 추측은 어렵지 않다.

소셜미디어 마케팅의 장점을 정리해 보면 앞에서도 언급했듯이 첫째, 상호소통이 가능하다는 점이다. 기존 미디어와 달리 쌍방향 커뮤니케이션이 가능해 일방적인 메시지 전달을 위해 사용되던 미디어 경비를 줄일 수 있으며 고객참여, 공유, 대화를 이끌어 낼 수 있다. 둘째, 바이럴 효과의 극대화이다. 고객들의 소셜미디어 네트워크를 통해 마케팅의 경험이나 콘텐츠를 유통시킴으로써 입소문 효과를 얻을 수 있다는 것이다. 셋째, 실시간성이다. 소셜미디어를 이용한 마케팅은 그 어떤 도구보다도 빠르게 적용될 수 있는 실시간성을 지니고 있기 때문에 시기적절한 능동적인 마케팅을 펼칠 수 있다. 넷째, 브랜드 친숙화이다. 신뢰성과 진실성을 기반으로 관계지향적 마케팅 활동을 한다면, 그 어떤 마케팅 툴보다 고객들의 브랜드에 대한 긍적적 반응과 브랜드 충성도를 이끌어내는데 용이하다.

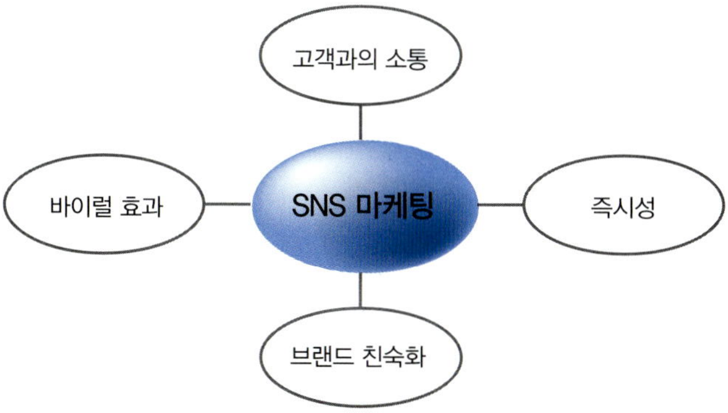

[그림 13-13] 소셜미디어 마케팅의 장점

13.2.2 소셜미디어 마케팅의 유형

여기서는 소셜미디어 마케팅으로 가장 많이 활용되고 있는 SNS 연계형 마케팅, 유튜브 등을 통해 전파되는 바이럴 마케팅 그리고 다양한 이벤트와 함께 활용되고 있는 QR

코드의 실시간 마케팅에 대해 알아본다.

1) SNS마케팅

2010년 펩시(Pepsi)는 23년 동안 해온 슈퍼볼 광고를 포기하고 대신 페이스북을 선택했다. 2천만 달러에 달하는 광고비를 소모성 TV 광고가 아닌 고객과 소통하는 소셜미디어 마케팅에 사용하기로 한 것이다. 펩시는 페이스북 페이지를 통해 'Refresh Project'를 진행하였는데, 이 공익 프로젝트는 매달 더 좋은 세상을 만들기 위한 참신한 아이디어에 자금을 제공 해주는 것이었다. 이러한 펩시의 선택은 당시 소셜미디어 사용층이나 언론에게 경쟁사인 코카콜라 보다 더 많은 주목을 받았다. 그러나 이후 단순 판매량만을 비교하여 이러한 펩시의 선택이 실패하였다는 평가도 있지만 사회적인 문제에 관심을 가지며 고객과 소통하고 더 바람직한 선택을 하였다는 점에서 브랜드 이미지에 매우 긍정적인 효과를 거두었다는 것은 확실하다.

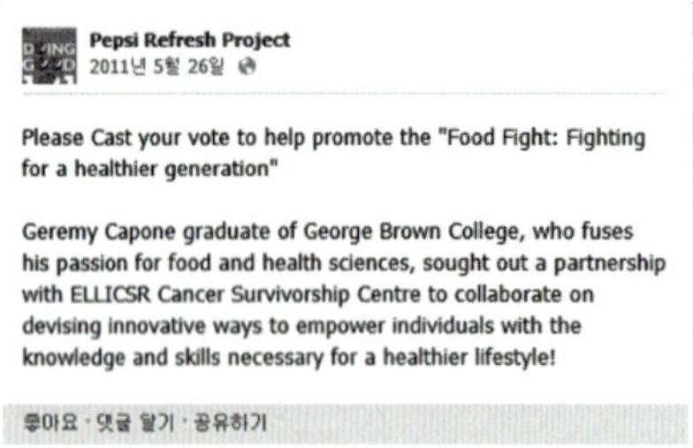

[그림 13-14] 펩시의 Refresh Project (2010년)

펩시의 선택처럼 소셜미디어를 통한 마케팅은 기존의 일방향적인 소모성 홍보와는 차별된다. 소셜미디어 마케팅은 고객과의 소통을 기반으로 문화적 행사나 사회적 캠페인 또는 이벤트성 프로모션 등과 같이 다양한 형태로 이루어지고 있다.

또한 기업의 상업성 마케팅 뿐 아니라 단체나 기관의 홍보에도 활용되고 있는데 한국민속촌이나 대검찰청의 트위터가 그 예이다. 한국민속촌의 트위터는 일명 '민속 아씨'로 사극말투를 쓰는 것으로 상당한 인기를 끌었으며, 대검찰청의 트위터는 검찰에서 나오는 뉴스들을 재미있게 전달함으로써 기존의 딱딱한 검찰청의 이미지를 크게 개선하였다는 평이였다. 더욱 재미있는 것은 2012년 7월 한국민속촌의 트위터에 수청을 들라는 글이 올랐고, 이에 대검찰청 트위터가 법적인 근거를 들어 수청들라는 멘션을 보내지 말라고 트윗을 날렸다. 이 글은 두시간만에 600여 리트윗을 발생시키며 화제가 되었다. 이에 한국민속촌 민속아씨는 '송구하옵니다… 나으리'라고 되받아쳐 트위터 안에서 크게 회자되었으며 두 캐릭터는 연인으로 자리잡아 더욱 인기를 끌었다.

[그림 13-15] 대검찰청과 한국민속촌의 트위터 계정

고객과 친밀하게 소통할 수 있으며, 가장 빠르게 전파되고, 또한 아이디어를 손쉽게 실현 시킬 수도 있다는 점에서 소셜미디어는 이 시대의 마케팅 도구로 최적의 공간을 제공한다. 따라서 소셜미디어를 통한 마케팅은 더욱 다양한 형태로 발전되고 활용될 전망이다.

2) 바이럴 마케팅

바이럴 마케팅(viral marketing)은 네티즌 스스로 어떤 기업이나 기업의 제품을 홍보하기 위해 널리 퍼뜨리는 마케팅 기법으로, 컴퓨터 바이러스처럼 확산된다고 해서 이러한 이름이 붙어졌다. 입소문 마케팅과 흡사하지만 입소문 마케팅이 정보 제공자에 의해 전파되는 반면 바이럴 마케팅은 정보 수용자들이 스스로 정보를 퍼트린다는 점에서 차이가 있다.

주로 바이럴 콘텐츠 즉 재미있는 내용의 동영상이나 애니메이션 형태로 제작되어 유튜브와 같은 공유사이트에 올림으로써 전파되는데 네티즌 스스로가 제작하기도 하고 기업에서 직접 제작하여 유통시키기도 한다. 홍보하고자 하는 제품이나 내용을 전면에 내세우는 것이 아니고 재미있는 내용의 콘텐츠에 넌지시 끼워 넣음으로써 홍보의 효과를 거두는 것이다. 네티즌 스스로 전파하여 정보전달을 빠르게 확산시킬 수 있다는 점에서 충분히 마케팅적인 이점을 가진다.

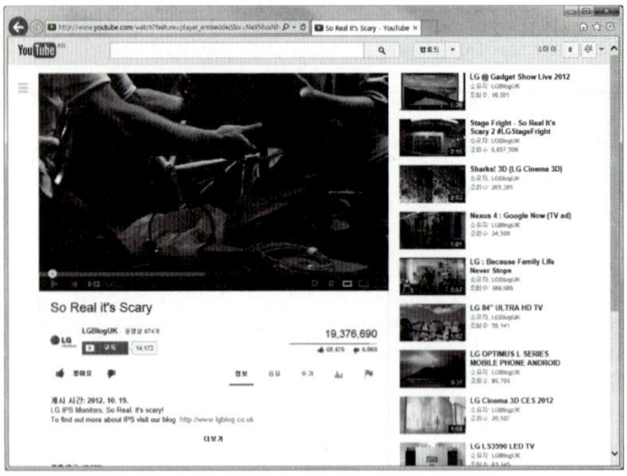

[그림 13-16] LG 전자의 바이럴 동영상
(http://www.youtube.com/watch?feature=player_embedded&v=NeXMxuNNIE8)

유튜브와 같은 공유 목적의 소셜미디어가 가지는 전파력은 실로 막대하다. 싸이의 '강남스타일'의 경우 바이럴 영상은 아니었지만 유튜브를 통해 재미있는 뮤직비디오로 폭발적인 조회수를 기록함으로써 세계적인 인기를 얻을 수 있었다. 이러한 빠른 전파력과 시공간의 제약없이 전 세계를 대상으로 마케팅 할 수 있다는 점에서 소셜미디어를 통한 바이럴 마케팅은 앞으로도 강세를 보일 것으로 보인다.

3) QR코드의 실시간 마케팅

불과 몇 년 사이에 QR코드는 길거리 광고판이나 상점에서 심심치 않게 발견되고 있다. QR(Quick Response)코드는 기존의 1차원적인 바코드와 달리 2차원 형태로 긴 문장의 인터넷 주소(URL)나 사진 및 동영상 정보, 지도 정보, 명함 정보 등을 모두 담을 수 있다. 식당의 메뉴판에 QR코드를 스캔해 해당 음식의 제작과정을 동영상으로 본다거나, 명함의 QR코드를 통해 그 사람의 정보를 좀 더 자세히 파악할 수 있는 등 다양한 형태로 활용될 수 있다.

실제 매우 저렴한 비용으로 현실 상황과 온라인의 정보를 결합시킬 수 있다는 점에서 다양한 실시간 소셜미디어 이벤트에 활용되기도 하고, 기존의 TV나 옥외광고에 부가적으로 추가되어 활용되기도 한다. 예를 들어 AXA 보험회사는 TV 광고에 QR코드를 삽입하여 이를 통해 응급 처리에 대한 영상을 제공하고 앱을 다운로드 받도록 유도하기도 하였다. 이제는 간단한 회사 정보를 제공하는 QR 코드를 삽입한 TV 광고는 흔히 볼 수 있다.

[그림 13-17] QR코드가 삽입된 AXA광고

13.3 소셜게임

소셜미디어나 SNS내에서 이용자들 간에 상호작용이나 활발한 활동을 촉진시키기 위해 흔히 이용되는 것이 소셜게임이다. 소셜게임을 매개체로 하게 되면 SNS로 새로운 가입자의 유입도 기대해 볼 수 있으며 기존에 정착하지 못한 가입자에게 부가적인 즐거움을 제공한다는 점에서 매력적인 콘텐츠임에 틀림없다. 이 절에서는 이러한 소셜게임의 특성과 사례에 대해 알아본다.

13.3.1 소셜게임이란?

소셜게임은 소셜네트워크 게임(SNG: Social Network Game)이라고도 불리며 다수의 이용자(player)가 SNS 환경에서 플레이하는 온라인 게임을 의미한다. 전통적 온라인 게임들은 다수의 사용자가 실시간으로 동시에 플레이 하는 동기식을 따르는데 비해 소셜게임은 각 플레이어가 각자 원하는 시간에 SNS에 들어와 자기 페이스에 맞게 플레이하는 비동기식 방식을 따른다. 즉, 플레이어들이 동시에 온라인으로 접속되어 있지 않아도 서로 영향을 미치는 구조로 되어있다. 따라서 각 플레이어는 서로 시간이 있을 때 각자 게임에 들어와 플레이 하면 된다.

소셜미디어나 SNS에서는 가입자 간의 상호작용을 촉진시키기 위해서 흔히 제 3의 매개체를 이용하게 되는데 이 때 소셜게임이 매우 효과적이다. 소셜게임에 대한 흥미가

SNS에 대한 참여도로 이어지며 게임을 통한 친구와의 경쟁이나 새로운 친구 맺음은 결과적으로 SNS의 활성화에 기여하기 때문이다. 따라서 SNS의 사용자 참여도를 증가시키기 위해 소셜게임은 매우 중요한 요소로 작용하고 있다.

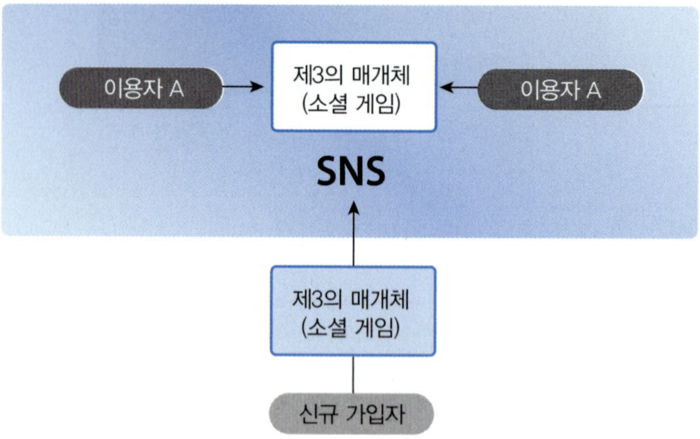

[그림 13-18] SNS 활성화를 위한 제3의 매개체

최근 수많은 소셜네트워크 게임들이 개발되고 있는 것은 게임이 그 자체로도 경쟁력 있는 수익성을 가진 콘텐츠이기도 하지만, 특히 SNS 환경에서 그 유용성과 수익성이 크게 확대될 수 있기 때문이다. 소셜게임은 트위터, 페이스북, 블로그와 같은 소셜 미디어의 장점과 게임의 재미를 융합한 서비스를 의미한다. 소셜네트워크 게임은 온라인 게임을 SNS에 접목한 형태로 게임을 즐기면서 동시에 인맥을 구축할 수 있는 새로운 커뮤니케이션 수단이라 할 수 있다. 소셜게임은 SNS 환경에서 새로운 인맥을 구축하고 인간관계를 증진시키기 위해 게임의 승리보다는 참여자가 같이 즐길 수 있는 동질성과 친밀함을 증진시키는 데 초점이 맞추어져 있다. 따라서, 소셜게임은 다양한 계층의 이용자가 즐길 수 있도록 편리한 사용자 인터페이스를 제공하고, 각 이용자가 시간이 있을 때 각자의 페이스에 따라 게임을 진행해 나갈 수 있도록 설계되어 있다.

소셜네트워크 게임(SNG)은 몇 가지 특성을 가지고 있다. 첫째, 소셜게임의 비동기식 플레이(asynchronous gameplay) 방식은 이용자들로 하여금 동시에 플레이 하지 않고 원하는 시간에 각자 플레이 하도록 해준다. 둘째, 소셜게임은 SNS를 활용하여 친구를 초대하여 게임을 하거나 새로운 친구나 동료를 찾아서(community) 같이 게임하면서 인간관계를 쌓아가는 특성이 있다. 셋째, 소셜게임은 게임을 통해서 이기고 지는 방식의 게임이 아니고 플레이어들이 함께 주어진 목적을 달성하거나 탐구하는 과정을 중요시한다. 마지막으로, 소셜게임에서 사용하는 가상화폐(virtual currency)를 실세계의 화폐로 구입할 수 있다. 가상화폐를 사용하면 아이템을 구입하는 등의 업그레이드를 목적으로 사용하며 이는 목적을 달성하는 데 유리하게 작용할 수 있다.

13.3.2 소셜게임의 사례

1) 국외 사례

소셜게임으로 가장 성공한 사례로 징가(Zynga)사를 들 수 있다. 징가사는 페이스북에서 팜빌(FarmVille), 씨티빌(CityVille), 탭피시(Tap Fish) 등 많은 소셜게임을 제공하여 많은 이용자를 확보하였다. 이러한 소셜게임은 실제 페이스북의 가입자 증가에 커다란 역할을 담당하였다. 징가사는 2010년 5월 페이스북 서비스로부터 탈퇴하여 지금은 독자적으로 운영하고 있으며 페이스북이나 마이스페이스과 같은 SNS 사이트에서 응용 위젯(application widget) 형태로 제공된다. 2011년 11월 현재 페이스북 환경에서 소셜게임 이용자 수가 매월 2억명 이상인 것으로 알려져 있다. 페이스북에서 가장 인기있는 5개의 게임 중 징가사의 게임이 4개로 씨티빌, 팜빌, Texas HoldEm Poker, Empires & Allies가 포함된다. 씨티빌은 도시 건설 시뮬레이션 소셜게임으로 씸시티(SimCity)나 팜빌과 유사하며 빌딩 건축, 공원 만들기, 렌트 수입 등으로 도시를 구축하고 운영해 나가는 게임이다. 팜빌은 농장 시뮬레이션 소셜게임으로 이용자가 함께 토지를 개간하고 나무와 농작물을 심으며 추수하고 가축을 기르는 게임이다.

플레이피시(Playfish)사는 징가사 다음으로 시장점유율 2위의 소셜네트워크 게임 개발 기업으로 씸시티(SimCity) 이외에도 애완동물 기르기, 집안 꾸미기, 보물 찾기 등의 소셜게임을 제공하고 있다. 한편, 엔지모코(Ngmoco) 사는 태블릿 PC인 아이패드에서 'We Rule for iPad', 'We Farm for iPad'와 같은 소셜게임을 제공하고 있다.

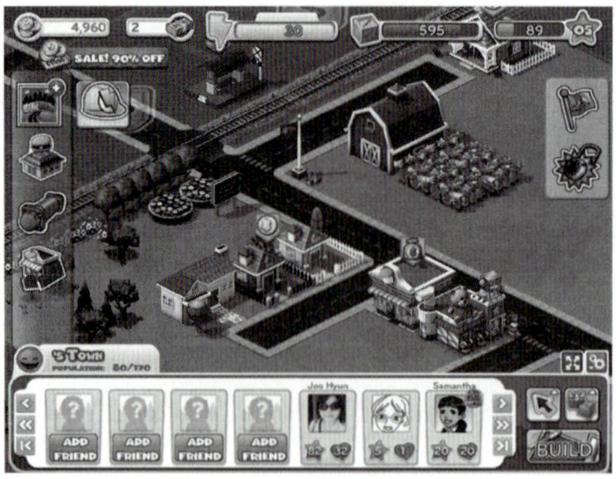

(a) 징가 사의 '씨티빌'

(b) 플레이피시 사의 '씸시티'

[그림 13-19] 국외의 소셜게임 사례

2) 국내 사례

한국의 게임빌은 '트레인시티'가 페이스북에서 한국 소셜네트워크 게임 사상 최초로 누적 이용자 수 400만 명을 돌파하였다. '트레인시티'는 철도를 건설하고 기차를 운행하는 시뮬레이션이 결합된 PC용 도시 건설 게임으로 최근 국내 싸이월드 앱스토어에도 서비스를 시작한 데 이어 추후 모바일 버전으로도 출시될 예정이다.

2012년 국내 소셜게임의 가장 큰 성공은 선데이토즈사의 카카오톡을 연계로 한 애니팡을 들 수 있다. 2012년 말 이미 국내 스마트폰 가입자 수의 70%를 차지하는 2000만명이 이용하고 있어 국민 게임이라고 불리어 질 정도로 인기를 끌었다. 기존의 헥사(hexa)게임 형식에 60초 동안의 경쾌한 음악과 귀여운 동물 캐릭터의 조합은 남녀노소 누구나 쉽게 게임을 즐길 수 있게 만들어졌다. 애니팡은 기존 SNS 사용자 외의 연령층이나 스마트 폰 초보자들까지 SNS로 이끄는 역할을 톡톡히 하였다. 뿐만 아니라 게임을 통해 다양한 계층과 세대의 소통을 이루어 내는 가능성을 보여 주었다. 지나친 경쟁심 유발이나 게임을 계속하기 위한 하트를 생성하는 스팸 메시지의 유발 등이 문제점으로 지적되고는 있지만 다양한 계층의 이용자들에게 어필하고 이들을 흡수했다는 측면에서의 성공은 부인할 수 없다. 선데이토즈사는 애니팡 게임의 성공을 캐릭터 사업 등의 확장으로 이어나갈 계획이다.

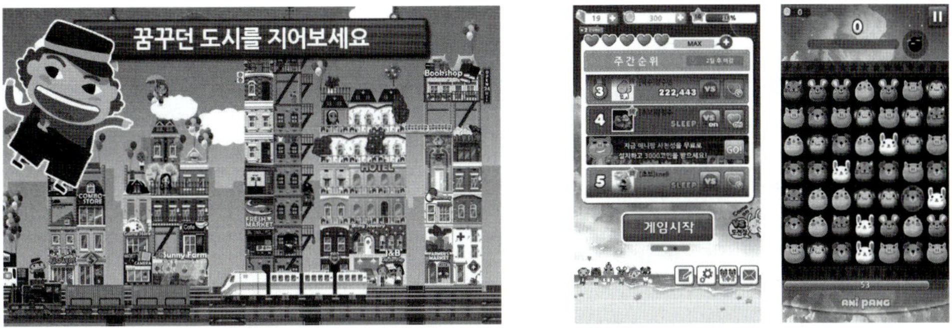

(a) 게임빌 사의 '트레인시티'

(b) 선데이토즈사의 '애니팡'

[그림 13-20] 국내의 소셜게임 사례

애니팡의 성공에서도 알 수 있듯이 국내 소셜게임 시장은 카카오톡을 중심으로 성장하고 있다. 2013년 7월 구글 플레이스토어의 최고매출 앱 순위를 살펴보면 1위부터 10위까지의 순위 중에 9개가 카카오 게임이다. 나머지 한 개도 메신저 카카오톡 앱임을 가만하면 전체 1위부터 10위까지가 모두 카카오와 관련된 것이다. 카카오 게임은 2012년 론칭 당시만 해도 7개의 파트너와 10개의 게임으로 시작되었다. 그러나 2013년 7월 기준 99개의 파트너와 180개의 게임들이 제공되고 있으며, 누적가입자 수 만해도 3억 명이다. 카카오 게임 매출은 지난해 하반기 1,182억 원을 달성했으며, 올해 상반기에는 3,480억 원을 기록하여 194% 증가했다.

카카오톡을 기반으로 한 이러한 소셜게임의 성공은 기존의 다른 플랫폼 게임들까지 카카오 플랫폼을 통해 재탄생 하도록 하고 있어 전반적인 게임시장에 까지 영향을 주고 있음을 알 수 있다. 또한 애니팡과 같은 중소기업의 게임들이 주를 이루었던 초장기와 달리 대형사 위주로 시장이 재편되고 있다는 우려도 있어 이를 위한 카카오톡 플랫폼의 지원책을 필요로 한다는 주장도 나오고 있다. 따라서 카카오톡에서는 "2013년 하반기 중소 개발사를 위한 지원책을 강화하고 소셜 기능을 대폭 강화해 나갈 것"이라고 밝혔다.

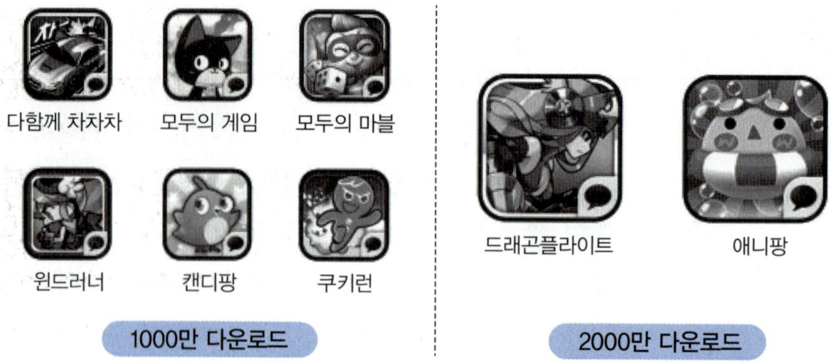

[그림 13-21] 1000만 및 2000만 다운로드 돌파 카카오 게임 (출처: 아주경제, 2013.7.6)

연습문제

■ **다음 괄호 안에 올바른 단어를 기입하시오.**

1. 단체구매형 소셜커머스의 경쟁력은 (　　　)의 영향력개념을 기반으로 한다.

2. 소셜커머스 사이트의 시의적절한 상품선택이나 각종 SNS의 상품 추천 등은 많은 사람들이 사는 유행 상품을 구매하게 하는 (　　　)효과를 극대화 시킬 수 있다.

3. (　　　) 소셜커머스는 일정 수 이상의 판매가 발생할 경우 큰 할인폭으로 상품이나 서비스를 제공하는 방식을 말한다. (　　　) 소셜커머스는 여타의 인터넷 비즈니스 모델과 달리 광고수익이 아닌 직접적인 수익을 발생시킨다.

4. (　　　) 소셜커머스란 소셜미디어를 통해 다양한 이벤트나 프로모션을 진행하여 직간접적으로 매출을 증가시키는 방식으로, 직접적으로 할인 쿠폰 이벤트를 진행하거나 기업과 고객과의 소통을 통해 좋은 관계를 만들고 유지하는데 목적을 두고 있다.

5. 일반적인 마케팅은 상업적 성과에 주목하는 반면, (　　　)은 공공의 선의 향상에 초점을 맞춘 것으로 소셜 미디어를 활용한 다양한 형태의 마케팅을 의미한다.

6. (　　　)은 다수의 이용자가 SNS 환경에서 플레이하는 온라인 게임을 의미하며, 소셜미디어나 소셜네트워크서비스 내에서 이용자들 간에 상호작용이나 활발한 활동을 촉진시키기 위해 흔히 이용된다.

7. 소셜미디어 마케팅에는 가장 많이 활용되고 있는 SNS 연계형 마케팅, 유튜브 등을 통해 전파되는 (　　　) 그리고 다양한 이벤트와 함께 활용되고 있는 (　　　) 등이 있다.

8. 최근 수많은 소셜네트워크 게임들이 개발되고 있는 것은 게임 그 자체로도 경쟁력 있는 수익성을 가진 콘텐츠이기도 하지만, 특히 SNS 환경에서 그 (　　　)과 (　　　)이 크게 확대될 수 있기 때문이다.

9. 소셜네트워크 게임의 특징 중 하나는 (　　　) 플레이 방식으로, 이용자들이 동시에 플레이 하지 않고 원하는 시간에 각자 플레이 하도록 해준다.

■ **다음 질문에 대하여 간단히 서술하시오.**

1. 소셜커머스는 다양한 개념을 바탕으로 웹 환경에서 실현되고 있다. 소셜커머스의 세 가지 유형은 무엇인가?

2. 소셜미디어의 등장만큼 영향을 미치며 성장하고 있는 소셜커머스는 기존의 온라인 시장구조를 재편할 만큼 빠르게 성장하고 있다. 소셜커머스의 국내외 대표 사례는 무엇이 있는가?

3. 소셜미디어 마케팅이란 소셜미디어를 활용한 다양한 형태의 마케팅을 의미한다. 소셜미디어 마케팅의 장점은 무엇인지, 또 기존의 마케팅과의 차이점은 무엇인지 설명하라.

4. 일종의 소셜 미디어 마케팅으로, 네티즌 스스로 어떤 기업이나 기업의 제품을 홍보하기 위해 널리 퍼뜨리는 마케팅 기법은 무엇인가?

찾아보기

ㄹ

ㅁ

ㅂ

저 자 약 력

임순범
서울대학교 계산통계학과 졸업
한국과학기술원(KAIST) 전산학과(공학박사)
현재 숙명여자대학교 멀티미디어과학과 교수
주요 경력
- 휴먼컴퓨터 창업/연구소장
- 삼보컴퓨터 프린터개발부 부장
- 건국대학교 컴퓨터과학과 교수
- University of Colorado 교환교수
- 한국전자출판학회 회장
- 한국멀티미디어학회 수석부회장
- 한국정보과학회 부회장
- 한국컴퓨터그래픽스학회 부회장
- ISO/IEC 국제표준제정위원회 SC34 WG2 분과위원장

관심분야 : 컴퓨터그래픽스, 전자출판, 모바일 멀티미디어, 웹3D, HCI

신은주
숙명여자대학교 통계학과 졸업
숙명여자대학교 멀티미디어과학과(이학박사)
현재 숙명여자대학교 멀티미디어과학과 초빙교수
관심분야 : 감성공학, 멀티미디어 응용, 웹3D, HCI, 소셜미디어

저자와의 협의에 의해
인지를 생략합니다.

소셜미디어의 이해와 활용

임순범 · 신은주 지음

초판인쇄 : 2013. 8. 27
초판발행 : 2013. 8. 31
발 행 인 : 김 승 기
발 행 처 : 생능출판사
신고번호 : 제406-2005-000002호
신고일자 : 2005. 1. 21
ISBN : 978-89-7050-745-3(93000)

413-756
경기도 파주시 문발동 507-12 파주출판도시
대표전화 : (031)955-0761, FAX : (031)955-0768
홈페이지 : http://www.booksr.co.kr

* 파본 및 잘못된 책은 바꾸어 드립니다.

정가 21,000원